U0071426

禪觀寶海

禪觀秘要

佛教禪觀大成・劃時代鉅著

洪啓嵩 著

導讀

許文筆 · 蘇美文

禪觀經論簡介

禪，梵文 dhyāna，音譯爲禪那、馱衍那、特阿那。有靜慮、思惟修、棄惡、功德叢林等意。靜慮，靜是寂靜，止定也，慮是審慮，觀慧也，基本上是以定生慧之意，故亦作禪定、禪觀，如能定慧等持，即名之爲「三昧」。所以，禪是依定生慧，定慧等持，開啓智慧，解脫生命困境，提昇生命品質的方法。

佛陀之前的印度禪觀

禪觀在印度宗教是最重要的修行方式，佛陀出生前已經存在。根據吠陀文獻的記載，《森林書》即是婆羅門在寂靜處，冥想靜讀吠陀幽玄思想而寫的書，之後的《奧義書》更多依於禪定冥想而來，可見印度婆羅門教發展至《森林書》與《奧義書》時代，已開啓了禪定修法。後代婆羅門更將法門總括爲「瑜伽」，是其四期生活的「林棲期」所發展出的與梵我合一的特有方式；在「林棲期」婆羅門入山林修道，雖不離祭祀行爲，但主要是希望梵我合一，以達解脫，故重視苦行，並透過沈思冥想之禪定瑜珈，鍛鍊身心，思索奧義。根據佛傳記載，悉達多太子出家後，曾從數論學派大德阿羅邏賀蘭（Ārāḍa-kālāma）與優陀羅羅摩子（Udraka-rāma-putra）修學禪定，兩人對禪定的究竟處有不同的看法，前者以「無所有處定」爲究竟，後者則以「非想非非想處定」爲究竟，由此可知，當時婆羅門已對禪定有一定的認知與修持，但教學內容散見於吠陀文獻，並無系統化介紹，只能依各別碩學大德的冥想經驗來傳受，並還沒有一個確定、分明的禪定階次系統。

悉達多太子修學了二位大德之禪境後，不管是「無所有處」或「非想非非想處」都認爲並非究竟解脫，於是至苦行林，苦修六年，還是覺得並非悟道之途，故捨棄苦行，接受乳糜供養，恢復體能，於尼連禪河畔的菩提樹下，坐禪開悟，終至成就佛果。

佛陀的禪觀教授

佛陀依禪出教，將自身悟境經驗教導弟子，讓弟子依之禪修思惟，得證阿羅漢等解脫果位，形成戒定慧三學的教法，也開啓佛教禪定修學的起源。

禪定是原始佛教極重要的法門，這在阿含經教中隨處可見，也是佛陀對如何見道解脫的直捷教法：以四諦、十二因緣爲教理，以禪觀爲實踐主軸。這些禪觀教法將傳統的印度禪法予以系統化，並以證得正智解脫爲根本，從坐法、觀法與身息心的調法，乃至各種道次第之教法，如八正道、七覺支、八背捨、九次第定等，形成一套完整的修學體系，也形成佛教的禪定學。

在《長阿含經》就提到「九盡」，將禪定境界歸納爲九個次第：「云何九證法？謂九盡。若入初禪，則聲刺滅；入第二禪，則覺觀刺滅；入第三禪，則喜刺滅；入第四禪，則出入息刺滅；入空處，則色想刺滅；入識處，則空想刺滅；入不用處，則識想刺滅；入有想無想處，則不用想刺滅；入滅盡定，則想受刺滅」。亦即九次第定，比當時的婆羅門教多立了最高的滅盡定，來表達佛教專有的定慧俱解脫；也有各種禪觀法門，例如九不淨想、遍處觀、四念處等。這些都形成佛教的根本禪法。然而佛陀對弟子的教法，是依因緣而施設，例如教洗衣弟子觀不淨，教鍊金弟子修界觀，故眾弟子修行法門不一。而結集經典時，收錄佛陀在各處教化的言說，更呈現出各種內容繁簡不一的禪觀教法。

部派、大小乘時期的禪觀發展

佛滅後百年，教團分裂成上座部與大眾部，開啓部派佛教的歷史，這期間漸次整理統合許多原本零散的教法，成了一套固定的修道體系，而禪定系統亦在其中，例如三十七道品的形成，其中的四念處、七覺支即是禪定的教法次第。又如七依處的統合，《大毗婆娑論》卷一百八十五云：「如契經說，有七依定，我說依彼能盡諸漏，謂初靜慮乃至無所有處；又契經說，苾芻乃至想定能達聖旨，想定者，謂四靜慮、三無色；能達聖旨者，謂能起智斷煩惱，修道盡漏」。其將阿含經教提及的可得法眼淨所依止之禪定，歸納出四禪與無所有處定等前三空定共七種禪定境界，將禪定與證果結合得更清晰。

到了大小乘時期，分判出注重解脫修證爲主的小乘佛教，與注重利他救度爲主的大乘佛教，結集出大小乘不同的經典，並撰述許多解經的論著。大乘佛教整合出六度萬行，其中的「禪定」亦不脫原始佛教戒定慧三學的「定學」，只是大乘禪定特重於大悲救度，例如地藏王菩薩每日清晨必入三昧，以觀眾生而救度之，所以大乘禪觀不只是自身寂然修定，已是定慧等持的慈悲救度之三昧行。

漢傳佛教的禪觀傳譯

佛教傳入中國，傳譯來的佛教經典中有不少禪觀經論，代表高僧大德對禪觀實踐的重視，同時也呈現高僧大德對禪觀的整理，將佛陀教法散於各經典的禪法，整理成有體系的禪觀修行系統，其中代表小乘禪法整理的經典，如安世高的《大安般守意經》、僧伽婆羅譯《解脫道論》、佛陀跋陀羅譯《達磨多羅禪經》；而代表大乘禪法之經典，如竺法護譯《修行道地經》、鳩摩羅什譯《坐禪三昧經》、《思惟略要法》等。

安世高譯《安般守意經》，是以安那般那念爲主的禪經，即是坐禪時默數出入息，令心得以安止的息法禪觀。僧伽婆羅譯《解脫道論》，阿羅漢優波底沙造，本論主要依戒定慧三學等修行解脫次第，講述修行者之理證過程，共分爲十二品，其中因緣品、分別戒品、頭陀品等三品是戒學，主述三學、八正道、破三十四法障礙道、八行四觀及十三頭陀行等修行戒律與道徑；屬於定學的有分別定品、覓善知識品、分別行品、分別行處品、行門品、五通品等六品，敘述四禪、十不淨想、十念、十一切入、四無量心、四大食等種種根本定法；分別慧品、五方便品、分別諦品等三品爲慧學，主要闡述四諦、五陰、十二入、十二因緣與十八界等佛法義理之慧觀法門。

佛陀跋陀羅所譯的《達磨多羅禪經》，又作《禪經修行方便》、《修行地不淨觀經》、《修行方便禪經》、《不淨觀經》。根據呂澂研究，慧遠〈禪經總序〉記載，佛馱跋陀羅曾譯達摩多羅和佛大先兩家的禪觀法門，但現存《禪經》僅有佛大先的傳及禪法，即明數息觀與不淨觀等二甘露門，講述二甘露門之禪觀方便與勝進兩道，並明二道的退、住、升進、決定等四分，進而闡述觀界，修四無量，觀蘊、處，以至說明十二緣起，達到禪定解脫之成就。至於達摩多羅所傳禪觀內容爲何？有何缺失？已無可考，不過後人仍稱佛馱跋陀羅譯本爲《達摩多羅禪經》。而佛大先所傳禪法次第，本屬上座部禪觀，在安世高時就已傳譯入中國，即《修行道地經》這一類的經典。且從慧達的序中可見，佛大先或達摩多羅者，有將禪觀更推進一步的說法，序中提到「搜集經要，勸發大乘」即是將根本禪法與大乘禪觀加以連繫，使之成爲大乘瑜伽系。故呂澂認爲佛馱跋陀的傳譯爲稍後的大乘瑜伽學說東流開了先河。這在中國佛教義學的歷史上是有意義的。又序中提到

「弘教不同，故有詳略之異。達摩多羅闔眾篇於同道，開一色爲恒沙，其爲觀也，明起不以生，滅不以盡，雖往復無際，而未始出於如，故曰：色不離如，如不離色；色則是如，如則是色。佛大先以爲澄源引流，固宜有漸，是以始自二道開甘露門。」故呂澂認爲達摩多羅所說是大乘禪，而佛大先所倡者以小乘禪爲主。另外，慧遠之序亦提到當時鳩摩羅什亦有禪觀的譯傳：「每慨大教東流，禪數尤寡，三業無統，斯道殆廢。頃鳩摩耆婆宣馬鳴所述，乃有此業，雖其道未融，蓋是爲山於一簣。欣時來之有遇感奇趣，於若人捨夫制勝之論，而順不言之辯，遂誓被僧那至寂爲己任，懷德未忘故遺訓在茲，其爲要也。」然佛馱跋陀羅對禪觀見地的看法與羅什不同，故有關中羅什弟子對佛馱跋陀羅擯出僧團之公案，可見當時的禪觀法門也呈現多元不同了。

至於南傳佛教禪法，傳承自上座部禪法，多見於南傳藏經「五部苛尼耶」之中，而將南傳佛教禪法系統整理者，以覺音論師所著的《清淨道論》（Visuddhimagga），最爲重要。覺音經常列舉譬喻來說明禪法要義，承繼「智者因譬喻而得解」的講經傳統，這是漢譯的《解脫道論》所缺乏的，而覺音此論，基本上還是以戒、定、慧三學爲架構，建立道次第，其中定學部分，包括十遍處、十不淨、十隨念、四梵住、四無色等禪觀，至今還是南傳佛教的禪法修行重點。

根本禪法與大乘禪法

上來所述，是以小乘禪法爲主的經論，或應該稱爲根本禪法較爲適當，畢竟禪觀法門並沒有大小乘之分，即使大乘菩薩也應修學根本禪法，不論是安般念、不淨觀、十遍處等，皆是菩薩教學禪觀時，依其根性所授修習的禪觀法門，如《大般若經》卷三百九十四中說到：「善現！是菩薩摩訶薩於十方界，若見有情多貪欲者，深生憐愍方便教導，令修不淨觀；若見有情多瞋恚者，深生憐愍方便教導，令修慈悲觀；若見有情愚癡多者，深生憐愍方便教導，令修緣起觀；若見有情我慢多者，深生憐愍方便教導，令修界分別觀；若見有情尋伺多者，深生憐愍方便教導，令修持息念觀；若見有情行邪道者，深生憐愍方便教導，令入正道，謂聲聞道、或獨覺道、或如來道，方便爲彼說如是法：『汝等所執自性皆空，非空法中可有所執，以無所執爲空相故。』皆是期望學者依根本禪境，起性空慧觀，得證無所執之空慧，可見根本禪觀是大小乘之基石。

然大乘禪觀雖立基於根本禪法，但其發大菩提心與見地，有別於以解脫為主的聲聞乘。而其所修行禪觀境界，亦因見地與發心故，有異於根本禪法之禪境，故大乘禪觀大都以三昧來稱呼，代表是定慧等持之禪觀，非根本禪法依定啓慧的法門。但發展出菩薩不共聲聞、緣覺所修之九種大禪（自性禪、一切禪、難禪、一切門禪、善人禪、一切行禪、除惱禪、此世他世樂禪、清淨淨禪）之前，印度大乘菩薩論師所作之禪觀經論，皆隨順根本禪法教理而入大乘禪觀教法，如西晉竺法護譯《修行道地經》，為印度高僧僧伽羅剎所作，主要是纂集諸經瑜伽觀行的大要。此經先述明遠離生老病死苦應持此經，並從明五陰教法至禪觀，後終於緣覺、菩薩等品，就是呈現聲聞、緣覺、菩薩三乘修行人的一貫修行次第。又如玄奘所譯《瑜伽師地論》，據說是無著菩薩上兜率天，聽聞彌勒菩薩所述而記載下來的，內容詳述瑜伽行（梵 yogācāra）觀法，主張萬法唯識所現，即萬法是有情生命的根本心識——阿賴耶識（梵 ālaya-vijñāna）所虛妄呈現的現象，必須遠離有無等對立觀念，始能悟入中道。此論是法相唯識宗的最重要典籍，是大乘瑜伽行學派的修行道次第，也是研究小乘與大乘思想和禪觀法門的重要論作。尤其本論廣釋瑜伽師所依所行的十七地，故又稱十七地論。這十七地也是貫串聲聞、緣覺及菩薩之三乘教理與禪觀。又如鳩摩羅什譯《坐禪三昧經》，也是大小二乘兼具的禪觀經典，又稱《坐禪三昧法門經》、《菩薩禪法經》、《阿蘭若習禪法》。根據僧叡〈關中出禪經序〉提到，此經是鳩摩羅什集合諸家的禪觀法要而成，包括鳩摩羅羅陀、馬鳴菩薩、婆須蜜、僧伽羅叉、漚波崛、僧伽斯那、勒比丘等諸師，故而經中所述五門禪觀，可說是羅什編集而成，而以經典之名稱之。由上述三例可知，大乘禪觀是以根本禪法為基礎再加以擴大的。

藏傳佛教的禪觀

藏傳佛教的禪觀，基本是以瑜珈為主，四大派中，紅派以大圓滿教法為核心，白派以大手印教法為根本，所著作之典籍禪觀較單一，多為宗派所特有的瑜珈禪觀，而對佛教禪觀加以整理的典籍，以薩迦派（花派）《道果》與格魯派（黃派）宗喀巴《菩提道次第廣論》、《密宗道次第論》為代表。薩迦派之《道果》，在漢典當中有元代八思巴集譯之《大乘要道密集》，此書綜合編輯了花派各種

《道果》典籍。根據陳健民上師的〈道果探討〉一文，整理說明了《大乘要道密集》的目次與內容，可見花派《道果》主要結集了以密教瑜珈禪觀爲主的教法，特別是那洛六法與大手印教法的瑜珈行法。而《菩提道次第廣論》建立了上、中、下三士道的教法，以金剛乘見地（清淨見）爲最高，融合大小乘、顯密（出離心與菩提心）之禪觀教法，如中士道，論四諦教法，而在道諦中是以戒定慧三學來論說，上士道，談菩薩道之六度、四攝法門，且別說止觀修法，爲顯密共學之道次第，並歸結勸入密教。故其《密宗道次第論》即是彰顯宗喀巴對佛教教法最究竟處的看法，也系統地歸納了密法，書中詳細說明事部、行部、瑜珈部與無上瑜珈之實踐法門，將密法禪觀作了完善整理，體現出藏傳佛教對禪觀的整理與看法。

漢傳佛教的大乘禪觀與統整

大乘禪觀三昧可說遍佈在大乘經典之中，例如《首楞嚴三昧經》是十地菩薩修行的大三昧，爲健相三昧，佛要講首楞嚴三昧時，即入此三昧令一切眾生各各唯見佛在前，受其供養，等無差別，以令大眾啓信。又如《無量義經》、《法華經》等經典，即是佛入無量義三昧後所宣說的；《華嚴經》則是入海印三昧所說。然大乘經典的大乘禪觀雖多，但從漢傳或藏傳大乘教法史來見，雖有不少高僧大德宣說教法禪觀，可是將經典裏的大乘禪觀整理出來的甚少，大都以其自宗教法加以統整建立。

漢傳佛教眞正對大乘禪觀作整理的是隋代智者大師，其依《法華經》修證法華三昧之前方便，即旋陀羅三昧，並依此三昧建立了藏通別圓等四教法，再依之將佛教禪觀整理成《小止觀》、《六妙門》、《釋禪波羅蜜》與《摩訶止觀》等禪觀著作，可說是大乘教法傳入漢藏後，第一位將禪觀作最完善整理與論述的大師，也因其依禪出教，倡談教觀，建立天台教法，故有東方小釋迦之稱。

綜觀漢傳佛教，各個建立宗派之高僧祖師，向來對禪觀實踐都非常重視，深得佛陀修行傳法之心要，亦即依禪出教，藉教悟宗，所以除了智者大師之外，還有達摩祖師面壁禪觀，並傳《楞伽經》印心，慧遠法師依般舟三昧修念佛生西，杜順法師依海印三昧，傳華嚴宗義等等。甚至依禪出教，形成以「禪」爲名的宗派：禪宗，並廣展爲一花五葉，開成五個宗派，對於禪法，匯積極多語錄、公案等教化，亦有話頭禪、默照禪等法門的創發，開悟學人無數，爲中國佛教最精彩的一頁。無奈在「不立文字，教外別傳」的宗旨下，無法兼攝理事，重此而失彼，貶抑教理研究，禪修也多重視自宗法門，更有甚者，或漫衍成狂禪，或僵化成公案口頭禪，之後彌陀淨土法門興起，以一心念佛爲尚，佛教禪修次第法門的統整就付之闕如。清末民初，佛教與傳統文化，都成了中國現代化路程被改革的對象，高僧大德們奮起，鑽研教理教法，深入經藏，挽救佛教於衰微之中，創發近代佛教的一個高峰，然此一高峰雖有太虛大師、印順導師及楊仁山、歐陽竟無、呂澂等菩薩悲心者、義理精深者的出現，但因應時代需求尚且兵困馬乏，更因戰亂、時局紛擾、意識形態等因素而雪上加霜。之後，佛教在臺灣得以休養生息並多元發展，研究與修證，弘法與入世，都有所進境，但如智者大師一樣，對禪觀經典再作整理與論述，作爲實踐修學的資糧者，則幾乎未能之見，唯身處海外的陳建民，其著《佛教禪定》一書，是向西方弟子講授的記錄，將整個佛教的禪定法門加以統納梳理，以「三乘一體」爲主旨，講述根本禪法、中國大乘禪法、密教金剛乘禪法的法要與實修，語言深入淺出，事理踏實細膩，整體而言，禪修核心精確，階次明晰，而詳重於金剛乘禪法，疏略於大乘禪法。之後，足以當之又更有進者，即是本書《禪觀祕要》，作者以全佛爲眼，照攝佛教的禪修系統，既泯除階次，又統納各面向的禪法，提舉諸佛菩薩三昧，展現更核心、全面、恢宏的格局，以下將掇其精要而明之。

本書分類與融攝之意旨

(1)既分類又融攝一切禪觀佛法

《禪觀祕要》一書共分成六章，五十八種禪觀三昧，分別是根本禪法、大乘三昧、佛菩薩三昧、密教三摩地、禪宗法門、佛果三昧。每章之下，再分別介紹這一類的各各禪觀三昧；每一種三昧的內容，分為禪觀簡介與修持偈頌二大部份。整體而言，本書包括根本禪觀、大乘禪觀、大乘佛教以實踐為主的宗派，即密宗與禪宗之重要禪觀，以及最究竟佛果三昧，統合融貫了佛教所有的基本與重要的禪觀法門。

第一章，根本禪法，共十三種禪法，從六妙門到三三昧。立名為根本禪法而非小乘禪法，因為小乘佛教為傳統上座部成員，為保守持戒持佛說者，故其修行的禪觀，皆是佛陀在世時所傳之禪觀法門，而且這些法門亦為大乘菩薩行者所修學，故為大小乘共學的禪觀，故以根本禪法稱呼是最為恰當的。將之編在第一章，代表佛弟子必須擇一相應禪觀而修的基礎法門。第二章，大乘三昧，從大悲如幻三昧到五字嚴身觀，共十二種，爲發心之菩薩行者所應修之三昧。大乘三昧不同於根本禪法之處在於修法見地與發心合一，悲智合一、定慧等持爲其修持根本，故大悲如幻三昧爲一切菩薩修學三昧之根本，因此立爲大乘三昧之首。第三章，佛菩薩三昧，共十一種三昧，從毗盧遮那佛三昧到彌勒菩薩三昧，藉由諸佛菩薩的各各三昧，讓學人更能深入諸佛菩薩之本心、佛法實踐之本懷，對於菩薩行的廣度也更能因此開展出來。第四、五章是密教三摩地與禪宗法門，將漢藏佛教中以禪觀修證爲核心的宗派作其禪觀法門的介紹，密教者六種，從法爾體性生起次第到大圓滿；禪宗者十二種，從祖師禪、宗派禪到個別的禪法：話頭禪與默照禪。而先密教三摩地，後禪宗法門，是因爲禪宗法門不歷次第，直呈佛心本來面目，比之密教三摩地之道次第，更爲殊勝，故修學藏密的大成就者陳建民上師，將禪宗立於無上瑜伽部之上，表彰禪宗法門殊勝於密教三摩地，本書亦如此安立先後。最後一章則是佛果三昧，共有四種，其中首楞嚴三昧、法華三昧與海印三昧是十地、等覺菩薩所修三昧，金剛三昧是佛最後一心所證之三昧，也是成佛之三昧，故立於最後，表彰圓滿。

⑵以回歸佛陀本懷與眾生成佛為意旨

由此觀見，本書企圖融攝一切佛法，並以回歸佛陀本懷與眾生成佛爲核心意旨。其所述之禪觀修行法門，是從初發心菩薩修學禪觀的根本禪法，至最後一心成佛之三昧，包含了佛弟子從初發心至成佛所修之重要禪觀三昧，這正是回歸佛陀本懷，爲眾生開示佛之知見，令眾生悟入佛之知見，以禪觀三昧爲修行根本，實踐菩薩行，直至成佛。既是回歸佛陀本懷，法界全佛的境界與見地就貫串其中，因爲這是諸佛所證，亦是法界實相，所以眾生成佛是本來現成，而淨土人間亦在其中。因此編排上雖然顯示初學至成佛所修禪觀三昧的次第，但從作者在各各三昧的修持偈頌中，皆以法界全佛爲修學禪觀的根本見地，一一修次循序，並一一歸於全佛，依此修學，則能入全佛一如、淨土人間之清淨實相，所以是既分論階次，更是融攝全佛境界，既是佛境亦是菩薩行。

本書內容之特色

《禪觀祕要》是作者依「佛境菩薩行」之體現，將禪觀、禪波羅蜜作一個系統的整理與教授，可說是繼天台智者大師之後，漢傳佛教對禪觀作總體整理的第一人。然經過千年的發展，教派的禪觀發展，更加繁複，要總攝大小顯密禪觀修行的體系，其難度更勝智者大師當時，作者傾八年之力，每月取一週之六、日二天，爲學生講解並指導共修，才完成整個禪觀系統的整理，結集所有禪觀之大綱、見修行果的偈頌與參考書目，成爲《禪觀祕要》一書刊行，意在幫助眾生禪觀實踐，所以可說是佛教禪觀、禪定學之曠世巨作，也是佛教禪修必需參考的著作。綜攝本書的特色有三：

(1)以全佛為見地，匯入全佛果位：

智者大師作《摩訶止觀》時，是以圓頓義理來統攝禪觀修證，然遺憾的是並沒有完整，其最後的果報、起教與歸趣皆未說，正修境界中的上慢、二乘與菩薩境界亦缺，或許是解夏而停講，或許是果位後事非關修行故不講，總之未能完整呈現智者大師對禪觀的心思，但也成就了天台教觀雙美之美稱，同時智者大師也是中國佛教歷千年來，對禪觀教法整理最有貢獻者，尤其近代講解禪觀者其著作皆是不可或缺的重要參考資料，甚至道教講丹道修行亦引用其資料，可見智者大師之地位。

本書作者解說《禪觀祕要》時，亦是效法智者大師統攝禪觀系統的心思，參考智者大師《釋禪波羅蜜》、《摩訶止觀》，並加入自身的修證體悟而成的。在「根本禪法」部份，同樣是依智者的圓頓禪觀來歸攝禪法，例如講授「六妙門」時，即以智者的六妙門為底本來解說，最後也歸攝為圓觀六妙門；例如「十一切處」，亦是歸攝圓觀一切處、圓頓十觀；「九次第定」中，也加入菩薩禪、圓頓禪，可見作者常隨順智者大師解說禪觀之精神，以圓頓教理為核心，闡釋各各禪觀法門。然而，作者所談的圓頓禪觀，還是跟智者以天台的圓頓教義來統攝有所不同，作者的圓頓是以全佛境界為內涵而來攝諸禪觀的，例如「十隨念」中的修證大綱，提到圓頓隨念的修法偈頌：「全佛頓超蓮華藏，圓滿全佛密隨念，無間現觀法界現，念念佛如圓頓觀」，即顯現圓頓即全佛，全佛即圓頓。不只此處，書中之修證大綱或修證偈頌，皆有全佛或者佛境來歸攝禪觀的見地與修證，可見得佛境或全佛是作者禪觀修證之核心。

本書以圓頓全佛，全佛圓頓攝諸禪觀，可說是理事具圓，比之智者之圓頓禪觀更加具體。圓頓、全佛皆是佛境，圓頓教理即法界體性，即佛體，全佛現前是佛眼所見之法界相；圓頓禪觀隨順體性，見一切無差別，所謂法界一相無相，無有眾相，是當體空，雖有利於修證，然菩薩行須大悲潤心，否則所行可能無力而趨於空寂，所以若見眾生全佛，則能如常不輕菩薩，承事修行柔軟有力，如此菩薩行則能精進無間，成就佛境。依眾生全佛修一切禪觀，證全佛果位，是從佛果地起修，也是從眞實起修，故本書所立之禪觀見地，可說是究竟了義，又顯菩薩的有力心行，是禪者修行之重要參考作品。

在許多經典都可看到全佛的境界與見地，例如《華嚴經》，其云：「佛子！如來成正覺時，於其身中普見一切眾生成正覺，乃至普見一切眾生入涅槃，皆同一性。……如來成正覺時，以一相方便，入善覺智三昧，入已於一成正覺廣大身，現一切眾生數等身，住於身中。如一成正覺廣大身，一切成正覺廣大身，悉亦如是。」又《藥師如來本願經》提到藥師佛十二大願，其中第一大願爲「願我來世得阿耨多羅三藐三菩提時，自身光明熾然，照曜無量無數無邊世界，以三十二大丈夫相、八十隨好莊嚴其身，令一切有情如我無異。」藥師佛此願，願當其成佛時，一切有情都如他無異，而現在藥師如來早已成佛，所以一切眾生也亦成佛。可見佛成正等覺時，盡攝一切眾生皆成就正等覺，亦見一切眾生皆成佛，亦即法界全佛。由此可知，全佛是佛境界，亦即佛眼所見一切眾生是佛，一切器世間皆成淨土，故全佛是果位，也是事實，因佛所見爲眞實，而眾生爲虛妄無明遮障，不見眞實而分別一切，故而依佛之知見爲實，是以全佛是佛知見，全佛是法界眞實相，是佛成佛所見之事實，亦即佛之境界。

依全佛爲見地修行，能成就一切全佛，如《華嚴經問答》中提到：「一人修行，一切人皆成佛。其義云何？答：此約緣起之人說故，一人即一切人，一切人即一人故，修言亦爾，一修一切修，一切修一修故同云也。」又云：「佛言：我與汝不異，汝自爲別。此意，佛見眾生全吾身是，而自佛是汝不知，徒自受諸苦故，永劫起同體大悲，不捨眾生故，同修同成，同苦同樂，暫時無捨離時也。」如此藥師佛才能成佛，而不妨礙眾生不見自己是佛，故而修行者是污染不得，也修證不無。

(2)同心圓、旋陀羅尼式的禪觀體系

《禪觀祕要》全書各禪觀皆以全佛爲見地，亦即以佛境爲見地，將一切修行皆匯入全佛境界中，如此一切禪觀修行成就，即是全佛果位。而這樣的禪觀修行義解，就如同智者大師建立法華教儀一般，是作者自身體悟的流行。智者大師證悟法華三昧前方便，依此三昧力，演出法華教儀，藏通別圓化法四教的分別，正是旋陀羅尼三昧的展現，旋陀羅尼三昧者，因果一如，由發心正見到修行證果，如旋渦一般，一切禪觀境界皆旋入果位見地，即是以果位境界所現，爲修行因位之見地，如此一切所思所修所行皆旋入此果位境界中，而《禪觀祕要》全書亦如旋陀羅尼三昧一般，一切禪觀修行皆旋入全佛境界，故而修一禪觀，成就全佛，修一切禪觀，亦成就全佛。

本書依序從根本禪法、大乘禪觀、禪宗法門、密宗觀行，乃至海印三昧、金剛三昧等十地菩薩所修之三昧法門，行者可以依之次第修行，也可單修一門深入。雖然所修行禪法類型不同，然因作者依全佛境地攝一切禪觀，因此各禪觀皆如同心圓一樣旋歸圓心，而非線性次第，故每一禪觀依此核心見地修行，所成所就皆證全佛。行者可依個人機性，選擇相應的禪法，依修證大綱或偈頌而行，即可成就佛果，當然也可廣修本書所講之一切禪觀，以證全佛。從單一到廣修，如同心圓般，直探圓心。然同心圓所畫圓圈有大有小，如只是單一修行，雖有徹通之力，又恐智見有限，不利於菩薩行，故修行菩薩者，應發心廣修各種禪觀三昧，以利度眾之菩薩道。

依全佛的見地融貫，不管修那個禪觀，是一圓一切圓，是修一法而攝一切法，是融不同禪法於一禪法中，如阿底峽尊者所言，將不同的修法，會入一法當中修行，作者的全佛見地禪觀，就能統攝諸禪觀。依全佛見地來修行，是見一切眾生是佛，見一切器世間是常寂光土。見一切眾生是佛，自己也是佛，故成就密宗大圓滿法，佛慢堅固，也是生起次第本尊觀成就；成就默照禪，佛行如來自安樂禪，自心是佛心是覺心，故無任何執著，是以成就佛息、佛脈、佛明點之圓滿次第，也是通明禪成就，即心息身一如，一如者，如佛，如佛心、佛息與佛身也，故堅住全佛見地，修一禪觀，攝一切禪觀。

⑶建立諸佛菩薩三昧，深化念佛與本尊觀

菩薩行的內涵不出「莊嚴淨土、成熟眾生」二大部分，由此可見大乘修行都是淨土法門，從法身常寂光看，聲聞羅漢所修也是淨土法門，斷諸煩惱，清淨業行，自然所見一切，皆是光明清淨，也就是淨土了。然大乘佛教宣說諸佛國土的勝德，鼓勵行者求生佛國淨土，以利修行成佛，所以發展出專求往生諸佛淨土之修行法門，如彌勒淨土、彌陀淨土、藥師淨土、烏金刹土等，供修行者發願修行往生其淨土。

從古至今，念佛三昧的修法是普遍於整個傳承系統之中，甚至十地菩薩也片刻不離念佛三昧。但因教派在運用上有所不同，產生了各種不同的念佛三昧修法，從印度傳出的有稱名念佛、觀像念佛、觀想念佛、功德法身念佛、實相念佛三昧等。又，隨著佛教在各方發展的因緣，也會集中於某些相應的法門，例如中國佛教的淨土宗，專指發願往生西方極樂世界彌陀淨土的宗派，並多依稱名念佛而修行，成就一心不亂之念佛三昧。雖然早期也有發願往生藥師淨土、彌勒淨土的修行者，到後期皆沒落了，只集中於彌陀淨土。而西藏也有往生彌陀淨土或烏金剎土之修行，然相對大乘佛教經典所宣說的諸佛菩薩淨土，都已有所侷限了。

所以本書在念佛三昧後，包納許多佛菩薩三昧的修行法門，既擴大了被狹隘化的淨土法門，亦還原了初期大乘經典所宣說的佛菩薩淨土之用意，所以諸佛菩薩三昧的建立，也可說是將念佛三昧建立起一個更具體的修行法門。而大乘菩薩行者，片刻不離念佛三昧，念佛三昧者不離諸佛之行業，故對諸佛菩薩之發心、修學與成道，以及形成的戒、定、慧等功德事業與無量行業，要有深刻的了知與修習，是念佛三昧更深入的行法。

而就密法而言，本尊觀或破瓦法也屬於念佛三昧，所以在月輪觀、阿字觀、五相成身觀、五字嚴身觀後，再立佛菩薩三昧，也正是爲了深化密教本尊觀的修法，以及提供念佛三昧，尤其是觀想念佛、功德法身念佛等具體的修法。本尊觀以空觀爲基礎，修三密相應，成本尊身，但三密相應的本尊觀，在修行上大都是以眞咒、種子字與手印爲本尊身口意之代表，久而久之，忘了諸佛菩薩從初發心至成佛的願行、福智、功德等三密德行，如此修本尊觀，很難眞實與本尊三密相應，而今佛菩薩三昧的修行偈頌之造立，正可以提供行者修行佛菩薩本尊時，應具有的本尊三密，如此才有利本尊觀的修行。

閱讀本書之輔助書目

本書多達近六十種禪觀法門，是各種禪觀法門的偈頌總集，爲作者禪觀修證的心血結晶，值得我們仔細反覆的閱讀與依法觀行，相信能對禪修有很深的助益。但因所納豐富，各種禪觀雖有簡介，但無法具細靡遺的將各種禪法的修證事項、義理與修行次第以白話表達，這也不是一本書所能收納完整的，所以又另有《禪觀寶海》系列的出版，以一個禪法爲一單行本，詳細解說禪法偈頌，學人宜與之加以參閱，必然會對偈頌內容體受更深。而修證偈頌雖精深，但也簡要，雖說「不輕初學，不重久修」，但緣起上初接觸禪觀者，沒有他人帶領在閱讀本書時，可能會感覺太深，故亦可先行參看作者其他如《入佛之門》、《坐禪之道》、《禪宗的傳承與參禪方法》、《禪的開悟境界》、《淨土修持法》系列、《密乘寶海》系列之著作，或是智者大師之《六妙門》《小止觀》與《釋禪波羅蜜》等著作，或是循著本書各禪觀後提供的參考資料來佐證閱讀，應可幫助學人更了解本書的禪觀修證。

全佛一如，淨土人間

《禪觀祕要》是依佛陀「依禪出教，藉教悟宗」的修行教化精神所講授的作品，作者以禪觀實證爲核心，整理了佛教經論中重要的禪觀法門，從根本禪法、大乘禪法到密教本尊觀行、大手印、大圓滿等瑜伽禪法，與禪宗重要之祖師禪法，最後到十地菩薩和諸佛所修之海印三昧、金剛三昧等禪法，主要是相應於現今社會，人心因物欲而致心神散逸紛擾，導致種種心理病象出現，故而以禪觀而定心生慧，使心身自在通暢而病象消失，故禪觀爲現代人解決身心問題的最佳良方。再而，菩薩行者以大悲心救度眾生，以大悲心莊嚴淨土，故建立人間成淨土是菩薩的悲願。然，從現象次第救度眾生，清淨國土，雖是必行之法，但成效較為緩慢，若能從根本建立，令眾生能建立自身是佛的自信，如此，眾生全佛，則所行清淨，所見清淨，淨土人間就不復久矣，即可現成。所以《禪觀祕要》即依諸法實相與諸佛體證之事實，建立全佛一如的禪觀見地，依此全佛見地修行禪觀，所修者皆如默照禪者所言是「諸佛自安樂行」，行者自見是佛，所見一切也是佛，故能行無可得無可證之全佛一如境界，以佛法淨力，清淨一切人間、文化、思想、法界眾事，而利樂一切有情，使人間自成淨土。

現今佛教大體以弘揚「人間佛教」為主體，期望人間能成為淨土，故能因應現今社會所產生的問題，而提出相應的解決看法與作法，建立起佛教在現今社會的正面力量。但以人間為主體的佛教，若無法掌握菩薩的大悲願誓與如幻空慧，若無法鞏固菩薩禪觀三昧而行於世間，有時因見地散失，在救度人間時，不自覺的被人間所轉，雖然累積了深厚的福德善行，但無形中失去了深刻的菩薩智悲之行，反被人間所蝕噬。所以作者用心之處，也在於翻轉這樣的陷落，以全佛為見地，依深刻的「佛境菩薩行」來講說《禪觀祕要》的各種禪法，形成「佛教人間」，將人間佛法化、人間淨土化，令修行者在日常生活所思所行，待人處世中所作所言，皆能見眾生全佛而行一切善行，如此善行無執而成清淨行，眾生全佛，淨土人間成矣。

佛法以實踐為主，實踐之力即從禪觀開始，綜觀佛陀出現於世，開示眾生解脫之道，此道此路因時方變遷，而有大有小，有深有淺，有廣有狹，有開有合，收攝之間，如何統攝融貫，幫助修行實踐，並在時機因緣上俾益於當代眾生，實為大智見者、大悲行者之所思所行，而此書所做之事即在於此，古時大德有荷擔此者，今時今人亦影之在現，從智者《摩訶止觀》到作者的《禪觀秘要》，禪史悠悠、脈脈相承，而此書更有相應現代因緣者在。是以，本書是作者獻給當代及未來修行者的一份珍貴禮物，亦是一切有志菩薩行者，欣然共入全佛大海之舟筏。曾有學者以：「本書的地位與時代意義，等同《摩訶止觀》」以及「亦應入藏」等話語來贊美本書，誠哉斯言！然更有進者，應將本書與經典同時互映而修學之，期見者皆能於此書中得利，並傳揚於世，使世間皆成為淨土，人人皆成為佛陀。

藍序

禪定之學在佛法體系之中有一定的地位，此從經論中之常以戒定慧三學爲佛法實踐綱領，可以推知。但是禪定之學在佛法的意義中所佔的比重，其實是有一定的限度的，其在歷史發展中所引起的變化，也是現代人不宜忽略的。茲略述數點，以供思考。

其一，禪法原是印度修行傳統的產物，在釋尊之前早已盛行。釋尊建立教團之後乃引之爲佛法修行中之輔助技巧。因此，它只是佛教徒抵達終極目標之前的修行手段之一，並不是佛法的終極目的。嚴格的說，禪定的修持只不過是佛法修習過程中的助緣，因此，單純的禪定之學並不等同於佛法。釋尊成佛之前的二位禪法師父（Ārāḍa-kālāma 與 Udraka-rāma-putra）都是當時名重一時的禪定學專家，但他們都不是佛教徒。因爲當時釋尊的佛法尚未確立。

其二，將禪定之學與佛法結合的關鍵，是禪法實踐過程中的觀行內容。不同的觀行內容有不同的修持目標。釋尊所開發出來的觀行內容，使佛教中的禪法具有與外道不同的特質。由此可知，戒定慧三學中的「定學」之所以成爲佛法三學之一，是其中的觀行內容蘊含有佛教根本原理所致。也由此才形成了與外道禪法不同的禪定學。

其三，在大小乘佛教之中，依據各派的教義與修行次第，也各有不同的觀行內容。譬如聲聞乘修五停心觀、修四念住、修四諦觀、其階段性的觀行內容並不相同。此外，大乘中觀、唯識、如來藏三系都各有堅持的教義，也由此而開啓出不同的觀行內容。不同的觀行內容背後各有不同的理論基礎，也各有不同的修持目標，有些是爲了對治內心的雜染與顛倒，有些是要薰修無漏智。是各有所司、不容紊亂的。

其四，在二千多年的佛教史中，佛教在教義、實踐、教團生態等方面，有過幾次階段性的變化與發展。佛教的禪法也不例外，是有發展性與變易性的。從宏觀角度來看，聲聞乘、大乘、密教、禪宗等各派的禪觀行，它們的實踐特質顯然有相當程度的差異。這種現象，說它是宗派性的歧異也好，說它是歷史性的發展也罷，其所彰顯的是佛法中的定學，其內容並不是一成不變的。

以印度瑜伽行派爲例，該派認爲他們所修的大乘禪法（增上心學）就有多項優於聲聞乘禪法的特質，譬如：

（一）以大乘法爲所緣境，而非以聲聞乘法爲所緣。（二）有多種深定（如：大乘光明定、集福定王、賢守、健行等三摩地）爲聲聞乘禪法所無。（三）能引發無分別智，此則非聲聞禪法所能。（四）定中能隨意受生而不入涅槃。（五）能引發無礙神通。……無著的《攝大乘論》對這幾項大乘禪法的不共特質即有扼要的說明。

這一個例子，所凸顯的是瑜伽行派的禪法與聲聞禪法的差異。而且，也顯示出：西元後的大乘行者認爲聲聞禪法有所不足，同時也展現出大乘禪法進一步革新的發展軌跡。

掌握這樣的發展性，再來衡量遲出的密教與禪宗的修持方法，當會理解到禪定學之所以具有多元性，其實也是歷史發展所造成的。

本書作者是筆者相知數十年的忘年之交。這次再版，作者矚序於余。筆者雖然長年研究佛學，但是皆以佛教史爲專業，對於佛教的禪觀行，其實毫無體驗可言。因此，祇能就歷史發展線索，提出若干淺見，用以表示我對作者弘揚佛教禪定學的讚嘆與隨喜。

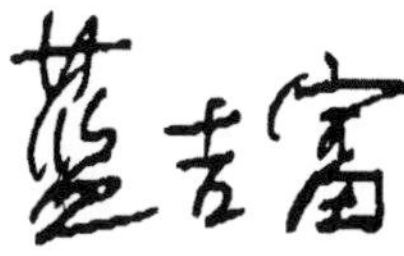

自序

由於宿緣，我對佛法禪觀有著自然而深刻的欣悅。而自幼以來爲了尋求超越生死、離苦得樂的法門，也相應地依止佛法禪觀爲解脫的寶筏。

佛陀依禪出教，以其內證的大覺，開示了法界的究竟實相。而他所宣說的文字般若，都是讓我們能夠現觀成就的指示。但佛陀的大覺，是經由自證而得，我們如果不能依佛陀成就的次第而得圓滿，只是數著佛陀的珍寶，畢竟無益。而佛陀的觀照般若，是由至深的禪觀修證而來，因此，個人依隨因緣，不揣淺陋，乃在佛前發願，希望將禪觀法門次第開顯；上令諸佛歡喜，下令眾生得利，所以陸續地闡揚一系列的禪觀修證法門。

從西元 1978 年開始，隨因隨緣地教授禪法時，就一直感覺未能將佛法禪觀做較完整的整理，雖然也陸續開講了禪定學，但多年來一直未能進一步將禪觀實修的次第作有系統的講授，總覺遺憾。

直到 1994 年，忽然清晰地體悟，開講完整禪觀的因緣已至，因此決定於 1995 年起，開始宣說「圓頓禪人五年高階禪觀修證課程」，當時原本預計在五年當中，每個月宣說一套完整的禪法，共計六十種禪觀三昧，每次兩天一夜的課程，講說與禪修並行；每次大約說法八小時，禪修六小時，共計十四小時，以期學人禪教一致，悟入實觀。到了 1999 年，高階禪觀的課程已連續講授五年，但是在講授的過程中，爲求增補完備，所以直到 2002 年才講授圓滿。

從 1995 年至 2002 年，共計講授了近六十種三昧禪觀，如果再加上一些附屬的三昧禪觀，則超過百種三昧禪觀。而在類別上，涵蓋了「根本禪法」、「大乘三昧」、「佛菩薩三昧」、「密教三摩地」、「禪宗法門」及「佛果三昧」等六大類別，幾乎是總攝佛法中最重要的三昧禪觀。

現在將這些已宣講過的禪觀，供養給諸佛、一切佛法行人，及對禪修有興趣的大德，希望能對佛法修證有所助益，有興趣的大眾也能依止本書來修持。

我的一生中，可說是以「海印三昧」及「金剛三昧」作爲修行最根本的依止。從廿歲開始，大約是在我讀大學的時候，我在宿舍房裡就貼著一幅自寫的對聯：「海印三昧境，如來清淨禪」，橫批爲「金剛喻定」（金剛三昧）。而在觀行修證上，則是依「緣起大智度，行證瑜伽師」為準則，以《大智度論》及《瑜伽師地論》作為觀照行證的因緣。

2002 年，當造完海印三昧及金剛喻定的修持偈頌法本，及至金剛三昧講授圓滿時，深深感覺一生中最重要的授法因緣已了。而這本《禪觀祕要》的出版，也是完成了我一生中最重要的行證因緣，此時心中充滿了歡喜清涼。

希望「禪觀寶海系列」的出版，能使佛陀禪法的光明得到廣大的宣揚，使所有的修行者，乃至一切眾生，走向真修實證之道，如同佛陀一般得證圓滿的大覺，讓這個世界乃至宇宙無窮的世界，都能成為光明清淨的樂土！

附　錄　禪宗法門參考資料　897

第一章
根本禪法

「根本禪法」所講授的禪觀法門，為一切佛法修行的根本禪觀，特別是從原始佛教到部派佛教重要的禪觀法門，以對治身心煩惱、企求解脫為主要目標。根本禪法是所有修行者修證的基礎，也是大小乘共通的禪法。

本章包括了：六妙門、十六特勝、通明禪、四念處、不淨觀、十種遍一切處禪觀、界分別觀、十隨念、因緣觀、四諦十六行觀、九次第定、師子奮迅三昧、三三昧等根本禪法。這些個別的禪法，依止其中任何一者深入修學，都可以成證圓滿解脫，而每個禪法彼此之間也可相通相攝。

1 六妙門

簡介

「數息觀」與「不淨觀」自古以來即被並稱爲「二甘露門」，以長生不死的甘露藥來比喻其珍貴，也是佛教中依之而得成就解脫者最多的方法。」六妙門禪觀即是數息法成就的六種相貌。

六妙門又稱爲「六息念」，其名目如下：一、數，二、隨，三、止，四、觀，五、轉（還），六、淨。《大毘婆沙論》中說：「此持息念由六因故應知其相：一、數，二、隨，三、止，四、觀，五、轉，六、淨。」而《俱舍論》中亦說：「此相圓滿由具六因：一、數，二、隨，三、止，四、觀，五、轉，六、淨。」

在智顗大師的《法界次第初門》中，曾對此六相作了解釋：「今之六法，前三是定，後三是慧。」而對所謂的「六妙」解釋道：「此六通言『妙門』者，涅槃爲妙門，謂能通六法，次第相通，能至眞妙泥洹，故云：『妙門』。」所以六妙法門中，前三者屬「止」，後三者屬

「觀」，同是定慧法門，能使眾生得至涅槃解脫的妙法。

智顗大師十分重視六妙門，在《釋禪波羅蜜》卷七中可以得知，他說：「三世諸佛入道之初，乃是以六妙門爲本，如釋迦初詣道樹，即內思安般，一、數，二、隨，三、止，四、觀，五、還，六、淨，遊止三四，出生十二，因此證一切法門，降魔成道。當知菩薩善入六妙門，即能具一切佛法，故六妙門即是菩薩摩訶衍。」

關於數息觀的六妙門，天台智者大師將之整理會通爲十種「六妙門」，但此對初學者而言太過繁複，因此一般多以其中最常用的「次第相生六妙門」來修持。

次第相生乃是入道的階梯，也是行者依據次第循序漸進修持的法門，對於初學者而言最爲穩當。以下分別介紹六妙門的內容：

一、數息門

行者調和氣息使之不澀不滑，安詳而數，名爲「修數息」。息有出入，亦有息相，即所謂的風、喘、氣、息四種相。數風則散，數喘則結，數氣則勞，數息則定。行者在坐中應當心思安定，使氣息綿綿若存若亡，無聲、不結滯，安詳而數，自然容易入定。

數息的方法，在《瑜伽師地論》卷二十七中說：「云何名爲算數修習？謂略有四種算數修習；何等爲四？一者以一爲算數，二者以二爲一算數，三者順算數，四者逆算數。」

何謂「以一爲算數」呢？即不管數出息或入息，如以入息爲第一，則出息爲第二，輾轉數至第十。何謂「以二爲一算數」呢？即是「入息、出息名爲二。」總合二種息爲一個數目字，依此而數，數出息時，即出息、入息爲一個數字；數入息時，即入息、出息爲一個數字。順算數，即不管以一爲一數或以二爲一數，順次由一輾轉數至十。逆算數，即由前二種算數，逆次由十、九、八、七等數至一。

基本上，筆者比較不贊成出、入息同數，因爲這種數法較難入定，且易滋生弊端，智顗大師亦說：

「即用三師所論，皆不許出入一時俱數。何以故？以有息遮病。生在喉中，猶如草葉，吐則不出，咽則不入，此患生故。」

如果出、入同數，易生喉病，行者數出息時只數出息，數入息時只數入息，不要同時俱數。以下就數息方法再作討論：

㈠**順算數：**行者數息輾轉遞次增加由一至十，名爲順數。若數不滿十，名為減數，若至十以上，名為增數，增、減之數都不是得定的方法。如果從一至十，中間沒有缺失，名為數法成就，或稱滿數；反之，如果心中有不定散動，數法則亂，所以從一數至十能使行者迅速察覺心的散亂。

如果只數一個數字，一數目中沒有任何的間緣，心如果有異動，我們並不容易馬上察覺，所以只緣一息或少息，並不能除掉心中的亂想妄念。數目在超過十時，由於十以上的數目，有二個音節，因此一心必須觀照二個數目字，則心易分散為二，徒然增加散亂，所以名為「增」。我們要了解，數息時只是以微細的心念，以息來記數作為入定的方便而已。

數息並非氣功吐納法，所以並不需要控制呼吸；人類的呼吸是與生俱來的，除非入四禪以上的定境，否則呼吸是不會停止的。所以我們在修數息法時，千萬要體會：呼吸本是一個客觀的存在。就像路上的汽車一般，你只是看著它，心中安靜的數著，並不需要注意呼吸，呼吸才會存在，當然在數息中還是會有呼吸的變化，那是因為心的變化而導致呼吸轉細而已，不需去控制它。

在數息時，心中所專注的只是數目字，並非身體上的某一點，如鼻端或丹田等，我們只注意數息的數字，其餘不管，否則心繫數緣，便難以修定了。

數息有數出息與數入息，各有其特色。數出息時，鼻中每呼出一息，則數一個數字，從一至十安詳反覆的數下去。此時，如果中間的數目字斷了，而未數到十時，再從一數起。如果一時忘緣，數超過了十，只要一覺察到便馬上再從一數起。數出息，適合於初學，這種數法氣息比較不易急躁，身體也不會有脹滿的感覺，身心比較輕利，易於進入三昧。

一般而言，平常人的出息較長，入息較短，所以數出息注意力較容易集中。現代社會的空氣污染嚴重，數出息對身體比較有潔淨的作用。但數入息也有其好處：一、因爲隨呼吸的內斂，易於入定；二、容易斷絕外境的干擾；三、易見體內三十六物，產生內視的現象；四、身力輕盛，較能增強體力；五、內息殷實能夠息諸貪欲瞋恚。所以數出息、入息各有其好處。

㈡**逆算數：**人類很容易養成習慣，當一種行爲變成慣性之後，他的行動也就成爲自然而無意識了，數息也是如此。數息本是將意念專注在數目上面，但在有些情況中，可能會變成習慣性的數法——在妄想紛飛中，照樣數息，此時即爲過於寬鬆之相，宜提起注意力專注數息即可。但當這等方法也失數時，可改爲逆數。逆數只是將數息從順數的一、二、三、……至十，改爲從十倒數九、八、七、……至一而已，因爲習慣的改變，而使注意力再度集中。數出息或入息則與順數所討論的相同。

㈢**勝進算數：**如果行者於數息中已經極爲純熟，可將兩個出息、入息合而爲一，即一出一入再一出一入計爲一個數字，如此轉從一算至十。而後漸增，乃至以十個呼吸爲一個數字，以百個呼吸爲一個數字，依然從一至十而數。如此修習心無散亂，名爲「勝進算數」。但是如果在修習當中，其心散亂，還要從頭數起。這個方法並非必要學習，如果定力純熟也可轉學其他禪法。

數息之相又有兩種，一爲修數，一爲證數，簡述如下：

㈠**修數：**如果行者數息從一到十，氣息已調，數息安詳，攝心在數，心不馳散，名爲修數。

㈡**證數：**行者如果察覺此心可以任運從一到十，不加功力自然而數，息相虛微，心神安住。此時感覺心相漸細，而數息的心念太粗，不想再數，這時行者應當放數修隨。

修學數息法門，以數息爲正念，餘念爲妄念。剛開始時數息心念較細，以之慢慢統攝諸般妄念；到了最後心念漸細，反而感覺數息的念頭爲粗了，這時要棄數修隨了。

二、隨息門

行者心念漸細，能一心依隨於息的出入，攝心在息，知道息的出入長短，心住於息，意無分散，名爲「修隨」。行者雖然於數息中心念已漸明細，但是禪定未發，此時如果繼續存思於數目之中，難免心中仍會有起念，所以要棄「數」修「隨」。

心依於息，入時知入，出時知出，長短冷暖都能了知。如果心思微細，安靜不亂，覺息長短，徧身出入，心息能夠任運相依，意念恬然凝靜，感覺「隨息」爲粗，宛如人疲倦欲睡，不喜別人打擾，亦不樂做諸事，這就是所謂的「證隨」，也稱爲「隨相應」，應當捨「隨」修「止」。

修學隨息法門能引發十六特勝，所謂「十六特勝」又名「十六勝行」。即所謂一、知息入，二、知息出，三、知息長短，四、知息遍身，五、除諸身行，六、受喜，七、受樂，八、受諸心行，九、心作喜，十、心作攝，十一、心作解脫，十二、觀無常，十三、觀出散，十四、觀離欲，十五、觀滅，十六、觀棄捨等。

「六妙門」與「十六特勝」兩種禪定大意相同，但是「六妙門」是從廣博度發展，而「十六特勝」則表現了以單一法門作深入的發揮，這是兩者不同之處。

三、止門

息心靜慮名之爲「止」。

行者雖然以隨息的方法，而致心安明淨，但是定猶未發。如果還心依於隨，則會有些微的亂想，此時應當捨「隨」修「止」，自然能達澄靜安穩。此時息諸緣慮，不念數息、隨息，凝寂其心，名爲「修止」。修止中之多用制心止（凝心止），即制心使之息諸緣慮，不念數隨，凝靜其心。如此久久自然與止相應，斯時自覺身心泯然入定，不見內外相貌，如欲界定或未到地定等所述的禪定境界，定法持心任運不動，此時名爲「證止」，或名「止相應」。

一般宗教修學至此就以爲是三昧成就，安穩快樂，可以至解脫之地，但在佛法卻不認爲如此。此時當思，今此三昧雖然是無爲寂靜，安穩快樂，但是沒有智慧方便，不能超越生死；復起此念：「這些定境，都是因緣所生，爲五陰（色、受、想、行、識）、十二入（六根、六塵）、十八界（六根、六塵、六識）和合而成，皆屬虛幻不實無有自性的，何以如今尚不能夠察覺法界的實相？現在應當當下明照。」，作此念時，即能脫除定境安樂的染著，現起智慧觀察分別，否則沈溺三昧定境的喜樂，沒有慧觀，如飲禪定的醉酒，無法再繼續走向解脫大道。古人或謂「太平禪」、「冷水泡石頭」、「鬼窟裡作活計」多指此輩。能起慧觀分別，離於靜止安樂，方是大丈夫。

四、觀門

分別推析之心，名爲「觀」。

行者雖因修止，而證得諸般禪定，但是解慧未發，如果繼續安住在定心之中，則有無明昧著的乖誤。所以須要推尋檢析所證的禪定，此中多用實觀四念處等禪法，若能夠觀心分明，則知五陰虛誑破諸顛倒。

觀門中，也分爲「修觀」及「證觀」兩個階段。何謂「修觀」？行者在定心之中，以慧分別，心眼觀察，觀此身中，細微出入息相，如空中之風，來去不住；皮肉筋骨身體內臟等，像芭蕉一樣中空不實，內外不淨；復觀定中，喜樂等感覺，都有破壞無常之相，不能永遠保有，是苦非樂；又觀定中的心識，剎那不住，無常生滅，無有安立之處；一切善惡諸法，都屬因緣所生，無有自性。如此觀時，能破除對身、受、心、法四種現象執爲實有的顚倒見。此際，不得人我，定亦無有依處，名爲「修觀」。

當如此觀察時，行者會察覺出入息徧諸毛孔，心眼開明，內視發生，徹見身體的三十六物，及身上諸般蟲菌，內外不淨，眾苦逼迫，剎那變易，一切諸法，皆無自性。此時，心生悲喜無所依恃，得四念處（觀身不淨、觀受是苦、觀心無常、觀法無我），破四顚倒（執著凡夫有淨、受樂、心常、有我），名爲「證觀」又名「觀相應」。此觀相解境發生，心緣觀境，能分別破析，但是覺念還是流動不已，亦非眞實之道，應當捨觀修還。

五、轉門（還門）

轉心反照，名之爲「還」。

行者雖然勤修觀照之法，但是眞正的智慧並未開發。如果以爲有「我」能觀，評析破除顚倒，則計我爲實有的疑惑還是會附同於觀境而生，這樣就與一般宗教的世間禪定無異了。所以說：「是諸外道，計著觀空智慧，不得解脫。」如果察覺此患，即應轉心，反照能觀的心；一旦知道能觀的心，也是虛誑無實，則附於觀上執我的顚倒也會消除。

所謂「修還」，即是知道觀從心生，如果一味隨從解析境像，就不能夠會本還源。應當反觀這個能觀之心，從何而生？它是從觀心而生？或從非觀心而生？如果從觀心中出生，即以前即有觀，但現在卻非如此，爲什麼呢？因爲在以前的數息、隨息與止三者當中，並沒有觀的存在。如果從非觀心中出生，則不觀心是滅而生或不滅而生？如果是不滅而生，則同時有兩心並立；如果是滅後而生，即滅法已消失了，不能生起現在的觀法。若言亦滅亦不滅生，乃至非滅非不滅生，皆不可得。

以上只是佛法中破除自生、他生、無因生等等不眞實見解的論理方式而已。最主要是在反覆推尋能觀之心，結果發現此能觀之心本自不生，不生所以不是眞實的存在，不有即是空，以空故實無觀心可得。反本還源，本無觀心，豈有觀境，境智雙亡，這就是還源的要旨，以上是爲「修還」。

此時心慧開發，不加功力，任運自然，能夠無礙的破析而反本還源，是名「證還」，亦名「還相應」。既與還相應，行者此時當知：「若離境智，欲歸無境智，不離境智縛，心隨二邊故。」眞俗二諦並無絕對的分別，返本還源，而不能立於腳下跟頭，亦難向上一著。此時應當棄捨還門，安立淨道。

六、淨門

心無所依，妄念不起，名之爲「淨」。

行者修還之時，雖然能夠破除「觀門」的顚倒，但如果眞實智慧未能開發，而住於無有能所之境，即爲住於「受念」之中，此時能令心智穢濁覺知不起。如果能夠不住不著，泯然清淨，因此眞智開發，即斷三界結使煩惱，而能證道。

所謂「修淨」，即是知一切色法清淨故，不起妄想分別，受想行識亦復如是。息妄想垢、息分別垢、息取我垢，是名修淨。如果能夠心如本淨，即爲修淨，亦不能得能修與所修，淨與不淨，是名「修淨」。

作是修時，忽然之間心慧相應，無礙方便，任運開發，三昧正受自在禪定，心無依恃。此從相似證得無漏道慧得法眼淨，見諸法實性，乃至九次第定得俱解脫三界垢盡，都可名爲「證淨」或「淨相應」。

以上是爲數息六妙門之梗概。

六妙門 修證

1995.1.22 造

一、說法對象

1. 爲慧多定少學者，說六妙門。

2. 爲發心菩薩說六妙門。

· 自檢擇悲心與否？悲力增否？願敢立否？願心大否？願力具否？智肯習否？智增長否？世間、出世間能分別否？能了悟世出世否？少見慈悲否？深自懺悔，堪成法器受法！

· 受法即受灌，如瓶盛水，非謂分別思惟乃至修習邊事，並非圓頓人。

· 以圓頓心地受法，並成圓頓法要；非圓頓正見，受圓頓法，亦成次第；以邪見受正法，成外道凡夫；以佛法正見融世間方便，如金剛不壞，並成佛法修持方便。當知，佛無法立，但隨緣說性，隨方解縛。

二、說法緣起

1. 佛陀。

2. 智者大師。

三、名義

六數三定三慧，妙名涅槃；亦有漏、亦無漏，是定愛慧果也。

四、辨次位

無定，法入無定，位證無定。

五、修證

1. 攝一切禪門。
2. 修證六妙，開十二門。

六、正修

七、迴向

以此修證功德　迴向法界眾生
圓滿六妙法門　現證無上菩提

六妙門　八講

一、如何以六妙門獲得禪定與智慧

佛法的禪定教學，最主要的目的，是要學者能依禪證悟，開啓智慧，以離苦得樂，而證得解脫、涅槃，乃至無上菩提。

而在這無邊的禪法教學中，數息觀可說是最根本、簡單、安穩、有效的禪觀法門；而將數息法的修證次第與方便完整呈現出來者，則爲六妙門。因此，學習「六妙門」能迅速讓我們獲得禪定與智慧，使我們得證自在、解脫，是極爲貼切的。

在本講當中，將解說六妙門的傳承、意義及禪法修習的根本觀念，讓學者能完整的了解六妙門及修學禪法的重要基礎。

禪法是透過調整身體、呼吸、心念，而得到定境，乃至開悟的方法，因此，我們對身體、呼吸、心念三者，都必須有清晰的理解。而六妙門是以觀呼吸爲主的禪觀，所以，我們也必須對呼吸與禪修的關係，特別體會。

在本講當中，將完整介紹修習六妙門的正確觀念與次第，讓大家對六妙門的教法及未來的修學成證，建立最堅實的基石。

本講大綱

1. 什麼是六妙門？
2. 六妙門與禪定法門的關係。
3. 了解禪法的基本觀念、守則、方法與境界。
4. 如何迅速獲得禪定與開悟的智慧？
5. 呼吸與身心、禪法的關係。
6. 如何觀察自己的呼吸，並練習呼吸的禪觀？
7. 呼吸禪觀的修行方法及修習的現象。
8. 數息法與六妙門。

問題討論

1. 現代人如何修學禪法（尤其是六妙門）？
2. 六妙門對自己的身心昇華及解脫有何意義及效用？
3. 現代人修學禪法（尤其是六妙門）時，有什麼特別的方便及障礙？
4. 如何讓自己迅速修證六妙門？
5. 在日常生活中，如何調整身心，並增長修習六妙門的能力？
6. 應當以何種態度來觀察禪觀的境界及現象？

二、修持六妙門來通往所有禪法

六妙門是所有禪觀中最有效簡便而安全的方法。以佛法而言，在四禪以下，每個人都有呼吸氣息，利用安定、微細的呼吸氣息，來做爲禪修的工具，是最簡單而安全的方法。而且因爲呼吸與身體、心念的深刻關係，以數息爲中心的六妙門，能夠迅調整身、息、心，而獲得定境及至開悟的智慧，是最方便而有效的禪修法門。

因此，以數息爲中心的六妙門，自古以來即被認爲是最方便、簡單的一門禪觀，而被大多數的修行人所採用，而且修持此法門而開悟者也最多，因此與「不淨觀」被共稱爲二甘露門。

本講主要述及以六妙門作爲開發所有禪法的方便，運用六妙門的修習，即能成就佛法中一切禪法。

以「數息」爲妙門時，能引發「四禪」、「四無量心」、「四無色定」等禪法，乃至證得阿羅漢。

以「隨息」爲妙門時，則能引發「十六勝觀」，而證涅槃。

以「止」爲妙門時，則能次第引發「五輪禪」，及至證入涅槃。

以「觀」為妙門，則能出生「九想」、「八念」、「十想」、「八背捨」、「八勝處」、「十一切處」、「九次第定」、「師子奮迅三昧」、「超越三昧」、「鍊禪」、「十四變化心」、「三明」、「六通」，及「八解脫」，得證「滅受想定」而證入涅槃。

以「還」為妙門，則能出生「空」、「無想」、「無作」等三解脫門，「三十七道品」、「四諦」、「十二因緣」、「中道」正觀，亦得以證入涅槃。

以「淨」為妙門，行者依此能入自性禪，二乘依此定證涅槃，菩薩依此出生九種大禪，而證得大菩提果。

因此，在本講中，希望大家能體悟依六妙門能善通一切禪法，並能修證體驗，證得大菩提果。

本講大綱

1. 以數息為妙門，衍生各種禪法。

2. 以隨息為妙門，衍生各種禪法。

3. 以止為妙門，衍生各種禪法。

4. 以觀為妙門，衍生各種禪法。

5. 以還為妙門，衍生各種禪法。

6. 以淨為妙門，衍生各種禪法。

問題討論

1. 修習禪觀，是否應一門深入，還是廣學多聞？
2. 禪觀之間，是否可以會通，乃至相互攝持引生？
3. 禪觀是否可以一門深入爲主，而以其他禪法作爲輔助？
4. 修習一種禪觀，是否會引發其他種禪觀的境界，因何會如此？
5. 如何深修六妙門，以成證一切禪觀？

三、「次第相生六妙門」與「隨便宜六妙門」

本講將解說智者大師所開出十種六妙門中的二種，第二「次第相生六妙門」，及第三「隨便宜六妙門」。

㈠次第相生六妙門——依次第修習六妙門

「次第相生六妙門」可說是六妙法門當中，最基礎的連貫性修法，有別於第二講中的第一「歷別對諸禪定明六妙門」，以六妙門廣通一切禪法的廣博，而難以盡攝。次第相生六妙門，是以六妙門的數、隨、止、觀、還、淨的六個次第，一門深入，完整的修證，所以是六妙門修持的根本核心。如果修行者要以六妙門來修證解脫，對次第相生六妙門就要特別完整的掌握。

在此六妙門中，修行者從數息開始修習，次第證入隨息、止、觀、還、淨等六個次第，而每一次第中，又有「修」與「證」兩種境界。所謂「修」，就是要起心住於所修的方法，而「證」則是心念與所修的方法相互泯合，不用作意，自然成證的現象。最後在證淨時，當然是得證眞正的無漏智慧，無礙解脫。

㈡隨便宜六妙門——依各種機緣修習六妙門

「隨便宜六妙門」是修行者在實際的修習六妙門中，先行調心次第練習數、隨、止、觀、還、淨六種妙門，每種法門依序練習數日，熟練之後，再從數息到淨門重複安心修習數日。這樣完整練習數次後，修行者可以發覺到自己最適合修習的方法，於是選擇自己最相應的方法，不管是數息、隨息或止、觀、還、淨等，加以修習。

接著，當修行者修心安穩，必有所得證，不管是有法持身或欲界定、未到地定及初禪等各種禪定。當得定後，如果心住於定，而無法進步，這時應當隨定的深淺，修習六妙門加以開發。

所以，當修行者在淺定中一段時間而無法進步時，這時當細心修數，修數不進則修隨，次第運用六法修證。如果在這當中，能有一法修證增進時，就善修之。而當修入深禪定時，超越數息之相，在定中如果無法增進，應當善修隨、止、觀、還、淨等法門。此後，前修法門如果無法增進，依此原則而修持隨後的法門，最後自然發眞正無漏智慧，而證入涅槃。

本講大綱

1. 依次第方法修習六妙門／以數息等六種禪法，依次第相生進階證悟道果的六妙法門／次第相生六妙門。

- 。數息：修習數息、證入數息。
- 。隨息：修習隨息、證入數息。
- 。止：修習止門、證入止門。
- 。觀：修習觀門、證入觀門。
- 。還：修習還門、證入還門。
- 。淨：修習淨門、證入淨門。

2. 隨著各種機緣修習六妙門／以修學數、隨等六種禪法，然後依循機緣，隨順善巧使用適宜修證的六妙法門／隨便宜六妙門。

問題討論

1. 在修習禪法時，什麼是正念與妄念？

2. 修禪即是調整自己的身體、呼吸與意念，請觀察自己的身體、呼吸與意念，並思惟如何加以調整、改善以證入禪定，乃至開發無漏智慧而解脫。

3. 運用此講的次第相生六妙門內容，用心的修習，並觀察當自己用心修禪得利時，在日常生活當中的變化。

（本講請參考《坐禪的原理與方法》p134 ～ 151）

四、「對治六妙門」與「相攝六妙門」

本講主要是解說智者大師六妙門法門中的第四「對治六妙門」與第五「相攝六妙門」。

㈠對治六妙門——以六妙門對治一切障礙

修行佛法，主要是遣除一切身心障礙疑惑，而自在解脫成就，並非是另外去追求或得其他的特別物相。因此《金剛經》中，佛陀才會說：「知我說法如筏喻者，法尚應捨，何況非法？」，而永嘉禪師的證道歌也說：「但自懷中解垢衣，誰能向外誇精進？」因此，我們要體會修證佛法，即是去除自己身心的障礙、執著，並不是要我們去執著所修學的法門。

所以，現在我們修學六妙門，也可以體悟六妙門即是去除我們身心障礙的妙藥，而我們的障礙即是我們的生命病徵，一切障礙可分爲三種，稱爲三障，即「報障」、「煩惱障」與「業障」。我們現了知身心的病，知病識藥，障礙即易去除，使我們身心得癒，悟道解脫。

「對治六妙門」即是教導我們覺知障礙的病徵，並教導我們如何用六妙門的妙藥分別對治得癒的妙法。

㈡相攝六妙門——以六妙門相互攝入成就

當我們修習六妙門較純熟之後，對六妙門的各個法門會有更深刻的體悟。這時我們可以覺察，或是引發六妙門中六法更深的相互作用，這些作用，將引生六妙門更深刻圓融的力量，讓我們在禪觀的修證上，體悟更深，修證也更加圓滿。在本法中，在修持六妙門純熟後，能修證二種六妙門相攝的方法。一是六妙門中六法皆能以自體的法門，攝入其他五法。如數息門即可攝入止、觀、還、淨等其他五法；而隨、止、觀、還、淨也可攝入其他五法。所以六門各攝六門，可以成爲六六三十六種妙門。

此外，第二種是善巧修學六妙門中的一門，即可出生勝進相攝的現象。如修數息時，在靜心的善巧中，能了知氣息在身心的出入；而且在完全覺知中，一面隨息，而數息也同時成就，這就是在息中成就勝進相攝的隨息法門。

同樣的，止、觀、還、淨另外四法也能如此成就。所以，以六門攝入六門，也名爲三十六妙門。一切行者，依止上述的二種六妙門，必定能夠圓成各種甚深的禪定智慧，而得涅槃解脫成就。

本講大綱

1. 善巧使用六妙門對治身心境的一切障礙，以證得道果／隨對治六妙門。報得的障礙／煩惱的障礙／道業的障礙。
2. 善巧修習六妙門相互攝入成就其餘五門／以六妙門中的一門相攝其餘五門，或善巧修習一法，其他五門自然出生，勝進成就／相攝六妙門。

問題討論

1. 如何建立正確的業障觀念，並觀察自己的身心障礙？
2. 如何以六妙門對治自己的身心障礙，並得證解脫？
3. 如何善用六妙門，加深自己的禪定能力，並以六妙門相攝圓滿的禪定力量境界，並得證解脫圓滿無上菩提？

五、「通別六妙門」與「旋轉六妙門」

㈠通別六妙門——共通學習與差別證得的六妙門

通別六妙門是指凡夫、外道、二乘、菩薩等，如果共同學習六妙門，但由於理解智慧的不同，所證的境界也有不同。

佛法的禪觀與凡夫、外道禪觀的不同，並非在所使用的方法與修習的功夫上，最主要是取決於知見上。佛法正見能導引修行者成證涅槃解脫，但是凡夫、外道由於沒有佛法的正見，對法界的實相不能眞實的理解，因此使用相類於佛教的禪觀修法，即使是修持的功夫很深，還是無法開悟解脫。

我們現在就以一艘船來作比喻。見地代表航海圖及目的地的指示，現在有人要開船，沒有航海圖及目的地的指示，船的性能再好，速度再快，也只能漂流於大海，無停泊處，也永遠無法到達目的地。但是如果能具有正見及正確的目標，雖然說功夫差一些，但也終能到達目的地。

因此，修學佛法最重要的是正見，接著才是修行功夫。這雖然與一般世間人總是比較崇敬有修行功夫的人不同，但卻是佛法最根本的看法。只有正見才有佛法，具足正見者，永遠比有修行功夫而無正見的人，更值得依止。當然正見與修行的力量同時具足的人，我們更應當崇敬。

佛法與凡夫外道的差別，在於正見。而菩薩與聲聞、緣覺等的差別，又在何處呢？大小乘的禪觀修證，最重要的分別是：小乘的修行者，是以自身求解脫涅槃而修習；但是大乘的修行者，卻是以大悲心為救度一切眾生而修習禪觀，以證得無上菩提。因此，大小乘的修行者，皆是修習菩提正見，但是小乘行者是為自求解脫而修行，大乘行者卻以無上菩提心而修行，於是所證的果報，當然也就不同了。所以，凡夫、外道、二乘、菩薩，雖然共同修學數息等六妙門，但由於見地與發心的不同，獲得的果報當然就不同。

㈡旋轉六妙門——菩薩所行出生一切功德的六妙門

上述的六種六妙門，都是凡夫、二乘與菩薩皆可共同修學的六妙門，現在所談的六妙門，卻是唯獨菩薩所行的六妙門。

菩薩在數息法中，修習從空出假觀，能生起旋轉一切諸行功德的妙相，這是此門修行的主旨。

菩薩行者在數息時，應當發起大誓願，憐愍眾生，雖然了知眾生畢竟空不可得，但是爲了要成就沉迷於世間幻相的虛幻眾生，從不可得的痛苦執著中如幻解脫，並清淨諸佛國土，盡未來際，永不休息。發起這無上菩提願時，應當了知，數息法門是不生不滅，體性空寂，即息是空，非是以息滅而空，是息性自空，息即是空，空即是息，離空無息，離息無空，而了知一切眾法，皆是如此。

如果菩薩如此修習，而到達了悟息性現空的境界，即能體悟世間及出世間的眾法，並具足六波羅蜜，而能成就旋轉陀羅尼，旋轉出生一切菩薩妙行、智慧神通、無盡功德。

本講大綱

1. 凡夫、外道、二乘及菩薩都可修持六妙門，但是因爲正見及悲心不同，所以道果成就也不同／通別六妙門。
2. 出生一切功行相的六妙門，唯獨菩薩所行修習，從空出假觀，生起旋轉一切功德行相的六妙法門／旋轉六妙門。

問題討論

1. 凡夫、外道與佛法的禪觀最主要的差別何在？

2. 凡夫、外道與二乘、菩薩，同時學習六妙門，爲何證量會有所不同？最主要的原因爲何？
3. 旋轉六妙門與前段六妙門不同之處何在？

六、「觀心六妙門」與「圓觀六妙門」

本講主要解說智者大師六妙法門中第八「觀心六妙門」與第九「圓觀六妙門」。

㈠觀心六妙門——直觀心性成就六妙門

觀心六妙門，是對大根器的修行人，不經由次第，直觀心性，成就六妙門，具足一切法。這是因爲一切萬法皆由心起，如果反觀心性，自心源頭即不可得，因此萬法皆無根本，以此直觀心性，便具足一切。

㈡圓觀六妙門——圓觀心性成就六妙門

圓觀六妙門是比觀心六妙門更圓滿的觀法。修行者觀一心，能見一切心及一切法；觀一法，能見一切法及一切心。法界萬法都如同影響，非內非外，不一不異，一切都是不可思議，這是本性法爾如此，沒有能夠造作者。非但在一心中，能分別一切十方法界、凡聖、色相、心念、諸法數量，也能在微塵中通達一切十方世界、諸佛與凡聖、色相、心念、數量法門，這是圓觀的數門，而隨、止、觀、還、淨等其他五門，也是如此。

所以修學此法，能於此得六根清淨，開佛知見，普現色身，成等正覺。

本講大綱

1. 大根器者，不依循次第，直觀心性所成就的六妙法門／觀心六妙門。

2. 圓觀心性成就一切法的六妙門，圓觀心性，觀一心，一法能成一切心、一切法的六妙法門／圓觀六妙門。

問題討論

1. 請觀察身心及其根源，切莫落入色行眾相、光影幻境及妄念顛倒神識之中。

2. 當反觀心源，體悟現空實相時，因何能現觀萬法皆空如幻，絕不可得？

3. 現觀萬法空如幻中，在寂滅心念之中，云何能生起大悲、無上菩提心，而不入涅槃？

4. 觀空愈廣大，智慧愈具足，爲何此心悲心愈廣大？而悲心愈大時，緣何空愈大，智愈周圓？

5. 圓觀是當下，或是過去、現在、未來心念？爲何一念能圓觀一切，圓觀一切能會通於一念，而無所

得？

七、證得六妙門的各種現象

本講是解說修學六妙門時，所證得的各種現象。前述的九種六妙門所講述的是六妙門的各種修行方法，主要講說的是修行因位上的現象，對於修證果位的境界，並沒有完整的解說，所以在此講中加以說明。

在本講中所說的修證境界，分爲四種：一是次第證得，二是互證得，三是旋轉證得，四是圓頓證得。

㈠次第證

此種證相，即是以所修證的六妙法門，依次第由下而上逐一證得的境界，在歷別對諸門及次第相生六妙門中，已經說明。

㈡互證

這是第三隨便宜、第四對治、第五相攝、第六通觀等四種六妙門中所說的證相。

因爲這四種六妙門的修行方便，並無一定的次第，證得的境界也迴互不定，所以可能修習數息，卻見到身中的三十六物，便是數息門中證於隨門的境界。因此，數息中可以互發六門的禪相，前後不定。而其餘的隨、止、觀、還、淨五門，也能一一互證諸禪相。

而會引發互證諸禪有二種原因：一是在修持各種禪法時，由於相互修習的緣故，所以發起證相，也就如此互證。二是由於宿世業緣善根發起，所以會互發不定。

㈢旋轉證

這是依第七旋轉修六妙門所引發的證量。在此旋轉六妙門所引的證相各有二種，一是屬於心慧開發的妙用，是「證旋轉解」。二是屬於心行相應的妙用，是「證旋轉行」。而這所謂「證旋轉六妙門」者，即是得證「旋轉陀羅尼」，修證至此，必定不久能入菩薩位，成就無上正覺。

㈣圓頓證

這是依第八觀心、第九圓觀二種六妙門，修證所成的境界。依此證得的境界有二種：一是解證，是無礙的智慧，不由心念自然圓證，識了法界。二是會證，這是妙慧朗然開發，明照法界，通達無礙。而此修證的證相也有二種：一是相似證相，這是如同《法華經》中六根清淨相所說的證相。二是眞實證相，這又如同《華嚴經》所說，初發心即證圓滿功德智慧之相。

本講大綱

宣說各種六妙門的證果之相／證相六妙門。

1. 依次第證得六妙門的現相。

2. 互相證得六妙門的現相。

3. 證入旋轉六妙門的現相。

4. 證入圓滿六妙門的現相。

問題討論

1. 如何一心修習在此生中成證六妙門？

2. 如何將六妙門的修證納入自己的生涯規劃，讓自己在生前依此證得六妙門的各種境界？

3. 六妙門爲何會有次第證、互證、旋轉證、圓頓證的差別？

八、六妙門在生活中的運用

本講是六妙門最後一講，內容主要在討論如何將六妙門應用在我們的生活之中 。在這個前提之下，如何以六妙門來圓滿我們世間與出世間的各種生命目標，乃至圓證無上菩提，就成了修持六妙門極爲重要的思惟。

除此之外，如何應用六妙門在我們行、住、坐、臥等日常生活、事業、學業、家庭，乃至規劃我們此生的生涯，與從此世直至無上菩提的成佛生涯，也是本章思惟的重點。

而由於人的生死與呼吸的關係極為密切，所以以呼吸為修持方便的六妙門，不但可以運用在我們生前的生命規劃，還可以應用在出胎、病中及臨終、中陰、投胎等生前、死後的因緣，在我們生命中的每一個階段，六妙門都可以提供極為有益的因緣。

本講大綱

1. 六妙門與我們的人生。
2. 六妙門在行、住、坐、臥等日常生活中的應用。
3. 六妙門在事業、學業、家庭生活等的應用。
4. 六妙門在生涯規劃中的應用。
5. 六妙門在投胎、出胎、病中及臨終、中陰的應用。

問題討論

1. 觀察自己生命的各種目標，並規劃以六妙門圓滿。
2. 如何以六妙門昇華自己的日常生活？
3. 如何以六妙門幫助自己的事業、學業、家庭，並規劃自己的生涯？
4. 如何在病中、臨終中時運用六妙門？

參考資料

1. 隋・智顗說《六妙法門》
2. 隋・智顗說《釋禪波羅蜜》卷七〈六妙門〉
3. 隋・智顗說《法界次第初門》卷上之下〈六妙門初門第十八〉
4. 唐・湛然述《摩訶止觀輔行傳弘訣》卷一之二

延伸閱讀

1. 洪啓嵩著《坐禪的原理與方法——坐禪之道》
2. 洪啓嵩著《以禪養生——呼吸健身法》

2 十六特勝

簡介

「十六特勝」是指十六種禪觀法，適合定根多而慧性少的眾生修習。「十六特勝」和「六妙門」一樣，都是屬於息道的禪觀法門。

當初釋迦牟尼佛教導弟子們修習不淨觀時，曾經有人因爲修此觀而產生極端厭世之心，終告自殺身亡，佛陀因此告訴比丘眾，捨棄不淨觀而修學此十六特勝觀。這十六特勝爲：一知息入、二知息出、三知息長短、四知息遍身、五除諸身行、六受喜、七受樂、八受諸心行、九心作喜、十心作攝、十一心作解脫、十二觀無常、十三觀出散、十四觀離欲、十五觀滅、十六觀棄捨。

在《釋禪波羅蜜次第法門》卷七記載：「十六特勝，修之可以得道。此十六特勝，有定有觀，是中具足諸禪，以喜樂等法愛養故，則無自害之過，而有實觀觀察，不著諸禪，所以能發無漏，既進退從容，不隨二邊，亦能得道，故名特勝。」依此可知，修此十六特勝觀的過程中，修學者的身心可以領受喜樂之禪境，不會導致厭世自殺，並有如實的觀察，令修習者雖然深入正定而不致於染著諸禪，較於不淨觀、六妙門等更爲殊勝，所以稱爲「特勝」。

十六特勝　修證

1995.2.11 造

一、聞法衆

1. 爲定多慧少眾生，說十六特勝。

· 下地不即發無漏，定性多故，具上地諸禪，方得修道。

· 近世禪人、眾生，多以電光石火，外善發相，偶現識境爲修道境界，不知修道即修眞慧，定力功夫，縱得神通無量，非想非非想，畢竟屬影塵邊事，與道無涉，道人當得警醒。

2. 爲發心菩薩說十六特勝。

· 善哉發心，即成正覺，名圓頓義。

· 直行現得無上正覺，名圓頓人。

· 佛自說因緣：不爲餘事故，求阿耨多羅三藐三菩提，但爲一切眾生故。何以故？菩薩遠離大悲，行般若度，求諸法實相，或墮邪見中，實相難得。菩薩但知，一切無根本，不可取、不可得、如幻如化，以眾生不知是法，爲眾生求無上覺。諸法實相，如法性、法住、法位、實際，是平等；從初發心悲愍眾生，遠離空此過與不空彼過等。是則非但思惟，惟現前如如，是圓頓人。

· 大聖龍樹言：菩薩行善道，為一切眾生，此是實義；餘處說自利亦利益眾生，是為凡夫人作是說，然後能行菩薩道。《大智度論》卷九十五中說：「入道人有下、中、上。下者，但為自度故行善法；中者為自亦為他；上者，但為他人故行善法。」圓頓行人現前平等，如實現行，無自無他，但法界行，無緣大悲現前有力，如實利益如幻眾生。

· 龍樹大聖言：「若但為眾生故行善法，眾生未成就，自利則為具足；若自利益，又為眾生，是為雜行。求佛道者有三種：一者、但愛念佛故，自為己身成佛；二者、為己身亦為眾生；三者、但為眾生，是人清淨行道，破我顛倒故。……是菩薩自得無所著，亦令眾生得無所著，是名第一利益眾生。問曰：上說但利益眾生故行道，今何以故自得無所著，令眾生得無所著？答曰：不得已故，若自無智慧，何能利人？以是故，先自得無所著，然後教人。」故當了知，密乘謂：為利眾生願成佛，當善抉擇自發心。宗喀巴言國王論發心，欲自成佛，然後救度他人，爲惟一正義，恐有未善，義如文殊，圓頓行人，現前平等，法住法位是如如佛，非有自他，亦名離佛、眾生對垢，當體如是。

· 如實十六特勝，但隨緣現立，平等受持。

二、緣起

三、名義

四、修證

圓觀十六特勝

· 依法界觀門、圓觀十六特勝。

· 息者三事具足，是法界相；今但觀息即是心，心即是息，身亦如是。三事法爾一如，故見息本，即見法界，但觀心、身，具一切法！觀一息，具一切心、身，觀一心，具一切息，觀身行亦復如是；如諸法實相，是法性、法住、法位、法界，實際、眞實平等。一切息如幻、如化、如摩尼影現，不可思議、法爾如是。於一息中具十方界，於一念中住一切息。心心法法、身息法爾如是。

· 息者即具大悲力用，心息周徧法界全動。但爲眾生，無緣大悲，身心息具，成空華佛事。

· 息具大願，是無量壽，成證眾生圓滿佛德。

· 發心具息，成等正覺，是圓觀十六特勝，息道妙門。

一、**知息入：**是息者智息，是大智海毘盧遮那果地智息。如佛口發光，灌眾生頂，放光如來，即是佛智息，領納受用，智息周徧，是法界息，是無住相。

二、**知息出：**無住生心，住如如智，發心圓頓，悲大智圓，願具菩提。是息轉大法輪，如幻法住法位，法爾圓頓，眾生成具全佛。

三、**知息長短：**是法平等，無有高下，法性體圓，頓覺緣起。性起如實，如實安立，非內外中間。

四、知息徧身：法界如空，身亦如是，空息相徧，心圓法爾，如月中圓，滿具法身，有大作用，具大威力。

五、除諸身行：淨覺無住，身行現空，如幻法住法位，法爾平等如實，離相對待，無可除處，離諸身行。

六、**受喜：**現前法性，平等緣起，佛入智密，領納大喜，現前受用，性空現了。

七、受樂：喜極妙樂，豁然現前，現樂法爾，大空現前，緣起交映，入具平等，大圓頓受，妙空如如。

八、受諸心行：心本非心，法爾如是，法位現前，法住妙德，無染著中現前妙心，法界大定，無住安心。

九、心作喜：法性現喜，如實緣起，離諸對待，無住心喜。

十、心作攝：法爾大定，離出入相，無可入處，不思議定，現空大覺，如如三昧。

十一、心作解脫：無解脫處，離二樂相，不二妙樂，大慧現前，法爾自在，無住解脫。

十二、觀無常：不壞世間，生滅法爾，無常現觀，破滯不空，發心智海，能圓頓佛，具眞無常。

十三、觀出散：法界如實，現空出散，出散如化、如幻法住，無自性性，具緣現空，三心不得，無住無受。

十四、觀離欲：心識幻名，無眞實處，空能具用，如幻現前，欲性非實，無可離處，佛境幻行，大悲離欲。

十五、觀滅：法爾現空，空滅滅空，滅空空滅，滅滅離滅，不可得滅。平等無得，無住成頓，圓頓行人，本觀寂滅。

十六、觀棄捨：一切諸法，皆不可得，無得現前，無上正覺。無佛涅槃，無涅槃佛，無棄捨處，具足棄捨，無生滅離，平常一事。

參考資料

1. 隋．智顗說《釋禪波羅蜜》卷七．〈十六特勝〉
2. 覺音造、葉均譯《清淨道論》第八〈說隨念業處品〉（九）安般念
3. 姚秦．鳩摩羅平譯《摩訶般若波羅密經》卷五〈廣乘品〉
4. 彌勒菩薩說、唐．玄奘譯《瑜伽師地論》卷二十七
5. 劉宋．求那跋陀羅譯《雜阿含經》卷二十九
6. 後漢．安世界譯《大安般守意經》卷上
7. 五百大阿羅漢等造、唐．玄奘譯《大毘婆沙論》卷二十六
8. 訶梨跋摩造、姚秦．鳩摩羅什譯《成實論》卷十四〈出入息品第一八五〉
9. 優波底沙造、梁．僧伽波羅譯《解脫道論》卷七

延伸閱讀

1. 印順法師著《新阿含經彙編》

3 通明禪

簡介

通明禪與數息觀、十六特勝，都屬於以呼吸為標的之修行法門，此禪法出自於《大方等大集經》。在《大集經》的卷二十中曾述及此一禪法，但未列名稱，在天台智者大師以前北國的禪師修得此禪，始名為「通明禪」。「通明禪」一稱，其義有二：⑴謂修此禪定時，先通觀息、色、心三事，故稱「通」。此定明淨，開心眼，觀一達三，徹見無礙，故稱「明」。⑵修此禪定可得神足、天眼、天耳、他心、宿命、漏盡等六通，又得宿命、天眼、漏盡等三明，故稱「通明」。此中，第二義係因中說果而得名，即其餘禪法也能發六通三明，但不及此禪法利疾，所以唯有此禪稱為通明禪。

通明禪初始時主要是調鍊心、息、身三者，使之一如。

一般數息法是調身、調息、調心，不斷的一心數息，綿綿而數，數到最後入定，但是這與通明禪不同。通明禪首先要使心、息、身這三者達到「如相」，也就是「身如」、「息如」、「心如」，而最後達到「如心相」。

修習此禪法，須從初發心修禪，即觀息、色、心三事皆無分別，通體一如。

觀三事如，必先觀「息如」，即攝心靜坐，調和氣息，一心諦觀呼吸，觀想氣息徧身出入，如果慧心明利，即能察覺氣息，入無積聚，出無分散，來無所經由，去無所履涉。雖然明覺，息入出徧身，觀之如空中風，無有自性，即是觀息如心相。

次觀「色如」，行者既然已知息依於身，離身無息，即應諦觀身色如。這個色相，本來沒有，都是無始以來妄想因緣串習所成，招感今世，地、水、火、風四大造諸色相，圍此虛空，假名為身。此時應一心諦觀身體之三十六物及四大之相，一一非身，亦非實有，了無自性；此時乃察覺無色身可得，即達色如之境。

再觀「心如」時，當知由於有心識的緣故，而有身也，此身來去動轉，如果無心，誰能了別色相？色相又因誰而生？因此仔細諦觀此心，發覺此心乃是藉因緣而有，所謂「有因有緣世間集，有因有緣世間滅」，生滅迅速，不見有住處相貌，但有假名，而假名亦空，即達心如。

接著觀察呼吸時，察覺息不可得，以其來去無常，了無自性，達色、心空寂，因爲三法本不相離，色、心亦復如是。如息、色、心三事了不可得，即不得一切法。

色、息、心三者和合，能生五蘊、十二入、十八界一切諸法。使諸有情領受眾苦煩惱產生善惡行業，往來六道輪迴，流轉不息。若能了知此三事本來無生，則一切諸法，本來空寂；如此，則爲修習如心之相。

修此禪法要動靜一如，在行、住、坐、臥之中，都能保持明淨。

另外，數息觀在未到地定時，心眼觀察不到我們的身心，在十六特勝的未到地定會看到我們的內臟三十六物，而在通明禪裡的未到地定不只看到裡面的內臟，連內臟組織皮的薄膜也會看得到。所以不只能看到心臟而已，心臟裡面的每一個組織，每一個瓣膜都可以看到。不只能看到我們的皮膚而已，連皮膚一層一層的薄膜都十分明晰。

剛開始我們會觀察到身體的內臟，感覺到十分不淨，在此能會通於「不淨觀」。再來更深刻一點，進而裡面的蟲（細菌、微生物）都看得到，甚至可以看到它們在體內的活動。修習到這種程度，有時候會聽到它們的語言，也懂得它們的含意，轉而通達一切眾生的語言，那時甚至可以跟動物溝通了，之後整個身心會像琉璃一樣，完全清淨。

在通明禪的修證中，有一般的行人，有修四聖諦的聲聞行者，會悟覺四聖諦，通達正道諦。有些是修緣覺的行者，能通達緣起。另有修習菩薩行者，通身會淨如琉璃，毛孔現佛，得菩薩三昧。

所以，不同見地與發心的行者，修習此禪觀，所得到的證相亦不相同，這是修習此禪觀的人應當了知的。

通明禪 修證

1995.3.18 造

一、以慧觀爲中心的禪法

二、通明禪的解脫妙用

三、菩薩的通明禪與寶炬陀羅尼

一、總論通明禪

㈠修法前攝心導引

㈡聽聞通明禪法的大眾

㈢通明禪釋名

㈣明階位次第

二、通明禪初禪修證的境界㈠

㈠遠離五蓋煩惱與具足五支成就

㈡觀息如心相

㈢諦觀身色一如之相

㈣從「心如」到「如心」的境界

三、通明禪初禪修證的境界㈡

㈠通明禪欲界定、未到地定的修證境界

㈡解明三種世間的現象

㈢通明禪根本世間的初禪境界

1. 初證初禪的境界

2. 中證初禪的境界

3. 後證初禪的境界

4. 初禪五支成就的境界

⑴覺支

⑵觀支

⑶喜支

⑷安支

⑸定支

㈣通明禪義理世間的初禪證相

1. 外在的義理世間

⑴根本世間的因緣

⑵內世間與外國土的相互關聯

⑶自身世間與世間政制的對治正理

2. 內在的義理世間

3. 覺、觀、喜、樂、定五支成就的內義

㈤通明禪事世間的初禪證相

1. 正見事世間的現象

2. 覺觀等五支的意義

四、通明禪二禪以上的修證境界

㈠二禪的修證境界

㈡三禪的修證境界

㈢四禪的修證境界

㈣空無邊處定的修證境界

㈤識無邊處定的修證境界

㈥無所有處定的修證境界

㈦非想非非想處定的修證境界

參考資料

1. 北涼・曇無讖譯《大方等大集經》卷二十

2. 隋・智顗說《摩訶止觀》卷九之上

3. 隋・智顗說《法界次第初門》卷上

4. 隋・智顗說《釋禪波羅蜜》卷八

延伸閱讀

1. 洪啓嵩著《通明禪禪觀——迅速開啓六種神通的禪法》

4 四念處

簡介

四念處（梵 catvāri smṛty-upasthānāni）是原始佛教基本修行法門，是三十七道品中的一科。又稱爲「四念住」、「四意止」、「四止念」，或單稱「四念」，即身念處、受念處、心念處、法念處，亦即觀身不淨、觀受是苦、觀心無常、觀法無我，而對治常、樂、我、淨等四顛倒的觀法。「念」指與觀慧相應之念心所；「處」即身、受、心、法四境。於此四境起不淨、苦、無常、無我等觀慧時，能令念止住於其境，因此稱爲「念處」或「念住」。

四念處禪法又稱爲「一乘道」，是一種十分簡易而境界無限深廣的禪法，能讓我們從初開始修習時，就十分容易掌握，並使我們體悟到最高的實相境界。因此自古以來，四念處就是佛陀最重視的禪法之一。

四念處是直接觀察我們身心實相的禪法，透過當下對自己身體的觀察、感受的觀察、心念的觀察，乃及一切諸法現象的觀察，產生對身體、感受、心念及一切相應現象的如實覺知觀照，而體悟實相，生起眞實的智慧。

在這修持的過程中，由於能清楚覺知自己身心的各種現象，因此身心能得到更好的統一。並且由這統一身心的定力，與由定力所產生的智慧，讓身心更加健康、昇華，得到前所未有的喜悅與能力。因此，修學四念處，可以說是生命力量源源不絕的源泉。

四念處完全是以直觀我們身心及生活現象來修習，並不需要任何的宗教儀式，而且隨時隨地皆可修習，實在是最適合現代人生活的修行法門，而且也不一定要深入任何宗教的信仰。

透過隨時隨地覺知自己身心的禪觀，我們從清晨起身，盥洗、早餐、上班、工作、下班、居家生活、就寢、睡眠及夢境等，一天二十四小時的生活，都可運用四念處來覺知昇華我們的身心，這種禪觀，可以說是能夠全面改善我們生活的有效禪法。

四念處從覺知我們的身心生活當中，產生定力，而讓我們慢慢的重新掌握自己人生的自主權。接著，再透過安定的心力，產生觀照智慧，現觀體悟生命的實相，讓我們的人生圓滿自在，是非常適合現代人修學的禪觀。

四念處　修證

1995.4.22 造

一、四念處義：身、受、心、法四者即生念之處，故名四念處。

四念處亦名四念住、四意止、四止念或名四念。

· 身念處：觀身不淨。

· 心念處：觀心無常。

· 受念處：觀受是苦。

· 法念處：觀法無我。

二、對治：凡夫顛倒，以常、樂、我、淨爲實，以四念處對治。

· 「觀身不淨」以對「淨」想。

· 「觀受是苦」以破「樂」想。

· 「觀心無常」以離「常」想。

· 「觀法無我」以滅「我」想。

三、四念處的修習法

· 原始佛教四念處修法——依止《雜阿含經》。

· 大乘四念處修法——可依止《摩訶止觀》。

四、世尊最後付囑

· 自洲以自依，法洲以法依，不異洲，不異依。《雜阿含經》卷二十四

五、修四念處有大利益

· 能證四果、辟支佛；善巧轉心，廣發大菩提意，亦或能直證佛果。

六、一乘佛道之四念處

· 《摩訶止觀》云：「如是念處……即於中間入般涅槃，亦名坐道場，亦名摩訶衍，亦名法界。」

大小兼攝，一乘佛道。

四念處　修證

1995.4.23 造

先觀身不淨故　一日一夜
現具四處　是摩訶衍

一、修法發心

眾生無邊誓願度　煩惱無盡誓願斷
法門無量誓願學　佛道無上誓願成
圓頓發心自具足　現前受法四念處
皈命三寶住實相　佛境妙行究竟道

二、受法衆　慧觀

1. 爲貪多眾生，說四念處。

· 四念處法，以身爲本，觀身不淨，先微妙行，多貪眾生，解脫勝道。

2. 爲一切眾生，說四念處。

· 身受心法，現前五蘊，遍閡法界，一切眾生，初心後覺，能依念處。

3. 爲疾求涅槃者，說四念處。

· 念處二六時中觀、疾證涅槃，立心四念，朝暮昇進，疾證道果。

4. 爲菩薩行人，說四念處。

· 四念處具一切法，能具五停、四諦十六妙行、三十七道品、十二因緣乃至六度；二乘依之得果，菩薩六度萬行，以悲、以智、更以悲智。

5. 爲圓頓行人，說四念處

· 法界徧攝，四念處行，普門圓頓，現前受用，大悲妙行，全佛圓證。

參考資料

1. 姚秦 · 佛陀耶舍共竺佛念譯《長阿含經》卷十〈三聚經〉

2. 東晉 · 瞿曇僧伽提婆譯《中阿含經》卷二十四〈因品念處經〉第二

3. 東晉 · 瞿曇僧伽提婆譯《增一阿含》卷十一

4. 姚秦 · 鳩摩羅什譯《坐禪三昧經》卷下

5. 龍樹菩薩造、姚秦 · 鳩摩羅什譯《大智度論》卷十九

6. 彌勒菩薩造、唐 · 玄奘譯《瑜伽師地論》卷二十九～三十

7. 五百大阿羅漢等造、唐 · 玄奘譯《大毗婆沙論》卷一四一、卷一八七

延伸閱讀

1. 洪啓嵩著《內觀禪法——生活中的禪道》

5 不淨觀

1995.6.13 造

簡介

不淨觀，意爲觀照身體不淨的禪法，又名「不淨想」。即以觀想之法，見自、他色身之不淨，藉以對治貪欲障礙的禪法。《大般涅槃經》上云：

「若知是人貪欲多者，即應爲說不淨觀法。」

《大毘婆沙論》則明示其修法：

「修觀行者，繫念眉間，或觀青瘀，或觀膖脹，或觀膿爛，或觀破壞，或觀異赤，或觀被食，或觀分離，或觀白骨，或觀骨鎖。」

人的體內有三十六物，外有九孔，常流污穢惡露，從生至死，終無一淨，所以用不淨觀對治貪欲是最恰當不過的。下面介紹不淨觀其中的一種修法，名「九想觀」。

九想者乃是：*1.* 脹想、*2.* 壞想、*3.* 血塗想、*4.* 膿爛想、*5.* 青瘀想、*6.* 噉想、*7.* 散想、*8.* 骨想、*9.* 燒想。此九種觀察，因其能轉心，轉想，能轉不淨的顚倒亂想爲清淨，所以名之為「想」。九想觀雖能破壞欲望，但多生恐怖，所以初學或生性悲觀者不宜修習。

九想前方便

在進入九想觀之前，學人必須完備修持不淨觀的前行方便，如此修持才易得力，也比較不會產生不良的影響。以下略說九想前方便。

學人先須持戒清淨，令心不悔，易受觀法，如此方易破除淫欲等諸煩惱賊。

此法先觀人初死之時，方才尚能辭談言笑，忽然息出不返已然死亡，氣滅身冷無有覺知。此時家室驚動，呼天叫地，彼時尚能言語為何忽然便已離去？此乃人生之大畏，但卻無可脫免者。

「死」又名「永離恩愛之處」，一切有情之所厭惡，然雖知道可厭，但卻無可脫免。我們的身體，不久之後皆將如是，同於木石，無所覺知。故現今我等，實不應貪著於五欲之中。如果不覺死之將至，而貪著五欲，則與牛羊禽獸有何不同？牛羊禽獸，雖見同伴死去，跳騰哮吼，但是不能覺悟生死無常。我們既已得到人身，有了智慧，能識別好醜，應當勤求甘露不死之法，人身難得，佛法難聞，而今當於此生勤修得度之法，力求解脫。

行者如此思惟已，即取自己所愛之人，或男或女，脫衣露體，臥置地上，於前置之身體觀如死屍，一心定觀，觀此死屍，心中甚爲驚畏恐怖，因而破除愛著之心，此爲「九想前方便」。

九想正觀

具足九想觀的前行方便之後，現在我們可以正式進入九種不淨的觀想。

修學九想觀者，大致有兩種類型：一、利根之人：只要懸心存想死脹等九事，皆能成就。二、鈍根之人：用心存想不成，必須見人初死，至屍體之所，取此死相，繫心修想，直到見相分明，心想成就能發三昧，於後雖然離開死屍，隨想即見。所以有些行人在塚間修行，即易念無常以及死相。

㈠脹想

又名「想相青敎」或「新死想」。行者至死屍邊，見死者身體胖脹，如盛風之皮囊，迴異生前，此時知道身體本是無常，往昔身體爲妄識之所駕御，表現爲視聽言語，以此自爲欺誑，而今安在？只見到空舍死屍已無有主宰，膨脹身直，不能動彈。

往昔此身姿容妖媚，細膚、朱唇、素齒、鼻直眼長、平額高眉，對人心生迷惑，今只見屍體膨脹，媚在何處？是男？是女？亦難分別。即取此相，觀想自己所愛之人，生起訶責戀欲之心，見自己所愛之人臭屎囊脹十分可厭，何足貪著，卻為此而沈沒欲海？自念自身尚未脫離此法，應當一心安住三昧之中，除世貪愛。

㈡壞想

又名「壞爛想」。行者復觀死屍，經風吹日曬逐漸轉大，裂壞在地上，六分破碎，五臟屎尿，臭穢盈流滿地，惡臭之味已現。以此觀察，發覺以前所愛著之人，實無可愛樂之處。往昔為愚痴所惑，而為此可壞之身所欺誑，宛如飛蛾撲火，但貪光明，不顧燒身之禍。現在自念自身尚未能脫此無常法則，應當一心三昧安住，除此貪愛。

㈢血塗漫想

又名「血塗想」。行者觀此死屍既見破壞，處處濃血流溢，從頭至足，血污不淨，臭穢腥臊膨脹，不可親近。以此觀察，往昔所愛著者，實無可愛樂之處，因為愚痴所惑，乃處此沈淪之境。自念自身尚未脫離無常之境，應當一心三昧正觀，除世間貪愛。

㈣膿爛想

又名「絳汁想」。行者觀此死屍，風熱水漬，日漸經久，有上九孔蟲膿流出，皮肉處處膿爛，滂沱在地，臭氣轉增。以此觀之，往昔我所愛著，佳容美貌，爲此昏迷，而今見此已臭爛不堪，甚於糞穢，何可貪著？自念自身，尚未能解脫此無常現象，應當一心正觀，除諸貪愛。

㈤青瘀想

又名「青相」或「想相壞」。行者復觀此死屍，膿血稍盡，爲風吹日曬之所摧殘，皮肉成爲黃赤之色，瘀黑青黑皯，臭氣轉增。以此觀察，往日所愛著者，宛如桃華的美色，刹那變易成爲如此可厭之物，而我卻爲之所誑惑，實爲不智。自念自身尚未脫離無常法則，當一心正觀，脫世貪愛。

㈥噉想

又名「蟲噉想」。行者復觀此死屍，爲蟲蛆接食，鳥挑其眼，狐狗咀嚼其身，虎狼摶裂其體，身殘缺駁，脫落不全，實可厭惡，而此身實爲我往昔所愛之人！以此觀之，本來形體清潔，服飾莊嚴，嬌態百媚，而今已爲無常風所破壞，生前本相皆已消失，變得極可厭患。自念自身，亦未脫離此無常之法則，當一心三昧正觀，除去世間貪愛。

㈦散想

又名「敗壞想」。行者復觀此死屍，爲禽獸之所分裂，身形破散，風吹日曬，筋斷骨離，頭足交橫。以此觀之，往日所愛之人，人相何在？自念己身，未脫此法，當一心三昧正觀，破除世間貪愛。

㈧骨想

又名「枯骨想」。行者一心再觀死屍，皮肉等都已爛盡，但見白骨。白骨有兩種：一者見筋骨相連，二者見筋盡骨離。其次又有兩種狀況：一種餘血膏膩污染，二者骨白如珂如貝。以此觀之，往日所愛之人，髑髏可畏，堅硬之相，甚於瓦石，以往柔軟細滑的微妙身觸，都已消失。自念己身尚未能脫離此法，應當一心正觀，除世間貪愛。

㈨燒想

又名：「燒燋可惡想」。行者此時可到死屍林中觀察，或見草木積聚焚燒死屍，腹破內中臟腑跳出，爆裂煙臭，甚可驚畏！或見燃燒白骨，煙燄裂焚，薪盡火滅，形同灰土；假使不燒不埋，亦將歸於磨滅。以此細觀，往昔所愛之人，此時身相皆盡，以往沐浴香薰，華粉嚴飾，而今皆已磨滅，竟無所存。自念己身，尚未脫離此法，當一心正觀，除世間貪愛。

行者修習九想通達之後，必須增想重修，使觀行之法純熟，隨所觀時，心即能與定相應，以觀想法持心，無有分散意念。此即能破除六欲，除世間貪愛。

所謂「六欲：㈠色欲：有人染著紅色，或赤白，或黃，或青，或桃華色，無智之人，見此等顏色，就沈溺陶醉。㈡形貌欲：有人心中貪著形貌，如貪著面如滿月、修目高眉、細腰纖指、相好端嚴，見之心即迷惑，沈溺其中。㈢威儀欲：有人心著威儀姿態，行步嫵媚，揚眉頓目，含笑嬌盈，便生愛染。㈣言語欲：有些人偏愛語音，若聞言語巧妙，應意承旨，言詞清雅，歌詠讚嘆，悅動人心，因此便生愛著，爲之迷惑。㈤細滑欲：有人喜愛身形柔軟，皮膚光悅，猶如綢絲錦緞，寒時體溫，熱時體涼，身穿薰香之服，凡夫之情即爲之沒溺。以上有人或者數欲，或五事皆著，稱爲雜欲。㈥人相欲：有人心不染著以上五事，但執著人相，或男或女，雖見以上五事，若不得所愛之人，猶不染著。但若遇到適意之人，則能棄捨一切，亡命忘驅。以上爲不淨觀之九種相貌的觀想法。

此觀對貪欲重的人較爲有效，從觀法的內容來看，可看出其只是破斥對表相的貪欲。在使用不淨觀之前，要注意的是：不淨觀法對初學禪定者有其危險性，必須依止老師傳授，方能於心中現起恐怖或種種情境之時，有所依恃。

不淨觀三十想

一、觀指節　觀不淨（最初境界）

二、繫念額上　觀骨人　凡夫心想白骨白光涌出三昧

三、慚愧自責觀

四、膖脹膿血及易想觀

五、薄皮觀

六、厚皮蟲聚觀

七、極赤淤泥濁水洗皮雜想觀

八、新死想觀

九、具身想觀

十、節節解觀

十一、白骨流光觀

十二、地水火風觀（四大觀）

十三、結使根本觀（第二四大觀）

十四、變易觀　地大觀（第三外四大觀）

十五、內四大觀

十六、四大補想觀（應爲補身觀）

十七、身念觀

十八、觀身不淨雜穢想觀

十九、觀佛三昧（除罪法）

二十、數息觀（不淨觀灌頂法門）

二十一、暖法觀

二十二、頂觀

二十三、助頂法方便觀

二十四、火大觀

二十五、火大無我觀（身火滅觀）

二十六、得須陀洹道正觀（四大相應觀）

二十七、向斯陀含水大微妙觀（滅水大觀）

二十八、境界實相觀（微妙水大觀）

二十九、最勝奇特火大觀

三十、微妙風大觀

參考資料

1. 東晉．瞿曇僧伽提婆譯《中阿含經》卷二〈漏盡經〉

2. 東晉．瞿曇僧伽提婆譯《增一阿含經》卷五

3. 西晉．竺法譯護《修行道地經》卷五〈神足品〉

4. 姚秦・鳩摩羅什譯《大品般若經》卷一

5. 北涼・曇無讖譯《菩薩地持經》卷三〈力種性品〉

6. 東晉・佛陀跋陀羅譯《觀佛三昧海經》卷二

7. 姚秦・鳩摩羅什等譯《禪祕要法經》〈大不淨觀〉

8. 彌勒菩薩說、唐・玄奘譯《瑜伽師地論》卷三十

9. 五百大阿羅漢等造、唐・玄奘譯《大毗婆沙論》卷四十

10. 龍樹菩薩造、姚秦・鳩摩羅什譯《大智度論》卷二十一

11. 隋・智顗說《摩訶止觀》卷九之上

12. 隋・智顗說《釋禪波羅蜜》卷九

13. 覺音造、葉均譯《清淨道論》卷六

延伸閱讀

1. 洪啓嵩著《坐禪的原理與方法——坐禪之道》

6 十一切處

簡介

十一切處（梵 daśa kṛtsnāyatanāni）是能使行者遠離三界煩惱的禪觀。即觀六大及四顯色遍滿一切處而無間隙。又名為「十遍」、「十遍入」、「十遍處定」、「十一切入」等。其中「六大」是指地、水、火、風、空、識，而「四顯色」即青、黃、赤、白。其中，觀「地大」周遍一切處而無間隙，稱為「地遍處」，觀「水大」周遍一切無有間隙，稱為「水遍處」，觀火、風，乃至空、識大遍一切處，稱為「火遍處」、「風遍處」乃至「識遍處」。

這十種法門，何以都名為「遍處」？在《大毗婆沙論》卷八十五認為有兩個主要理由：㈠由無間，㈡由廣大。由無間者，謂「純青」等勝解作意不相間雜，故稱無間。由廣大者，謂緣「青」等勝解作意，境相無邊，故稱廣大。《俱舍論》卷二十九則云：「於一切處周遍觀察，無有間隙，故名遍處。」

這個觀法是行者修證八解脫、八勝處之後，於「色」

等證得淨相，於所觀之中能夠轉變自在，但仍未周遍，所以要更修此定。《阿毗達磨雜集論》卷十三說：「依解脫故造修，由勝處故起方便，由遍處故成滿，若於彼得成滿，即於解脫究竟。」

《瑜伽師地論》卷六十二中說，依此觀行能成就五事：

㈠由修習地遍處等乃至白遍處，便能引發化事、變事諸聖神通。

㈡由修習空無邊處一切處，便能引發往還無礙諸聖神通。

㈢由修習識無邊處一切處，便引發無諍願智無礙解等諸勝功德。

㈣由識無邊處遍處成滿，便能成辦無所有處解脫及非想非非想處解脫。

㈤由此成滿因故，使能證入想受滅解脫最勝住所攝。

依上列《瑜伽師地論》所言，修此觀法便能引發諸聖神通。

而在《大智度論》卷二十八中認為此「一切入」與神通有異。即謂「一切入」是神通初道，先修「一切入」、「背捨」、「勝處」柔伏其心，然後易入神通。又在「水一切入」中自身見地變化爲水，而他人卻不見水；神通則不然，自見實是水，他人亦見實水，但不周遍。以「一切入」觀處廣，但能令一切是水相，而不能令實是水；神通不能遍一切，但能令地轉爲水便是實水，所以二者之間仍有差異。依此也可見「水三昧」與「水一切處」的不同。

此外，大小乘經論雖皆言及此十遍處，但是其名稱或順序等並不完全一致。如《中阿含經》卷五十九〈第一得經〉所列的十遍處，順序同上所述，而名稱則爲無量地處乃至無量識處。《大毗婆沙論》卷八十五、卷一四一所記載，係將青、黃、赤、白等四顯色列在六大之前，而名稱同上所列。《大般涅槃經》卷三十〈師子吼菩薩品〉中，則除去十遍處中的火遍處，加入無所有一切處三昧而成十遍處；因爲宣說火一切處，會使事火婆羅門益增長其邪見，因此因緣特別去除之，而無所有處雖非多識，亦非少識，爲成十數而通稱之爲一切處。

另外依南傳《清淨道論》「識遍處」則爲「光明遍處」，其中並述及依十遍而修習，皆各有成就。即：

㈠依於地遍，能以一成爲多等，或於空中、水中變化作地而以足行走或坐立其上，或以少及無量的方法而得勝處。

㈡依於水遍，能出沒於地中，降下雨水，變化江海等，或震動大地、山岳、樓閣等。

㈢依於火遍，能出煙及燃煙，能降炭雨，以火滅火，欲燃則燃，或作諸光明以天眼見東西。

㈣依於風遍，能速行如風，降風雨。

㈤依於青遍，能變化青色，作諸黑暗，或依於妙色及醜色的方法而得勝處、證淨解脫。

㈥依於黃遍，能變化黃色，點石成金，或依於妙色及醜色的方法而得勝處、證淨解脫。

㈦依於赤遍，能變化赤色，並如上述證淨解脫。

㈧依於白遍，能變化白色，離惛沉睡眠，消滅黑暗，以天眼看東西而作諸光明。

㈨依於光明遍，能變化輝煌之色，離惛沉睡眠，消滅黑暗，以天眼見東西而作諸光明。

㈩依於虛空遍，能開顯於隱蔽，在大地中及山岳中亦能變化虛空，作諸威儀，可以在墻垣上自由步行。

十遍處觀依勝義作解，使寂定的心周遍而廣大，對於修行人的幻觀及心的廣大，具有極爲有力的調鍊作用，並使我們的心念生出廣大的威力，是佛法修行人所應修習成證的禪觀。

十一切處　修證

1995.6.17 造

一、釋名：勝一切處，遍照光明

二、聞法衆

1. 爲有障眾生，說一切處

(1)有障眾生，功德缺故，難證解脫。

(2)有障眾生，心褊狹故，不能具足摩訶衍。

2. 爲增長遍達故，說一切處

（爲成證六通故，說一切處）

3. 爲發心菩薩，說一切處

·《法華玄義》卷四云：以八色兩心，更相淡入，廣普遍滿轉變無礙。

三、修法：總結地遍

1. 慧觀地性

2. 具足方便／破除細障

3. 但緣取相／似相　成證相／似相成證定境／近行安止

·廣大周遍（廣觀）

· 還歸自身（斂觀）

四、圓觀一切處

勝一切處，遍照光明，實相體德，六大瑜伽。
法爾常如，現具眾妙，相即相入，普遍現前。
轉變無礙，現觀自在，體即遍圓，頓然無間。
處處如是，圓頓三昧，海印金剛，佛境妙行。

五、圓頓十觀

性起圓具／性實如如，無別幻現
如實大悲／生、法、無緣
法界安住／法界全觀、安住無執
相待現破／虛妄分別、現破如幻
通達實相／離戲無執、任運實相
現觀覺滿／無為現觀、圓滿智覺
相應扶道／無別具力、扶道現行
無為次圓／現超次等、圓頓本然
法住法位／法住實相、法位常住
現前平等／法界無別、平等佛如

參考資料

1. 北涼・曇無讖譯《大般涅槃經》卷三十〈師子吼品〉

2. 迦哆衍尼子造、唐・玄奘譯《發智論》卷十八

3. 優婆底沙造、梁・僧伽婆羅譯《解脫道論》卷四～卷六

4. 訶梨跋摩造、姚秦・鳩摩羅什譯《成實論》卷十三

5. 彌勒菩薩造、唐・玄奘譯《瑜伽師地論》卷十二、卷六十二

6. 龍樹菩薩造、姚秦・鳩摩羅什譯《大智度論》卷二十八

7. 無著菩薩造、唐・玄奘譯《顯揚聖教論》卷四

8. 隋・智顗說《釋禪波羅蜜》卷十

9. 覺音造、葉均譯《清淨道論》第四〈說地遍品〉

延伸閱讀

1. 洪啓嵩著《十種遍一切處禪觀——調練心念出生廣大威力的禪法》

7 界分別觀

簡介

界分別觀（dhātu-prabheda-smṛti）是原始及部派佛教的重要禪修法門，爲五停心觀之一。所謂五停心觀是指可以停止心的五種煩惱、疑惑、障礙，使修行者悟道解脫的方法，又稱五停心、五度觀門、五門禪等，包括了不淨觀、慈悲觀、因緣觀、界分別觀及數息觀。另外《五門禪經要用法》與其他四者合稱五門禪，以「念佛觀」取代「界分別觀」。

界分別觀又稱爲「界方便觀」、「析界觀」、「無我觀」，是觀察我們的身心是由諸界和合，根本無我的觀法，有時也可攝於四念處中的身念處觀，不過身念處中觀身不淨的觀照較重而已。

界分別觀基本上是由觀察六界分別而成，所以又名六界觀，這六界包括了：一、地，二、水，三、火，四、風，五、空，六、識，這是《毗曇論》中的一般說法。如《大乘義章》中所說：「如論中釋：地爲水界潤故不相

離，水爲地界持不流散，火成熟故不淤壞，風動飄故得增長，以空界故食等出入，識界合故有所造作，此六差別無我人故。」

但有時六界差別，依身念處的觀念，又有簡化成四界差別的修法。如《解脫道論》卷八中說：「**問：云何觀四大？何修、何相、何味、何起、何功德，云何修？答：擇智自相內四大，此謂觀四大，彼心住不亂，此謂修。**」而《清淨道論》則說此爲「四界差別的修習」。

界分別觀觀察諸界和合而成，用以對治我執，這是我見重者修持的良藥，這是成就聖道的方便，故稱界方便。此觀的發展則顯示在《涅槃經》中，如《大乘義章》中說：「若依涅槃經觀十八界，名界分別。」這是將內六根：眼、耳、鼻、舌、身、意，外六塵：色、聲、香、味、觸、法，中六識：眼、耳、鼻、舌、身、意識等十八界，不外是地、水、火、風、空、識六界和合而成的觀察。這從自身擴大到整體法界，拓展了界分別觀的視野、範圍及證量。

所以在本次的界分觀中，乃是以從原始與部派佛教六界觀法爲基礎，擴大爲十八界乃至法界分別。而在此解說界分別觀爲「法界分別」。

此講中的「法界分別觀門」，除根本法界的觀察外，亦拈出菩薩法界乃至圓頓法界的觀察，所以此法亦爲圓頓法界觀門，願所有見者，修者同證圓頓禪法，圓滿無上菩提。

界分別觀　修證

1995.7 造

一、次第

一、界分別觀義

二、界義

三、說加持蘊界處頌

四、界繫

五、十八界

六、菩薩法界

七、圓頓法界

二、聞法眾

1. 爲我執眾生，說界分別，現觀成就無我解脫。我見深重，不了六界和合，聖觀方便，無我解脫。
2. 爲發心大悲菩薩，說界分別，現觀成就法界分別，無爲法中無錯謬現前法界差別眾相，自生大悲。
3. 爲發心大智菩薩，說界分別，現觀了悟法界分別，無爲法中現前法界差別眾相，體性眞如，大智無謬自在作用。

4. 為發心信願菩薩，說界分別，現觀直顯法界分別，無為法中現前法界差別眾相，能所一如，大力大作用。

5. 為圓頓行人說法界分別，直顯海印體性。

修法發心

眾生無邊誓願度　煩惱無盡誓願斷
法門無量誓願學　佛道無上誓願成
圓頓發心自具足　現前受法界分別
皈命三寶住實相　佛境妙行究竟道

界分別觀／法界分別

善哉佛子眾　聖道妙方便
開演界分別　我執無可立
現觀了法界　無錯謬現前
圓頓真如法　離幻而成就
無間勝傳承　如實我圓滿

法界分別觀

法界示分別　緣起勝妙相
分別見法界　等持法性圓

一一如明了　海印法界觀
次第明內身　圓頓中顯現
地水火風空　如幻中圓滿

參考資料

1.《中阿含經》卷四十二〈根本分別品．分別六界經〉

2.《達摩多羅禪經》修行觀界第十三

8 十隨念

簡介

十隨念是指十種能使學人安住正念的禪觀，它們分別是：佛隨念、法隨念、僧隨念、戒隨念、捨隨念、天隨念、寂止隨念、死隨念、安般（出入息）念、念身非常，名爲十隨念。

十隨念爲原始及部派佛教所倡行的十種禪法：即十種專念一對象以攝心、息妄想的方法，故云十念。今依《增一阿含經》卷二撮要如下：

⑴**念佛：**謂正身正坐，觀如來身相，繫念如來之十力、四無所畏、五分法身等功德，更無他想。

⑵**念法：**謂繫念法，由欲至無欲，離諸煩惱，除諸愛欲，無有塵勞，無瑕疵亂想之念，更無他想。

⑶**念僧：**又名念眾、念比丘僧、或念聖眾；謂繫念四雙八輩成就善業與五分法身，自度復度他人，更無他想。

⑷**念戒：**謂念戒能止諸惡，成就道品。

⑸**念施：**又名念布施念捨；謂念布施能遠離慳貪，生長福果；且布施之後不生後悔，亦不求報，即有罵之、杖之者，亦起慈心，不絕施意。

⑹**念天：**謂念身口意清淨，不造穢行，眾行具足，乃成天身。

⑺**念休息：**又名念滅；謂心意之想止息，志性專一而無卒暴，常求方便入三昧定。

⑻**念安般：**又名念安那般那，念出入息，或念無所起；謂觀息之長短、冷熱，又尋息之出入，數息長短，分別了曉。

⑼**念身非常：**又名念觀身或念身；謂念此身乃髮毛、爪齒乃至髑髏、腦等所成，又思身由何處，由誰所造。

⑽**念死：**又名念當終亡；謂念命根斷絕，無形無響，亦無相貌，更無他想。

本禪觀除了原始佛教的十隨念內容之外，更拈出爲慈憫一切眾生，使其心安住修行乃至解脫的十隨念法門。爲菩薩講授十隨念法門，做爲自安安人的方便。亦立足於第一義中講說圓頓十隨念，於實相中講說法十隨念。

十隨念　修證

1995.9.2 造

一、聞法眾

1. 爲一切眾生，說十隨念。具一切心安慈憫，直至解脫。

2. 爲發心菩薩，說十隨念。

· 菩薩具行萬法，十隨念初心，自安安人如法界初中後圓，善哉！

· 初佛隨念，是心是佛，是心念佛，是心如佛，是心作佛；終寂止法界，圓頓立超圓頓，龍一切時定。

· 第一義道人，見修行果第一義中，大發心者迅疾電光，如永不退，念念無間圓頓隨念。

· 喜樂妙哉，銀瓶盛水如法界瓶，如實十念，隨緣大用，平等受持。

二、修法發心

眾生無邊誓願度　十隨念中永憶持

煩惱無盡誓願斷　十隨念中念空如

法門無量誓願學　十隨念中精進念
法界隨念念念佛　圓頓念中十念足

三、法界隨念

一心隨念十法界　法界隨念一心觀
六大性德本末圓　究竟全具現瑜珈

四、圓頓隨念

全佛頓超蓮華藏　圓滿全佛密隨念
無間現觀法界現　念念佛如圓頓觀

五、迴向

十隨念法修功德　法爾迴向法界圓
全佛念念生佛同　莊嚴實相念念顯

參考資料

1. 東晉．瞿曇僧伽提婆譯《增一阿含經》卷一〈序品〉、〈十念品〉，卷二〈廣演品〉，卷三十四〈七日品〉，卷四十二〈結禁品〉，卷四十三〈善惡品〉
2. 西晉．竺法護譯《光讚般若經》卷七〈觀品〉

3. 隋・慧遠撰《大乘義章》卷十二

4. 隋・智顗說《釋禪波羅蜜》卷九

9 因緣觀

簡介

因緣觀，又名緣起觀、緣性緣起觀、觀緣觀等，爲順逆觀察十二因緣，以對治愚癡障礙的法門。所謂「十二因緣」，即如下所說之十二法，因輾轉能感果報，故名爲「因」，因互相依藉而有，稱之爲「緣」。因緣相續，致生死往還無際，若使無明不起，則生死輪迴皆息，能出離而得解脫。

現以三世十二因緣與一念具足十二因緣兩種方式，解說十二因緣。

三世十二因緣

在三世十二因緣中，前二個因緣爲過去世所攝受的因緣，最後二個因緣爲未來世所攝受的因緣，中間八個因緣爲現在世所攝受的因緣。

一、**無明**：過去世一切煩惱皆爲無明，以過去未有智慧光明，一切煩惱得起，是以過去煩惱，皆爲無明，亦可說爲盲目的根本生存慾望。

二、行：從無明生業，業即是行。以善、不善業，能作世界果，故名爲「行」，亦可說爲人之意志行爲。

三、識：從行所生情意及分別意識能力。

四、名色：母胎之受精卵與識結合時之狀態。「名」爲精神，「色」爲物質。

五、六入：從名色中，分化出眼、耳、鼻、舌、身、意六種作用主體。

六、觸：由六入與色、聲、香、味、觸、法六塵相合，是名爲觸。以六塵觸六根，即有六識產生，名爲「根塵識合」。

七、受：從觸生受，即因六觸觸六根，即領受六塵，產生六種覺受。

八、愛：因受而心生執著，名之爲「愛」，即對於所領受的六塵中，心生渴愛。

九、取：從渴愛中而產生求取的現象，名爲「取」，即所謂求取所愛之塵。

十、有：因取而產生後世之業因，名之爲「有」。

十一、生：從有還受後世五蘊之身，是名爲「生」，所謂於四生六道中出生。

十二、老死：從五蘊的幻化身中異熟變壞，名爲「老死」，種種愁苦，眾煩惱集，如是無盡。

一念具足十二因緣

第二種是經典中所稱「一念具足十二因緣」的說法：即隨一念心起，即具十二因緣。因眼見色，而生愛心，名爲「無明」。爲愛造業，名爲「行」。一心專念，名爲「識」。識與色具起現行爲「名色」。由六處（眼、耳、鼻、舌、身、意）生貪，名爲「六入」。因入求受，名爲「觸」。貪著心起，名爲「受」。纏綿不捨，名爲「愛」。求如是等法，名爲「取」。輪迴之法生起，名爲「有」。諸法相續生起，次第不斷，名爲「生」。次第已斷，名爲「死」。生死因緣，眾苦逼迫，致有無量憂悲惱苦。以上十二因緣，一人一念悉皆俱足。

十二因緣的觀法有順、逆兩種，順爲流轉，逆爲還滅。所謂順觀十二緣起，即觀：因「無明」而起「行」，由「行」緣「識」，「識」緣「名色」，由「名色」而生「六入」，「六入」而有「觸」，「觸」緣「受」，「受」緣「愛」，「愛」緣「取」，「取」緣「有」，「有」緣「生」，「生」緣「老死」，憂悲苦惱。此乃世間染污之門，一切眾苦由此出生。

因此，應當逆觀還淨之門。欲斷「老死」當斷「生」，「有」斷則「生」斷，「取」斷則「有」斷，「愛」斷則「取」斷，「受」斷則「愛」斷，「觸」斷則「受」斷，「六入」斷則「觸」斷，「名色」斷則「六入」斷，「識」斷則「名色」斷，「行」斷則「識」斷，「無明」斷則「行」斷。無明若斷，明一切爲清淨好行，自在解脫，是爲順逆觀察十二因緣。

因緣觀　修證

1995.9.30 造

一、說法因緣

何因何緣，而有此生；何因何緣，入佛法門。
何因何緣，現聞妙法；何因何緣，現成圓頓。
善思法緣，了達究竟；圓頓傳承，誰人成證！

二、聞法衆

1. 爲冥癡眾生，說因緣觀

- 愚痴眾生，了因悟緣，善觀對治，慧得解脫。
- 近世眾生，乃至禪人，所知者眾，所悟者鮮，無慧多癡、妄自爲大，心常虛浮妄依；當知實智，能滅痴迷，善說因緣，孰能隨順？

2. 爲發心菩薩，說因緣觀

- 因緣果地，本末究竟，善哉發心，初中後善。菩薩道圓，一味金剛，圓頓實義，如實因緣。
- 有因有緣，能全佛成，不爲餘事，大悲悟智。慧眼明空，實相般若，空映智目，般若觀照。發心禪師，傳佛心印，般若文字，現成口訣。無明悉滅，法界圓通，圓頓現前，悲佛眾生。

大悲悟因緣　因緣全大智
悲智兩金剛　現成不壞杵
初中後善圓　因緣果究竟
摩尼如意手　寶鬘圓頓中

三、修法發心

有因有緣世間集　十二因緣鬘相續
善觀通達了無二　大悲現空無滅意
有因有緣世間滅　返照十二因緣鬘
無生如實法界句　智湧悲海自空寂
一切智智因緣中　不離如來智慧果
因頓位中善發心　全佛體中證全佛

四、迴向

善觀因緣悲智德　如實迴向自法界
自性空寂法界空　不二空中大迴向
無生因緣現圓頓　能觀所觀示圓通
法界清淨如來喜　吉祥眾生同成佛

參考資料

1. 姚秦・佛陀耶舍共竺佛念譯《長阿含經》卷十〈大緣方便經〉

2. 劉宋・求那跋陀羅譯《雜阿含經》卷十二

3. 五百大阿羅漢等造、唐・玄奘譯《大毗婆沙論》卷二十三

4. 世親造、唐・玄奘譯《俱舍論》卷九

5. 安慧菩薩糅、唐・玄奘譯《雜集論》卷四

延伸閱讀

1. 洪啓嵩著《坐禪的原理與方法——坐禪之道》

10 四諦十六行

簡介

四諦（梵 catvāry ārya-satyāni）即苦、集、滅、道四諦，而所謂「諦」是指眞實不虛，如來親證的妙義，更因爲「四諦」是聖者所親證，所以又稱爲「四聖諦」。

四諦是佛法的基礎共學，任何佛教徒都必須依止四聖諦修證成就；另外，要理解佛法更必須透過四聖諦。四諦是佛陀最先宣說的法門，佛陀當初成道之後，先到鹿野苑爲五比丘說四諦的妙理，這稱爲佛陀的「初轉法輪」。

佛陀在初轉法輪時，曾三轉四諦的法輪：初轉爲「示轉」四諦四相，說明四諦，此是苦、此是集、此是滅、此是道。二轉爲「勸轉」四諦修行，說明苦當知、集當斷、滅當證、道當修。三轉爲「證轉」四諦，說明：苦我已知、集我已斷、滅我已證、道我已修；佛陀說明自已圓證四諦。

而這四諦的眞理，能斷生死輪迴，離苦得樂。因此，四諦不是一般人用世間思惟理解相信，就能體悟的；而是必須相續的修習證知，所以也只有聖者方能證悟。因此《涅槃經》卷十四中佛陀說：

「我昔與汝等，不見四眞諦，是故久流轉，生死大苦海。若能見四諦，則得斷生死，生死既已盡，更不受諸有。」

苦、集、滅、道四諦，並非單純的思惟，更需要經由現觀體悟，而其中義理則是：

㈠苦諦

苦是指逼惱之義。即指我們眾生在三界中輪迴生死，被無常的境界所逼惱，故名爲苦。而世間的一切有漏煩惱諸法，莫不含有苦性，因此，佛經常說有無量眾苦，依據我等身心所緣的順逆境界，主要又可分爲三苦或八苦。

所謂三苦即「苦苦」、「壞苦」與「行苦」。「苦苦」是我們正受到苦緣、逆緣的逼惱之時，從苦生苦叫「苦苦」；「壞苦」則是指我們在順緣之中，當安樂的境界壞離時所生起的苦惱，名爲「壞苦」，這說明一切有爲世界的眾樂，由於無常的緣故，必然生起苦惱；「行苦」則是指我們在生、老、病、死剎那變異無常中所生的苦惱。「八苦」則是指生、老、病、死、愛別離、怨憎會、求不得與五蘊熾盛苦。我們的生命，外有寒熱飢渴等逼惱的

「身苦」，而內有煩惱的「心苦」，這些眾苦的眞實境界即是苦諦。

㈡集諦

集是集積、召集的意思。佛陀認為我們輪迴三界苦果，必定有它的成因，這就是所謂有因必有果，而有果也必有因。這些生成苦果的苦因即是「集」，也稱為「苦集」，是指一切眾生無始以來，由無明生起貪、瞋、癡等各種煩惱，造下了積聚善惡的業因，進而招感我們輪迴三界的苦果。

㈢滅諦

又名「盡諦」，是寂滅之義。滅除三界二十五種存有生命的輪迴苦因、苦集，盡滅三界的煩惱結縛，永斷生死患累，而證入寂滅涅槃的解脫。「滅諦」直指苦果既為苦集因而起，必然能以苦集因的滅除，而使苦果消除，顯示了因果相生的眞理，只要我們精勤努力，必能斷輪迴成就解脫果，破除違反因果的宿命論妄見。

㈣道諦

「道」代表能通達之義，是指我們勤修戒、定、慧三學，通達寂滅涅槃，成證解脫之道。而道諦之中是以正見、正思惟、正語、正業（正確的行為）、正命（正確的職業）、正精進、正念、正定等八正道爲中心，這八正道能讓我們通達涅槃解脫。如果再將道諦擴大則可分爲七科：㈠四念處、㈡四正勤、㈢四如意足、㈣五根、㈤五力、㈥七菩提分、㈦八正道等共爲三十七菩提助道品法，再續加廣論，則一切佛法都爲道諦。

由於四諦的現觀，並非一般世間的思惟而已，必須體悟內證，斷除一切無明煩惱結縛，而成爲生活中認知一切事物理則的正見及實踐的依據，所以四諦根本上就是三昧禪觀中的慧觀法門，轉換我們的無明妄念，成爲四諦正觀，屬戒、定、慧三學中的慧學，是以禪定開展出來的智慧。

而四諦禪觀在修習的過程中，分別具有四種觀照行相，所以稱爲十六行相（ṣoḍaśākārāḥ）。因此，這個佛法根本的禪觀，就稱爲四諦十六行相，或四諦十六觀。

四諦十六行相中，苦、集、滅、道各自都具有四種行相。其中苦諦之下有四種觀照行相，即：無常、無我、苦與空，依此四種觀行來徹見苦相。集諦之下則有集、因、緣、生，四種觀行來徹見集的實相。滅諦之下有靜、滅、妙、離，四種觀行來現證寂滅的實相。道諦則有道、如、行、出，四種觀行來成就菩提之道。

　　四諦十六行觀，是佛法的根本慧觀，是一切佛教行者要離苦得樂，成證解脫涅槃的根本妙門。

四諦十六聖行觀　修證

1995.10.21 造

禮敬　大智海本師釋迦牟尼佛

一、皈命

稽首甚深智　無上等持佛
現空大悲具　大作用大力
演說無量法　總持四聖諦
隨法住法位　吉祥真如體
勝利皈命者　盡攝眾賢聖
一音法圓頓　無為證明空

二、對法衆

諸佛威神力　三寶加持力
自性清淨力　無上福智力
隨順善修力　如實說法力
實相體圓頓　善說般若相
妙觀智頓圓　初中後成滿
圓頓實法界　宣說圓頓法
體性大悲中　圓頓具大悲

幻如無為眾　隨緣實相說
緣一切眾生　四諦微妙義
如瓶勝灌頂　無餘而宣說
緣慧聖行者　慧解脫究竟
性利如所說　剎那自莊嚴
發心菩薩眾　善生真實義
根道果極圓　平等諦實相

三、發心

菩薩為眾生　觀破生死緣
般若攝善法　行道證菩提
無為中示現　圓成以大悲
廣大菩提心　現前發圓頓
菩提心菩提　究竟見行果
實相觀四諦　全佛體中圓
圓頓坐禪人　大悲智發心

四、總說

大乘圓頓因　圓頓涅槃果
佛境如來行　圓頓運一乘

如實乘佛乘　圓頓十法界
一運一切運　初心即涅槃
畢竟無差別　究竟如來行
安樂圓頓果　法爾自圓頓
無功用妙心　現修佛種智
佛地自圓明　妙照四聖諦

㈠生滅四諦

現觀苦聖諦　現空中幻生
現觀苦滅諦　現空中寂滅
現觀苦集諦　現空亦非有
現觀苦道諦　如幻行真實
四諦十六觀　善巧悟妙法
無常我苦空　苦諦知真實
集因緣生相　集諦現了知
盡滅妙離現　滅諦正思惟
道正行出乘　道諦真見立
二轉諦法輪　精勤無退法
苦集當知斷　滅道應證修
證道三法輪　指示現成就

苦已明集斷　滅已證道修
生死已永盡　更不受諸有
三轉四行相　眼智明覺生
四諦十六行　微妙佛法輪
盡攝一切法　智者應了知

㈡無生四諦

善觀不淨色　一切眾苦相
色體性自空　非色能滅空
如鏡中影像　五陰自寂滅
苦苦智不得　集集心如幻
滅諦無生體　無證亦無得
道道諦行空　誰爾無二相
無眾生可度　方便度眾生

㈢大悲四諦

大悲諸佛母　四諦度眾生
緣起諸煩惱　如幻無量門
現空無所有　悲出眾生熟
假名妙分別　慧照十法界

苦諦悲智滿　實相中如幻
集諦煩惱性　差別菩薩行
不圓滿性體　一一遍成明
何因未成佛　寂滅如實知
滅諦無所有　無量寂滅相
一切圓妙果　成熟菩薩眾
依止遍勝行　四攝六妙度
圓滿佛境行　證智無差別

㈣眞如四諦

真如心出生　法界遍智門
平等寂滅空　能立寂妙果
苦諦真如性　實相無差別
集諦不遍知　圓周遍法界
道依體性行　真如行真如
滅證如實相　性具圓一心

㈤法界四諦

法界大圓滿　遍照能現觀
苦集即道滅　寂照任運知

不思議妙相　無苦無諦實
無集道滅諦　實相即中道
法界遍法界　四諦自受用

㈥圓頓四諦

現滿即圓頓　法界月中圓
現前入法位　現成圓法住
四諦無可立　法界金剛定
法爾無分別　無修無可得

五、迴向

四諦實相德　迴向於法界　眾生證佛果　一切願成就

參考資料

1. 劉宋・求那跋陀羅譯《雜阿含經》〈雜因誦諦相應〉
2. 東晉・瞿曇僧伽提婆譯《中阿含經》卷七〈分別聖諦經〉
3. 唐・湛然撰《摩訶止觀輔行傳弘決》上冊卷一
4. 優波底沙造、梁・僧伽婆羅譯《解脫道論》卷十一
5. 隋・慧遠撰《大乘義章》卷三

6. 龍樹菩薩造、梵志青目釋、姚秦・鳩摩羅什譯《中論》卷四〈觀四諦品〉

7. 覺音造、葉均譯《清淨道論》下冊〈慧地品第五〉

延伸閱讀

1. 洪啓嵩著《四諦十六行禪觀——佛陀初轉法輪的殊勝法門》

11 九次第定

簡介

九次第定（梵 navānupūrva-samāpattayaḥ）是指次第無間修持的九種禪定。又稱「無間禪」或是「鍊禪」，分別是指色界的四禪定（初禪次第定、二禪次第定、三禪次第定、四禪次第定）、無色界的四處（虛空處次第定、識處次第定、無所有處次第定、非想非非想處次第定）以及滅受想次第定。以下簡介九次第定的境界。

一、初禪

初禪發相，爲行者在未到地定中，證得十六觸（或言八觸）的成就，是爲初禪發相。行者從未到地定中，入定漸深，漸漸感覺身心虛寂，內不見身，外不見物，經過一段時間，如果定心不壞，守護增長。在此定中，忽然感覺身心凝然，運運而動，此時乃因行者心漸微細，色界淨色觸欲界身的緣故。

若動觸起時，或從頭、背、腰、肋、足等處，漸漸遍身。身內覺動，而外無動相；相動之時，還覺漸漸有身，如雲如影，宛如風發，微微而動，或從上發，或從下發，或從腰發，漸漸徧身。從頭至足，由上而發者，多成退分；由足而發者，多成進分。

動觸發時有無量功德，略說有十種善法眷屬，與動俱起：㈠定；㈡空；㈢明淨；㈣喜悅；㈤樂；㈥善心生；㈦知見明了；㈧無累解脫；㈨境界現前；㈩心調柔軟。以上十種善法，與動俱生，名爲動眷屬，有無量勝妙功德。

動觸發後，其餘諸觸亦次第發起，皆爲四大所生的現象，所謂的㈠動；㈡癢；㈢涼；㈣暖；㈤輕；㈥重；㈦澀；㈧滑；㈨掉；㈩猗；⑾冷；⑿熱；⒀浮；⒁沈；⒂堅；⒃軟。此十六觸發起時，都有善法功德爲其眷屬，如動觸中所說。

行者於初禪中發起此十六觸功德善法，皆爲色界的清淨四大，依持於欲界身中而發。故說：色界四大造色，著欲界身中。

色界五陰，住於欲界身中，由於粗細不同，所以諸觸次第生起。在初禪中這些觸樂的產生，乃是由於修習諸禪的緣故，使色界定法，住於欲界身中，色界定法與欲界報身相觸，所以十六觸次第而生，此皆爲四大所生的現象。

十六觸中，諸觸又各有其功德善法，合起來有一百六十法。行者初始未必盡發，其發起的次第亦未必一定有前後次序，然以四大因緣和合，強者先發，大部份人則是從動觸先發的。

禪又名「支林」，「支」是支離之義，比如樹有根莖有枝條，枝條非止一枝，禪的支義也是如此，從一定心中出生各種枝條；「林」乃譬諭，許多樹木和合稱爲林，禪也是如此，由各支和合，總名爲「禪」，這是就四禪的證境而言。取共同顯著者，共有五支。

初禪五支：㈠覺支；㈡觀支；㈢喜支；㈣樂支；㈤一心支。初觸觸身，初心覺悟，在緣名「覺」；後細心分別十六觸及十眷屬，名爲「觀」；慶昔未得，而今得之，名爲「喜」；恬澹愉悅之心名爲「樂」；寂然不散，名爲「一心」。所以說：「離五蓋，行五法，具五支，入初禪。」

在欲界未到地定中，雖然有靜定之心，但沒有覺觀等五支支持，定心淺薄，易於退失。若得到初禪，即有覺觀等法，則定心安穩，安固難壞，所以初禪又稱爲「有覺有觀」（或譯爲「有尋有伺」）三摩地。

在初禪十六觸當中，每一觸皆有五支現起。另外一覺觸發起時，亦可說同具五支。覺發之時本來與觸相對，覺觸中的冷、暖名爲「覺支」。當覺之時知冷暖相異，即爲「觀支」。觸發之時，即生喜心；而觸發之時舉身怡悅，即是「樂支」。而此等必與定同時俱起，故名有覺有觀三昧，此即「一心支」。此可謂五支一時中發，但是並非各支皆顯，所以各各分別，以之俱足圓滿。而五支的起現是用，其體乃爲默然之心體，依此默然心爲定體乃發起五支。

初禪發起時亦有深淺之別，行者不可不知。行者以觀心較粗的緣故，所以初禪發起時，在定中並不能細心覺照，因此定境不深。一般不是修習佛教禪觀之人，因爲難以修得無漏觀慧，所以不能明照覺觀，因此，心較蒙昧，定力較淺。

定之深淺亦可同類、異類來分別，如一觸發起，漸漸深入，此爲同類；如果一觸謝後，餘觸定境漸漸轉深，名爲「異類」，五支亦同。

初禪十六觸，有些行者並未全部發起，也得名「初禪」。因爲一觸當中亦具有十種善法眷屬及五支成就，但此等不能名爲具足初禪，只有十六觸全部具足，方名爲「具足初禪」。

二、二禪

二禪爲無覺無觀三昧，於初禪後一心修持，得中間禪，斷覺；入二禪，得二禪內淨，斷觀，因其覺觀語言已滅，也名爲「默然定」。如果得到無漏正慧而入此定，即名爲「聖默然定」。

要從初禪修進上地二禪，在心理上須具備六行的認識。所謂六行即是在初禪的默然心中：㈠厭離覺觀，知道覺觀二法動亂，逼惱定心，觀初禪爲「下苦」。㈡初禪乃由覺觀觸動而生喜樂之定，所以名之爲「粗」。㈢此覺觀之法，名爲「外垢」，能障礙二禪內淨，名之爲「障」。㈣二禪內淨安穩，勝過初禪的覺觀動亂之定，故當「攀上勝」。㈤二禪喜定因內淨而發起，所以爲「微妙」。㈥若得二禪，即心能出離覺觀等障礙，名之爲「出」。

行者知道初禪的過患，能障礙二禪的發起，欲遠離初禪境界有三種方法：一、不受不著故能離初禪；二、訶責故能離；三、觀察分析故能離。譬如與人共事，見到他的過失，欲令他離去時，智慧比較明利的人，自然能知道情況，自行離去；有些人則必須與之明說訶責，方知離去；有些人不訶責亦不走，只有運用各種方便逼使他離去。

行者能得深心，訶責初禪覺觀，覺、觀滅已，五支及默然之體皆謝而離初禪。在離去初禪，二禪未生之際，於其中間也有定法，亦能名之為「禪」，但是因為沒有扶助支持的法，所以並不堅固，古來多稱為「轉寂心」，或名為「觀相應」。此定乃以六行觀為體，住在此定中，如果離開六行觀，則多生憂悔，如果憂悔心生，則永不發起二禪，乃至轉寂心亦將失去；有時更發初禪覺觀，有時連初禪境界都退失殆盡。因為此禪之中無法自居，如不與六行觀心相應而生憂悔心，則如行百里而至九十者。此觀又名「無覺有觀三昧」。

如果行者於中間禪中，心不憂悔，一心用功，專精不止，其心逐漸澹然澄靜，無有分散，名為「二禪未到地」。所以細分四禪亦可說有四未到地定、四中間禪。如能不失不退，專心不已，其心豁然開發，明淨皎潔，定心與喜同時俱發，宛如人從暗室中走出，見到日月光明，其心豁然明亮內淨，而十種功德善法眷屬與之俱發，如初禪發相。但初禪乃從外觸而發，但二禪則由內淨而俱發，兩者不同。

二禪喜樂的發起，不從外來，乃於一心澄淨，而生大喜美妙，清淨勝於初禪。二禪名為「內淨」，以其離於外塵，亦以離於初禪內垢之故而名。初禪之中，得諸觸樂，身即明淨兼得使心明淨，因爲觸是身識相應所以稱爲外淨；但二禪則以心識而得明淨，所以稱爲內淨。內淨亦是心淨，淨從心生兼令身得清淨。初禪心爲覺觀所動，名爲「內垢」；得二禪之後，內心無有覺觀動心，名爲「內淨」。初禪從覺觀中生喜樂，與身識相應；而二禪之喜樂乃從心生，與意識相應，兩者不同。

二禪有四支：㈠內淨；㈡喜；㈢樂；㈣一心。內淨支乃是行者離覺觀，依於內淨心而發定，心中皎潔分明，無諸垢穢，所以名爲「內淨支」。喜支乃定與喜俱時發起，行者深心慶悅，於內心生起喜定，十種功德善法眷屬俱時生起，愉悅無比，名爲「喜支」。樂支乃是行者受於喜中之樂，其心恬澹怡悅，綿綿快樂無已，名爲「樂支」。一心支乃是受樂心息，不緣於內定喜樂，也不緣外念思想，一心不動，名爲「一心支」。

二禪以四支爲用，默然心爲定體，由體起用，與初禪相同。

三、三禪

行者欲得三禪，須觀二禪爲過失，訶責二禪的喜相，如上述所說訶責初禪的方法。二禪雖然從內淨所生，但是大喜湧動，定境並不牢固，此時不可生出戀著之心，一心專念三禪功德，能捨大喜及二禪默然之心體。如初禪所用的方法：㈠不受不著；㈡訶責；㈢觀析而離二禪的大喜粗相。此時既不受喜，喜與默然之心自謝。在三禪未生起之前，中間亦有禪定，行者此時不可生出憂悔之心，否則不但不進上勝地，亦可能退失境界。

行者如於中間禪中一心修行加功不止，專志修習，其心湛然安靜，此時樂定尚未發起，但不加功力心能自然澄靜，是爲三禪未到地相。而後其心泯然入定，不依於內外，與樂俱時發起，亦有諸善法功德眷屬隨起。但此時無二禪之大喜湧動，只有綿綿無已的大樂，從內心發起，其心樂美妙，難可比喻。

而樂定初生之時，尚未具足徧身，中間有三種過患，當注意避免：㈠樂定太淺，行者心自沉沒，少有智慧功用。㈡樂定微小，而心智湧動大發，不能得其安穩。㈢樂定之心雖與慧力相等，但綿綿美妙的快樂，使行者心易迷醉，而生貪著。三禪乃世間第一大樂，非大丈夫，極爲難捨。

如禪發之時，有以上三種過患，則樂定不能增長，徧滿全身，此時行者應當自己善爲調適：㈠若心沉沒之時，當用正念、精進、慧觀等法警策使之升起。㈡若其心湧發，當以三昧定法攝心，使之靜定。㈢心如果迷醉，當念其後的大樂及一切勝妙法門，自爲醒悟，使心不著。行者如果能善修以上三法，自爲調適三禪樂定，樂法自會增長，偏滿全身，具足三禪，受三禪偏身之樂。

三禪樂偏身時，全身毛孔悉皆欣悅。此時雖無外塵與身根相觸，而樂法由內而出，充滿諸根，五根之中悉皆悅樂。但是因無外塵相對，所以不發五識，情依於身，身樂偏滿，情得通悅，而樂與意識相應，以識內滿的緣故，所以三禪之樂，偏身而受。

初禪之樂乃從外而發起，與身識相應，與意識不相應，所以內樂不能充滿。二禪之樂雖然從內發起，然而是從喜而生，大湧動心，與喜根相應，但與樂根不相應。因樂乃依於喜而發，二禪之喜尚未偏滿，所以不能發三禪大樂。三禪之樂乃從內發，以樂爲主，內無喜動，以念慧因緣，使樂增長，偏身內外充滿愉悅快樂，世間第一。

三禪有二時快樂：㈠受樂；㈡快樂。快樂之樂乃是樂定初發之時，尚未偏身；而受樂之樂乃是樂定增長，從身而受，例如石中的泉水，從內先湧出，而後盈滿流之於外，偏滿溝渠之中。

三禪有五支：㈠捨；㈡念；㈢智；㈣樂；㈤一心。捨支乃得三禪之定時，捨棄二禪喜心不悔；亦可說捨離前述之過名之爲「捨支」。念支乃是既得三禪之樂，正念使用三法守護，令樂增長，名爲「念支」。智支乃是善巧以三法離三過，名爲「智支」。樂支爲快樂，樂徧身受。一心支爲受樂心息，一心寂定。此中捨、念、智三支爲方便支，以調適樂定，令樂得增長徧身；而樂與一心二支爲證支，二者一時而發乃三禪證境的主要現象，與二禪相同。此五支爲用，而以默然心爲體。

四、四禪

四禪亦名「不動定」，亦名爲「捨俱禪」。此定發起時，體無苦樂，有微妙的捨受，此定與捨根相應，所以名爲「捨俱禪」。

行者欲修習四禪，應當深見三禪的過患。我們修習禪定本是希望得到禪定的快樂，所以辛苦的勤求，終於獲得之後，必須勤加守護，亦爲之苦，而一旦定境退失，則再受諸苦。譬如世人沒有錢時要賺錢，但等到有錢時，卻深爲守護錢財而苦。所以說「第三禪中樂，無常動故苦」，而此樂法蓋覆心念，使心念不夠清淨。行者深見三禪的大樂，後有大苦的過患，應當一心厭離，求取四禪的不動定，當如前法修行，用不著、訶責、觀析三種方法，則三禪境界謝滅，有四禪中間定現，與觀相應，與前述相貌相同。

行者於中間禪中修行不止，得入未到地定，此時心中無有散動，是爲四禪方便定，而後其心豁然開發，定心安穩，出入息斷。定發之時，與捨俱生，無苦無樂，空明寂靜，善法眷屬功德現前。但此時心如明鏡不動，如淨水無波，絕諸亂想，無喜樂動轉之患，正念堅固，猶如虛空，名爲世間眞實禪定，無諸垢染。

行者住此定中，心不依善，亦不附惡，無所依恃，而色法轉妙，內成就淨色之法。此時心中亦無形無質，無諸色相，但以心中有淨色根，於定中對因緣時，能發種種妙色，可通四無量心、八勝處、一切處、十四變化心等色。但不可以其不見諸色，而說是無色定，因爲虛空處定以上，是一切色法都不現前。現在一切色法，能自在得現，且於定法無所損滅，是爲眞色之定。譬如明鏡之體是淨色清淨無瑕，所以隨對諸般色相，一切得現，如果沒有淨色爲本，終不會在虛空中現起諸般色相。

四禪是諸大禪乃至成佛的根本。四禪定於一心，念常清淨，亦名爲「不動定」或「不動智慧」。在此禪中，如果欲轉緣，學一切事，隨意成就。一切神通變化，演說勝法，莫不從此定而出。

四禪有四支：㈠不苦不樂支；㈡捨支；㈢念清淨支；㈣一心支。不苦不樂支乃是此禪初發之時，與捨受俱起，捨受之心不與苦、樂相應，所以名為「不苦不樂支」。捨支是得不苦不樂定，捨三禪下勝之樂，不生厭悔，而定發之時，心不念著，自能捨離，名為「捨支」。念清淨支乃謂禪定分明，等智照了，名為「念清淨支」。而定心寂靜，雖對眾緣，心無動念，名「一心支」。

四禪功德雖與前等皆同，但倍勝於上，不可思議。

四禪入定的修學，是大部份行者修習禪定的歷程，但並非絕對，例如修習不淨觀的人，多未經歷三禪，因三禪樂多，二者不相應的緣故。所以諸禪修行次第雖多能與四禪入定比對，但因修法的緣故，並非每一種禪定現象都一樣，這是要認識清楚的。

五、空無邊處定

四禪以上的禪定境界，為四無色定（梵語 catasra ārūpya-samāpattayaḥ），即四種無色的定境之意，又譯為四空定、四空處定，即：一、空無邊處定，二、識無邊處定，三、無所有處定，四、非想非非想處定。這四種禪定境界能超離一切物質現象（色法）的纏縛，依止於精神現象（無色法）而存有，此定從境得名，所以名爲「無色定」。智顗大師在《釋禪波羅蜜》中道：「四空滅色道，心心互相依，亦名四空定。」

在四空定之中，一切現象都是無形無質，宛若虛空般的存在，所以名爲四空定，亦名爲「四空定處」。在這四種定境當中，惟有存在於心念與心念之間的相互依止，所以這四種定心亦名爲「定處」，並以所憶念觀照的境界爲依止之處。若欲得證這四種定境，必須修學對治物質現象（色法）的繫縛，並除滅一切物質外境的感受與思惟，藉以除滅一切物質色法的修行，而達到依止於如虛空無色的純粹精神境界，也就是只依存於念念相續，而沒有任何相對的物質色法現起與思惟的定心之中。

習禪的人在證得四禪的時候，定心安穩，人體的呼吸出入息也自然停住了，此時安住在無苦無樂的境界當中，宛如明鏡般的空明寂靜，亦如同淨水的清明無波。修行人安住於四禪之中，心不依止於善，亦不依附於惡，如虛空般無所倚靠，而且感覺到一切都是無形無質，沒有任何種種的物質色相，這時內證成就了淨色之法。

此時，雖然現證了無形無質、無有物質色相的淨色，但並未成就空無邊處定，因爲空無邊處定，是一切色法都完全不得現前。然四禪以淨色爲根本，在定中相應於因緣之時，能發出種種色相。在四禪當中，一切物質色法自在的現前，而定境卻無有增減，所以是眞實清淨色法的定境。四禪就宛如以明鏡爲體一般，是清淨的色法根本，隨緣的相應於一切物質色相，並使一切物質色法皆得以照現，但四空定卻宛如虛空一般，不能隨意現起色相的。

修行人在四禪之時，要進修空無邊處定，應當如是思維：「我現在所修證的四禪定境，是依止於欲界身的，當具足了色界四禪當中的清淨色法，現在卻感受到無形無質，沒有任何物質色法的境界，這些清淨的色法何故而不見呢？是否我的心念還是不夠微細、或過於粗疏呢？」生起此念之後，一心仔細的諦觀自己的身相，觀察身體宛若芭蕉一般，重重虛疏無實，愈觀察愈細密，愈來愈稀疏，到最後身體的支分都完全消失殆盡，不再見到自己的身相。當自己的內身觀照殆盡之後，所有的外界物質色相也同樣地解析入微而觀照盡失了。

要修習證入空無邊處定，要滅除三種物質色法：

1. **可見有對色：**指狹義由眼根中所能攝受的色境，即我們一般由眼中能見到的物質色相。

2. **不可見有對色：**雖然有物質性的存在，但是並非眼

根所見的色法，即指聲、香、味、觸等四種外在的法塵境界，以及眼、耳、鼻、舌、身等五根（指能引發意識攝取外境作用的勝義根，而非指一般的五官）。

3. **不可見無對色：**經由意識所生，而緣於過去所見存有相對障礙的色法境界，即指我們記憶中的物質色法。雖然我們能夠分別明了，記憶中的物質色法是無見無對不可觸摸的境界，但我們對於所緣的境界卻仍然執著不忘，所以這依舊為物質色法。

這就如《大智度論》中引述佛陀所說的：「過一切色相，不念別相，滅有對相，得入無邊虛空處。」其中過一切色相，即為破除可見可對色；不念別相，即是滅除不可見無對色；滅有對相，即是破除不可見有對色。當我們經由前述的身相觀照，眼中所見的物質色法壞盡之後，此名為「過一切色相」。而在修習的過程中超越了耳根與音聲、鼻根與香塵、舌根跟味塵、身根與眾觸等一切境界，使五根與聲、香、味、觸等四塵作用停止壞滅，名滅有對色。而心中不再憶念、貪執種種過去意識中的色相，名為「不念別相」。此時我們一心緣於空境，憶念空相不捨，色界禪定便自然消謝。此時空無邊處定依然尚未發起，便證入中間禪中。

這時，切勿心生憂悔，再繼續努力精進，一心憶念空相不捨，心念自然泯然而住，能夠任運安住於空緣之中，此時爲未到地定相。而後，豁然心開，與空相應，心念光明清淨，不苦不樂的境界更加增長；在深定當中，只見到虛空的境界，而沒有任何物質諸色法的相貌，就證入了空無邊處定了。

此時，雖然心緣於無邊的虛空境界，而意念毫無分散，既無物質色法的纏縛，且心念意識完全的澄靜自在無礙。就如同鳥本來在籠子之中，現在籠子破了，鳥自然得以破籠而出，飛騰自在了。

六、識無邊處定

要修證識無邊處定，可依觀察空無邊處定的過患，以及觀照破除空無邊處定的境界二種方便來達到。

如何觀察空無邊處定的過患呢？我們了知空無邊處定是與虛空相應的境界，而虛空無邊無際，我們若心緣於無邊的虛空境界，將會宛如所謂的「緣多則散」一般，我們心緣於無量的虛空，即能破除我們的定境。而且虛空是外法，若緣於外法而入定的話，則定是從外而生起，那麼定力將不會安穩；而識無邊處定爲內法，假若緣於內法而入定，則能成就安穩寂靜。

而觀照破除空無邊處定的方法，則是觀察虛空所緣的受、想、行、識，是如病、如癰、如瘡、如刺一般不可愛樂，並且是無常、苦、空、無我的，是欺誑不實和合而有的虛幻境界。如此憶念之後，就捨棄虛空的因緣，而將心繫緣於識中。

修行者一心繫緣於現前的心識，而且念念不離，並繫緣於過去與未來的無量無邊心識，如此常憶念於識，並且欲與識相應，使一心緣識無有任何的異念。漸漸地，空無邊處的定境消謝，而識無邊處定尚未出生，此時就生起了中間禪相。我們再以一心緣識，便能逐漸泯然寂靜，任運安住而緣於心識之中，最後豁然心開與識相應，心住於定寂靜不動。此時在定境之中，不會見到任何的事相，只見到現在的心識，念念不住而且定心分明，心識廣闊無量無邊，而在定中，能憶起過去已滅的無量無邊心識，以及未來應起的無量無邊心識，所有三世的心識皆在定中現起與識法相應。

安住於識無邊處定，是以識法持心，而住於無有分散的意念之中，定境安穩清淨寂靜，而且心識極爲明利。

七、無所有處定

修習無所有處定，亦如同修習識無邊處定一般，可依觀察過患訶責識無邊處定，及觀破識無邊處定的境界來得證。

識無邊處定的定心是與識法相應的，若在定境之中，心念與識相緣，則會現起過去、現在、未來的無量無邊的心識。而修行人的心念緣於無邊的意識，則會因爲所緣的心識過多而散壞定境。不管空無邊處定是緣空而入定的外定，或是識無邊處定爲緣識入定的內定，既然有依止於內識或處境，都不是眞實寂靜的妙定。所以應當修學更深無心識處的無所有處定，使心念無依無恃，才是眞正安穩的定境。

另外，我們可觀照緣於心識的受、想、行、識，如病、如瘡、如癰、如刺一般，實在是無常、苦、空、無我，欺誑不實和合而有的虛幻境界。如此了知之後，便捨棄識無邊處定，而繫心於無所有處之中。而無所有處，空無有任何所依、所緣的心識，所以能夠爲內靜念息，求取不用一切心識的法門，而了知無所有法，非空亦非識，亦無所分別。如此了知之後，寂靜自心，憶念無所有法，這時識無邊處定即便消謝，而無所有處定尙未證發，此時爲中間禪相。

修行者若能心不憂悔的專精修習不懈，一心安住於內淨之中，空無所依，亦不見於一切諸法，寂靜安穩，心不動搖，這時即能證入無所有處定。證入此定之時，自心怡然寂靜絕斷眾念，一切心想皆不生起。此時連心相也不可見，何況一切諸法的相貌呢？因爲心中無所分別，所以名爲無所有處定。

八、非想非非想處定

非想非非想處定，是所有世間禪定中最細密、最高的禪定，也是世界存有的最終感受，可以說是世間禪定的顚峰。但是也由於此定太細密了，使修行者的心行不能有利於心想的作用，無法破滅煩惱。所以如果止住於此定，反而無法開悟解脫，不得不注意。

所謂非想，是因爲在這個定境當中，已經滅除了粗想的心念，而其中雖然尙有微細的心想，但由於太微細了，所以無法運思並且難以覺察的緣故，所以稱爲非想，但是由於尙有甚深微細的心念，故又稱爲非非想。

修習此定可訶責無所有處定的過患，在無所有定中，我們如癡如醉、如睡眠如昏暗一般，被無明所蓋覆障蔽，而使心念無所覺了，所以也是無可受樂之處。現在觀察無所有處如愚如癡，都是心病所生，並非眞實的寂靜之處，應當更進一步的修學更深的非想非非想處定。

另外我們可仔細諦觀，無所有處所緣的受、想、行、識，如病、如癰、如瘡、如刺一般，實在是無常、苦、空、無我，是欺誑不實和合而有的虛幻境界，如此觀察之後即遠離無所有處定。並且以心觀察非有非無的境界：我們觀察心爲非有，過去、現在、未來求之都不可得，沒有形相也無處所，所以是非有；觀察非無，此心雖然是無爲，但離心即爲無，若心爲無此時又不名爲心，因爲此時成爲無覺也無緣的緣故，所以心是非無的。如此觀察非有非無，因不見有無，一心住於觀緣之中，依此常念不捨，則無所有處定，自然消謝除滅，證入中間禪相之中。

我們如果能繼續一心專精的保持，使心任運安住於非有非無的緣中，忽然之間眞實禪定發起，不見有無的相貌，泯然寂靜，心無動搖，恬然清淨，宛如涅槃之相一般，此時即證入非想非非想處定。一般世間修行人以爲這是最究竟的實相涅槃，受著於此定境，實在是錯誤，因爲此定還有生死輪迴中最微細的一念未破除，所以還不能解脫自在。

九、滅盡定

滅盡定（梵語 nirodha-samāpattī），又作滅受想定，滅盡三昧，即滅盡一切的心與心所（心的作用）而安住於無為聖境的無心位的定境。滅盡定與無想定，二者並稱為「二無心定」。但是無想定是世間凡夫所證的定境，不能以智慧觀破煩惱而滅心識，而是以石壓草，使心念毫無憶想，不能解脫。而滅盡定是佛陀及俱解脫的阿羅漢以智慧破除定障所證得，即是用涅槃的智慧勝解之力而修入的。

當修行者修得非想非非想處定之後，世界凡夫以為就是涅槃；而佛弟子了知這個定境尚有三界中最微細的心念，必須觀破，否則不能圓滿解脫，並得除遣一切定力的障礙。因此以佛法的殊勝智慧觀照一切現前苦、空、無常、無我，破滅這三界最微細的心念，而證入受想皆滅，一切障礙皆得解脫的滅盡定中，此時方名為真實無心寂靜之處，亦為永住安樂之處，圓證此定的阿羅漢，亦名為俱（定慧）解脫的阿羅漢，成為具足一切自在智慧神通的大阿羅漢。

本講九次第定禪觀，除了傳統所說的九次第定外，特別加入菩薩禪與圓頓禪，圓滿九次定禪法，受用勝法之樂，安住於全佛境界。

電光三昧

除了九次第定之外，另外要特別介紹「電光三昧」。

在四禪八定中，初、二、三、四禪及空無邊處定、識無邊處、無所有處定能發無漏，名爲「七依」；而非想非非想處定，以心力太弱，不能發起無漏。

除了七依處之外，在未到地定亦能發起無漏，無漏疾發，倏如電光，所以名「電光三昧」。

電光三昧亦有暫得見道，得法眼淨者；亦有得無漏，喻爲金剛者。如阿難尊者以多聞故，不能得取無漏，於結集中爲大迦葉所訶，乃自發奮，但策心不發，放心就枕，頭未至枕，便得無學。所以電光三昧不只發起初果得法眼淨，亦能得至漏盡，名「金剛三昧」。

中國禪宗向有重慧的傾向，使專修定者較少，但禪師的作略方便，往往能使行者得剎那定心，而得電光三昧，乃至破諸有。由禪宗公案看來，許多祖師都是以電光三昧而得慧解脫。

九次第定　修證

1995.11.19 造

敬禮　大智海本師釋迦牟尼佛

敬禮　九次第定殊勝解脫法

敬禮　九次第定成就賢聖眾

一、皈命

禮敬甚深三摩地　空悲自在法住佛

究竟利益法音圓　因緣大事眾成佛

無量光明勝利法　練禪成就九次第

止觀不二能雙運　無間三昧具總持

賢聖明練調柔定　心無間念自出入

祈請殊勝三寶眾　圓明頓現具等持

二、對法眾

甚深如幻大悲中　體性圓滿實相智

為利眾生圓勝法　無所得中顯次第

所說無謬無為法　不壞道中成大力

具足解脫定慧圓　體用觀禪勝調柔

純熟入體心無間　修練成滿無雜染

隨順體性法界力　諸佛廣大福智力
無間相續三寶力　自生法爾清淨力
圓滿善修緣起力　無上菩提善說力
如實加持勝妙力　因道果圓無為力
體即圓滿頓現成　大悲菩提心無異
無漏心圓入八禪　緣真證滅九次第
如幻悲滿示實相　無功用中大作用
發心菩薩無生忍　無間次第三摩地
平等相中如真實　悲智定用圓頓果

三、發心

大悲智生菩提心　無上菩提離生滅
無相心定顯次第　無為行中住圓滿
佛境妙行無漏定　圓頓菩提攝實相
初中後善因道果　九次第定善修證
圓頓禪人菩提心　平等密中無間斷

四、見地

無見自生圓滿見　無為大悲見實相
實相智中無次第　無次第中運止觀

九次第定無間禪　一切時中勝吉祥

五、修證

佛子具足諸禪觀　心樂善住無漏禪
如實練金去殘惱　次第入禪心無間
念念相密無異心　清淨調柔增功德
禪禪相入九次第　法住法位無錯謬
定多智少根本禪　觀多定少諸禪觀
心難調柔不安穩　止觀均等勝禪定
定深究竟緣不散　智慧銳利疾無礙
心心相次無間雜　隨念即入無間禪

初禪

離欲諸惡不善法　善行五法清涼定
有覺有觀三摩地　離生喜樂證初禪
地水火風十六觸　定空明淨喜悅樂
知見明了善心生　無累解脫境現前
心調柔軟十善法　覺觀喜樂住一心
趣向入住出觀察　五種自在極善巧
住戒捨定聞慧心　功德善心如法生

初禪定觀等均齊　自識其心次第入

無有剎那雜念生　如實初禪次第定

如幻三昧住等持　體性圓頓等無住

註釋

五欲：色、聲、香、味、觸。

五蓋：貪、嗔、癡、慢、疑。

五法：欲、精進、念、巧慧、一心。

二禪

定慧心利隨念入　安住正地迅疾捷

未到中間諸禪相　不久安住勝方便

遠離覺觀二惱相　大水澄靜無波漪

一識心淨極美妙　定生喜樂入二禪

大喜湧心大悅樂　心識相應住內淨

無覺無觀三摩地　言語斷處住默然

內淨喜樂一心支　無間次第念念禪

三禪

攝心默然第一定　寂然無念喜為患

受喜湧動心無住　離喜大樂遍身發

綿綿密樂難思議　三法如實樂具身

樂法內出滿諸根　遠離外塵自受用
內無喜動念慧因　令樂增長第一樂
快樂受樂如泉湧　廣大喜樂具如是
捨念智樂住一心　迅然如箭無間定

四禪

大樂能捨不壞心　樂患無常無安穩
不動勝定具大安　善斷苦樂捨具禪
捨念清淨離苦樂　微妙捨受定俱發
出入息斷空明靜　心如明鏡無動轉
淨水無波絕亂想　正念堅固如虛空
無諸垢染無所依　成就淨色微妙法
不動智慧一心具　能成一切三摩地
隨意成就一切事　神通變化諸妙法
不苦不樂捨下勝　等照照了念清淨
定心寂靜無動念　一心支林咸具足
空無自性無所有　深妙定樂方便示

空無邊處定

患色觀空定慧禪　善明自心次第入

念念善滅諸色道　無有剎那雜念生
無色自體無形質　遠離三色緣虛空
破散色法斷繫縛　永絕色相虛空定
可不可見有無對　色法塵相具十一
虛空智緣內身盡　外色法界空無礙
空法持心無眾色　不念色法不念相
想護正觀一心空　方便立支明體用
無間三昧定慧等　空無邊處空無量

識無邊處定

自識其心入識定　觀破空處繫緣識
病癰瘡刺空四蘊　無常苦空無我觀
理事現觀厭離空　一心念念覺三世
任運自住緣識心　心識相應定不動
念念不住識無邊　清淨寂靜心明利

無所有處定

過現未來廣無邊　無心識處名安穩
識四蘊中八聖種　非空非識無分別
無為法塵靜息心　念無所有識定謝

俱捨一切剎那滅　意根現對無所有
一心內淨空無依　不見諸法無動搖
諸想不起無心相　一切諸法無可見

非想非非想處定

非想非非想定中　四蘊所成亦非無
入此定中心微細　宛若無覺稱無想
無所有處現如癡　無明覆蔽無所覺
八聖種觀無所有　捨離心觀非有無
不見有無一定相　證定善發泯然寂
三界之中最勝定　虛誑不實當了知

滅盡定

諸佛弟子善滅心　現滅受想次第定
九次第中最圓滿　定慧解脫當了知
心與心所善滅盡　十細心數皆無著
陰界入絕心緣真　諸行因緣現悉滅
觀真受想非究竟　豁然無念證滅盡
有學伏無所有貪　未離上貪或已離
定慧解脫阿羅漢　已得滅定迴大乘

菩薩現住遠行地　滅盡定中立解脫
壽不滅訖暖不去　諸根不壞住三昧
想及受滅真滅盡　入定無心念滅盡
本然如是心修習　善巧趣向而證入
出定無我滅盡起　身及六處緣命根
如實出定當了知　心樂離趣離順離
次第滅盡身口意　次第生起意口身
三觸現坐從定起　不動無相無所有
九次第定如鍊金　鍊禪成就除雜染
無漏禪鍊真清淨　無間三昧解脫禪

菩薩禪

無上菩提善發心　大悲方便度眾生
所行無著無功德　究竟迴向大菩提
具足佛法施眾生　實相空中不可得
無上妙智菩薩行　無可證處如幻禪
大悲禪中八背捨　實相智具九次第
逆順出入無漏心　念念無間三摩地
迅如電光無可住　善巧鍊金住實相

圓頓禪

無定可入無錯亂　無有次第無涅槃
悲智念念無可住　圓頓體性自在禪
如實示現王三昧　金剛定中住本然
法爾法住自寂滅　無相心中本滅盡
無有能修與所修　無作法位不可得
次第受用勝法樂　諸佛加持住全佛

參考資料

1. 龍樹菩薩造、姚秦．鳩摩羅什譯《大智度論》卷二十一、卷八十一
2. 隋．慧遠撰《大乘義章》卷十三
3. 隋．智顗說《法華玄義》卷四之上
4. 隋．智顗說《釋禪波羅蜜》卷十
5. 隋．智顗說《法界次第初門》卷中

12 師子奮迅三昧

簡介

師子奮迅三昧是（siṃha-vijṛmbhita-samādhi）是《華嚴經》〈入法界品〉中所說之禪定，為佛陀的大威神力所發起之三昧，如師子王之奮迅拔起，故稱為「師子奮迅三昧」。又作「師子奮迅三摩地」、「師子奮迅定」、「師子威三昧」、「師子嚬伸三昧」。在《華嚴經探玄記》卷十八中說：

「謂如師子奮迅之時，諸根開張，身毛皆豎，現其威勢，哮吼之相令餘獸類失威竄伏，令師子兒增其雄猛身得長大。今佛亦爾，一、奮大悲法界之身，二、開大悲之根門，三、豎悲毛之先導，四、現應機之威，吼法界之法門，令二乘諸獸藏竄聾盲，菩薩佛子增長百千諸三昧海及陀羅尼海，如是相似故以為喻。」

《法界次第初門》卷中對此三昧的解說也非常詳細，指其如獅子奮迅，奮挣塵土，超越前後疾走之諸獸。此三昧有二種特色：⑴奮除障礙入定的微細無知惑；⑵出入捷疾無間，異於諸禪定。

而從出入的次第上來看，又可分爲「入禪奮迅」與「出禪奮迅」。入禪奮迅三昧，是指遠離欲界之惡不善法，入有覺有觀之色界初禪，如是次第入二禪、三禪、四禪、空處、識處、無所有處、非想非非想處、滅受想定等諸禪定之三昧。「出禪奮迅三昧」與入禪奮迅相反，即從滅受想定起，還入非想非非想處，由非想非非想處入無所有處；如是識處、空處、四禪、三禪、二禪、初禪，乃至出散心中之三昧。此二又併稱爲二種師子奮迅三昧。

《法華玄義》卷四上中所謂的「熏禪」即是指師子奮迅三昧。《大般若經》卷五十二中說三昧有二殊勝功德：⑴師子奮迅三摩地：於諸垢穢，從任棄捨，猶如師子王之自在、奮迅；⑵師子頻申三摩地：起勝神通、自在無畏、降伏一切暴惡魔軍。

高階禪觀課程在最初規劃時，並未將師子奮迅三昧納入其中，而是在講授九次第定之後，特別加入此禪法，讓學者能在九次定中，奮迅入、奮迅出。

在《大品般若經》中佛陀說：「菩薩依九次第定，入於師子奮迅三昧。」因此，本次禪觀講授，除了一般的師子奮迅三昧之外，再加入菩薩三昧與圓頓三昧，菩薩依於九次第定，入於師子奮迅三昧，安住於無畏平等智中，摧伏眾魔與諸外道。最後修證圓頓三昧，成就與諸佛三昧平等無有差別，同證毘盧遮那佛的境界，圓頓菩提，一切現成。

師子奮迅三昧　修證

1995.11.18 造

敬禮　大智海本師釋迦牟尼佛

敬禮　師子奮迅三昧

敬禮　師子奮迅三昧歷代傳承賢聖眾

一、皈命

稽首無上等持佛　究竟光明大悲吼

諸佛甚深三摩地　師子奮迅照法界

普賢境界難思議　圓頓三寶密加持

平等受用大自在　現前平等禮全佛

二、發心

願證無上三昧王　願圓究竟佛三昧

無餘受用諸佛智　大悲迴向眾成佛

三、見地

迅如師子　大悲奮起

無所分別　芳草遍綠

圓頓菩提　出入無間

無畏師吼　平等緣起
無修無證　佛受用禪

四、修證

師王奮迅遍入禪　熏禪觀定如自在
奮除障定細微惑　出入無間迅電光
心心次第入初禪　入禪奮迅滅受想
滅盡定中還復起　出禪奮迅自成就
出生一切深三昧　具足功德神智勝

菩薩三昧

大悲為身大悲門　大悲為首大悲法
無所得中勝方便　遍滿虛空三昧王
菩薩依九次第定　入師子奮迅三昧
安住無畏平等智　莊嚴大鎧無所畏
大威嘯吼法界門　摧伏眾魔諸外道

圓頓三昧

圓頓法界等方便　虛空眾生三世圓
一切時劫眾生業　眾生根熟解欲等

諸佛三昧無差別　平等實相中實相
同證毘盧遮那佛　圓頓菩提示現成

五、總迴向

九次第定平等觀　師子奮迅三昧王
現前修證普迴向　願證佛智眾成佛
祈願國土示吉祥　一切災障現銷除
傳承永續燈無盡　法界圓滿勝圓滿

參考資料

1. 東晉．佛馱跋陀羅譯六十卷《華嚴經》卷四十一、卷四十四、卷四十五
2. 東晉．佛陀跋陀羅譯《觀佛三昧海經》卷二
3. 龍樹菩薩造、姚秦．鳩摩羅什譯《大智度論》卷九十七
4. 隋．智顗說《法華玄義》第四上
5. 唐．法藏述《華嚴經探玄記》卷十八
6. 隋．智顗撰《法界次第初門》卷中
7. 隋．智顗說《釋禪波羅蜜》卷十．師子奮迅三昧

13 三三昧

簡介

三三昧又稱爲三三摩地、三等持與三定，是傳統佛教最重要的禪觀；由於三三昧是證入涅槃解脫的門徑，因此就有漏的因位而言，名爲三三昧，就無漏的果位而言，又稱爲三解脫門。

空、無相、無願三種三昧，是修證解脫涅槃的重要禪法，也是趣入大乘菩薩三昧的根本。三三昧在不同的經論，乃至南、北傳佛教的經典中，雖然有不同的說法，但其根本的意旨，乃是安立於對空的體悟，及其所引發的觀察與心念；因此，實在無庸拘泥於微細異文，而遠離實證體悟。

現在略釋三三昧：

㈠空三昧

是觀察法界萬有，人、法皆空，無我亦無我所，一切諸法皆是不實、不常而恒空。如《大智度論》卷二十中解說爲：「空三昧二行：一者觀五受眾，一相、異相無故空；二者，觀我、我所法，不可得故無我。」五受是指樂受、喜受、苦受、憂受及捨受，約眾生身心微細別受的自相，能使眾生增長雜染的作用。而現觀彼等一相、異相皆無，現前是空。乃至證成我與我所不可得的現空三昧，此三昧是與苦諦的空、無我二行相應的禪定。

㈡無相三昧

因觀空的緣故，所以不著於相，觀察一切無差別。《大智度論》卷二十中說：「無相三昧四行：觀涅槃種種苦盡故名爲『盡』，三毒等諸煩惱火滅故名爲『滅』，一切法中第一故名爲『妙』，離世間故名爲『出』。」此三昧是與滅諦中的「盡」、「滅」、「妙」、「出」四行相應的定。善觀涅槃，離色、聲、香、味、觸五塵，男女二相及生、異、滅等三有爲相等十相，故名無相。

㈢無願三昧

又稱爲無作、無欲或無起三昧。乃是觀察諸法無差別，現前無相，所以心中無所愛染，於未來生死相續無有願求的禪法。《大智度論》卷二十中說：「無作三昧十行：觀五受眾因緣生故無常，身心惱故苦。觀五受眾因四行，煩惱、有漏業和合能生苦果，故名爲集。以六因生苦果，故名爲因；四緣生苦果，故名爲緣；不多不少等因緣

生果，故名爲生。觀五不受眾四行，是八聖道分能到涅槃故道，不顛倒故正，一切聖人去處故迹，愛見煩惱不遮故必到。」

此三昧乃與苦諦中的無常、苦二行，集諦中的集、因、緣、生四行，道諦中的道、正、迹、到四行等相應的禪定。苦與無常及集諦的四行相，都是可厭惡，而不應求取，就是連道諦也必須如同渡河之後的船筏一般，亦應捨離。這個三昧以此爲緣，所以名爲無願。又於諸法無所願樂，所以無欲，亦無所造作，所以名爲無作或無起三昧。

小乘佛法以三三昧而入解脫涅槃門，但是大乘佛法乃是以三三昧爲基礎，不住涅槃，而以大悲菩提發心，出生如幻三昧，在十方三世中廣度無盡眾生；所以三三昧更是大乘禪法的重要基礎，菩薩妙門的智慧根芽。如果大乘行者不能體證三三昧，那麼所謂菩提妙行，不過是雜染的世間菩提而已，不能眞名爲菩薩。因此，三三昧禪觀可說是一切行者都必須修持的根本禪觀！

三三昧禪觀　修證

1995.12 造

敬禮　大智海本師釋迦牟尼佛

敬禮　三三昧勝法

敬禮　三三昧成就賢聖眾

一、皈命三寶

稽首體性本寂滅，現空大悲三昧佛，

等流智海自清涼，能力至尊眾全佛。

甚空無相無作願，平等實相圓悲智，

一味妙法成總持，現觀成就王三昧。

體性三昧證圓頓，初中後善無可得，

如幻密力自成就，賢聖大海勝皈命。

南無三昧三寶眾，圓頓行者我稽首。

二、對法衆

三三昧行三解脫，如實真智現成就，

順證涅槃體無壞，空寂所行迅電光。

大悲所行無所得，般若相應菩提心，

心無所依修淨禪，緣一實相三三昧。

圓頓體中無次第，妙行所修無所修，
修證現空空中證，無相無得無所有。
悲願廣大無願中，無作妙力不涅槃，
大悲如空如無相，無願大悲住本然。
圓頓行人無為悲，甚空無相如次第，
無願次第圓頓行，本覺道圓頓始覺。
見修行果大空中，無相寂滅本初後，
無願無滅大菩提，廣大體性自加持。

三、發心

體性無滅大悲心，無緣無相菩提心，
無願妙作大威力，大空因果無生境。
實相善修三摩地，無為次第三三昧，
圓頓現成金剛心，究竟菩提佛妙行。
全佛發心體圓頓，本修妙證無所得。

四、見地

現見法界體大空，無方圓所離三世，
我與我所現前空，非修所證體本然。
無相法爾現前境，遠離能所二執中，

體寂無可執著者，亦無無相無可得。

無願大悲實相界，無作涅槃無可住，

方便等持離因果，如來所行現全佛。

圓頓現前三三昧，現見現修現行果，

污染不得無修證，生佛法界不可得。

五、修證

1. 三昧解脫義

三昧行法證無漏，無餘涅槃解脫門，

身心現前得離苦，涅槃妙因定相應。

正見正思惟入定，定發無漏正見智，

非智不禪三三昧，正定大王智大臣。

正定如實生正見，正見善發真無漏，

非禪不智三解脫，智慧大王正定臣。

三昧伏道解脫證，三昧解脫定慧合。

2. 釋名

理寂現空體無生，涅槃妙法離十相，

妙絕眾相名無相，無貪無求無願樂。

無有作用無集起，生死行相不可得，

無願無作亦無起，如實了知三三昧。
（十相：色、聲、香、味、觸、生、住、滅、男、女相）

3. 三法

生死現前心無願，涅槃寂靜無相門，
第一義空如實相，三法現成三三昧。

4. 三印

諸法無我大空門，諸行無常無願門，
涅槃寂靜無相門，三印相應三解脫。
（空、無願、無相次第）

5. 維摩

生死體虛現名空，涅槃離相示無相，
無願菩提無貪著，遠離生死取捨心。

6. 外境

體空相空用亦空，現空無相無作願。

7. 心體

心體空故名為空，現想為空成無相，
所見皆空為無願，心與心所相應法。
體寂相寂作用寂，空門無相無所作，
圓頓妙體現成空，圓頓妙相示無相。
圓頓大用無作願，圓頓體中不離初。

8. 十六行

現空三昧具二行，善觀五蘊現前空，
無我我所不可得，空無我法為初門。
無相三昧具四行，涅槃苦盡煩惱滅，
勝法第一現微妙，遠離世間出纏縛。
無願三昧十大行，五蘊因緣觀無常，
身心惱苦無願求，集因緣生四苦因，
道正行出解脫因，如實無作解脫門。

9. 三三昧一如

不見眾生不見法，空中無相無可取，
空即無相不可得，空中無願無可求。
空能修空善得利，不見眾相實無相，

無相無願不受身，不受身故脫眾苦。

10.三重等持

空空三昧重空定，無相無相平等持，
無願無願三摩地，三重等持三三昧。
現空智觀五蘊空，成就現前空三昧。
復觀空智亦為空，空空三昧能成就。
無相現觀五蘊寂，五蘊空中無相取，
無相觀智空無相，無相無相三摩地。
五蘊空中無願求，無願三昧無所作，
無願觀智空無願，無願無願等持定。
重觀三昧善修利，如人以杖燒死屍，
死屍燒盡杖亦焚，智者如實智斷結。
煩惱既亡智須捨，如筏喻者亦如是，
如藥醫病病已癒，不棄藥石反成毒。

六、如幻三三昧

苦集如幻空三昧，一切法空如實相，
內空外空內外空，空空大空有為空，
第一義空無為空，畢竟為空無始空，

散空性空自相空，不可得空諸法空，
無法空及有法空，無法有法空十八，
無生如幻破諸惱，諸法實相滅眾苦。
戲論空相未證空，計有空相離實相，
知空現前無空相，無相解脫三昧門。
空相現空具觀智，既無能所誰空觀，
無作無起無分別，如幻三昧無願門。
三解脫門惟一法，以行因緣說為三，
觀諸法空空三昧，空不可取轉無相。
無相無起轉無願，三三昧法體一如，
善觀世間即涅槃，無相無作涅槃空。
世間如是如實相，無有自性體如幻。

七、大悲三三昧

法無所見無所證，入空三昧不證空，
不深攝心繫緣中，不退道法不盡漏。
具大智慧深善根，大悲菩提念無間，
緣諸有情慈三昧，行空不證有無相。
如鳥飛空而不墮，行於虛空不住空，
行空無相無所作，不墮空無相無願。

如善射人射虛空，箭箭相拄自隨意，
能令不墮大自在，方便所護不涅槃。
諸法實相無可證，不捨眾生發大願，
善攝眾生三三昧，空無相無願解脫。
大悲心及方便力，入空三昧解脫門，
不證實際不失念，能斷眾生有所得。
無上正等正覺心，無相三昧解脫門，
能斷眾生行我相，慈悲喜捨不失心。
顛倒妄想苦造作，眾生輪迴極可憫，
能入無願三昧門，無住不證解脫中。
斷除虛妄顛倒想，安住菩提無退轉，
念諸眾生大悲具，深觀法相不可得。
現空無相無所作，無願無起無所有，
無生無滅法爾相，入空不證空三昧。
入無相無願無作，無起無生無所有，
不證一切不涅槃，大悲菩提三三昧。

八、法界三三昧

體性法界不思議，廣大圓滿三三昧，
盡觀法界眾緣起，無我無人無壽者。

亦無作者無受者，現前大空解脫門，

畢竟解脫不可得，自性寂滅無法相。

無相解脫現在前，遠離分別法界體，

無有願求自解脫，大悲為首化眾生。

無願解脫門現前，無緣大力妙用增，

十空三昧門為首，百千三昧悉現前，

乃至無量三昧海，體性三昧自法身，

十無相門為上首，百千三昧自現前，

無量廣大三昧海，法界三昧海印定，

十無願門為先導，百千三昧現在前。

無量三昧大海示，首楞嚴定法界身，

順佛菩提大智海，方便智慧恆相應。

究竟菩提恆不捨，無始無終金剛定。

九、圓頓三三昧

法界現空不可得，究竟無相無可見，

法爾無願自圓滿，圓頓體中說實相。

三解脫門自解脫，無修無證自解脫，

本解脫故自解脫，平等解脫自解脫，

周遍解脫自解脫，全體解脫無造作。

現空解脫體寂滅，無相解脫相圓滿。
無願解脫用圓頓，圓頓現成三三昧，
法爾空寂本來佛，廣大圓滿涅槃佛。
遍照光明法住佛，圓頓全佛平等佛，
皈命常住十方佛，全佛同住常寂光。

十、迴向

三三昧定解脫門，全佛總持住平等，
諸佛心子善修持，迴向法界眾成佛，
如佛智慧大悲力，究竟菩提如來地，
一切眾生皆吉祥，國土平安願成滿，
法脈光明無盡燈，圓頓行人不退轉。

參考資料

1. 東晉．瞿曇僧伽提婆譯《增一阿含經》卷十六
2. 訶梨跋摩造、姚秦．鳩摩羅什譯《成實論》卷十二〈三三昧品〉
3. 龍樹菩薩造、姚秦．鳩摩羅什譯《大智度論》卷二十

延伸閱讀

1. 洪啓嵩著《三三昧禪觀——證入空、無相、無願三解脫門的禪法》

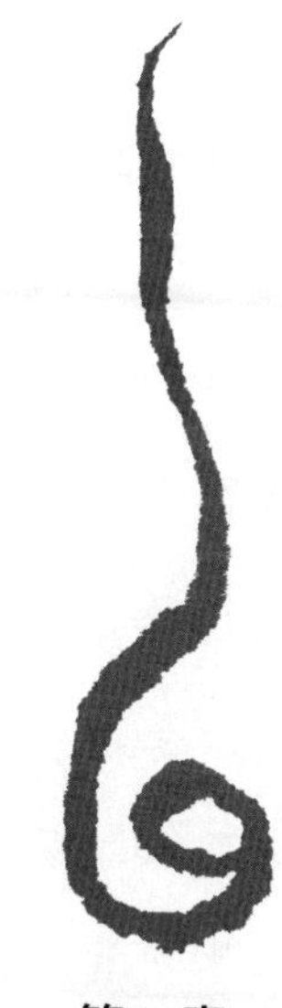

第二章

大乘三昧

「大乘三昧」為菩薩所行之三昧禪法，根本上依止於聲聞禪觀「空」的見地，但不同於以自身解脫為重心的聲聞乘禪法，而是從甚深的悲心出發，以眾生的解脫為中心，進一步將禪觀的修習，與菩提心、大悲心、方便相結合，並與無所得的般若相應，了悟一切皆空、如幻，無修而修，圓滿無上佛果。

本章共講授了大悲如幻三昧、圓覺二十五輪三昧、楞嚴二十五圓通、月燈三昧、寶住三昧、自性禪、彌陀十六正觀、般舟三昧、念佛三昧、月輪觀、阿字觀、五相成身觀、五字嚴身觀等大乘三昧。

而「月輪觀．阿字觀」、「五相成身觀」、「五字嚴身觀」等四種禪觀法門，為密教觀想的基礎法門，為了銜接下章「佛菩薩三昧」中觀想佛身之前行方便，因此，特別在大乘三昧的最後，先行教授這四種觀想佛身、本尊的心要法門。事實上，密教三摩地本身即為大乘禪觀的一支，此兩者並非涇渭分明，而是有所交集的。

14 大悲如幻三昧

簡介

如幻三昧，無疑是一切菩薩三昧的根本，也是諸佛、菩薩示現無邊妙身救度一切眾生的緣起。大悲菩薩修習空、無相、無願三昧，而不證入涅槃實際，顯現無邊廣大的救濟事業，這是如幻三昧現起的因緣。

此如幻三昧的現起，是菩薩在八地中順入眾生心，順觀一切眾生心之所趣，而發起大悲之後成就。因為菩薩若住於七地，不著我等二十種法見，盡行十八空而成具足空，一切無可得，欲取涅槃，這時，因自具大悲種種因緣及十方諸佛擁護，所以還生度一切眾生心，生起如幻三昧，示現不可思議境界。但因根本體性無著的緣故，所以心自不動，亦不取任何心相，因此，如是救度一切眾生，實無一眾生得度者。

菩薩常入如幻三昧，安住大悲，現觀一切眾生、法界如幻，而能予以無邊的救度。這時，由於如幻堅固如實，所以引生報生三昧，現起無邊身廣度眾生；這時，眾生應以何身得度者，即現何身而爲說法，如同觀世音菩薩一般隨處應現。其實就廣大的意旨而言，「如幻三昧」、「報生三昧」兩者雖然立名不同，但其實都攝於如幻三昧中。

如幻三昧的根本是如幻現空的實相，但以無緣大悲來發起，這是悲智相攝的廣大三昧，所以在此立名爲大悲如幻三昧，以彰顯龍樹菩薩「般若是諸佛之母，大悲是諸佛祖母」的深義，也使修習如幻三昧的行者不失大悲，在修學的過程中，更能體悟悲空相益的妙用，這就是所謂「空愈大，悲愈大；悲愈大，空愈大。」如幻、大悲二者交相證成的大用，使大悲如幻三昧圓成一切菩薩的六度萬行，使一切有情圓滿成佛，爲一切大乘行人應當皈命依止的三昧。

大悲如幻三昧　修證

1996.1.20 造

敬禮　大智海本師釋迦牟尼佛
敬禮　菩薩共行大悲如幻三昧
敬禮　大悲如幻菩薩摩訶薩

一、皈命三寶

稽首大悲體性海　如幻勝佛示無初
寂滅悲智常寂光　無緣密湧如實相
無作妙力無願空　無相妙身圓全佛
皈命大悲體性法　無滅無生住本然
如幻遍空全法界　第一勝利無所得
南無大悲菩薩眾　如幻示現真實相
廣大法界勝海會　涅槃無得無可住
如幻三寶行大悲　圓頓祕密勝皈命

二、對法眾

體性大悲全眾生　現成如幻不可得
悲體用幻如實相　法界現前眾有情
大悲如幻三摩地　交付有情佛子眾

緣起大悲無初滅　性本圓頓如幻生
無緣現空無所得　無相無願如無作
大悲體中無涅槃　如夢如幻如實相
如幻大悲三摩地　見修行果大空中
悲大空大體性大　廣大無為三摩地
如幻有情當受持　大悲行者當總持
圓頓行者體中行　因道果圓示平等
初中後善一合相　全佛大悲如幻中

三、發心

大悲無滅如實相　如幻無生無所住
般若現證法界空　方便力用不涅槃
無緣大悲本大慈　密行如幻了佛境
無分別中大圓滿　無所得中大菩提
大悲如幻大發心　如幻大悲體性行
圓頓大悲如幻定　全佛現觀全佛境
十方三世同體現　蓮華藏海金剛定

四、大悲如幻正見

現空體性無所有　真俗二諦如實相

法性惟一無二三　是性非性亦非作
不合不散一切法　無色無形無所對
諸法空相無生滅　不垢不淨不增減
真如現空離方所　遠離三世或三心
五蘊非蘊亦非我　我所寂滅根處界
法界大空日印海　如躍青空大悲王
無緣遍照金剛心　不壞無間智海流
真如幻化等妙體　大悲力湧如實相
大悲空智如幻觀　無相可得勝總持
皈命無上佛陀耶　念佛力密等無間
法爾威力如幻力　佛力福力悲大力
大悲如幻用體圓　如幻大悲體用生
體寂無生不可得　如幻妙力大慈悲
用圓無滅法住相　大悲體性如幻力
無修無證如幻住　大圓大力大悲顯
法爾無得豁然佛　因道果圓本實相
大悲不肯未成佛　如幻無願無所得
圓頓大悲定如幻　如幻圓頓示大悲
正見現觀全佛眾　大悲無住不涅槃
如幻三昧法性海　圓頓無得大菩提

五、修證

體空現觀／能觀空體・體空現觀如實分別了知

因緣所生一切法　現空假名如中道
未曾有法非因緣　是故諸法無非空
遠離我見我所見　無我我所緣起空
中道緣起如實相　實相般若能所覺
此有彼有因緣生　此滅彼滅因緣滅
有因有緣集世間　有因有緣滅世間
若佛出世不出世　緣起法住法界如
緣性現空相依性　法性法定法理趣
是真是實是諦如　非妄非虛非倒異
諸法緣起現前空　非離現前有別空
如無所有如是有　如是諸法無所有
俗諦無明不離真　真諦如實無別有
名相安立一切法　不落名相諸勝義
法爾一如現前空　非二非三離性作
色空非色色為空　是色現空是非色
受想行識空相應　現空非受想行識
諸色空非變礙相　相空如實非別相

受想行識亦如是　實相現空體一如
色不異空不異色　色即是空空即色
體性現空如幻化　無決定相相色空
宛然似有當體空　本性清淨法本空
空色不異非對待　涅槃非離滅色空
受想行識亦如是　法爾實相無分別
涅槃不異於世間　世間亦不異涅槃
涅槃際與世間際　一際無異如實相
信解一切諸法空　隨順安忍住實相
無可住處無生忍　深悟涅槃智成就
般若相應非分別　亦非覺知與思惟
一切法體本性空　現前觀照體空相
諸法無說無可得　現空無得不可說
但以方便為假名　法體不生亦不滅
本非先無而後有　亦非先有而後無
有無生滅墮兩邊　現前如實自超絕
法性清淨離垢染　現成空相無染淨
但以方便說染淨　畢竟空即畢竟淨
以人畏空說清淨　清淨雜染無可得
體空在纏不可染　出纏非得新清淨

不垢不淨離二邊　超越染淨了實相
法數非一亦非異　不增不減亦如實
空性無數亦無量　遠離名數諸所得
非過現未諸所作　現空實相不可說
五蘊入處十八界　四諦十二緣起法
諸法無得無現觀　無果可得實相智
一如無二亦無別　菩薩大空甚深觀
深觀空性四歧途　現前了知得總持
勿以空印一切法　一切諸法本然空
所知法體勿別空　現前諸法本空體
勿以空性為對治　能對所對本空性
若於空性起貪著　住於無修無方便
樂明無念現前空　空體現成無障礙
甚深法相即空義　無相無作無願起
無生無滅無所有　無染寂滅涅槃義
無盡無數無有量　遠離真如法性界
實際如實深空相　但以名字方便說
一切諸法畢竟空　畢竟空者不可說
不生不滅不常斷　不來不去不一異
究竟現空說緣起　稽首禮佛最無上

大悲思惟

悲者見眾受苦難　如箭入心破眼目
心極悲苦遍體血　欲拔救度不涅槃
般若諸佛之親母　大悲諸佛之祖母
大悲出生大智慧　諸佛嫡子當生悲
眾生緣悲法緣悲　無緣大悲體性悲
大悲法界體性力　諸佛稱敬無上法
大悲菩提體中圓　相續無間大丈夫

如幻思惟：十喻、十喻觀

如幻如焰如水月　如空如響如幻城
如夢如影如鏡像　如化一切無可得
如幻所作變化人　如是化人復化人
幻化所生則無量　如初幻化名作者
幻化所作名為業　一切煩惱及眾業
作者果報一切法　皆如幻化與夢影
亦如陽炎與聲響　故知佛道如幻夢
涅槃亦如幻與夢　若當有法勝涅槃
亦復如幻亦如夢　滅諸戲論不可說

註：十喻觀：幻、陽炎、夢、影、乾闥婆城、響、水月、浮泡、虛空華、旋火輪。

大悲三昧

體性大悲無退轉　空大力具悲力增
大悲無滅無間禪　念念生、法、無緣悲
五蘊大悲願菩提　法爾自到自圓滿
六根大悲密作用　根塵同悲大悲識
六大體悲法界悲　大悲大力三摩地

如幻三昧

第一義實無有相　一切法實無可示
無分別亦無言說　法不可說無可得
無所得能度眾生　無修無證圓成佛
有無所得皆平等　真實名為無所得
但有假名無可得（三假）不疑不怖了般若
悟入寂滅無分別　無願無悲墮涅槃
大悲本願力具足　諸佛勸發出菩提
般若現起方便力　如幻三昧度眾生
廣大事業智慧門　莊嚴功德圓成佛
無生忍生如幻定　如幻人住一處中
所作幻事遍法界　菩薩如幻三昧中
十方世界極變化　布施說法及教化

破壞六道安眾生　一切利益盡成就

註：三假：名假、受假、法假。

廣大如幻三昧中　大方法界諸佛國
一切境界悉現前　圓滿究竟一切相
諸佛國土眾事業　一目了然心無動
法界十方三世海　一切虛幻無有實
諸法無生極幻化　欺誑世間不可著
無分別中心分別　甚深法忍無可證
亦無方便力本然　究竟菩提無可得
一切諸法悉如幻　無我無人無眾生
無壽無父亦無母　無諸賢聖亦無佛
諸法亦無無逆事　無作逆者亦無墮
如幻文殊三昧海　仗劍執佛不可得
無礙甚深法忍中　諸法現空如幻化
無罪可得無人罪　誰為殺者誰受殃
無佛亦無眾生海　誰爾非佛誰分別
是名大悲如幻定　究竟佛道不可得
如幻三昧全法界　大悲莊嚴遍妙身
菩薩善修如幻法　般若波羅蜜實相
一切如幻三昧力　隨十方界諸佛土

自在如意作佛事　隨心遊戲如幻化
示現法界一切相　無念無興亦無作
如無相如空無異　如如如無願無異
如法界實際無異　如平等解脫無異
不取心相心無動　菩薩常入三昧中
如幻三昧作如幻　大悲體性報生定
如人見色自體性　不用心力任運中
度眾安穩自然成　無所役用自得生
善隨眾生應善根　隨因隨緣自受身
大悲如幻三昧海　體中自在力圓滿
如幻大悲三昧淨　現空大悲無所得
大悲大悲三昧定　無間相續菩提力
如幻如幻勝三昧　無所得中圓法界

圓頓大悲如幻三昧

一切眾生諸幻化　皆生如來圓覺心
圓頓體中本無初　無中無後離三世
十方眾生幻化心　還依幻滅諸幻盡
體性如實無動搖　遠離幻化虛妄境
心如幻化現遠離　遠離幻化亦遠離

遠離離幻亦遠離　本來無離無可得
永離諸幻不斷滅　知幻即離無方便
離幻圓頓成大覺　無有漸次大菩提
無可得故即圓頓　非因道果非眾行
本來成佛無可成　本來解脫無涅槃
法界大悲首楞嚴　光明如幻海印定
金剛三昧如幻如　圓頓全佛極平等
稽首大悲如幻定　一切眾生現成佛
無佛可成極平等　圓頓同住常寂滅

六、迴向

大悲如幻三摩地　諸佛加持成總持
圓頓行者如實修　大悲迴向眾成佛
如幻現前無可得　廣大無畏大悲力
究竟菩提如幻果　依無所得而成佛
性空如幻勝吉祥　無災無障示空如
國土安隱大空中　大悲如幻三昧海
法脈傳承無盡燈　現前交付無退轉
如佛圓滿全法界　全佛遍界不曾藏

參考資料

1. 唐．菩提流志譯《大寶積經》卷第一〇二～一〇五〈善住意天子會〉（即《如幻三昧經》）
2. 唐．佛陀多羅譯《圓覺經》
3. 龍樹菩薩造、姚秦．鳩摩羅什譯《大智度論》卷六（十喻）、卷二十、卷五十

延伸閱讀

1. 洪啓嵩著《大悲如幻三昧禪觀——修行一切菩薩三昧的根本》

15 圓覺二十五輪

簡介

本禪觀是出自於《圓覺經》中的二十五種三昧禪觀。《圓覺經》總名爲《大方廣圓覺修多羅了義經》。本經在經文流通分中，佛陀自立五名：一、「大方圓覺經陀羅尼」；二、「修多羅了義」；三、「祕密王三昧」；四、「如來決定境界」；五、「如來藏自性差別」。五種經名中，合一、二經的經名，去除陀羅尼三字，即成爲本經的經名。此十一字當中，修多羅三字爲梵語音譯，其他八字爲漢語意譯，爲梵漢並舉的題號。古來多將此經略稱爲《圓覺修多羅了義經》或《圓覺經》。

對如幻的深刻了解，是整個《圓覺經》很大的一個入徑。它的修行本無漸次，但因眾生的緣故，而開展出一些修行漸次，所以最後開展出三個修持法來統合，一是「奢摩他」，二是「三摩鉢提」，三是「禪那」。此三種菩薩的止法，與天台的體眞止（了悟眞理之後的止）較接近，是依如幻三昧爲基礎之後修行的禪定，不是一般四禪八定的止，也不是繫緣守境止的定，它是眞止，是了悟眞相，了悟眞實之後所生起的止法。所以世尊是爲了末世眾生能有一個方便行法，因此他回答普眼菩薩的問題說：

「彼新學菩薩及末世眾生欲求如來淨圓覺心，應當正念遠離諸幻，先依如來奢摩他行。」

如來的奢摩他行，就是佛陀的修止法，不是一般的止，所以他堅持禁戒，安處徒眾，宴坐靜室，心中起正念；身體是由四大——地、水、火、風和合而成，以此觀點來看這個身體而不執著，慢慢的使身心安定下來。

這修持的次第是：從身，再到心，再到塵。先觀察身是四大和合而成，是空的，身既是空的，對身的執著就消失了，幻身也就滅了。然後，心的造作也是幻的，幻身滅故，幻心亦滅，所以外界的色、聲、香、味、觸、法六塵亦滅。身、心、塵都消滅了之後，所有幻滅全都消滅，只有「非幻不滅」，也就是不屬於生滅變化的非幻境界不滅。就像磨鏡，垢盡光生，而產生覺悟的現象。所以說身心都是幻垢，「垢相永滅，十方清淨」。他就是體悟眞理，把身、心、塵的妄境全部消失、化除之，這是奢摩他行。

這裏面含有觀照的成份在內。我們把垢相全部遠離了，諸幻的境界全部消滅了，就證入「無方清淨」的境界。一切沒有方所，沒有固定的方位，沒有固定的次第，一切都是現前清淨，無邊的虛空覺性。在此境界中，是如來的止，是絕對圓滿的。如果說到修持則有漸次，是由身、心到塵全部的清淨，清淨完整後，光明就顯現，有如大圓鏡一樣，遍滿十方世界。

在覺悟圓明之後，顯示出心的完全清淨，就像燈一開，心一照就亮了。心清淨的緣故，外界眼根所見的塵也清淨。見的力量清淨，所以眼根也清淨，眼根清淨故眼識也清淨，眼識清淨，所以聞塵清淨，聞清淨故耳根清淨，耳根清淨故耳識清淨，耳識清淨故，覺塵清淨，如是乃至鼻、舌、身、意，亦復如是。它的次第就是由眼→耳→鼻→舌→身到意念，清淨力量的顯發由此次第而來，但不一定每一個修法都由眼根開始，這是此法的特殊方便。

《圓覺經》以三大修行法：「奢摩他」、「三摩鉢提」和「禪那」來貫穿一切禪法，以下介紹此三種止法。

一、奢摩他

經中記載：「若諸菩薩悟淨圓覺，以淨覺心，取靜爲行，由澄諸念，覺識煩動，靜慧發生，身心客塵從此永滅，便能內發寂靜輕安。由寂靜故，十方世界諸如來心於

中顯現，如鏡中像，此方便者名奢摩他。」

「奢摩他」的定義，前面已說是「體眞止」的意義。在此經中又說，若菩薩悟入圓覺，用清淨圓覺的心取靜爲行，因澄清所有妄念的緣故，這時覺察到意識的煩動。因了悟靜心以後，一切都放下了，一切都是無我、現空，所以能意識到煩動，這時，清淨的智慧就發生了。「靜慧發生，身心客塵從此永滅」，這時候由內產生寂靜的輕安。「由寂靜故，十方世界諸如來心於中顯現，如鏡中像」，用淨覺的心、見地來修止、修奢摩他，澄清內心的諸念，慢慢的自然而然靜慧發生，身心客塵從此永滅。十方世界諸如來的心於中顯現，如鏡中像，此方便的修持法名爲奢摩他。

而淨覺心就是遠離一切幻、遠離一切輪迴染著，而一切平等、一切無差別的清淨覺心，在行住坐臥當中，以靜爲行，心中不起妄想，以此方式來修習止法，這時，我們面對外境及四面八方的煩動，愈來愈清楚、了知，心愈來愈寂靜、清淨，此時清淨的智慧產生。在行住坐臥當中保持清淨，「取靜而行」不是說一有妄念生起就把它壓止，而是完全確知這一切無可執，而自然寂靜，這就是行住坐臥清淨，以淨覺心，取靜爲行。

無我故，無思者、無造者，無能無所，煩惱客塵本無生故，一切意念本無生故，所以說從根徹底斬斷，之後妄念無可生處，就是在靜上下功夫。然後身心客塵從此永滅，便能內發寂靜輕安。由於淨覺心的緣故，寂靜到極點時，淨覺心就遍一切處，所以能與十方諸佛的心一樣，因此十方諸佛之心就能在你心中顯現，如鏡中顯相一樣，大圓鏡智現前，這就是奢摩他。

二、三摩鉢提

經中記載：「若諸菩薩悟淨圓覺，以淨覺心，知覺心性及與根塵，皆因幻化，即起諸幻，以除幻者，變化諸幻而開幻眾，由起幻故，便能內發大悲輕安，一切菩薩從此起行，漸次增進。觀幻者，非同幻故，非同幻觀，皆是幻故，幻相永離，是諸菩薩所圓妙行，如土長苗，此方便者名三摩鉢提。」

這裏與奢摩他相同的是，兩者都是要具足悟淨圓覺與淨覺心，在見地上都是要鞏固這些的。換句話說，這是以見地爲先，有了這個見地才能修這個圓覺。如果見地是三法印的話，修的就是次第觀；如果見地是以唯識爲主的話，修出來的就是要解析的法門。在這裏都不是，而是以果地爲見地，以如來的果地爲見地，就是悟淨圓覺，「以淨覺心，知覺心性及與根塵，皆因幻化」，了悟我們的六根、六塵皆是幻化而起，這時諸幻生起時，馬上看到一切現象皆是幻化，因此「由起幻故，便能內發大悲輕安」。奢摩他是寂靜輕安，從體上下手，這裏是大悲輕安，是大悲如幻三昧。三摩鉢提是等持，所有昏沈、掉舉動亂、浮沈全不入，而顯現一切平等的境界。

以淨覺心來知覺這些心性客塵都是幻化，知道幻化，以幻除幻，以如幻的大悲不斷的行菩薩行，就是三摩鉢提。

三、禪那

經中記載：「以淨覺心，不取幻化及諸靜相，了知身心皆為罣礙，無知覺明，不依諸礙，永得超過礙、無礙境，受用世界及與身心，相在塵域，如器中鍠，聲出於外，煩惱、涅槃不相留礙，便能內發寂滅輕安，妙覺隨順寂滅境界，自他身心所不能及，眾生壽命皆為浮想，此方便者名為禪那。」

禪那是不取幻化及諸靜相，直接了解身心都是罣礙，馬上超過障礙和無礙的境界，受用這個世界和身心，「宛如器中鍠，聲出於外」，好像敲鐘一般，聲音馬上可以傳到外面，「煩惱、涅槃不相留礙」，這時內發寂滅輕安，直接證入如來的妙覺境界。不偏於奢摩他的靜，也不偏於三摩鉢提的幻化妙行，而是直接徹見本相，了知身心都是罣礙，所以棄絕一切內外諸境，所有的眾生壽命、境界都棄絕，直接與妙覺性相合，此爲禪那。

將禪那、三摩鉢提和奢摩他三者相互組合，就構成了《圓覺經》的二十五種清淨定輪，這二十五種修法如下：

第一定輪：「若諸菩薩唯取極靜，由靜力故，永斷煩惱，究竟成就，不起於座，便入涅槃；此菩薩者，名單修奢摩他。」

第二定輪：「若諸菩薩唯觀如幻，以佛力故，變化世界種種作用，備行菩薩止淨妙行，於陀羅尼不失寂念及諸靜慧；此菩薩者，名單修三摩鉢提。」

第三定輪：「若諸菩薩唯滅諸幻，不取作用，獨斷煩惱，煩惱斷盡，便證實相；此菩薩者，名單修禪那。」

第四定輪：「若諸菩薩先取至靜，以靜慧心照諸幻者，便於是中起菩薩行；此菩薩者，名先修奢摩他，後修三摩鉢提。」

第五定輪：「若諸菩薩以靜慧故，證至靜性，便斷煩惱，永出生死；此菩薩者，名先修奢摩他，後修禪那。」

第六定輪：「若諸菩薩以寂靜慧復現幻力，種種變化度諸眾生，後斷煩惱而入寂滅；此菩薩者，名先修奢摩他，中修三摩鉢提，後修禪那。」

第七定輪：「若諸菩薩以至靜力，斷煩惱已，後起菩薩清淨妙行，度諸眾生；此菩薩者，名先修奢摩他，中修禪那，後修三摩鉢提。」

第八定輪：「若諸眾生以至靜力，心斷煩惱，復度眾生，建立世界；此菩薩者，名先修奢摩他，齊修三摩鉢提、禪那。」

第九定輪：「若諸菩薩以至靜力，資發變化，後斷煩惱；此菩薩者，名齊修奢摩他、三摩鉢提，後修禪那。」

第十定輪：「若諸菩薩以至靜力，用資寂滅，後起作用變化世界；此菩薩者，名齊修奢摩他、禪那，後修三摩鉢提。」

第十一定輪：「若諸菩薩以變化力，種種隨順而取至靜；此菩薩者，名先修三摩鉢提，後修奢摩他。」

第十二定輪：「若諸菩薩以變化力，種種境界而取寂滅；此菩薩者，名先修三摩鉢提，後修禪那。」

第十三定輪：「若諸菩薩以變化力而作佛事，安住寂靜而斷煩惱；此菩薩者，名先修三摩鉢提，中修奢摩他，後修禪那。」

第十四定輪：「若諸菩薩以變化力，無礙作用，斷煩惱故，安住至靜；此菩薩者，名先修三摩鉢提，中修禪那，復修奢摩他。」

第十五定輪：「若諸菩薩以變化力，方便作用，至靜、寂滅二俱隨順，此菩薩者，名先修三摩鉢提，齊修奢摩他、禪那。」

第十六定輪：「若諸菩薩以變化力，種種起用資於至靜，後斷煩惱；此菩薩者，名齊修三摩鉢提、奢摩他，後修禪那。」

第十七定輪：「若諸菩薩以變化力資於寂滅，後住清淨，無作靜慮；此菩薩者，名齊修三摩鉢提、禪那，後修奢摩他。」

第十八定輪：「若諸菩薩以寂滅力而取至靜，住於清淨；此菩薩者，名先修禪那，後修奢摩他。」

第十九定輪：「若諸菩薩以寂滅力而起作用，於一切境，寂用隨順；此菩薩者，名先修禪那，後修三摩鉢提。」

第二十定輪：「若諸菩薩以寂滅力，種種自性，安於靜慮而起變化；此菩薩者，名先修禪那，中修奢摩他，後修三摩鉢提。」

第二十一定輪：「若諸菩薩以寂滅力，無作自性起於作用，清淨境界歸於靜慮；此菩薩者，名先修禪那，中修三摩鉢提，後修奢摩他。」

第二十二定輪：「若諸菩薩以寂滅力，種種清淨而住靜慮，起於變化；此菩薩者，名先修禪那，齊修奢摩他、三摩鉢提。」

第二十三定輪：「若諸菩薩以寂滅力，資於至靜而起變化；此菩薩者，名齊修禪那、奢摩他，後修三摩鉢提。」

第二十四定輪：「若諸菩薩以寂滅力資於變化，而起至靜，清明境慧；此菩薩者，名齊修禪那、三摩鉢提，後修奢摩他。」

第二十五定輪：「若諸菩薩以圓覺慧圓合一切，於諸性相無離覺性；此菩薩者，名為圓修三種自性清淨隨順。」

前三個定輪是單修奢摩他、三摩鉢提、禪那，從第四定輪到第十定輪都是先修奢摩他，再修其二，又有分初、中、後三者皆修的。第十一定輪到第十七定輪都是先修三摩鉢提，第十八到第二十四定輪是以禪那為先修，最後第二十五定輪則是圓修三種修法。

第二十五種修法，是依圓覺的立場，總攝了一切菩薩禪法，具有極為究竟的因緣。

二十五輪三昧無論如何變化，都是以悟淨圓覺為基礎，以淨覺心來修習的。所以最重要的是要依止「悟淨圓覺」，以「知幻即離，離幻即覺」的見地，圓成無上的佛道。

圓覺二十五輪三昧　修證

1996.2.10 造

敬禮　大圓覺本師釋迦牟尼佛

敬禮　無礙清淨定輪廣大圓覺三昧

敬禮　大圓覺海一切菩薩摩訶薩

一、皈命三寶

稽首如來覺性體　大圓法界大覺佛

遍覺極圓三昧佛　現成常住十方佛

無等等佛大悲佛　全佛悲體釋迦尊

稽首如來覺性法　無礙定輪清淨性

大圓覺法無錯謬　十方如來證佛果

三世行者如實依　無上勝利大覺圓

大圓覺海諸聖尊　妙行無住當體圓

本覺無礙無始證　大遊戲王大光明

大悲智覺菩薩眾　圓覺覺圓無所住

大圓覺海三寶眾　體覺極圓自皈依

相即無二覺入覺　大圓現成全佛圓

二、對法衆

圓覺體性一切眾　如實隨順如來果
三世諸佛隨自覺　自悟現成無可得
無得現觀大圓覺　非本現無離後有
一切雙邊無可得　本大圓覺如來體
十方三世菩薩眾　末世眾生眾有情
大悲現前大圓覺　無礙定輪淨成就
如來本起清淨體　因地法行清淨心
本無心病離諸病　一切眾生勝護佑
廣大圓覺海現前　如來藏中蓮華藏
大法身圓證大覺　隨順覺性流全佛

三、發心

無明如夢夢如夢　如夢如幻亦如夢
以幻離幻亦如幻　離幻即覺無次第
圓頓圓覺大菩提　如來圓覺微妙心
永離諸幻覺不動　覺無漸次極圓頓
大圓菩提大覺心　大悲發心如來性
非幻不滅幻滅滅　無得清淨無住覺

全佛發心大圓覺　大悲圓覺無修證
不即不離無縛脫　如如眾生本成佛

四、正見大圓覺

神通廣大光明藏　如來光嚴勝住持
因行根本道果相　如來本具大圓覺
清淨發心離諸病　不墮邪見無可染
本有後得如一相　佛非新證無可得
一切幻化從本來　如來圓覺微妙心
空花從空緣起現　幻花如滅不壞空
諸幻滅盡不動覺　依幻說覺亦名幻
有覺無覺未離幻　離遠離幻亦遠離
知幻現離無方便　離幻大覺無漸次
幻滅盡滅鏡明淨　非幻不滅體無生
垢相永滅法界淨　如淨摩尼隨方顯
如緣相應如幻色　無明見實悟了空
說淨圓覺為實有　不了幻化說愚痴
無方清淨無邊覺　五蘊六根六大淨
十二處與十八界　十力無畏法界淨
覺性無動陀羅尼　周遍法界遍不動

不厭生死不涅槃　無毀無立現平等
不重久習不輕初　無修無證體無二
圓覺普照寂無二　眾生本來現成佛
世界無始亦無終　無前無後無聚散
念念相續循往復　種種取捨生輪迴
未出輪迴辨圓覺　彼圓覺性同流轉
雲駛月運動水月　舟行岸移定眼火
輪轉生死未曾淨　觀佛圓覺亦旋復
如空花滅於空時　空本無花無起滅
生死涅槃同起滅　妙覺圓照離花翳
始知如來妙覺心　本無菩提與涅槃
亦無成佛不成佛　無妄輪迴非輪迴
圓覺自性無取證　非性性有循性起
一切障礙即圓覺　如來隨順大覺性
圓頓圓覺無錯謬　諸事現成憶全佛

五、修證

有作思惟有心起　六塵妄想諸緣氣
依此思惟辨佛境　猶如空花結空果
展轉妄想無是處　圓覺方便不成就

輪迴心生輪迴見　不入如來大寂海
理事二障現前礙　未得斷滅未成佛
理障能礙正知見　事障相續於生死
二障永斷證菩提　現入如來妙圓覺
五性差別如幻有　大悲方便勤開悟
同事化令圓成佛　無始清淨大願力
一切幻化無取證　性自平等自平等
隨順如來寂滅體　實無寂滅寂滅者
隨順覺性無可得　四圓次第無所有
凡夫永斷諸勞慮　法界清淨生淨解
淨解心為自障礙　故於圓覺不自在
菩薩悟見解為礙　能斷解礙住見覺
覺礙為礙不自在　未入地者隨順覺
有照有覺俱為礙　菩薩常覺常無住
照與照者同寂滅　礙心自滅諸障礙
如標月指正見月　現觀入地隨順覺
一切障礙究竟覺　得念失念現解脫
成法破法皆涅槃　智慧愚痴通般若
菩薩外道同菩提　無明真如無異境
三學三毒如梵行　眾生國土同法性

有性無性成佛道　一切煩惱極解脫
法界海慧照相空　如來隨順圓覺性

圓覺三觀

遊戲如來大寂海　無上妙覺遍十方
一切諸法同體等　出生如來自圓攝
三大行法循性別　方便隨順有無量
悟淨圓覺體真止　淨覺妙心取靜行
澄念覺識諸煩動　靜慧發生滅身心
客塵永斷內寂安　寂現法界如來心
大圓鏡智如實顯　大寂方便奢摩他
悟淨圓覺淨覺心　知覺心性及根塵
現成幻化幻除幻　變幻諸幻開幻眾
大悲如幻三摩地　大悲輕安如心顯
能觀幻者非同幻　非同幻觀皆如幻
幻相永離圓妙行　三摩鉢提土長苗
悟淨圓覺淨心覺　不取幻化及淨相
了悟身心為罣礙　無知覺明不依礙
永超礙與無礙境　受用世界與身心
相在塵域無障礙　如器中鍠聲出外

煩惱涅槃不留礙　體性妙行遍法界
內發寂滅與輕安　妙覺隨順寂滅境
自他身心不能及　眾生壽命為浮想
妙覺體性如來禪　廣大方便證禪那
三事圓證如來行　究竟涅槃大菩提

圓覺二十五清淨定輪

㈠唯取極靜奢摩他　大靜力故永斷惱
　究竟成就大菩提　不起于座大涅槃
㈡唯觀如幻依佛力　神通大明化世間
　殊勝密用淨妙行　不失寂念陀羅尼
　總持一切寂靜慧　三摩缽提菩提門
㈢唯滅諸幻修禪那　不取作用獨斷惱
　煩惱斷盡證實相　如來禪力大菩提
㈣先取至靜靜慧心　照了諸幻行菩薩
　先修廣大奢摩他　後修三摩缽提觀
㈤以靜慧證至靜性　斷滅煩惱出生死
　菩薩先修奢摩他　後修如來大禪那
㈥寂靜慧力現幻力　種種幻變度群生
　後斷煩惱入寂滅　菩薩先修奢摩他

中修三摩鉢提行　後修體性勝禪那
(七)至靜力斷煩惱已　後起妙行度眾生
先奢摩他中禪那　後修三摩鉢提法
(八)至靜力心斷煩惱　後度眾生立世界
先修廣大奢摩他　三摩鉢提禪那齊
(九)以至靜力資變化　後斷煩惱證菩提
奢摩他三摩鉢提　先行齊修後禪那
(十)以至靜力資寂滅　後起作用化境界
齊修奢摩他禪那　後修三摩鉢提法
(十一)以變化力諸隨順　而取至靜大寂靜
菩薩先三摩鉢提　後修寂止奢摩他
(十二)以變化力諸境界　而取寂滅體性行
先修三摩鉢提法　後修禪那體勝妙
(十三)以變化力作佛事　安住寂靜斷煩惱
先修三摩鉢提行　中奢摩他後禪那
(十四)變幻化無礙作用　斷煩惱安住至靜
先修三摩鉢提法　中禪那後奢摩他
(十五)如幻化力方便用　至靜寂滅二隨順
先修三摩鉢提行　齊修奢摩他禪那
(十六)神變化力起妙用　資於至靜後斷惱

三摩鉢提奢摩他　先行齊修後禪那
(十七)神變化力資寂滅　後住清淨無作定
三摩鉢提齊禪那　後修寂止奢摩他
(十八)以寂滅力起至靜　住於清淨勝三昧
菩薩先修體禪那　後修寂止奢摩他
(十九)以寂滅力起作用　寂用隨順一切境
菩薩先修禪那行　後修三摩鉢提法
(二十)以寂滅力諸自性　安於靜慮起變化
先禪那中奢摩他　後修三摩鉢提行
(二一)以寂滅力無作性　起於作用廣大行
清淨境界歸靜慮　菩薩先修禪那觀
中修三摩鉢提法　後修奢摩他止門
(二二)以寂滅力諸清淨　安住靜慮起幻變
先修禪那後齊修　奢摩他三摩鉢提
(二三)以寂滅力資至靜　自在能起如變化
齊修禪那奢摩他　後修三摩鉢提法
(二四)以寂滅力資變化　起至靜清明境慧
禪那三摩鉢提齊　後修寂止奢摩他
(二五)圓覺慧圓合一切　於諸性相不離覺
圓修三種自性法　清淨隨順如來體

廿五清淨三昧輪　一切菩薩行如是

不著四相

大悲力持佛因地　一切功用如一念

圓覺心本自清淨　無始妄執四相生

動念息念皆迷悶　本起無明為主宰

生無慧目諸眾生　身心等性皆無明

有愛我者我隨順　非隨順者生憎怨

憎愛心養無明故　相續求道不成就

我相

我相眾生心所證　證取方現我體生

乃至心覺證如來　清淨涅槃皆我相

人相

人相眾生心證悟　悟我非我如是悟

悟超一切諸證者　乃至圓悟涅槃我

心存少悟備證理　皆名人相當了知

衆生相

眾生自悟不及者　如是眾生相現前

我人相所不及者　存有所了眾生相

眾生心照覺所了　一切業智所不見

壽命相

猶如命根壽命相　如心照見覺一切
皆為塵垢當了知　覺與所覺不離塵
如湯銷冰無別冰　存我覺我知冰銷
眾生不了此四相　多劫勤修名有為
認一切我為涅槃　有證有悟名成就
如人認賊以為子　其家財寶終無成
有愛我者愛涅槃　伏我愛根為涅槃
憎我者亦憎生死　不知愛者真生死
別憎生死不解脫　微證自淨未盡我
不除我相無淨覺　人、眾生、壽命如是

離四病

現證圓覺離四病　心求圓覺為作病
任彼一切隨法性　欲求圓覺為任病
永息諸念得諸性　寂然平等求圓覺
圓覺性非止合故　以止為病當了悟
永斷煩惱畢竟空　一切永寂求圓覺
圓覺性非寂相病　寂病甚深大禪病
了知法界盡平等　眾生同體本無畏
圓覺中無取覺者　全佛現成大圓覺

祕密廣大圓覺心　清淨實相入住持
法界體性智圓滿　以大圓覺為伽藍
大圓鏡智自圓滿　成所作智身安居
妙觀察智心安然　平等性智遍法界
涅槃自性無繫屬　無上妙覺本因緣
圓覺三觀大成就　再示方便奢摩他
圓覺先取至極靜　不起思念靜極覺
初靜一身一世界　圓覺如是亦同滿
圓覺遍滿一世界　眾生起念悉覺知
百千世界亦如是　非所聞境不可取
方便修三摩缽提　先憶法界佛如來
十方世界諸菩薩　依諸門修勤苦三昧
發大願自熏成種　非彼聞境不可取
禪那方便如實修　數門了知生滅念
行住坐臥一切時　分別念數無不知
乃至百千世界中　一滴之雨如目睹
非彼聞境不可取　三觀方便勤精進
三世如來所守護　十方菩薩所皈依
十二部經淨眼目　廣大圓覺陀羅尼
甚深祕密王三昧　如來決定勝境界

自性無別如來藏　圓頓體中證圓覺
見修行果無可證　本修妙證無可得
全佛現成圓覺禪　如念念覺無分別
圓頓大禪大圓覺　神通廣大光明藏

六、迴向

廣大圓覺三摩地　隨順覺性如來體
諸佛心髓最祕密　現成修證三妙觀
菩薩相應廿五輪　佛力大悲賜加持
如實成就離諸幻　無所成就隨覺性
如實圓覺修無修　無可迴向大迴向
眾生本佛大圓覺　全佛現成無可得
一切如來勝歡喜　清淨剎土勤迴向
國土安樂眾圓滿　無災無障大吉祥
國家安樂無災難　無怨無仇住空樂
圓覺光明賜勇健　佛道開展菩提長
一切障礙現圓覺　所願皆滿圓覺光
法脈相承燈無盡　無滅明空大圓覺
現前交付大圓覺　圓頓體性大圓覺
全佛圓滿大圓覺　大光明藏常寂光

參考資料

1. 唐・佛陀多羅譯《大方廣圓覺修多羅了義經》

延伸閱讀

1. 洪啓嵩著《圓覺經二十五輪三昧禪觀——二十五種如來圓覺境界的禪法》
2. 洪啓嵩著《如何修持圓覺經》

16 楞嚴二十五圓通

簡介

「楞嚴二十五圓通三昧」出自於《楞嚴經》。《楞嚴經》全名《大佛頂如來密因修證了義諸菩薩萬行首楞嚴經》，簡稱《大佛頂首楞嚴經》、《大佛頂經》，或云《首楞嚴經》、《楞嚴經》。本經深受中國佛教徒歡迎，歷代受其影響之祖師大德不少，並有不少相關著疏傳世。而其義理深奧、文筆優美，尤爲大眾所讚歎。

《楞嚴經》千餘年來在中國之影響很深，中國寺院早課必誦楞嚴咒已成一牢不可破之規矩，此咒並被視爲咒中之王，而楞嚴咒出自於《楞嚴經》，此經所受崇敬可知一斑。「開悟楞嚴，成佛法華」，將《楞嚴經》與《法華經》並舉也就成爲中國佛門傳誦的佳話了。

《楞嚴經》開示「根塵同源」、「縛脫無二」的法理，並解說菩薩萬行、三摩提法的階次關係。尤其開演七處徵心和八還辨見，對宇宙的生成，菩薩的修行法要，及五十種陰魔的解說更有其特殊之處。觀世音菩薩的耳根圓通，與大勢至菩薩的香光莊嚴都出自此經。其依菩提心攝心以待得真淨妙心，與後代禪家的體解悟入真常妙心有深契之處。

在本講「楞嚴二十五圓通三昧修證」中，將二十五種證悟圓通境界的禪法，寫成可資修證的二十五圓通三昧偈頌，以方便學人依之修持。

在《楞嚴經》中，釋尊命憍陳如等大阿羅漢、菩薩各自陳述最初修道時證得圓通的門徑，共有二十五種證悟圓通境界的禪法。

即：㈠憍陳那等之聲塵圓通。㈡優波尼沙陀比丘的色塵圓通。㈢香嚴童子的香塵圓通。㈣藥王、藥上二菩薩的味塵圓通。㈤跋陀婆羅等十六開士的觸塵圓通。㈥摩訶迦葉與紫金光比丘尼等的法塵圓通。㈦阿那律陀的眼根圓通。㈧周利槃特迦的鼻根圓通。㈨憍梵鉢提的舌根圓通。㈩畢陵伽婆蹉的身根圓通。⑪須菩提的意根圓通。⑫舍利弗的眼識圓通。⑬普賢菩薩的耳識圓通。⑭孫陀羅難陀的鼻識圓通。⑮富樓那的舌識圓通。⑯優波離的身識圓通。⑰大目犍連的意識圓通。⑱烏芻瑟摩的火大圓通。⑲持地菩薩的地大圓通。⑳月光童子的水大圓通。㉑琉璃光法王子的風大圓通。㉒虛空藏菩薩的空大圓通。㉓彌勒菩薩的識大圓通。㈣大勢至菩薩等的根大圓通。㈤觀音菩薩的耳根圓通。

以上即爲楞嚴二十五種圓通三昧。

楞嚴二十五圓通三昧　修證

1996.3.16 造

敬禮　大智海本師釋迦牟尼佛

敬禮　大佛頂首楞嚴廿五圓通三昧

敬禮　楞嚴會上賢聖眾

一、皈命三寶

皈命大悲體性海　廣大佛頂首楞嚴

究竟圓淨法性佛　法界自在如如佛

不動道場十方佛　無上勇健能仁佛

皈命大悲勇健法　不壞真性佛頂出

圓滿密性首楞嚴　廿五圓通見法性

本妙圓心元心妙　妙明心元全佛證

如來密因大佛頂　大覺金剛首楞嚴

修證了義諸賢聖　究竟圓通體性眾

如佛加持現法界　大悲流行極勇健

大佛頂海勝三寶　首楞嚴性自皈命

元明心妙佛圓通　大覺現成圓全佛

二、對法衆

廿五圓通覺衆生　究竟安住首楞嚴
六塵六根六識通　七大遍圓大佛頂
法界現成衆覺性　隨緣隨悟密通圓
大悲智海圓通佛　覺性不斷本來佛
法界妙力大菩提　大悲成就巧方便
大悲全佛諸衆生　智海圓歸本覺明
無修無證本來佛　大佛頂首楞嚴衆
本然法爾無別中　方便現前因緣起
二乘菩薩如來乘　一乘無乘自圓通
究竟圓滿菩提心　以佛化佛無可示
無相次第無生生　一切衆生如法對
如彼明鏡無可分　善巧遍照如緣中
一如體性如性起　遊戲方便示衆生
現成如來無修證　一切如法化有情

三、發心

體性發心不思議　本覺始覺大佛頂
見修行果如本然　法爾如來覺全佛

金剛無壞首楞嚴　佛證了義菩薩行
如來密因大圓通　道果如實不離初
法界菩提不思議　廣大圓通法界心
六根現成了究竟　大覺本然如實際
六塵現前法相圓　實相本然如佛性
六識現悟無分別　覺性本然如金剛
七大現圓不曾藏　法界本然如實相
隨拈一處圓發心　通達實相即法界
圓頓發心不思議　無心可據如發心
一心妙門圓通海　十方三世眾成佛
圓頓全佛非因緣　亦非自然如法爾
如實發心法界同　縛脫無二真發心
大覺現成發心實　究竟菩提無退轉
圓頓發心見全佛　不壞究竟首楞嚴
現成眾生大佛頂　本無修證亦無得

四、楞嚴正見

根塵同源法性見　縛脫無二緣生圓
七處徵心非內外　非根非暗非思惟
亦非中間非無著　無心可據悟本然

八還辨見不可見　明還虛空暗還月
通還戶牖壅還牆　緣還分別虛還空
鬱垺還塵清還霽　妙明元心無還處
緣心聞法法亦緣　非得法性悟真實
如手指月當觀月　觀指為月失月指
自住體性三摩地　見與見緣諸想相
如虛空華無所有　性相一如真法性
相無可得性無為　非自然性非因緣
聲於聞中示生滅　聞性妙常離有無
常光現前根識銷　想相識情塵垢離
法眼應時自清明　云何不成無上覺
性覺必明妄明覺　覺非所明明立所
所既妄立生妄能　無同異中熾成異
異彼所異因立同　同異發明無同異
明覺虛妄法界流　相待生勞發塵相
塵勞煩惱起世界　如是因緣眾生續
明妄非他覺明處　所妄既立明不踰
聽不出聲六妄成　見覺聞知如是分
本妙圓心即即非　元明心妙即即是
妙明心元離是非　法界體性光海印

現前體性無生滅　性淨常妙法眼明
知見立知無明本　知見無見即涅槃

五、楞嚴二十五圓通修證

妙覺本心遍十方　大悲清淨菩提願
惟妙覺明照法界　元淨明覺因地修
本覺妙修全修性　圓通法門即通圓
廿五圓通法界道　本修妙因現緣生
緣生性海本圓體　方便緣起三摩地
緣生如幻真性空　無為無起若空華

1. 憍陳那聲塵

佛音聲中悟四諦　妙音密圓阿若多
現成音聲阿羅漢　佛問圓通音為上

2. 優波尼沙陀色塵

觀不淨相大厭離　悟諸色性從不淨
白骨微塵歸虛空　空色二無成無學
妙色密圓塵色盡　色相圓通阿羅漢

3. 香嚴香塵

安居淨室觀有為　諸比丘燒沉水香
香氣寂然入鼻中　非木非空非煙火
去無所著來無從　意銷發明真無漏
妙香密嚴塵氣滅　香嚴圓通證無學

4. 藥王、藥上味塵

無始劫為世良醫　遍嘗世界眾藥等
悉知苦醋鹹淡味　并諸和合俱生變
冷熱有無毒遍知　了知味性非空有
非即身心亦非離　分別味因而開悟
因味覺明證菩薩　佛問圓通味為上

5. 跋陀婆羅觸塵

浴水忽悟水妙因　既不洗塵不洗體
根塵悉泯能所亡　中間安然無所有
妙觸宣明成佛子　佛問圓通觸為上

6. 迦葉法塵

世間六塵極變壞　唯以空寂修滅盡

身心能度百千劫　猶如彈指剎那過
我以空法成羅漢　妙法開明銷諸漏
佛問圓通我所證　法因為上最殊勝

7. 阿那律眼根

我初出家樂睡眠　如來訶我畜生類
我聞佛訶泣自責　七日不眠失雙眼
世尊示我勝三昧　樂見照明金剛定
我不因眼見十方　精真洞然觀掌果
佛問圓通我所證　旋見循元最第一

8. 周利槃特迦鼻根

佛愍我愚教調息　觀息微細至窮盡
生住異滅行剎那　其心豁然大無礙
佛問圓通我所證　返息循空最第一

9. 憍梵鉢提舌根

口業現前牛呞病　如來示我勝法門
一味清淨心地法　滅心得入三摩地
觀味知非體非物　應念得超世間漏

內脫身心外遺世　遠離三有鳥飛空
離垢銷塵法眼淨　如來親印阿羅漢
佛問圓通我所證　還味旋知為第一

10.畢陵伽婆磋身根

乞食城中心思法　路中毒刺傷於足
舉身疼痛我念知　知此深痛覺覺痛
覺淨心無痛痛覺　如是一身竟雙覺
攝念未久身心空　三七日中諸漏盡
佛問圓通如我證　純覺遺身斯第一

11.須菩提意根

我曠劫來心無礙　自憶受生如恆沙
初在母胎知空寂　乃至十方現成空
亦令眾生證空性　如來發性覺真空
空性圓明證羅漢　頓入佛寶明空海
同佛知見成無學　解脫性空為無上
相入非非所非盡　旋法歸無最圓通

12.舍利弗眼識

心見清淨歷曠劫　如是受生如恆沙
世出世間諸變化　一見通達無障礙
悟心無際了因緣　見覺明圓大無畏
佛問圓通如我證　心見發光極知見

13.普賢耳識

妙用心聞普賢性　分別眾生眾知見
乃至恆河沙界外　眾生心發菩賢行
現乘六牙法行象　分身百千至其前
彼縱障深未見我　我與其人暗摩頂
擁護安慰令成就　佛問圓通說本因
心聞發明遍法界　分別自在為第一

14.孫陀羅難陀鼻識

佛教觀鼻端淨白　初始諦觀三七日
見鼻氣出入如煙　身心內明洞世界
遍成虛淨如琉璃　煙相漸銷息成白
心開漏盡息化光　照十方界得羅漢
佛問圓通我銷息　息久發明圓滅漏

15. 富樓那舌識

辯才無礙歷曠劫　深達實相說苦空
恆沙如來祕密門　微妙開示無所畏
佛以音輪令我宣　我於佛前助轉輪
因師子吼成羅漢　說法無上佛所印
佛問圓通以法音　降伏魔怨銷諸漏

16. 優波離身識

承佛教誡妙身識　三千威儀八萬行
性業遮業皆清淨　身心寂滅證無學
如來眾中為綱紀　我心持戒妙修身
佛問圓通我所證　持身身得大自在
次第持心心通達　身心一切大通利

17. 目犍連意識

現聞如來因緣義　頓發心得大通達
遍遊十方無罣礙　神通發明最無上
自在無畏圓明淨　旋湛心覺妙發宣
如澄濁流久清瑩　佛問圓通斯第一

18.烏芻瑟摩火大

久遠劫前性貪欲　空王如來宣妙法
多婬人成猛火聚　百骸四肢教遍觀
神光內凝冷暖氣　化多婬心成智火
諸佛呼我為火頭　火光三昧成羅漢
心發大願護諸佛　化身力士伏魔怨
佛問圓通我所悟　諦觀身心諸暖觸
無礙流通諸漏盡　大寶燄生無上覺

19.持地地大

普光如來現於世　於諸要路津險隘
不如法處損車馬　我皆平填或作橋
如是勤苦歷諸佛　多為眾生擎眾物
毘舍浮佛現世時　我為負人濟眾務
佛告當平心地法　遍世界地一切平
我即心開見身塵　造世界塵無差別
微塵自性不相觸　乃至刀兵無所觸
於法性悟無生忍　迴心入於菩薩位
妙蓮華佛知見地　佛問圓通我證明
諦觀身界二微塵　等無差別極究竟

本如來藏妄發塵　塵銷智圓無上道

20.月光水大

昔水天佛現世間　教諸菩薩修水觀
圓成無間三摩地　觀身中水性無奪
初從涕唾窮津液　精血大小諸便利
身中游湲水性同　見水身中法海同
初成此觀但見水　未得無身室安禪
童子觀室唯見水　取一瓦礫投水中
激水出聲顧盼去　出定頓覺心中痛
自思心痛退失否　童子俱告如上事
告言見水除瓦礫　出定身質還如初
續逢無量諸佛陀　山海自在通王佛
方得亡身遍法界　十方香水海一如
性合真空無二別　佛問圓通我了悟
水性一味遍流通　無生忍圓滿菩提

21.琉璃光風大

無量聲佛出世間　本覺妙明示菩薩
觀此世界眾生身　妄緣風力所轉動

爾時現觀界安立　觀世動時身動止
觀心動念動無二　等無差別覺動性
來無所從去無至　顛倒眾生十方塵
同一虛妄遍世界　一切眾生如器中
貯百蚊蚋啾亂鳴　於分寸中發狂鬧
逢佛速得無生忍　心開見不動佛國
為法王子事諸佛　身心發光徹無礙
佛問圓通我所證　觀察風力無所依
悟菩提心入三昧　合十方佛傳一心

22.虛空藏空大

無邊妙身現成得　手執四大妙寶珠
照明十方微塵剎　化成虛空無所依
自心體現大圓鏡　內放十種微妙光
流灌十分遍法界　盡虛空際諸幢剎
來入鏡內涉我身　身同虛空不相礙
身能善入諸國土　廣行佛事大隨順
此大神力由諦觀　四大無依想生滅
虛空無二佛國同　於同發明無生忍
觀察虛空無邊際　入三摩地妙力圓

23.彌勒識大

日月燈明佛教示　修習唯心識定門
歷劫來以此三昧　事恆沙佛未滅心
燃燈佛前得證成　無上妙圓識心定
盡空佛國諸淨穢　有無皆心變化現
現前了悟唯心識　識性流出無量佛
諦觀十方皆唯識　識心圓明圓成實
遠離依他遍計執　現悟圓通無生忍

24.大勢至根大

十二光佛現於世　教我念佛三摩地
如人專憶與專忘　二人若逢見非見
二人相憶憶念深　從生至生如形影
十方如來念眾生　如母憶子永不捨
若子逃逝憶何為　子若憶母如母憶
母子歷生不相違　眾生心憶佛念佛
現前當來必見佛　去佛不遠得大利
不假方便自心開　如染香人有香氣
香光莊嚴示圓通　念佛心入無生忍
於此界攝念佛人　同歸極樂淨土中

佛問圓通無所擇　都攝六根淨念續
相繼現得三摩地　根大念佛最第一

25.觀音耳根

一路涅槃寶覺門　金剛如幻三昧王
耳根圓通聞自性　第一究竟觀世音
觀世音佛教觀音　觀音隨發菩提心
聞思修入三摩地　一性全聞全性修
初於聞中入法流　亡所聞相入本覺
寂滅銷融動靜相　了然不生性全修
如是漸增離二相　聞所聞盡盡能聞
根塵雙泯聞不住　覺所覺空聞覺性
空覺極圓有圓滯　空所空滅性圓明
生滅既滅本妙心　寂滅現前元心妙
妙行忽超世出世　十方圓明二殊勝
上與諸佛同慈力　下與眾生共悲仰
妙合諸佛本覺心　如幻聞薰金剛定
如佛大慈大力具　十法界應卅二身
遍入國土如水月　眾生妙因如月水
隨樂自在觀世音　四不思議無作德

十四無畏行大施　身心微妙容法界
一切眾生憶念我　廣大勝福難思議
施無畏者大悲王　妙得佛心證等佛
觀音名遍十方界　現觀十方圓明聞

五、現觀果位

佛心妙明離生滅　如來藏合妙覺明
圓照一真遍法界　本修妙因首楞嚴
不動道場遍十方　法身無盡十方含
一毛端現寶王剎　坐微塵轉大法輪
始覺本覺子母會　究竟盡妙大覺果
首楞嚴定不思議　金剛三昧圓法身
究竟因果如如佛　全性同修法爾生
法性離生無生佛　緣起妙生圓佛果
圓頓禪人見全佛　楞嚴大定體中禪

六、迴向

大佛頂首楞嚴王　妙奢摩他悟圓理
妙三摩地起圓修　妙禪那中得圓證
三定現定佛大定　如實修證體性圓

迴向眾生首楞嚴　勇健行王大悲身
現成法界如來果　圓頓全佛大佛頂
諸佛妙來頂嚴光　遍覆眾生證吉祥
國家安樂無災障　一切願滿大吉祥
法脈相承佛大定　勇健不壞首楞嚴
密明相續佛頂注　光明遍照全法界
現前交付大光明　諸佛祕密首楞嚴
廣大佛頂常寂光　大光明藏永注照
圓頓究竟極勇健　全佛現成大佛頂

參考資料

1. 唐·般剌蜜帝譯《楞嚴經》

17 月燈三昧

簡介

月燈三昧出自《月燈三昧經》，《月燈三昧經》亦稱爲《三昧王經》；漢譯共有三本，主要爲十卷的《月燈三昧經》，爲高齊．那連提耶舍譯，又稱爲《入於大悲大方等大集說經》、《大方等大集月燈經》。

經中述說佛在王舍城闍崛山時，應月光童子的請問，對云依「平等心」、「救護心」、「無礙心」、「無毒心」及在因地所修的無量三昧，而得菩提。或成就「施」、「戒」、「忍辱」等法，則得「諸法體性平等無戲論三昧」。又說，菩薩應當成就善巧，住於不放逸，修神通之業本，行財施、捨身。佛亦提及自己在因中所行的施、戒等，以明若具足修學身戒，則可招得相好及一切戒。

本經在中國及日本，雖然不甚流行，但在尼泊爾，則爲九法之一。中觀學派之大成者月稱之《入中論》、《中論釋》，及其後繼者寂天之《大乘集菩薩學論》等書，皆常引用本經，故知本經爲中觀學派的重要經典。而藏密噶舉派，更以此經為大手印的根本心要，在西藏亦有極大的影響力。

本經梵名為《三昧王經》，可見月燈三昧在禪法三昧中的重要地位，而「月燈三昧修證」以諸法體性平等無戲論三昧，來顯現諸法的體性，入於大悲三昧王，圓頓全佛的殊勝法界，安住於常寂光藏的大光明中。

月燈三昧　修證

1996.4.27 造

敬禮　大智海本師釋迦牟尼佛

敬禮　月燈三昧王法

敬禮　月光童子暨一切大悲菩薩眾

祈請頌

噫兮！大悲恩父釋迦文　永劫恩母月燈王
密明佛子祈擁護　體性圓覺勝無間
無住大悲法中王　無依廣大三摩地
圓頓全佛我稽首　現成法界蓮華藏

一、皈命三寶

稽首諸法體性海　大悲實相平等佛
永無戲論常住佛　無相現前佛法身
智悲雙圓兩足尊　釋迦牟尼能仁佛
圓頓全佛成法界　究竟圓滿眾成佛
禮敬諸法無所有　法如幻化如野馬
如夢如響如光影　如水中月虛空性
一切諸法勝體性　平等無戲論三昧

月燈三昧王三昧　入於大悲三昧王
皈命體空大悲者　如實了知法體性
具力無畏法界海　佛子月光摩訶薩
如佛境行賢聖眾　護誓成就三昧王
如月燈明無戲論　現成圓佛大願王
大悲三昧王三寶　圓頓全佛永皈命

二、對法衆

無上廣大勝樂心　真實無有諂曲心
具足深信菩提心　諸佛所了諸行者
具心行道非語言　緣起大悲如幻行
現成無別勝妙法　交付有緣真佛子
速證一法甚相應　速得無上正等覺
本有後得無差別　圓頓現觀如法然
勇猛利行證圓滿　從法界中無分別
如佛實相大圓滿　本修妙證無修修
體性牟尼無盡燈　初中後善無本初
見修行果體圓頓　因道現成果中圓
如來境中菩薩行　全佛圓頓平等果
殊勝救護勝妙離　無礙廣大圓自在

無毒現前眾成佛　總持圓頓三昧王
明空月燈大寂靜　大悲全佛如現成

三、發心

頓入大悲菩提心　圓滿具發如實相
不思議智救解脫　能為世間作光明
不可稱量最上智　如佛妙行我願證
能將諸佛現前來　平等救護無礙心
無毒成就世間眼　諸法體性無戲論
大悲平等王三昧　圓頓行人如證成
初中後善圓道果　發心眾生證全佛

四、見地

大悲現成三摩地　現觀諸法無所有
如實觀法如幻化　如夢如響如野馬
如影如空如水月　染不可染瞋不瞋
癡法不癡悉無見　無顛倒心亦無得
堅固妙行三昧法　大悲本業如來身
究竟妙智大福德　第一義空真實定
三摩地王法體性　究極平等無戲論

圓頓現成無可得　大悲體中常顯現
無可修證大精進　一切諸法如來等

五、修證

一切知見一切智　無畏自在法有力
無有障礙佛如來　解脫知見隨相應
無所不知無不見　無所不證無不擇
覺知無量無邊界　稽首如來悲智王
菩薩相應於一法　速得無上正等覺
於諸眾生平等心　救護心及無礙心
修於大慈無毒心　福德光明世間眼
諸法體性證平等　絕無戲論三昧王
身語意業極清淨　度諸因緣斷諸愛
陰入界相悟平等　現證無生入法性
顯示諸因不壞果　現見諸法修集道
與佛俱生智明利　入眾樂智得法智
無礙辯等二百法　從彼三昧王成就
如是三昧究竟因　相應如來無量名
莊嚴法身悅佛子　滿足佛智銷諸苦
往劫六億諸佛陀　靈山大會受此定

百億恒沙釋迦佛　靈山共宣勝寂定
發修勝行得此定　(以下依經文攝出)
得斯定行無量種　安住一切德行者
得是三昧則不難　不著諸味離躁擾
不涉世俗無嫉妒　安住大悲離瞋恚
得是三昧則不難　遠俗不怖於世利
邪命清淨無煩惱　於戒皎然無所畏
得是三昧則不難　勇猛精進常不息
愛樂閑寂行頭陀　安住無我妙法忍
得是三昧則不難　善調伏心無戲論
安住威儀諸行等　樂行捨施無慳吝
得是三昧則不難　如來所有諸相好
及以十八不共法　力無畏等得不難
以能受持此定故　佛涅槃後末世時
應當聞持是三昧　十方所有一切佛
過去世中及現在　彼佛皆學是三昧
得到無為佛菩提　(以上依經文攝出)
如來付囑月光童　吾等殷勤當修證
如是三昧勝妙相　能寂滅心無所起
如實現前四十法　招感佛智三昧王

大悲心王以為首　勝三昧王最初行
常行供養迴向定　唯念是法不離心
法中不見有佛陀　況復法外而見佛
真供養佛無佛得　不求我想及果報
三輪清淨供如來　迴向無上正等覺
善巧知入三法忍　忍中應具善巧知
其智如實善巧知　利益安樂諸眾生
月燈三昧王威力　能令菩薩招正覺
現前安住深法忍　如實觀法如幻化
成就深忍摩訶薩　染法不染瞋不瞋
癡法不癡虛空性　不見於法無所得
不見三毒者事業　無見無染無瞋癡
無顛倒心得名定　一切善名惡不染
成就菩薩堅固行　圓滿大覺證三昧
一切法體如實知　速成無上正等覺
諸法遠離音聲名　離於語言及文字
生滅因緣攀緣相　無相遠離於諸相
非心離心知諸法　堅固菩提了法性
佛具無量無邊德　不可思議遠離心
佛心無性無形色　不可睹見法體性

是心體性佛德體　佛德體性諸法體
法性一義如實知　寂滅於心解三界
如實了知如實見　如實宣說無異說
隨說而行無執著　出過一切煩惱地
總持一切妙法智　魔不能壞應佛法
若有欲得自然智　我為一切世間上
不捨精進行三昧　於少時間證法行
善學殊勝三昧王　一切人天最無上
修習顯示三昧智　一切法起平等心
無有彼此無分別　無無分別無造起
無生無滅住實相　妄想分別憶起想
心所攀緣意所作　一切假名悉斷除
善斷一切惡覺觀　於陰界入無自性
念慧解脫斷三毒　慚愧堅固善行法
絕於去來智慧地　如來行處菩薩學
一切功德示成就　顯說三昧不離定
其心不失諸三昧　無有迷惑起大悲
利益無量諸眾生　本際無別無戲論
菩薩樂說法體性　平等究竟無差別
三昧威力恒具足　速證無上正等覺

一切諸法體性海　平等無戲論三昧
成就四法善能得　菩薩初善學柔軟
同住安隱至調伏　見法除慢能忍辱
菩薩再成就善戒　清淨第一善淨戒
不濁不缺不穿戒　無定色戒不雜戒
不可呵戒自在戒　不退落戒無所依
無所取戒無所得　聖所讚戒智所讚
菩薩再次生深心　深怖三界起驚畏
厭離三界不染心　不著三界起逼惱
為脫三界苦眾生　故起大悲菩提心
趣向無上正等覺　發大精進不退心
菩薩四者求多聞　無有厭足求諸法
不求財利重於法　不求名聞重智慧
隨聞受持為他說　顯示其義以悲憫
不為親屬示平等　深心一念憶眾生
令前聽法一切眾　無上菩提不退轉
如是無戲三昧王　無量諸佛所演說
讚嘆諮嗟善顯示　無量諸佛所修習
樂求如是勝三昧　不可思議諸佛法
善巧了知當諮請　深信清淨善巧求

勿生驚怖勿增怖　勿恒怖畏一心住
廣大發心善決定　入佛法海尊於師
不著己身能棄命　著身者作不善法
善了色身與法身　諸佛法身所攝受
以法身現非色身　菩薩行佛之所行
欲求了知佛身智　善修三昧廣宣說
佛從福德所出生　如來善說於一義
諸法從因無量等　大悲本業如來身
如來身相不可量　不可思議不可說
佛遠離相示法身　一切眾生無能取
若諸佛子知佛身　成就佛道不思議
菩薩行法無障礙　於法見法得安住
了知非色不異色　善說於法能修行
勤求菩提化眾生　乃至能見佛如來
不壞於色見如來　非異色性見如來
色及色性等如來　如是見法行無礙
識想受行亦如是　受此三昧諸佛行
菩薩成就善方便　一切眾生起親想
眾生善聚生隨喜　二六時中彼福德
緣一切智生隨喜　緣諸智心於眾生

所生福德諸善根　速證三昧無上覺
菩薩安住不放逸　善淨戒聚能成就
不捨一切智慧心　六波羅密善巧學
六度多聞與法施　安住於空住宴坐
愛樂空閑頭陀行　各具十種功德利
常得聞法不遠離　菩薩善得深法藏
以是智慧持諸法　大悲為首於眾生
以不癡心為說法　知彼法藏住智藏
眾生心行如實知　惟自心行次第起
觀自心法無亂想　修習方便如自心
見色聞聲愛無愛　心如實知三世智
第一義空真實定　其有智人能解了
善得甚深真實德　聞第一義不驚怖
聞已生上歡喜心　能持如來大菩提
即是如來真佛子　希有猶如優曇花
欲知眾生諸言音　諸根差別眾有情
前後不同應說法　受持廣說此三昧
為攝一切眾生故　修習方便而相應
殊勝智人持此定　住第一善而不動
利益眾生功德藏　善修如是寂定王

心生樂欲摩訶薩　諸法自性云何知
為攝眾生住三昧　受持讀誦修方便
菩薩大神通本業　攝諸善法常樂修
不取戒定慧解脫　解脫知見五法身
神通本業大神通　一切變現大自在
為眾說法自無礙　善供諸佛常悲身
身命無惜修三昧　決定功德學是法
修習善根行法施　或行財施諸檀度
以四迴向而迴向　過去諸佛善方便
得證無上正等覺　願我亦得善方便
善根迴向大菩提　於善知識所聞說
善巧方便持讀誦　精進修學此方便
令得無上大菩提　願我長夜恒值遇
以斯善根而迴向　一切資財共眾生
以此善根而迴向　願我已身諸生處
得財得法咸具足　攝護利益一切眾
常得是身善迴向　以諸善根四迴向
菩薩不護惜身命　乃護去來現佛法
云何安樂得正覺　現前安住淨戒聚
於諸菩薩起師想　善隨佛行必得佛

修學身戒當具足　一切法得無礙智
如來相好力無畏　十八不共無礙智
廣大禪觀菩提分　能住大悲善覺觀
猶如虛空無垢穢　自性光明畢竟淨
清淨身業當具足　不畏墮諸惡道等
一切苦厄莫能障　究竟神通之彼岸
報得神足福德力　隨順無染寂滅定
無漏成就大自在　得諸世間無礙眼
隨念威力大自在　解了無滯隨意成
以一為多多為一　隱顯自在風行空
智者為度眾生故　如鳥飛空履水地
法界神通大自在　無量佛剎悉妙音
清淨身行當成就　具足無礙天耳通
如實了知眾生心　菩薩宿命智神通
天眼通徹了法界　一念三世漏盡智
菩薩成就淨口戒　得佛六十種無礙
清淨妙音不思議　所有言說人信受
廣大佛智諸善力　一切惡言皆遠離
能得一切淨佛語　諸佛神足大神通
具足意戒不思議　得諸佛法一切通

心得不動大解脫　證得金剛三昧定
是名意戒能成就　熾然光明難可思
得住大悲住大捨　安隱正覺寂滅覺
究竟意戒當圓滿　如心具足佛大力
證一切諸法體性　平等無戲論三昧
具足二百法門句　善哉佛法圓具成
佛智無量說無盡　廣大如空是法相
普獲功德究竟寶　眾行無邊法亦廣
入於大悲當受持　一切諸法體性中
平等無戲三昧王　如月明燈三昧王
體性無滅三昧王　現證圓滿三昧王
初中後善三昧王　本證妙修三昧王
離時空有三昧王　全佛圓具三昧王
悲智廣大三昧王　豁然如佛三昧王
法爾如實三昧王　無修無證三昧王
無佛可得三昧王　圓頓實相三昧王
廣大究竟三昧王　一念總持三昧王
佛境妙行三昧王　現成受用三昧王
大悲行王三昧王　如佛現前三昧王
海印大定三昧王　如來禪中三昧王

金剛喻定三昧王　月燈三昧王三昧

迴向

月燈三昧王三昧　諸法體性三昧王
入大悲中牟尼心　諸佛心燈無間續
一切諸法勝體性　平等無戲論三昧
法爾妙修證圓佛　體中用悲勝迴向
法界眾生全佛圓　十方三世同炳現
體性如來大悲力　平等無戲證圓滿
究竟果圓勝如實　法界同體喻金剛
國土莊嚴如安養　蓮華藏海靈山王
月燈三昧勝傳燈　三昧王中如無盡
現成交付真佛子　如母有情不退轉
圓頓全佛勝法界　常寂光藏大光明

參考資料

1. 高齊·那連提耶舍譯《月燈三昧經》

18 寶住三昧

簡介

寶住三昧主要講授《佛說寶如來三昧經》、《無極寶三昧》與《大樹緊那羅王所問經》，而《佛說寶如來三昧經》即《無極寶三昧經》的再譯本。

佛陀示現寶如來三昧時，震動九億萬佛剎。寶如來三昧是以般若寶、智慧寶爲體的，得證寶如來三昧，一切眾皆悉來集。

《佛說寶如來三昧經》宣說寶如來三昧的功德與修證等內容，以寶如來菩薩爲中心，以人顯法。經中當佛陀示現寶如來三昧，大地震動之後，舍利佛有了疑惑而請問佛陀，佛陀要他向寶如來菩薩啓問，於是舍利弗展開了與寶如來菩薩的問答。佛陀爲寶如來菩薩開示，要善男子、善女人發阿耨多羅三藐三菩提心，當行九法寶。而新發意菩薩若欲行寶如來三昧，則當行八法寶。

接著，文殊菩薩啓問寶如來菩薩所從來的佛剎之功德莊嚴，如果有善男子、善女人聞此三昧，即除卻六百四十劫罪盡，且命終之時，即得往生。佛陀並爲彌勒菩薩宣說當行九法，能疾得寶如來三昧；佛陀亦宣說了無數的三昧境界。佛陀同時告訴文殊菩薩說：「參與法會者，都得到寶如來三昧。」

文殊及寶如來菩薩等，又應羅閱國王（阿闍世王）的邀請，入宮受供，諸菩薩禮讓寶如來菩薩先行。文殊菩薩對寶如來菩薩說：「佛陀威神所化的音樂是不可見知的。」並說明新發意菩薩得到了九法寶，就能得至無極法，後以偈頌解說：「佛笑如化，本來寂滅。」寶如來菩薩即爲文殊菩薩說：「九法寶能得解脫慧。一切如化，化無所處，沒有化本、化主等。」文殊菩薩並宣說一切如化、一切不可得的偈頌。最後則爲曇摩竭菩薩與寶如來菩薩的問答。

寶住三昧亦出現於《大樹緊那羅王所問經》中，是大樹緊那羅王就寶住三昧請問佛陀。本經發端於王舍城耆闍崛山的大眾集會上，天冠菩薩就諸菩薩的種種法門提出二十八問，佛陀針對這些問題答之以四法。這時，大樹緊那羅王隨著香山中的諸眷屬來到佛所，他彈起琴，其微妙的聲音在三千大千世界中，震動六種十八相；在法會上的大眾，除了不退轉菩薩之外，始自大迦葉大阿羅漢悉數婆娑起舞，無法自己。此時，天冠菩薩語大迦葉等：「汝諸大德已離煩惱，得八解脫，見四諦，云何今者各捨威儀，如彼小兒舉身動舞？」並說應發起無上正眞菩提道心，向雖聞琴聲而泰然不動的大乘不退轉菩薩學習。

其後，大樹緊那羅王回答天冠菩薩所問：「出聲之處？」答道：「一切聲音皆由空而生。」甚至更進一步地說明空、無相、無願之三解脫門及無生法忍。這就是大乘之音聲觀，並指示菩薩之不動是因爲通達此音聲觀。

其次大樹緊那羅王就寶住三昧問佛陀，佛陀答之以八十種法，並且說明令此三昧之力自在的是世間寶及出世間寶。其後佛陀應緊那羅王之請，與諸菩薩共赴香山，接受七夜的供養，其次在布施、持戒、忍辱、精進、禪定、智慧及方便等七波羅蜜之下說三十二種法。佛陀甚至又示現神力以伎樂演出的聲音，詢問關於緊那羅八千諸子所欲問之助菩提法，且藉神力所成蓮花中化菩薩以偈答之，在一問一答之間，使八千諸子了知所有祕密的妙法。接著是緊那羅王的夫人婇女請問關於轉女身爲男子之法，佛陀就逐一宣說十法。

其次是佛陀授記大樹緊那羅王未來成爲功德王光明如來，甚至還反過來陳說過去的因緣，即過去寶聚如來之下出家得道的轉輪王尼泯陀羅，乃如今之緊那羅王。七夜的勸請結束後，佛陀再度返回王舍城，並且在此爲天冠菩薩及阿闍世王述說菩薩之法器及修行。最後將本經託付給阿難，經名爲《大樹緊那羅所問》，《或宣說不可思議法品》。

寶住三昧　修證

1996.6.15 造

敬禮　大智海本師釋迦牟尼佛

敬禮　寶住三昧勝妙法

敬禮　圓證寶住三昧賢聖眾

一、皈命三寶

皈命大寶法性海　大圓滿體不可得

常住法身常寂光　廣大受用圓報身

大悲勇健緣起佛　究竟無上能仁尊

皈命寶住體性法　圓滿受用具一切

現聞諸法自增長　眾寶悉集大成就

能用自在無分別　具力圓證諸佛果

皈命寶住賢聖眾　一切法寶功德法

自然成就最勝利　八十寶心性無斷

具足世出世大寶　恆度眾生等如佛

寶住三昧三寶法　宛如大海眾流主

一切法寶悉來集　究竟圓滿全佛寶

圓頓現觀法界寶　眾生圓佛悉成就

二、對法衆

發心無上正等覺　於法界中等究竟
大悲發行求聖寶　為利法界一切眾
善習寶住三昧法　圓得世寶出世寶
具足大寶勝成就　能為法界眾生寶
體性勝寶自安住　能導眾生全成佛
圓頓現前大覺寶　全佛法界究竟寶
法界大寶全佛眾　能集大寶當圓滿

三、發心

寶住三昧菩提心　無住無相無可得
非色受想行與識　非住滅處無一異
體性發心無有相　亦非無相無可滅
妙等法界一切法　法我我等眾生等
發心自住體性中　圓具現成眾寶心
妙寶成就等一切　無性妙音隨緣起
大寶發心成法王　法王體中法界佛
無作現觀九法寶　無上正覺心初行
現見諸天無有處　但有名字無可得

世間人民但假名　五道勤苦惟苦習
地水火風純戲論　三世如芭蕉無想
現前生死無本際　觀三昧寂無往來
現觀法界諸佛剎　見了無得三摩地
法界眾生諸有情　發心度脫等如佛
現前發心無作想　決斷十方之大想
諸法不以想見之　何等住得無住法
諸法無住現前是　即為想無起之念
是為想非想之道　亦為想斷求之作
體性緣起無住觀　真實菩提心現前
全佛現成究竟寶　寶住無心等法界
圓頓大寶見全佛　究竟寂滅等體性
無可分別大寶主　現前發心即究竟
妙哉總持大寶王　妙用如意摩尼主

四、寶住正見

無應相應性空定　無想無作勝法寶
一切悉起我不作　諸悉作我法本空
法悉無我無生死　生死無道無有斷
虛空無主我非有　現法如幻如野馬

無相起作非盡法　滅行求願持是法
自言得道未正覺　疑盡滅身住幻城
無住無得無所有　非色非受想行識
非色可見無聞聲　非住滅相無有處
非無相亦非一相　都無有相無能作
三昧相自無有相　亦非無相定相應
寶住三昧等諸法　法等我等眾生等
一切眾生即空相　無相相及無願相
眾生諸法寂靜相　無我相等諸眾生
無能身觸及心觸　現前如實三昧相
圓具八直無生見　直觀法界悉平等
諸法本無一切淨　因緣起滅顯諸法
以空造空無是主　無生現前不可得
寶住勝會一切眾　敢有來者得三昧
悉當作佛受十方　當斷五道諸勤苦
悉如佛陀勝法會　如來親勅當了知
現空體性如實覺　大寶成就本三昧
法界寶性成全佛　現觀無有別佛者
如來密力所加持　無別平等法爾性
圓頓現觀離本初　不可得中極平等

正見現成道果滿　一念寶住應如來
無應之應本寂靜　直觀法界平等佛

五、寶住現修

發心菩薩行寶住　八種法寶當加行
佛前得禪供應供　供養舍利四無畏
救五道苦事眾生　覺知外道樂三昧
妙行九法得三昧　定十方眾成菩薩
見諸惡意心不起　視五道苦令脫之
不起我想令冥明　所作功德令不失
十方眾生悉令等　見諸可意勿作識
千億佛剎人不動　發心修行行發心
八十寶心善修持　佛智寶心為根本
善顯一切勝妙寶　身口意密諸勝行
集助一切菩提法　覺了諸佛究竟法
現行三昧得總持　四陀羅尼不可盡
廣大寂滅無住空　無極寶王如來寶
勝妙善修卅二寶　相應寶心恆不壞
其心不著愛欲行　具足佛法不傷毀
菩薩具足卅二事　為寶所入自不壞

入響入觀無所觀　相應法界恆大悲
成證總持諸行者　卅二法寶體性行
廣度如幻十方眾　體性說法法爾中
善妙法寶自然具　寶住三昧不思議
不得世出世間寶　寶住三昧未自在
世寶成就不放逸　善集一切助道法
能為世間具力主　隨願成滿度眾生
聖慧妙寶出世間　圓具如海會眾流
一切法寶自圓證　無作作者過作道
般若智慧微妙寶　寶住三昧勝體性
寶住三昧現得力　一切眾寶悉來集
能為一切眾生主　善集一切諸大寶
一切法寶悉歸趣　善哉大寶法王尊
寶住三昧現前證　自在所為眾慧具
能得三寶不思議　一如水中自影現
影非水中亦非外　菩薩安住於是間
悉在十方離十方　二者菩薩坐此間
分身悉現諸佛前　其身亦非佛前坐
三者譬如山中呼　響音還報非內外
菩薩遙說法界中　十方菩薩勝妙事

十方菩薩無來彼　彼亦無住者如是
善得總持陀羅尼　宛如持弓弩布矢
在所欲射無不到　菩薩一慧入萬慧
現前成就亦如是　現前聞法即成就
究竟勝利大法寶　無住無得難思議
體性圓持頓然得　法界全佛第一寶
佛境妙行諸法寂　無垢最上法實性
若彼妙音法爾出　虛空無性不可得
如法隨順如修行　無有一法不如爾
如來現成法界寶　寶住三昧眾成寶
遊戲王中自在行　慧方便地示妙作
現空一切不能染　寶住三昧妙音聲
一一妙作寶住海　三昧行等體性圓
大力歡喜全佛眾　噫兮現前佛記莂
下劣不堪大法雨　不敢現聞成就音
不能安住無可住　不斷依恃難入流
善哉全佛成法王　無有眾生不佛者
是名大寶成就眾　善住寶住大三昧
佛陀勑令受者是　現聞成就無退轉
圓頓現成本如來　無所差別為法王

六、迴向

寶住三昧勝法會　如來加持善修證
廣大功德難思議　迴向大寶法界體
眾生寶住如佛陀　總持三昧圓如來
全佛成就最究竟　大圓滿體悟圓頓
諸佛歡喜大吉祥　佛剎莊嚴極圓滿
迴向家國永安康　無有災障無混亂
無有戰爭永和平　六大災難永不生
全佛行人具光明　傳承永續眾成佛
大覺成就勝法喜　究竟如寶體中圓

參考資料

1. 東晉．祇多蜜譯《佛說寶如來三昧經》

2. 姚秦．鳩摩羅什譯《大樹緊那羅王所問經》

19 九種大禪

簡介

「大禪」指大乘禪法，共有九種，所以名為九種大禪。他們分別是：自性禪、一切禪、難禪、一切門禪、善人禪、一切行禪、除煩惱禪、此世他世樂禪、清淨淨禪等九種。此等禪法為菩薩不共的深廣禪法，不是小乘人所修，所以稱為大禪。語出《菩薩地持經》卷六〈方便處禪品〉。《法華玄義》卷四（上）、《法界次第》卷下把它當作出世間上上禪。《法華玄義》將之與諸禪比較，謂「根本舊禪如乳，練禪如酪，熏禪如生酥，修禪如熟酥，九大禪如醍醐，而以醍醐為妙。」

這九種大禪的特質略述如下：

⑴**自性禪**：在菩薩藏中聞、思，並一心安住於前此所行的世間、出世間善，或止、或觀，或止觀雙修。此自性禪是觀心的自性，並非從心外所得，為自性本有的禪定，所以稱為自性禪。

⑵**一切禪**：謂自行化他等一切諸法無不含攝。此禪

略有二種，即世間與出世間禪，二者又各有現法樂住禪、出生三昧功德禪與利益眾生禪三種：

①現法樂住禪：菩薩之禪定遠離一切妄想，身心止息、寂滅，捨離味著及一切諸想。

②菩薩出生三昧功德禪：菩薩之禪定能出生種種不可思議無量無邊之十力種性所攝三昧。彼等三昧，一切聲聞、辟支佛尚不知其名，何況能起彼禪定！更不能知其所出生之二乘解脫、無礙慧、無諍願智、勝妙等諸功德。

③利益眾生禪：有十一種利益，即：菩薩依布施饒益眾生，且依眾生所作同其行事；爲除眾苦，知所應說；知恩報恩；護諸恐怖，諸難憂苦，能爲開解；施給資生所須之具；如法蓄眾，善於隨順；見實功德，歡喜讚歎；有過惡者，等心折服，以神力令其恐怖或使生歡喜。

⑶**難禪**：此禪不易修，故云難禪。有三種：

①菩薩久習勝妙禪定，於諸三昧心得自在，哀愍眾生欲令成熟，捨第一禪樂而生欲界。

②菩薩依此禪出生無量無數不可思議諸深三昧，超越一切聲聞、辟支佛。

③菩薩依此禪而得無上菩提。

⑷**一切門禪：**謂一切禪定皆由此門而出。此禪有四種：

①有覺有觀俱禪，爲色界初禪；初靜慮與尋伺相應，故名有覺有觀俱。

②喜俱禪，爲色界第二禪；第二靜慮與喜心共發。

③樂俱禪，爲色界第三禪；第三靜慮發勝妙之樂。

④捨俱禪，是色界第四禪；第四靜慮是心平等，沒有善惡憎愛之意，故名捨俱。

⑸**善人禪：**一切善法無不攝受，此爲大善根眾生所共修。共有五種：

①不味著，不樂著於禪定之味。

②慈心俱，愛念眾生之心與禪定俱發。

③悲心俱，悲愍眾生之心與禪定俱發。

④喜心俱，歡喜眾生離苦得樂之心與禪定俱發。

⑤捨心俱，無憎無愛平等之心與禪定俱發。

⑹**一切行禪：**大乘之一切行法無不含攝於此。此禪有十三種：

①善禪，此禪定能攝一切善法。

②無記化化禪，不待作意思惟，而自然能在定中作

種種變化且無窮無盡。

③止分禪，攝心不散而與定相應。

④觀分禪，分別照了與慧相應。

⑤自他利禪，正定現前，則能自利利他。

⑥正念禪，在定中正念思惟，無諸雜想。

⑦出生神通力功德禪，得此大定，則一切神通功德，悉皆由此出生。

⑧名緣禪，於一切諸法名相因緣，悉得通達無礙。

⑨義緣禪，能夠通達曉了一切諸法的義理因緣。

⑩止相緣禪，於寂靜因緣相中，能圓明洞徹永離一切散亂。

⑪舉相緣禪，能照諸法起滅因緣，悉皆清淨無礙。

⑫捨相緣禪，於善惡法相因緣，悉皆捨離，清淨而無染著。

⑬現法樂住第一義禪，由於此定能得到法喜之樂，並能安住在第一義中。

⑺**除惱禪：**修此禪能除滅眾生種種苦惱。此禪又分為八種：

①咒術所依禪，菩薩入定能除諸苦患、毒害、霜雹、熱病、鬼病等。

②除病禪，能除四大所起之眾病。

③雲雨禪，能引起甘雨，消除災旱，能救濟饑饉。

④等度禪，能救濟一切水界、陸界及人、非人等種種災難。

⑤饒益禪，能以飲食饒益曠野饑渴眾生。

⑥調伏禪，能以財物調伏眾生。

⑦開覺禪，使種種迷惑的眾生能夠覺悟。

⑧等作禪，能使眾生所作悉皆成就。

⑻**此世他世樂禪：**修此禪定能使眾生悉得現在、未來一切樂。此禪又分為九種：

①神足變現調伏眾生禪。由於此定，而能變現種種神足通力，調伏一切眾生。

②隨說調伏眾生禪。由此定而能隨順說法，調伏一切眾生。

③教誡變現調伏眾生禪。由於此定而能以正法教誡訓諭，調伏一切眾生。

④為惡眾生示惡趣禪。因此定能為惡業眾生示現修羅、餓鬼、畜生、地獄等趣，使其能改惡遷善。

⑤失辯眾生以辯饒益禪。因此定而以辯才來饒益不能辯說正法的眾生，使其心識開悟。

⑥失念眾生以念饒益禪。依此定以正念饒益失去正念之眾生，使其不生邪見。

⑦造不顛倒論微妙讚頌摩得勒伽為令正法久住世禪。由於此定開發妙慧，使心不顛倒，能造微妙讚頌，及摩得勒伽（智母）論，使正法流通久住於世。

⑧世間技術義饒益攝取眾生禪。由於此定能知書數、算計、資生之方法，並依此以攝取、饒益一切眾生。

⑨暫息惡趣放光明禪。由於此定能放大光明，使地獄等惡趣眾生，暫時停息其苦惱。

⑼**清淨淨禪**：依此禪定，使一切煩惱惑業悉皆斷盡，亦即可得大菩提清淨之果，故名清淨。由於清淨相亦不可得，必須淨除，故「清淨」之後又加一「淨」字顯此意。此又可分為十種：

①世間清淨淨不味不染污禪。由於此定，而不味著於一切天人所修之世間禪定，亦不見有染污相。

②出世間清淨淨禪。由於此定，於一切聲聞、緣覺所修出世間禪定，都無染礙。

③方便清淨淨禪。由此定，能善巧方便演說無量妙

法，化度一切眾生，悉無染礙。

④根本清淨淨禪。依此定，於色界四禪根本定，全無染礙。

⑤根本勝進清淨淨禪。雖在色界四禪根本中，得最上殊勝增進之禪定，亦完全未有染礙。

⑥入住起力清淨淨禪。依此定，或入、或住、或起力用，都自在而無染無礙。

⑦捨復入力清淨淨禪。依此定捨而復入，力用自在，無染無礙。

⑧神通所作力清淨淨禪。此定能以種種神通力用變現自在，利益一切，悉無染礙。

⑨離一切見清淨淨禪。依此定，悉皆遠離斷、常、有、無一切諸見，而無染礙。

⑩煩惱智障斷清淨淨禪。依此定，見思等惑及障理之智，都已斷滅，完全沒有染礙。

九種大禪　修證

1996.5.18 造

禮敬　大智海本師釋迦牟尼佛

禮敬　自性等九種大禪法

禮敬　具足大禪賢聖眾

一、皈命三寶

稽首最勝悲智王　法界究竟圓滿佛

體性寂滅不可得　無生如來金剛喻

無滅空樂受用尊　自他圓具示真實

大悲空力遍法界　眾生依止無上覺

稽首菩薩大禪法　具足圓滿波羅蜜

自性金剛示初依　九種大力攝總持

正依憑處善修習　能進深廣大密行

自性、一切、難大禪　一切門禪、善人禪

一切行禪、除煩惱　此世他世、清淨淨

稽首不共行菩薩　無住菩提圓二道

大悲空智常住體　無畏具力無為眾

九禪究竟飲醍醐　不可思議勝妙尊

能圓廣大菩提王　如幻佛事圓無間

九種大禪三寶王　永誓皈命恆不離
體性圓頓證全佛　無念無初極平等

二、對法眾

一心願行摩訶薩　發心菩提恆永住
深廣禪法甚不共　小心行人不能知
根本禪乳練禪酪　熏禪生酥修熟酥
九大禪如妙醍醐　大悲行人正相應
出生圓滿大功德　圓頓全佛當受持

三、發心

無住現生菩提心　無生現具無量心
無得現成大智心　法爾現前大悲心
如心發心體中圓　自性禪中自安心
體性如實不可得　無滅圓頓全佛心
發心成具大禪門　無緣悲聚眾有情
如佛知見體性圓　現觀全佛果地心

四、見地

如幻現觀無法界　一切現空不可得

無緣悲生三摩地　如心圓具大禪門
無為性中無次第　如海印空法界相
密境現成了法界　法性無差示差別
圓頓大禪圓次第　本因道果如平等
細密微妙宛轉相　如緣現成甚明境
纖毫無錯密中密　廣大圓滿全佛禪
法性境中現無得　如緣現前密參究
自性無外具一切　難證圓攝一切門
大善人受一切行　除惱此世他世樂
本然清淨淨三昧　法爾無初無可得
豁然還圓無初後　無差別中無盡緣
本證妙修如實見　一念相應等如來

五、修證

菩薩大禪波羅蜜　能修深廣菩提行
禪最大王攝一切　妙修成道轉法輪
勝妙功德入涅槃　悉住大禪三摩地

㈠自性禪

菩薩藏中現聞思　一心安住於前行

世出世間諸善妙　止觀同類或俱份
自性禪觀心自性　心外一切無可得
向性如幻本禪定　緣起如實善修證

㈡一切禪

隨順自性所圓證　菩薩一切禪圓滿
自行化他攝諸法　現成盡攝世出世
隨所相應各具三　總持諸法所行道
現法樂住第一禪　出生三昧功德禪
利益眾生禪第三

1. 菩薩禪定離妄想　身心止息自安住
第一寂滅無所住　自舉心息離味著
一切眾相不可得　現法樂住禪所行

2. 出生種種不思議　無量無邊極廣大
十力種性攝三昧　一切二乘不知名
況能復起及出生　二乘解脫等一切
入於一切無礙慧　無諍願智勝功德
出生三昧功德禪

3. 利益眾生禪十一

㈢難禪

菩薩難禪難修證　略說三種能圓具

1. 菩薩久習勝妙定　於諸三昧心自在
哀愍眾生令成熟　第一禪樂能捨棄
出生欲界心大悲　名菩薩第一難禪

2. 菩薩依禪而出生　無量無數不思議
諸深三昧大禪定　出過一切二乘上
第二難禪菩薩定

3. 菩薩依禪得成證　無上菩提最究竟
是名第三難禪定

㈣一切門禪

一切禪定此門出　菩薩根本四大禪
甚深二乘不能了　圓具菩薩廣大行
大悲如幻菩提心　無所得中善修證
體性有覺有觀禪　悲智相應示初禪
尋伺如幻不可得　大悲有力觀自在
大悲出生喜俱禪　喜定俱生空如幻
無分別中入二禪　廣大救度示具力
空樂俱發不思議　大空如幻樂俱禪

究極妙樂如心發　寂滅性中無可住
明空究竟捨俱禪　大光明生大空揚
心極平等真寂滅　善惡憎愛不住初
有力大幻離苦樂　菩薩四禪最無上

㈤善人禪

一切善法無不攝　大善根眾能總持

1. 初行者法無所得　不昧著禪行如幻
   禪定妙味不樂著　現法平等離一切
2. 二行無生無所著　慈心俱禪體無量
   愛念眾生不可得　平等大樂空如幻
3. 三行無滅離諸緣　悲心俱禪無間量
   悲愍眾生體性中　大空如幻大悲禪
4. 四行空樂不可得　喜心俱禪不思議
   眾生離苦甚歡喜　大樂平等禪俱發
5. 五行明空大寂滅　捨心俱禪頓圓滿
   無憎無愛心平等　明空現成本三昧

㈥一切行禪

菩薩行法俱攝此　宛轉總持十三行：

1. 善禪盡攝諸善法
2. 無記化化禪離意　無作定中自神變
   心界一如無窮盡
3. 止分禪心自不散
4. 觀分禪現慧相應
5. 自他利禪正定現　自利利他能自在
6. 正念禪中正思惟　體性無雜念無妄
7. 出生神通力功德　大禪具力大神通
8. 名緣禪了一切法　名相因緣悉通曉
9. 義緣禪知一切法　義理因緣無不達
10. 止相緣禪寂靜因　圓明洞澈永離亂
11. 舉相緣禪能覺照　起滅因緣淨無礙
12. 捨相緣禪超善惡　清淨無染悉遠離
13. 現法樂住第一義　大禪無上大法喜
    樂空自在無所著　安住究竟第一義

(七)除惱禪

善修大禪滅眾苦　緣起八力能總持：

1. 菩薩入定除眾苦　毒害霜雹熱病等
   鬼病魔障一切障　咒術所依禪能救

2. 菩薩入定除病禪　善除眾生四大病
一切身病與心病

3. 菩薩入定興甘雨　能消災旱救饑饉
自在作力雲雨禪

4. 菩薩入定施無畏　濟諸恐難了實相
一切水陸人非人　善除怖畏等度禪

5. 菩薩入定以妙食　饒益曠野饑渴眾
大功德名饒益禪

6. 菩薩入定具資糧　善以財富調眾生
調伏禪法具妙力

7. 菩薩入定覺迷醉　十方迷者等開覺
大智善巧開覺禪

8. 菩薩入定大威力　眾生所作悉成就
等作禪法力無上

㈧此世他世樂禪

善修此禪具大樂　悉得現前未來樂
九種禪法樂眾生：

1. 神變調伏眾生禪　能具種種神足力
善巧調伏一切眾

2. 隨說調伏眾生禪　隨順眾生諸根器
善以一音演說法　調伏一切諸眾生
3. 教誡變現調伏禪　能以正法調伏力
教誡訓諭一切眾
4. 為惡眾生示惡趣　此禪能為惡眾生
示現修羅餓鬼眾　畜牲地獄眾惡趣
令斷眾惡住善行
5. 失辯眾生辯饒益　入此禪中具辯才
饒益失辯說正法　令其心識得開悟
6. 失念眾生念饒益　此禪定中以正念
饒益正念失眾生　使其邪見不得生
7. 能造不顛倒法論　微妙讚誦本母等
為令正法久住世　此禪善開發妙慧
使心安住無顛倒　能造微妙諸讚頌
摩得勒伽智母論　使諸正法久住世
8. 具足世間技術義　饒益攝取眾生禪
能知書數與算計　工巧資生諸善法
攝取饒益一切眾
9. 暫息惡趣放光明　此禪能放大光明
能令修羅眾惡趣　暫息煩惱入大安
空樂具足次第行

㈨清淨淨禪

依此禪定清淨淨　一切煩惱惑業斷
得大菩提清淨果　清淨相亦不可得
清淨淨禪如成就　略示十法具總持：

1. 初行世間清淨淨　不味不染行禪定
　此定不味著世禪　亦不見諸染污相
2. 出世間清淨淨禪　於諸二乘出世定
　都無染礙大自在
3. 方便清淨淨禪定　方便演說無量法
　善巧廣度一切眾　絕無染礙具成就
4. 根本清淨淨禪定　大悲現空具四禪
　根本定中得無礙
5. 根本勝進清淨淨　色界四禪根本中
　最勝殊勝增進禪　圓證未染無障礙
6. 入住起力清淨淨　依此大定或入住
　或起力用大自在　無得無染無妨礙
7. 捨復入力清淨淨　依此定捨而復入
　力用自在無染礙
8. 神通作力清淨淨　此定起大神通力
　變現自在利一切　悉無染礙大自在

9. 離一切見清淨淨　此定遠離常與斷
一切諸見悉無染

10. 煩惱智障現永斷　清淨淨禪大自在
見思惑及障理智　都已斷滅無染礙
菩薩無量大禪門　大菩提果自得證
阿耨多羅正等覺　已得當得自圓滿
九種大禪圓菩提　如幻體性圓頓果
無可得證如佛圓　安住如來三摩地

六、迴向

九種大禪微妙法　諸佛因地不共行
緣起能仁賜加持　彌勒明示密行滿
修證無得甚精進　法爾迴向十方佛
佛喜眾生全佛圓　法界淨剎更莊嚴
國土安樂無障礙　眾生隨順大菩提
傳承燈明恆無盡　全佛法界最吉祥

參考資料

1. 北涼．曇無讖譯《菩薩地持經》卷六

2. 隋．智顗撰《法界次第初門》卷中之下

20 彌陀十六正觀

簡介

十六觀是淨土行者的主要禪觀修行法門。十六觀是觀阿彌陀佛依、正二報的十六種觀法。又名爲十六觀法、十六觀門，或十六妙觀。「阿彌陀佛十六正觀修證」即出自於《觀無量壽經》。

十六觀的前十三觀階次順序是：

第一觀：落日觀，是順應西方極樂世界、光明歸藏的所在而現起的觀法，先讓我們安定心念，讓我們藉由落日觀的練習，與西方產生因緣，以心爲攝受，有阿彌陀佛攝受我們、我們入於阿彌陀佛兩個含意。所以落日觀可以算是十六正觀的基礎。是從自心趨向阿彌陀佛，也從相上來攝持心念專一、清淨心念相續，而生起三昧的境界。

接下來是第二觀：水觀，建立如海水倒映的境界，並有清淨之意。見水清淨透明，無有污穢、執礙。再來是建立七寶所成的土地觀，寶樹、寶池、寶樓閣觀等等莊嚴境、各種諸鳥合鳴、樂器的演奏、光明境界等等一直到第七觀，這是從大觀到細觀，從靜而動，有音有色的依報觀。

再來第八觀：像觀，是觀居住在其中的佛菩薩，首先先建立彌陀自性，我們自心的自性與彌陀的自性如一，依據這個理則來建立佛身，來觀佛身。有了這樣的基礎，再來就能對身觀佛，見無量壽佛即是諸佛，了了分明。

在此很重要的一點是：無量壽佛即是諸佛，無量壽佛的體性就是一切諸佛的體性，見一佛即見無量佛。如此觀佛、見佛後，再來就觀眷屬：觀音與勢至兩大菩薩，以及無量的眷屬眾等等。他們加持我們，攝受我們前往極樂世界。這是正報的部分。

其中第九觀：見無量壽佛即是諸佛。見無量壽佛從法界出生，他就是一切諸佛的根本報身，一切諸佛都是其所化現，所以見無量壽佛即是諸佛則有二種觀法：一是見無量壽佛流出一切諸佛，一是觀一切諸佛即是無量壽佛的化身。如此一來，整個法界都是極樂世界，十方諸佛都在極樂世界裡。從無量壽佛的毛孔中示現五百億化佛，一切諸佛都從其毛孔流出，一一化佛無量功德莊嚴，都在極樂世界發心成佛，這可以清清楚楚地看見。

從依報到正報的觀法其實是一套完整的觀法，所以十三觀其實是一貫的，亦可說是一觀，總名爲極樂淨土觀。十四、十五、十六觀是講眾生如何努力而往生極樂淨土的階位。

前十三觀其實是一般的禪觀法，十四、十五、十六觀則是往生要具足的觀法。上品、中品、下品的觀法也都可以修前面十三種觀法，因爲這十三種觀法都是配合西方淨土的種種莊嚴以及無量壽佛而設觀。除此之外，本禪觀再加入果地現觀，圓成眾生都是阿彌陀佛，全佛現成常寂光的境界。

阿彌陀佛十六正觀　修證

1996.7 造

南無　極樂世界無量壽如來

南無　觀無量壽佛經

南無　極樂世界賢聖眾

一、皈命三寶

稽首常寂光佛土　法界體身無量光
實報莊嚴極樂界　自他至樂無量壽
方便有餘安養剎　寂滅阿彌陀如來
凡聖同居極樂土　阿彌陀佛大慈悲
皈命法界體性中　無量光明本寂法
法界身相自遍入　究竟樂空無量壽
是心作佛是心佛　正遍知海心想生
大慈大悲十六觀　圓攝眾生盡成佛
南無極樂賢聖眾　體性無生樂無滅
廣大法界遍莊嚴　隨悲化生樂無滅
遍入眾生心海中　如實圓成四八願
盡攝有情入極樂　法界全佛無量壽

二、對法衆

眾生真悲哀　不了極樂性
如寶隨輪轉　不見自身佛
招致如幻哀　為空無事苦
緣起極苦難　是故示極樂
實相四土中　一如體性佛
法界諸眾生　同入極樂國
二乘了寂滅　方便入有餘
大悲菩薩眾　實報住莊嚴
體性具實義　常寂法身中
法界眾有情　圓攝十六觀
無量光明海　無量壽如來

三、發心

㈠信

深信生死輪迴苦　因果如影必隨形
深信吾心空極大　十方世界一念賅
深信極樂淨土妙　依正莊嚴如心具
深信諸佛無妄語　阿彌陀佛願真實

深信念佛不思議　稱名憶念銷眾業
深信決定能往生　命終無量光接引

㈡願

願生極樂了生死　迴入娑婆度有緣
眾生無邊誓願度　極樂淨土眾聖會
煩惱無盡誓願斷　念念念佛極清淨
法門無量誓願學　淨土妙法不思議
佛道無上誓願成　無量光明無量壽
阿彌陀佛菩提心　廣大悲願誓隨順

㈢行

一心憶念阿彌陀　念念彌陀念念淨
行住坐臥阿彌陀　心起心滅阿彌陀
無住生心阿彌陀　法性同淨阿彌陀
南無阿彌陀佛耶　我念彌陀佛念我

㈣智

法爾本然同寂靜　以無所得現成佛
極樂法身法性淨　大慈體性正依如

法爾無生攝有情　生無生中妙寂光
心佛眾生本無二　體性極樂無量壽

㈤會歸

全佛法界阿彌陀　一切眾生阿彌陀
實相發心見眾生　無量光明無量壽

四、祈請

頂禮西方十萬億佛土　依恃佛力一念即通達
清淨圓滿極樂世界海　如雲法界蓮華王淨土
南無娑婆世界依怙主　無量光明無量壽如來
一心念南無阿彌陀佛　念不斷南無阿彌陀佛
自性念南無阿彌陀佛　法界念南無阿彌陀佛
同體念南無阿彌陀佛　阿彌陀佛念阿彌陀佛
皈命極樂界阿彌陀佛　直至菩提無間永皈命
性性平等現具無量壽　光明普照如實無量光
誓句如實廣大勝願力　願尊慈鉤攝住極樂國
總持安養淨法無漏稱　弘揚慈音十方法界土
恆願淨土聖眾極擁護　安住法樂不退阿彌陀
現生極樂淨土侍彌陀　隨學賢聖同生法性土

頂禮安養淨土無量壽法門
皈敬極樂世界無量光現前
隨順世尊金口妙宣清淨海
觀無量壽佛經惟一勝依怙
十六妙觀真實示現如佛心
勝意念佛了知彌陀真念我
母子相憶湧現清淨幻日輪
次第現觀水地樹池樓座像
無量壽佛如日熾然自生顯
如月如星觀音勢至法界身
心自見生西方極樂世界蓮
水鳥樹木諸佛音聲妙法現
念佛普化無住生心現正觀
九品受命蓮中生者前禮敬
南無了義聖觀無量壽佛經
願賜吉祥身口意如佛出生

五、正見

正見世間極出離　娑婆惡世濁難居
妙緣樂生極樂土　一心憶念無量壽

具足世戒行三福　諸佛清淨業正因
決定大信阿彌陀　不二往生安養國
信解如來法界身　遍入眾生心想中
心想具佛卅二相　是心作佛八十好
是心是佛正遍知　一心繫念阿彌陀
念佛三昧了佛心　諸佛心者大慈悲
無緣慈攝一切眾　皈命極信阿彌陀
無上道心皈上品　信樂佛願中品生
臨終十念下品攝　現前遍如法界身
無上品攝圓頓見　現觀法界一切眾
現成無量壽如來　無量光明無量壽
國土圓滿勝極樂　法界安養蓮華藏
全佛法界最吉祥　是故眾生阿彌陀
實相正見無退轉　法界眾生圓成佛

六、阿彌陀佛十六觀修證

佛力加持心明淨　法界現觀住佛頂
十方淨土極微妙　殊勝因緣極樂國
阿彌陀佛無量光　我心正受無量壽
阿彌陀佛去不遠　繫念諦觀淨業成

三福相應佛力持　如執明鏡見極樂
一念相應法界體　如心歡喜證無生
凡夫心劣無天眼　諸佛如來異方便
以佛力故見極樂　末世眾生當善修

㈠落日觀

繫念一處念西方　諦觀落日心堅住
專住不移日欲沒　狀如懸鼓光明藏
西向因緣示極樂　開目閉目悉明了
現觀成就入法性　日想初觀極樂因

㈡水觀

大智水海觀西方　見水澄清極明了
智水成就起冰想　見冰映徹琉璃地
琉璃內外悉明徹　金剛寶幢下承擎
八方八楞百寶成　寶珠千光八萬色
如億千日映琉璃　黃金繩間琉璃地
七寶分齊五百光　光似花星月懸空
宛轉交織光明台　樓閣千萬百寶成
百億華幢眾樂器　八種清風光明出

鼓樂苦空無常音　水觀粗見極樂地

㈢地想觀

水觀成就真地觀　現觀極樂三摩地
一一現觀了分明　光明莊嚴難思議
閉目開目不散失　唯除食時無間斷
安住此世觀極樂　交映相融無錯謬
地觀成就大功德　現除八十億劫罪
捨身他世定往生　極樂淨土決無疑

㈣寶樹觀

七重行樹滿極樂　八千由旬具大身
七寶花葉恆具足　一一花葉異寶色
妙真珠網覆樹上　一一樹上七重網
五百億宮現網間　幻身天童住其中
眾寶光嚴百由旬　百億日月自和合
妙花踴生自然果　大光明化寶蓋幢
映現法界諸佛事　十方佛國於中顯
樹莖枝葉華果觀　如實分明映大空

㈤寶池觀

極樂國土八水池　七寶所成妙池水
如意寶王柔軟生　十四支脈七寶色
黃金渠鋪金剛沙　諸水寶蓮六十憶
十二由旬蓮華圓　摩尼水流注花間
尋樹上下聲微妙　苦、空、無常、無我音
菩薩妙行波羅蜜　諸佛相好讚嘆聲
如意寶王踴金光　微妙光幻百寶鳥
和鳴哀雅讚三寶　八功德水觀成就

㈥寶樓觀

眾寶國土一一界　各具五百億寶樓
如幻諸天作伎樂　樂器懸空天寶幢
不鼓自鳴演妙音　念佛念法念賢聖
粗見極樂世界中　寶樹、地、池總想觀
現觀成就現除滅　無量億劫極惡業
命終現生安養剎　佛子欣喜當極樂

㈦華座觀

緣起無量壽如來　觀音勢至侍左右

光明熾盛難具見　百千真金不得比
佛力加持能見佛　未來眾生當現觀
七寶地上蓮花想　八萬四千百寶葉
如數脈光了分明　葉間百億摩尼王
一一映飾千光明　光網如蓋七寶成
毘楞伽寶示蓮台　八萬妙寶為交飾
蓮台自生四柱幢　如百千萬億須彌
幢上寶縵如夜摩　五日億珠為映飾
各具八萬四千光　諸光具數異金色
遍覆寶土自神變　珠網、花雲、金剛台
十面隨意作佛事　妙花寶座受用報
法藏比丘願力成　卻念彌陀當作觀
一一現觀無雜想　葉珠光台幢分明
如於鏡中見自相　現觀成就能除滅
五百億劫生死罪　定當往生極樂國

㈧三聖像觀

諸佛如來法界身　遍入一切眾生心
汝心想佛即具足　三十二相八十好
是心作佛心是佛　正遍知海心想生

一心繫念諦觀佛　圓想阿彌陀佛像
閉目開目見彌陀　寶像猶如閻浮金
坐彼華上具妙緣　心眼得開了分明
極樂莊嚴極寶飾　如觀掌中見明鏡
當作寶蓮佛雙邊　觀音坐左勢至右
三聖大放妙金光　照諸寶樹具三蓮
三聖安坐遍彼國　現觀成就三摩地
當聞水流及光明　寶樹、鳧鴈、鴛鴦等
和雅妙音宣妙法　出定入定恆聞持
行者所聞得總持　出定之時憶不捨
與法不合為妄想　相應如法正像觀
極樂世界粗想見　無量億劫重罪除
念佛三昧現身得　決定圓生極樂國

㈨無量壽佛眞身觀

無量壽佛身光明　百千萬億夜摩金
佛身具六十萬億　那由他恆沙由旬
白毫宛轉五須彌　佛眼清淨四大海
毛孔演光須彌山　圓光百億大千界
化佛無量百千億　無數侍者化菩薩

圓具八萬四千相　相具八萬四千好
相好光明等如數　遍照法界念佛者
攝取眾生恆不捨　光明相好與化佛
不可具說難思議　但當憶想心明見
見此即見一切佛　念佛三昧自成就
是名觀一切佛身　以觀佛身見佛心
諸佛心者大慈悲　以無緣慈攝眾生
現觀成就捨此身　生諸佛前證無生
智者應當勤繫心　諦觀無量壽如來
但觀眉間白毫相　極念明了一相入
能見眉間白毫者　八萬四千相當見
現觀無量壽佛者　得見無量諸佛故
諸佛現前為授記　遍觀一切色想成

㈩觀世音菩薩觀

觀音身長八十億　那由他恆沙由旬
身紫金色項圓光　面各具百千由旬
五百化佛圓光中　如彼釋迦牟尼佛
化佛五百菩薩眾　無量諸天為侍者
身光五道諸眾生　一切色相於中現

毘楞伽寶為天冠　二五由旬立化佛
菩薩面如閻浮金　眉間白毫七寶色
流出八萬四千光　光明無量數化佛
無數侍者化菩薩　變現自在滿十方
臂紅蓮色無量光　光瓔珞現莊嚴事
手掌五百億蓮色　十指端具諸印文
各具八萬四千畫　諸畫色具光數同
普照一切光柔軟　寶手接引眾有情
足下具千輻輪相　自化五百億光台
下足金剛摩尼花　布散一切莫不滿
身相妙好咸具足　如佛無異自圓滿
唯除頂髻無見頂　其相不及佛世尊
觀音菩薩真實身　如實現觀當成就
先觀無見頂肉髻　次觀天冠立化佛
眾相次第極明顯　現觀成就如掌中

㈩大勢至菩薩觀

勢至觀音等身量　舉身光明照十方
身紫金色具莊嚴　有緣眾生悉得見
但見菩薩毛孔光　見十方佛淨妙光

菩薩淨名無邊光　以智慧光照一切
得無上力離三塗　菩薩稱名大勢至
菩薩天冠五百蓮　寶華各具五百台
十方諸佛淨國土　廣長之相於中現
頂上肉髻如紅蓮　髻上寶瓶盛光明
普現佛事具圓妙　餘相猶如觀世音
菩薩行者法界動　動處五百億寶花
寶華莊嚴若極樂　坐時七寶國土動
下從金光佛剎土　上至光明王佛剎
其中無量塵分身　三聖皆集極樂土
安坐空中寶蓮華　演說妙法度眾生
大勢至菩薩身相　如實現觀自成就
除無數劫僧祇罪　不處胞胎遊淨土

㈩普觀（自往生觀）

現觀成就作生想　心自見生極樂國
於蓮華中跏趺坐　蓮華合想蓮華開
五百色光照自身　見佛菩薩滿虛空
水鳥樹林諸佛音　皆演妙法與經合
出定總持憶不失　見無量壽極樂界

普觀成就極歡喜　無量壽佛諸化身
觀世音及大勢至　常來行人所住處

㈢雜想觀

若欲至心生西方　先觀丈六像在池
無量壽佛身無邊　凡夫心力所不及
因彼如來宿願力　凡有憶想必成就
但觀佛像無量福　況復觀佛具足相
阿彌陀佛如意通　十方變現大自在
或現大身滿虛空　小身丈六或八尺
所現之形真金色　圓光化佛具寶蓮
觀音勢至左右侍　但觀首相知差別
三聖普化於一切　現觀成就雜想觀

㈣上輩生觀

1.上品上生

至誠、深心、迴向願　三心具發必往生
三類眾生當往生　慈心不殺具戒行
讀誦大乘方等經　修行六念願往生
精進勇猛淨行者　三聖化佛諸聖眾

觀音親執金剛台　與勢至至行者前
彌陀放光照行者　諸佛菩薩授手迎
讚嘆行者勸精進　行者自見乘金台
隨佛彈指生極樂　見佛相好悟無生
須臾遍歷十方國　諸佛授記還淨剎
得證百千總持門　上品上生極樂行

2.上品中生

善解義趣了寂滅　於第一義心不動
不謗大乘信因果　迴向願生極樂國
臨終三聖持金台　與千化佛齊授手
紫金台上自端坐　合掌叉手讚諸佛
一念頃中生彼國　七寶池中大寶花
經宿即開紫金身　足下寶蓮佛光照
聞眾聲說第一義　七日不退無上覺
應時遍歷十方國　歷事諸佛修三昧
經一小劫證無生　現前授記上品中

3.上品下生

不謗大乘信因果　但發無上菩提心
迴向發願生極樂　臨終三聖持金蓮
五百化佛齊授手　現前接引讚行者

自見身坐金蓮花　坐已華合隨佛陀
往生七寶蓮池中　一日一夜蓮花開
七日之中得見佛　三七日中了相好
聞眾音聲演妙法　遊歷十方供諸佛
聞甚深法三小劫　得百法明歡喜地

㈤中輩生觀

1.中品上生

受持五戒八齋戒　不造五逆行諸戒
無諸過惡此善根　迴向願生極樂國
臨終彌陀諸眷屬　放金色光來接引
演說苦、空、無常、我　讚嘆出家離眾苦
行者心喜見自身　趺坐蓮華寶台中
長跪合掌禮佛陀　未舉頭頃即往生
蓮華尋開聞眾音　讚歎四諦證羅漢
三明六通八解脫　中品上生一時具

2.中品中生

一日一夜八關齋　沙彌、比丘具足戒
威儀無缺具功德　迴向願生極樂國
戒香熏修淨行者　臨終見佛及眷屬

放金色光持寶蓮　接引行者至極樂
自聞空中讚嘆聲　隨順佛教來迎汝
自見坐寶蓮花上　蓮合往生極樂國
寶池七日蓮開敷　開目合掌嘆世尊
聞法歡喜證初果　半劫成就阿羅漢

3.中品下生

孝養父母行仁義　臨終得遇善知識
廣說極樂淨土事　彌陀四八大願王
聞已樂佛尋命終　譬如壯士伸臂頃
即生極樂世界中　彼國土生經七日
得遇觀音大勢至　聞法歡喜證初果
過此一劫成羅漢　中品下生淨行人

㈥下輩生觀

1.下品上生

愚人造惡無慚愧　不謗方等大乘經
臨終得遇善知識　為說大乘諸經典
以聞經名妙功德　除却千劫極重罪
智者復教合掌手　稱南無阿彌陀佛
除五十億劫重罪　彌陀即遣化三聖

至行者前讚嘆言　汝稱佛名罪消滅
我來迎汝至極樂　即見化佛光滿室
見喜命終乘寶蓮　隨化佛後生寶池
經七七日蓮開敷　觀音勢至放光明
現在其前說妙法　聞解發無上道心
十劫具百法明門　得入初地具歡喜

2. 下品中生

毀諸戒行盜僧物　不淨說法無慚愧
以諸惡法自莊嚴　應墮地獄諸罪人
臨終地獄眾火至　遇善知識大慈悲
廣讚彌陀十力德　光明神力五法身
聞除八十億劫罪　地獄猛火化涼風
吹天華上具化佛　接引一念生極樂
寶池蓮花六劫開　觀音勢至安慰彼
為說大乘甚深經　無上道心聞法發

3. 下品下生

不善五逆十惡罪　歷劫應墮惡道中
愚人臨終遇知識　為說妙法教念佛
是人苦逼不遑念　應稱無量壽佛名
如是至心聲不絕　具足十念阿彌陀

念念稱名佛本願　除八十億劫重罪
命終見金蓮如日　住蓮一念生極樂
十二大劫蓮花開　觀音勢至大悲音
廣說實相除罪法　聞喜即發菩提心

七、果地現觀

彌陀法界身如意　遍入一切眾生心
如心是心能作佛　心如是心即是佛
是心現觀成彌陀　彌陀法如法性心
法性一心正遍知　如心繫念現成佛
心如正念阿彌陀　如心彌陀賜念我
佛入入佛法性體　緣起無二無量光
現前佛力作彌陀　如佛行慈阿彌陀
眾生全佛阿彌陀　阿彌陀佛無量壽

八、迴向

阿彌陀佛十六觀　念佛三昧佛念我
現觀法界成極樂　迴向眾生證彌陀
迴向彌陀四八願　圓攝眾生住極樂
無有眾生非彌陀　無量光明無量壽

憶念彌陀佛入心　是心作佛佛是心
能作彌陀大事業　國土吉祥同極樂
災障永銷如願滿　全佛傳承無量壽
無量光明諸有情　現前交付法界體
全佛現成常寂光　阿彌陀佛大迴向

參考資料

1. 劉宋・畺良耶舍譯《佛說觀無量壽佛經》

2. 明・傳燈述《觀無量壽佛經圖頌》

3.《白寶口鈔》卷三～八（阿彌陀法）

4. 日僧覺禪著《覺禪鈔》卷六

21 般舟三昧

簡介

「般舟三昧修證」出自於《般舟三昧經》，經中敘述依般舟三昧以明見佛陀之法。

所謂「般舟三昧」，據善導《般舟讚》所釋：「梵語名『般舟』，此翻名『常行道』，或七日、九十日，身行無間，總名三業無間，故名般舟也。又言三昧者亦是西國語，此翻名為定，由前三業無間心至所感即佛境現前，正境現時即身心內悅故名為樂，亦名立定見諸佛也。」

而般舟三昧修行法是指經過七日乃至九十日間的依法精進修行，終得佛現前的三昧，即所謂「見佛定」。此語出於《般舟三昧經》。「般舟」一詞，除了善導《般若讚》譯為常行道，又名立定見諸佛外；智顗《摩訶止觀》卷二之一譯為常行或佛立；元曉《般舟經略記》譯為定意。

關於此一法門修習方法，《般舟三昧經》〈四事品〉所載，當在三個月中，除飯食及大小便之外，不坐、不臥、經行而不休息的禪法。

成就「般舟三昧」，能見阿彌陀佛：不只是見到了，而且還能與佛問答，聽佛說法。這是修習三昧成就，出現於佛弟子心中的事實，這一類修驗的事實在佛教中是很普遍的。西元三至五世紀間，從北印度傳來，佛弟子有什麼疑問，就入定，上升兜率天去問彌勒，西元四世紀記載「無著菩薩夜昇天宮，於慈氏菩薩所，受瑜伽師地論」，也就是這一類事實。在「祕密大乘」中，修法成就了，本尊（多數是現夜叉相的金剛）現前，有什麼疑問，也可以請求開示。但這一切都是唯心所作，所現的一切都是無實現空的，連能觀的心也是空，切切不可執著這些現象。

般舟三昧在中國得到廣大的弘揚與傳頌，淨土初祖慧遠大師在廬山白蓮結社，曾聚眾修習此法，而二祖善導大師及慧日、承遠、法照諸師也相繼著書，設立道場，加以弘揚，天台智者大師更將之列為四種三昧之一，稱為常行三昧。

般舟三昧　修證

1996.8.17 造

南無　十方悉立在前諸佛

南無　般舟三昧法

南無　般舟三昧賢聖眾

一、皈命三寶

稽首實相體性佛　永寂如空不可得
功德法身難思議　不共法報極圓滿
十方現前妙相佛　如淨明鏡見十號
本師牟尼大悲佛　如意珠王安自頂
阿彌陀佛無量光　特別依怙法緣主
現觀得見十方佛　佛立現前大安樂
皈命現前佛安立　般舟三昧如幻法
十方一切諸佛法　隨念現觀無障礙
見佛光明極清澈　如淨琉璃大圓鏡
無可得中離心色　無垢清淨心解脫
佛力三昧力加持　行者功德力圓滿
如明眼人夜觀星　念佛妙身我自同
禮敬住空賢聖僧　緣起佛力三昧力

壞本絕本無所有　大悲常慈樂示身
體性微妙難思議　成就十方念佛眾
見佛如掌覺如幻　頂禮金剛菩提心

二、對法眾

眾生無福心不定　不了甚深法界藏
全佛現前不可知　如來大悲開妙門
圓彼眾生菩提性　世出世福大成就
破障圓德妙智力　授彼法界念佛人
為聚菩薩大功德　入多聞海智慧藏
圓成無上等正覺　一切佛剎隨意生
能如月滿具白法　如日初出破闇冥
光明照了如燈炬　如虛空性無罣礙
大慈力信不可動　莊嚴大誓所作成
為眾上首不可壞　一切佛法現在前
成如幻人斷思憶　如化如夢無生滅
宛如鏡像現法界　持陀羅尼善達法
不斷佛種精進行　廣大神通隨諸佛
一剎那至諸佛剎　住此佛剎見諸佛
現前諸佛如鏡現　安立在前無錯謬

眾相妙空具滿法　實相現成不可得
如彼功德本自在　全佛圓如離根本
金剛菩提心海眾　佛慧現成當修習

三、發心

利益一切諸眾生　廣攝未來菩薩眾
利益眾生大慈悲　於諸有情心平等
發深大願深妙行　樂一切智菩提樑
如來種性善隨順　發菩提心如金剛
通達眾生心所念　廣大妙行難思議
悉在佛前廣成就　菩提心王如究竟
佛力三昧力發心　大悲圓頓不可得
無所依處大慈悲　現觀無本如實相
心色諸法不可得　圓如實相真發心
菩提根本見全佛　全佛現前如安立
如清澄水淨明鏡　般舟三昧佛立前

四、見地

如來不用身心得　不用心得佛妙相
亦不用色得佛心　佛離心色得正覺

諸法盡盡空三昧　身口智慧不得佛
我、人、智慧索不得　諸法無有壞絕本
覺幻如真無來去　諸法如夢知念佛
念念相續如相念　寶倚琉璃影現中
勝意作念鏡中像　如淨明鏡自鑑照
如幻色淨所有淨　見佛問佛如化生
佛無從來我無至　我念即見心作佛
心自見心見佛心　佛心是我心見佛
心不知自見身心　心想為痴無想寂
法無可示現成空　無造無作如來印
未有無為無相、想　無依無攝無取、住
諸行永盡無生滅　如實無道無道果
一切諸聖無覆藏　般舟三昧佛父母
佛眼無生大悲母　能見眾生全佛母
佛立現前圓頓母　大悲體性常行顯
無住無得無修證　十方智覺如來生

五、修證

(一)前行

發菩提心如金剛　定意十方佛前立
能成廣大諸功德　悉如賢護所問求
佛悉在前立三昧　功德第一勝法行
心念諸佛現在前　不捨作業心不亂
求勝上智勇精勤　荷負重擔度眾生
承事供給善知識　常修空寂勝思惟
離惡親善除諸蓋　不貪一切行精進
不愛己身不重命　不著形色不縱心
修以慈心薰以悲　一切時喜常行捨
於諸眾生平等心　生父母想如獨子
諸法無諍樂多聞　持戒不執禪無染
習五解脫修十善　斷九惱處修九想
棄八懈怠八人覺　摧伏我慢一心受
離身法執不著想　於世無染行功德
見一切佛悉現前　受一切身若夢幻
一切諸相觀滅除　思惟往來離三世
於信清淨信真妙　念一切佛三世等

三昧自在一切佛　終不染著佛身相
於一切法悉平等　不與一切世間諍
所可應作不相違　十二因緣深通達
窮盡一切如來道　得勝忍入真法界
見眾生性無生滅　見涅槃界本現前
慧眼淨觀法無二　彼菩提心無中、邊
一切佛體無差異　入無礙清淨智門
明見菩提自覺知　於善知識起佛想
於菩薩所不乖離　已於生死破魔事
一切眾事悉如幻　見諸佛如鏡中像
六度平等佛菩提　集佛功德實無盡
是佛現前立三昧　無量功德緣此生

㈡緣起正行

清淨持戒具諸行　獨處空閒如思惟
於一切處隨方所　如實憶念十方佛
如緣西方彌陀佛　爾時隨所聞當念
百千億土去西方　彼有世界名安樂
菩薩圍繞說法教　一切常念阿彌陀
了了分明終見佛　譬如人臥出夢中

見諸親眾珍寶等　悲喜相俱覺時說
追念夢事生憂喜　端坐繫念如行者
專念彼佛阿彌陀　相好、威儀、眾、說法
如聞一心續不亂　一日夜至七日夜
如先所聞具足念　必睹阿彌陀如來
於覺不見夢中見　阿陀彌佛必現前
如人夢中見本居　不知晝夜內與外
爾時眼根過諸障　幽冥黑闇不為礙
菩薩心無礙如是　正念時諸佛剎間
須彌山王鐵圍山　不能障礙眼與心
未得天眼見諸佛　無天耳聞淨法音
非神通往彼世界　在此世界生佛前
積念熏修久觀明　聞法總持受修行
出觀次第正思惟　如所見聞能廣說
修習佛現前三昧　身常住此世界中
聞彼阿彌陀如來　相續思惟次不亂
阿彌陀佛見分明　依此三昧得見佛
問答往生淨土事　阿彌陀佛語菩薩
發心求心念彌陀　正念相續自得生
往生佛知彼心念　亦即念彼能見佛

發廣大心生極樂　彌陀親教正念佛
佛身相好如金聚　放大光明具眾寶
現前說法示實相　法本不壞無壞者
五蘊四大六入觸　世間大梵悉不壞
不念如來不得佛　如是念佛空三昧
名正念佛現前定　無上正覺不退轉
諸法皆空無真實　猶夢所見本非真
如實現觀悟無生　不退轉於無上覺
菩薩聞佛隨方所　至心頂禮向彼方
比中渴仰欲見佛　如彼虛空正思惟
見佛光明淨琉璃　其形端正真金柱
如夢見自本生處　隨方念佛亦如是
如修不淨現觀成　勝觀無來亦無去
唯心所作還見心　菩薩念佛現前定
隨所念處即見佛　因緣三昧見如來
如實見佛三因緣　佛加持力三昧力
本善根熟功德力　三力明見佛前立
如以水、油、精、鏡　四物自見自面像
非先有、本無、內外　無生、無滅無去來
諸物清淨色明朗　影像自現不多功

菩薩一心欲見佛　見已即住問歡喜
自念佛從何所來　我身復到何所出
觀彼如來無來法　我身亦爾無出還
三界惟是心有現　隨彼心念自見心
我心見佛心作佛　我心是佛是如來
我心是身心見佛　心不知心不見心
心有想念成生死　心無想念即涅槃
諸法不真想緣起　所思滅能想亦空
一切菩薩摩訶薩　因此定證大菩提

㈢常行般舟三昧正行

身開常行佛立禪　避惡知識及痴人
獨處共修不求索　莊嚴道場具供養
清淨自身常行禪　三月如期懺除障
承事師長觀如佛　於師生惡定難得
不壞信心大精進　智殊勝近善知識
四法成就現前定　剎那時無世間想
三月不臥常經行　惟除便利恆法施
不求利養四大行　九十日間口恆默
身常行時無休息　隨緣方所念諸佛

如念西方阿彌陀　口誦佛名心常念
先念後誦誦念俱　先誦後念無休息
念一佛等十方佛　步步聲聲念念佛
一心惟念阿彌陀　十萬億土去西方
如彼觀經所示現　菩薩海眾會中坐
三月常念佛妙相　一一觀察見明了
如實得見三二相　觀無見頂次第明
願我成滿佛妙身　成就無上正等覺
念從心得身得佛　心得無相同幻化
身得猶如草木石　不用心得與身得
無色無相不可見　無漏無為同幻化
無可睹見無證知　亦非無證無漏故
佛身無漏心無漏　心無漏故色無漏
五陰、五法身無漏　言說諸法皆無漏
一切諸法不可得　誰能證亦不可得
如入寂定了諸法　如分別亦不分別
諸法無故本無得　何能證知與覺悟
云何度脫諸眾生　法界無法無眾生
世諦因緣示救度　諸法無所有不生
有無分別落二邊　無所住處名中道

若中若邊不可得　諸法如空本寂滅
以無處所可執著　亦無根本可斷絕
除滅根本無依處　如修佛現前三昧
見諸如來無可得　如虛空體性寂滅
諸佛五陰五法身　一切無取離生死
無取但念佛功德　佛智乃至一切智
現空三昧佛體性　如幻現觀菩提行
佛立三昧無可得　如彼夢中大遊戲
見諸如來如鏡像　如鏡明鏡自見面
如清水中見身相　如淨虛空無雲翳
明目夜觀諸星宿　法性虛空現觀照
現前觀見諸如來　東方多見諸佛等
百佛、千佛、無量佛　不假作意自現前
十方法界亦如是　如彼極樂世界中
菩薩觀佛如見鏡　如諸如來證佛眼
如是見已一切見　依三昧滿六度行
現見十方真實佛　聞所說法常修習
問答相應極歡喜　一身遍見十方佛
法界淨土悉同前　大法光明三昧王
現前勝義四念處　現觀身行不見身

觀受不見一切受　一心觀心不見心
觀諸法行不見法　諸法遠離絕心想
真如無得法無執　諸法現前涅槃相
本性清淨不能染　諸佛正念和合應
念聞正法擇菩提　不見自身不證法
不可色相得見佛　不可聲相得聞法
一切妙行無可住　現法成就大歡喜
五法成就般舟定　具甚深忍滅除盡
實無所盡無盡處　本無有亂滅諸亂
本無有垢除諸垢　本無有塵斷離塵
諸法不取無可取　法中起真大慈行
一切法中如法行　諸法不得無分別
不思不念不見聞　以如斯故滅妄想
如虛空本無形色　不可觀見無障礙
無有依止無住處　清淨無染無垢濁
如實相觀上勢力　圓滿佛智大成就
十八不共十力法　三昧王力同諸佛
具得三昧四隨喜　疾滿無上大菩提
過去當來現在佛　隨喜三昧證大覺
我願與眾共隨喜　同獲三昧證全佛

若人一心求三昧　常隨逐師不遠離
承事如佛亦如主　常念師恩恆思報
如來力持如來印　一切諸行無造作
現成無得如佛印　常行三昧大功德
一切諸佛從此出　為佛母佛眼佛父
無生無滅大悲母　皈命佛立三昧海
思惟諸佛現三昧　現在諸佛立在前
一切眾生誰非佛　豁然覺了圓頓佛
稽首全佛現前立　實相法界三昧王

六、迴向

般舟三昧佛立禪　諸佛現前立三昧
圓滿修證現迴向　願諸眾生共成佛
諸佛歡喜眾易度　少病少惱淨土圓
無生無滅菩提心　迴向法界現全佛
諸佛立前示全佛　廣大歡喜同究竟
稽首般舟三昧王　力大加持眾成就
祈願佛力三昧力　全佛眾生功德力
圓此三昧王流行　法界大明皆圓證
迴向國土極安康　眾生安樂正命長

地水火風空五難　人禍盡銷眾吉祥
大眾財寶皆豐足　世出世寶常雨注
行道菩提無退轉　一切光明大圓滿
般舟佛立前三昧　交付有緣弟子眾
全佛法界無盡燈　無間傳承不退轉

參考資料

1. 後漢·支婁迦讖譯《般舟三昧經》
2. 姚秦·鳩摩羅什譯《十住毘婆沙論》卷第十二
3. 唐·湛然述《摩訶止觀輔行傳弘決》卷二 一
4. 唐·善導撰《依觀經等明般舟三昧行道往生讚》

22 念佛三昧

簡介

念佛三昧是一切菩薩所必須修習的深行，而修行境界愈高的菩薩，愈能相續不斷的念念念佛。從原始佛教到大乘佛教，念佛法門在印度的發展是以實相念佛與觀相念佛爲主。到了大乘佛法的發展，念佛法門不只是佛弟子對佛陀的永恆懷念，亦且是菩薩道行者對自我內在生命的需求。所以念佛法門在大乘佛教的發展中，成爲重要的一支，而念佛三昧也就成爲一切菩薩所必須成就的法行。

廣義的念佛三昧，是指一切菩薩正念所持，如實憶念如來的法、報、化身功德等，如此能入究竟佛道，發起廣大福德度一切眾生。念佛三昧的究竟意義是極深密的，含藏了菩薩無限向上的憧憬，迴向於成佛菩提；依如來威神而下覆眾生，迴向一切有情；安住於摩訶般若波羅密多，迴向眞如實際。佛、法性與眾生構成了念佛三昧的眞實內容。菩薩大三昧的成就，是統攝了諸小三昧，具足眾多的前行方得成就；而念佛三昧匯集諸佛功德，也涵攝了這個特色。

念佛思想起源於原始佛教中的三念、四念、六念乃至八念、十念中的念佛法門。行者於曠野之中，心中畏懼、憶念佛陀的功德，如此於恐懼中得到解脫。在原始佛教中，佛弟子臨命終時，一心念佛，生於天上，或臨終時，一心念佛，不墮三惡道，生在天上並七返生死而得涅槃，都是從原始佛教而來的固有信仰。到大乘佛教的興起，憶佛、念佛的法門特別發達，除了對佛的永恆懷念之外，應有更深密的意義。此法門會成爲廣大菩薩修行有力的一支，有其特別的價値。

「念佛三昧修證」除了一般的持名念佛、觀相念佛、功德法身念佛，更加入了實相念佛，在實相法界體性中，實相憶念如來體性，即現成金剛三昧。

念佛三昧是不可思議的，一位菩薩行者，應當行、住、坐、臥二六時中，時時相續的念佛。

念佛三昧　修證

1996.9.21 造

一心欲見佛　不自惜身命
時我及眾僧　俱出靈鷲山

——《法華經》如來壽量品

南無　十方三世一切佛
南無　十方三世一切法
南無　十方三世一切僧

一、皈命三寶

皈命十方三世佛　常寂光明住實相
究竟寂滅無所得　體性吉祥自受用
緣起大悲無可住　不壞示現喻金剛
念佛皈命心無間　大恩德王永禮敬
稽首十方三世法　性空實相本寂體
遠離名言諸對待　中道現成不可得
成就無上正菩提　無生無滅無可壞
念法皈命心無間　法爾如法永禮敬
皈命十方三世僧　實相賢聖大寂性

無邊妙行證菩提　因道果如住實相
六度萬行圓四攝　不退究竟金剛心
念僧皈命心無間　大功德田永禮敬

二、對法眾

無邊法界諸有情　緣起無德福智悲
曠野生死大恐怖　如實念佛真安心
心怯無福少威儀　為示如法眾難聞
憍慢心卑諸惡業　念佛光觸生吉祥
念佛往生諸淨土　解脫圓滿了如性
是心作佛心是佛　無來無去無可得
發心菩薩圓般若　大悲增長菩提心
十方一切念佛人　同歸諸佛體性海
念佛增長佛菩提　無有菩薩離念佛
持名觀相念功德　實相法身最究竟
念念念佛心不斷　斯名大悲菩提人
為圓無上菩提果　法界一切念佛人

三、發心

迴向成佛大菩提　迴向有情一切眾

迴向真如圓實際　菩薩發心憶念佛
願如十方三世佛　利益一切有情眾
圓滿如實大智慧　大慈大悲悉成就
身放光明遍十方　破諸黑闇眾無明
圓具如來善名稱　相好莊嚴無比倫
一切功德法身具　實相體性無所得
十方三世有情眾　念佛圓滿悉全佛
實相體性中發心　無可得中究竟覺

四、正見

念佛三昧心圓滿　即與如來等無異
體性無妄即大覺　是心念佛心作佛
身口意淨本無染　無可得中正念佛
諸佛威力所加持　如實念佛不可得
以不可得念佛故　如幻莊嚴無相中
如來性圓如體中　念念相續自如來
念佛現成三摩地　自他佛陀亦無得
是名念佛真淨念　大空法界示全佛
一稱南無佛陀耶　皆悉圓滿成佛道
法性緣起自清淨　無礙法爾自解脫

大智念佛無可住　大悲念佛離生滅
大慈念佛大空樂　體性念佛不思議
念念念佛佛念我　佛念念我我念佛
如彼海印自相攝　相即相入不可得
全佛念佛念全佛　眾生全佛不可得
大悲現前大念佛　念佛金剛三摩地

五、修證

㈠持名念佛

菩薩以信大方便　易行疾至不退轉
能以此身住圓滿　成證無上正等覺
憶念十方諸佛陀　聞是佛名生信受
不退無上正等覺　往昔善根所出生
名稱普聞十方界　如香流布滅眾惱
光明觸身智無量　如彼十方諸如來
阿彌陀佛一切佛　現在十方淨世界
稱名憶念具妙德　本願如是稱名者
必入無上正等覺　是故常應憶念佛
過去七佛三世佛　一切諸佛悉平等
如彼普賢大願王　廣大成就難思議

持名念佛念念稱　相續不斷入等持
二六時中定念佛　念佛三昧能成就
菩薩信始淨心地　佛法因緣中決定
喜樂自在具精進　心性清淨深信力
於眾生中起悲心　了諸佛法大悲本
一心好樂佛法中　悲心增長得大悲
大悲於眾生慈心　隨所利益一切眾
念佛利益法界眾　自他受用難思議
定心持名念念佛　悲智福德力雙足
法界一相緣法界　如學般若波羅蜜
如法界緣不退壞　無礙無相不思議
身處空閒捨亂意　隨佛方所端身向
繫心一佛專持名　念此一佛念念續
念中能見三世佛　乃至十方諸如來
一行三昧自成就　念一佛德無邊量
念無量佛功德等　體性無二不思議
等無分別佛法中　皆乘一如最正覺
盡知恆沙諸如來　法界等無差別相
一念平等了諸法　頓悟自心本清淨
元無煩惱亦無漏　智性本自圓具足

此心即佛自無異　依此圓修最上乘
亦名如來清淨禪　真如三昧一行禪

㈡觀相念佛

1.觀像

行人初習觀佛像　諦觀相好了了明
先觀頂髻、眉白毫　下至於足還觀頂
一心憶持還靜處　心眼觀相心不動
繫念在相無他念　至心念佛佛念之
如意得見心觀察　得觀像定自成就
〈我亦不往像無來　心定相住故得見〉

2.觀生（應）身

如實思惟心了悟　進觀生身得見佛
觀佛安坐菩提樹　光明顯照無比倫
三十二相八十好　賢聖圍繞眾供養
如實現觀得成就　心想得住即見佛

3.觀十方佛、三世佛

憶念十方諸佛陀　隨彼方所得現觀
如觀東方廓明淨　光明相好了了然
繫念在佛無異念　現觀如實心悅然

如是更增十佛陀　明見更增百千佛
如是乃至無邊際　諸佛光明恆相接
心眼觀察得明現　迴觀四方與四隅
上下十方皆如是　端坐總觀十方佛
一念所緣周匝見　定中諸佛為說法
三世如來亦如是　一念得見諸佛陀

4.觀報身佛

明空清淨法性中　現觀莊嚴佛報身
身相廣大無量光　圓具八萬四千相
相具八萬四千佛　遍照法界難思議
觀佛無盡三昧海　無相體性現圓滿
如彼極樂實報土　無量壽佛真身觀

㈢念功德法身佛

佛慧功德難思議　具足無量不共法
觀佛功德妙法身　念佛三昧證圓滿
如來十號圓十力　四無礙智四無畏
十八不共大慈悲　四十不共百四十
五分法身恆憶念　念念諸佛妙法身

㈣實相念佛

直觀五蘊生身等　功德緣起一切相
畢竟空寂不可得　極無自性如本然
遠離二邊住中道　法爾無生亦無滅
體性無縛無解脫　無憶念故名念佛
甚深清淨心無住　心識處滅言說盡
常斷來去一異別　內外無得實相中
空無所有淨無為　婬怒癡法即實相
煩惱涅槃不可得　諸佛眾生極平等
無初無後無中間　畢竟空相無罣礙
常與大悲度一切　無可度者行眾善
全佛無得能現成　圓頓念佛本三昧
實相法界體性中　念佛三昧誰無得
念念無妄自實相　現成金剛喻三昧
廣大受用海印定　大悲出興首楞嚴
遊戲王海勤念佛　實相憶念如體性
南無諸佛本寂體　法爾圓滿實相中

六、迴向

念佛三昧大圓滿　實相如來同寂滅

如法修證大迴向　諸佛觀喜賜吉祥
淨土勝嚴少病惱　眾生易度皆成佛
願佛恆念佛子眾　圓成法界最清淨
究竟菩提咸感得　全佛念佛實相界
法界燈明念佛心　念佛三昧佛念我
佛力念佛三昧力　自善根力共迴向
國土圓淨無災障　眾生安樂行菩提
五大災難及人禍　永銷寂滅大吉祥
世出世財如泉湧　悲智菩提不退轉
念佛三昧念佛心　全佛成就心念佛
佛佛平等無盡燈　傳承永續示圓滿

參考資料

1. 東晉・瞿曇僧伽提婆譯《增壹阿含經》卷三十二
2. 姚秦・佛陀耶舍共竺佛念譯《長阿含經》卷五〈闍尼沙經〉
3. 劉宋・功德直譯《菩薩念佛三昧經》
4. 姚秦・支婁迦讖譯《般舟三昧經》
5. 姚秦・鳩摩羅什譯《十住毘婆沙論》卷九〈念佛品〉第二十
6. 姚秦・鳩摩羅什譯《坐禪三昧經》
7. 姚秦・鳩摩羅什譯《思維略要法》

8. 佛陀蜜多撰、劉宋．曇摩蜜多譯《五門禪經要用法》

延伸閱讀

1. 洪啓嵩著《念佛三昧——迅速匯集諸佛功德的法門》

23 月輪觀・阿字觀

簡介

「月輪觀」是密教禪觀的基礎，也是現起密教三摩地的極重要的根源。密教禪觀必須以無上菩提心爲基礎，而月輪觀正是密教禪觀中，現起金剛菩提心的重要基礎。

事實上，如果沒有無上菩提心，根本就不可能證入密教三摩地。而沒有無上菩提心的密教觀法，不只不應該稱爲密教禪觀，其實跟世間的道術幻觀，並沒有太大的差別。

月輪觀在中國最早是在唐代時，由印度的善無畏三藏所傳入，又稱爲淨菩提心觀。而所謂月輪即是圓滿的清淨之月，因此，月輪觀是指行者觀想自心如同圓滿清淨的月輪，圓明無垢光明周遍法界，以得證本心清淨圓滿體性的觀法。

在唐・般若譯《諸佛境界攝眞實經》卷中說：「我已見心相，清淨如月輪；離諸煩惱垢，能執所執等。」

這是菩薩修習清淨菩提心時，所見到的心相，而這心相遠離了一切煩惱的染垢，並消泯了能執與所執的對立差別，而無上的菩提心就如同清淨的月輪觀顯現了。接著，該經又說：「諸佛咸告言：汝心本如是；爲客塵所翳，不悟菩提心。汝觀淨月輪，念念而觀照；能令智明顯，得悟菩提心。」

由此可知，我們的本心，本來清淨如月輪，但是由於客塵煩惱的障翳，所以我們不能體悟如同淨月般的無上菩提心，我們現在要用月輪觀法，念念觀照，能使我們的智慧顯現，得以體悟菩提心。

另外在唐．不空譯《金剛頂瑜伽中發阿耨多羅三藐三菩提心論》中也對月輪觀有詳實的說明，論中說：「一切眾生，本有薩埵，爲貪瞋癡煩惱之所縛故。諸佛大悲，以善巧智說此甚深祕密瑜伽，令修行者，於內心中觀白月輪。由作此觀，照見本心，湛然清淨，猶如滿月，光遍虛空，無所分別。亦名覺了，亦名淨法界，亦名實相般若波羅蜜海。能含種種無量珍寶三摩地，猶如滿月潔白分明。」

由此，我們體悟眾生本具普賢大菩提心，是本有的金剛薩埵，但是卻被貪、瞋、癡等三毒煩惱所纏縛。現在因爲諸佛大悲，所以用善巧的智慧，爲我們開示這甚深的祕密瑜伽——月輪觀。因此，由於修習月輪觀法，我們能照見本心，湛然清淨，如同滿月的光明遍照虛空無所分別。

而這就是覺了開悟，也名爲淨法界，也名爲實相般若波羅蜜海。同時，月輪觀也能含攝種種的珍寶三摩地，出生一切圓滿的境界。

由以上的觀察，我們可以了知月輪觀的本質、修法與作用，應當能體悟月輪觀的重要性。也因此，心月輪所顯示的清淨菩提心，不只是重要的修法，同時諸佛本尊也都用月輪作爲光背，來顯示自身證得月輪觀成就的標幟。

月輪觀的密義深廣，自古以來，無數的經軌都不斷開示這重要法門。現說月輪觀，期使這個時代的朋友，也同樣能在圓明的無垢的月輪光中，覺悟自心的清淨菩提。

在月輪觀的基礎上，加上蓮華，本尊三者的組合，可以說是一切密教本尊觀想中的根本要素，而阿字觀是印度純密時期，最基本、最具代表性的重要觀想法門。

阿字觀是觀想印度悉曇字 𑖀（a，阿）字的修行方法，又稱爲「阿字月輪觀」、「淨菩提心觀」或「一體速疾力三昧」。

在悉曇字當中，阿（𑖀）字是五十字中的第一字。所以，密教視之爲眾聲之母、眾字之母，並認爲一切教法都是由阿字所生。

因此，在《大日經》當中稱之爲「眞言王」或「一切眞言心」，可見對「阿」字的重視程度。

另外，密教稱「阿」字是一切語言、文字的根本，含有不生、空及有等多種意義，其中最重要的是「不生」之意。

由此而稱「阿」字是萬法的本源，諸法體性的本初，眞實自體卻本然不生，是諸法實相的理體。

在此，密教將宇宙萬象都歸於「阿」字之中，認爲一切事物，就體性而言是本來不生不滅的。

所以阿字觀是以月輪觀爲基礎，再觀想「阿」字，以證得諸法本不生之理，開顯自心佛性的菩提心觀。

因此，如果修行人能純熟的修習阿字觀，就能成就無量的福智，使本具的無上菩提心蓮自然開敷，證得大日如來法身的果德，實在是即身成佛、頓證無上菩提的捷徑。

月輪觀・阿字觀　修證

1996.10.22 造

若人求佛慧　通達菩提心
父母所生身　速證大覺位

——《金剛頂瑜伽中發阿耨多羅三藐三菩提心論》

南無　大智海毘盧遮那如來
南無　阿字月輪三摩地
南無　法界密行成就賢聖眾

一、皈命三寶

皈命體性法界海　摩訶毘盧遮那佛
五智四身自圓滿　自性受用悲智德
十方廣大極變化　等流現成觀法界
光明心殿四法身　一切本初大圓滿
稽首體性光明法　菩提心王法性中
自性清淨眾生心　離瞋熱惱大清涼
離愚癡闇光明具　月輪三昧赤裸現
阿體無生本明空　圓滿眾生具全佛
南無十方密行眾　無比賢聖普賢行

安住毘盧三昧海　廣大行願離初後

吉祥聖者心月淨　明圓阿字身語意

流轉光明三密中　佛境妙行全佛生

二、對法衆

法界無邊衆有情　世出世間諸悉地

一切祈願皆成就　是故速入光明海

三毒清淨離諸惱　安住廣大菩提心

身心輕安極清淨　長劫住世持壽命

衆生愛敬極成就　隨順廣大菩提心

一切密行妙根本　六大四曼三密身

五智四身大菩提　廣大金剛道究竟

圓滿無上祕密道　全佛法界遍光明

一切大心菩提衆　當圓月輪觀・阿字觀

三、發心

普賢廣大菩提心　法爾應住恒不離

一切衆生本薩埵　貪瞋癡惱之所縛

甚深瑜伽當修習　善觀本心湛然淨

如滿月光遍虛空　無所分別自覺了

實相般若淨法界　有情悉含普賢心
大悲發心印法界　體性流出四如來
廣大發心入佛慧　通達金剛菩提心
以此父母所生身　速證全佛大覺位
金剛圓明普賢身　毘盧遮那因道果
如實法界遍光明　法界證成密嚴剎
實相體中離修證　現觀心月阿不生
菩提心、行、義、涅槃　具足方便金剛智
遍照法界何非佛　光明無得覺無上

四、正見

祕密莊嚴心寶藏　瑜伽輪圓金剛場
諸法能生所依止　萬德全歸攝實相
體用廣大性相寂　四曼十界三密相
六大真如常平等　五部、金、胎、四法王
無上瑜伽大圓滿　法界體性同寂圓
無盡全攝相即入　正見一心全佛觀
妙月淨輪離內外　方所無二本真如
胎月九重示法界　金月圓明五佛覺
廣大祕密三摩地　功德全聚勝總持

心月同如如實相　菩提心相淨滿月
心月無二同全佛　月心同寂大涅槃
如實勝觀心月輪　赤裸清淨無可染
阿字不生具萬德　萬物如生真如體
出生無邊祕妙門　如實現悟知自心
正等覺持體無初　身語意息實相阿

五、修證

㈠月輪淨菩提心觀祕誦

現前普賢心月輪　凝然無初體自生
自顯能觀本覺性　受用赤露現明空
如心大曼法然住　胸臆萬德正覺輪
普賢本初菩提心　如空妙月體性界
能生萬法自性德　不二空明法界體
諸佛祕密心中心　獨一任運本無實
廣大悲智光明會　一切言詮不思議
自性師王金剛坐　身息心如自調樂
以妙方便本覺智　如實金剛五智圓
現前本寂三摩地　眾生清淨心自性
如月飛空無所緣　如魚躍天海印現

朗然淨月大圓鏡　如當安住自心中
量同一肘自心現　當前對面非高下
量同一肘距四尺　輪圓妙相觀無厭
如赤空露澈明光　非虛非實自生顯
自色自淨月空圓　朗然明淨不思議
祕密莊嚴無等比　或現輕霧存二障
潔白清明內外澈　性自清淨色自淨
清涼寂靜法性觀　光明遍照自精研
法然明湛滿月天　圓明現觀寂然住
無間觀照自良久　開眼閉目極悅然
眼暫捨時心月現　月本淨心菩提月
心本淨月菩提心　如月如心月心如
如心如月心月同　月輪之外無心念
心念自體全月輪　非有異緣月輪現
無間流水心月明　無生月輪赤裸現
無滅妙心勝空行　無念金剛月輪住
妙湛總持法性音　自住本初普賢宮
金剛三昧不行得　散亂妙心住本然
本然心月廣大觀　沉沒心無如實照
如實月心照光明　如心妙月自當下

一肘之量妙空觀　如空明月現前住
妙引心輪法爾位　法住本然現妙心
心眼倍明不動觀　如實自生自明顯
現前清涼清淨體　自生妙顯漸廣大
二尺三尺四尺量　如實倍增更廣大
如牟尼珠現空然　一丈二丈滿室中
具滿一家一市城　分明齊顯自安住
現觀次第轉廣大　輕安寂靜清涼生
自力自然遍照觀　本寂歡喜遍法界
現滿三千世界觀　究極分明無分別
窮盡法界不思議　力重心鈍莫作意
隨順法爾顯自然　次第廣觀或斂觀
安然體相最吉祥　妙然本寂無內外
一切方圓本不生　遍周法界體性觀
如意宛轉現本然　久觀心力疲極時
隨緣自然出三昧　次第收攝漸次圓
還同本相初觀月　漸次明空赤裸點
最深祕密本寂照　唯一明點不思議
明月如實正觀照　還如一肘現明空
現生頓空現本然　本來清淨大圓滿

自性如來勝供養　普周法界心中心
淨心現躍海印月　無間流水金剛禪
密境大密甚深密　本然不坐不可得
體性究竟常瑜伽　解脫眾障三摩地
現前歡喜圓初地　五種三昧次第生
三月等引至究竟　久久純熟法性盡
現前密付具緣者　普賢如來自然證
全觀淨照果身德　妙明圓滿見全佛

㈡阿字觀體性頌

無生阿字真言王　體具一切真言心
法性究意本不生　緣起極祕法界本
體性法界同圓具　現成長阿住本空
現成胸臆體性輪　普賢心月圓滿現
無初無住法然體　赤露明空無生滅
無雲晴空滿秋月　汗栗馱心若蓮華
白蓮八瓣正開敷　本心妙華祕標幟
蓮台實相自然智　華葉大悲勝方便
台上阿（𑖀）字法然現　阿字月輪密種子
月輪阿字淨明光　阿字月輪同一體

現觀自身成阿字　阿字如實體性心
心境不二緣慮絕　月輪性淨離貪垢
清涼去瞋恚熱惱　光明現照愚癡闇
三毒淨盡離眾苦　生死自在住本然
一肘如量淨月輪　阿字妙義如實觀
法爾一切本不生　或具三義有、空、不生
本初緣起勝妙有　法無自性現前空
空有一如本無生　不生不滅常住阿
現成大日法身體　初心生死輪迴絕
行住坐臥不離阿　頓然法界體性身
或觀五義十妙義　百義眾義無量義
六塵文字十界義　法身實相真妙義
色聲文字無非阿　法然隨緣現實相
見本不生具佛智　現前如實知自心
即身成佛本不生　諸法從本不生滅
煩惱不生菩提空　一切智智現前證
法界緣起一切法　毘盧遮那法界身
十方通為一佛國　全佛法界大圓滿
究竟清淨菩提心　所對眾緣大日身
妙引心月法爾住　本然菩提阿字廣

理智清涼法界相　自生自顯自廣大
二尺三尺如四尺　漸增廣大如實觀
如牟尼寶體現空　如金剛色自性淨
一丈二丈滿室中　一家、一城大地界
盡滿虛空如力觀　究竟分明心本然
如力清涼極歡喜　遍周法界自然觀
無方無圓盡阿字　善會阿體本不生
毘盧遮那法身全　十界六道無差別
現成法界金剛宮　身土不二常寂光
行住坐臥無分別　法爾菩提大法身
廣周法界退藏密　次第廣觀行斂觀
如意自顯自法界　自然解脫大自在
法爾無縛次第收　阿字漸斂還本然
三千大千一世界　如地如城如家室
本相一肘如許大　漸密極微成空點
月密阿字如虹絲　赤裸最密最寂明
惟一明點本法性　法界當體極大空
一體速疾力三昧　普賢因果大法身
現成一肘次第現　平常安住阿字明
恆現如實空阿字　二六時中淨菩提

或觀阿字無見頂　神牛降乳壽持明
無生阿密注中脈　法界體性金剛明
不忘菩提心三昧　隨生心身自清淨
阿字聲示本不生　無初自然隨命息
不見身心因緣起　中脈智氣等大空
堅住金剛性體中　耳根清淨自耳持
六大聲響十界語　六塵文字法身相
出入如幻長阿定　發聲蓮華金剛誦
三摩地念光明誦　長壽持明阿息觀
息息阿阿無可住　無出無入大阿空
無生無滅實相阿　真如大日法界身
阿字音聲法界密　帝網重重海印定
圓頓阿字現法身　常寂光中金剛定
阿字義息相大悲　法界全同阿海印
全佛圓頓不離阿　普賢如來不行到
全圓妙果四法身　普賢法界阿不生

㈢迴向

月輪三昧阿字觀　無生修學住實相
廣大菩提如安住　如法修證大迴向

無間究竟大菩提　如淨月輪安空住
阿字妙顯無生滅　大日如來全法身
迴向毘盧遮那佛　十方如來恆喜樂
少病少惱眾易度　法界淨剎妙嚴淨
諸佛歡喜賜吉祥　恆願有情皆成佛
法界最淨如現觀　佛子菩提樂無障
究竟菩提全佛圓　圓頓一念阿月明
佛力法界自善力　修證功德普迴向
國土圓淨災障消　人民安樂住佛道
決定圓滿同金剛　六大災障人禍無
吉祥喜樂永無壞　世出世財如雨注
悲智菩提如月明　全佛恆示阿無生
佛佛平等傳承明　心月輪圓阿字觀
如彼無盡虛空星　無生無滅法爾明

參考資料

1. 唐・般若譯《諸佛境界攝真實經》卷中
2. 唐・般若譯《大乘本生心地觀經》卷八〈發菩薩提心品〉
卷十一

3. 唐・般若共牟尼室利譯《守護國界主陀羅尼經》卷二〈陀羅尼品〉卷九〈陀羅尼功德軌儀品〉
4. 唐・不空譯《金剛頂瑜伽中發阿耨多羅三藐三菩提心論》
5. 中天竺・善無畏敘《無畏三藏禪要》
6. 日本・實惠和尚記〈阿字觀用心口訣〉
7. 日本・空海大師撰《聲字實相義》

延伸閱讀

1. 洪啓嵩著《月輪觀・阿字觀——密教觀想法的重要基礎》

24 五相成身觀

簡介

五相成身觀是密法中金剛界的根本大法。透過五相次第的修行，能讓我們成證圓滿的佛身。

其實在密法中，如果不能體悟五相成身的內在理趣，並如理的修習，是無法通達眞言密教及金剛乘祕要的。

五相成身觀又稱爲五轉成身或五法成身，這個法門的基本，即建立在無上菩提心上。

當然，一切大乘佛法及密教法門，無不建立於無上菩提心上。但是五相成身觀卻不只讓我們眞實體悟無上菩提心的要旨，更能迅捷的修習菩提心，讓這菩提心成爲金剛不壞的三摩地菩提心，並依此而迅疾成就佛身，以圓滿成佛，這就是即身成佛的要道。

五相成身觀在金剛界法門中的地位，可對應於胎藏界中的五字嚴身觀（五輪成身觀），而成爲金剛界即身成佛的要道、頓證菩提的無上祕門。

如果以《金剛頂一切如來眞實攝大乘現證大教王經》

的意旨看來，五相成身觀雖然是從顯入密的正機受法修行者所運用的法門，但是直修眞言密教的行者，也不能不修習此觀法。

因此，在《金剛頂經》中記載，當修行者證入性空觀阿娑頗娜伽（無識身）三摩地時，現觀一切諸法皆空，不見自己的身心相貌，自思如何安住於眞如實際而成佛時，從定中起身問佛。這時，一切如來即異口同聲的授以五相成身觀。

五相成身觀透過：*1.* 通達菩提心，*2.* 修菩提心，*3.* 成金剛心，*4.* 證金剛身，*5.* 圓滿佛身等五個次第，而即身成佛。

在這過程中，從心到身，透過菩提心的通達與調鍊，而回證無比圓滿的自性金剛心，並以此金剛心而調鍊我們父母所生身，即身成佛道，而圓滿佛身。這眞是感恩、歡悅、清涼、喜悟的修行過程。

在一層一層的撥除根本不曾存在的無明雜染，在仔細的檢點從來不失的清淨菩提心時，我們豁然還得本心；也發覺自心體悟是本然不壞的金剛，金剛心豁然不增不減，不垢不淨、不得不失的法爾現前，原來我們的心即是金剛薩埵，即是金剛之心。

當現成體悟我們的身心是現成的金剛薩埵，就如同《金剛頂經》中所說：「金剛加金剛」，所謂本有與修生的金剛，如子母光明一般，本來圓同一味，不即不離；更如同以水加於水中一樣，豁然同體。這種喜悅，應該是如來之喜吧！眞是無所從來，也無所從去的妙樂。

現成的佛身圓滿，是本來如是的即身成佛。這時法界即是現成的金剛界，法界一切的眾生，也即是圓滿的金剛，是現前的如來吧！此時法界現前，都是全佛金剛！

五相成身觀　修證

1996.11.23 造

甚深無相法　劣慧所不堪
為應彼等故　兼存有相說

——《大日經》卷七〈真言事業品〉

南無　大智海毘盧遮那佛
南無　五相成身觀法門
南無　金剛界賢聖眾

一、皈命三寶

皈命金剛體性海　法爾本尊自瑜伽
心如菩提自圓滿　普賢廣大妙不空
光明遍照最勝王　體性圓具五智身
法身常寂金剛界　自他受用大方便
稽首體性金剛法　圓滿佛身自光明
流明密照相即入　法爾不變菩提王
廣大瑜伽金剛身　五相圓具體金剛
普賢菩提攝真實　佛身圓滿映全佛
南無金剛大行者　法界金剛難思議

以一切佛為妙身　具足勝義大方便
安住毘盧三昧海　佛境妙行普賢界
如法全佛遍照明　無上真言乘圓滿

二、對法衆

法界等流無眾生　如幻現前眾有情
無念無倒幻真妄　現成無別離迷悟
諸佛眾生無可得　惟一真實離實謬
堅住無初無可住　法爾實相如金剛
由如金剛界金剛　法界現成金剛界
如實對法眾當知　本無說法受法法
亦離本尊說體性　智身迷妄不可得
如實無相離相盡　堅住金剛大金剛
所說妙法無可住　本無有聞無可說
對法大眾本非有　現前成就亦非無
諸佛眾生不可得　現前對法眾全佛
如是金剛加金剛　如水注水無可受
受法有情全法界　本無法界無可示
豁然法界全佛眾　圓受遍照成金剛
毘盧遮那三昧海　無分別中自受用

究竟全圓毘盧佛　誰爾非遍照金剛
世出世間大究竟　疾住光明普賢海
金剛界成五相身　五相成身金剛界
通達本心修菩提　菩提心成金剛心
金剛心證金剛身　佛身圓滿金剛王
無上真言體性道　法界幻眾皆圓滿
本有修生如海印　如水注水光入光
大心菩提有情眾　圓滿五相佛金剛

三、發心

通達體性本妙心　佛性廣大菩提心
究竟法爾普賢心　清淨菩提心法界
現成體性法界心　六大四曼真如圓
菩提心王攝法界　非物非心有無情
實觀自心心菩提　菩提心觀法界圓
體性心觀離內外　究竟現觀無染淨
久住諦觀心實相　不見自心離真妄
菩提心月無染著　圓明淨涼無染淨
菩提心淨本心修　無可染著精進明
心本大心淨滿月　圓離方所無廣斂

無體無事本非月　自具福智如滿月
現成法爾恒不離　一切眾生本薩埵
貪瞋癡惱如幻縛　無可縛處示解脫
本心淨然無淨淨　赤裸現成菩提王
淨月行空普遍照　如圓大悲心本然
堅固金剛本大慈　菩提心固喻金剛
現證金剛身菩提　悉見有情成金剛
法界眾生現前身　現證全佛大覺位
金剛普賢身圓滿　無上菩提大金剛
法界有情即本尊　現成法界蓮華藏
諸佛眾生無可得　無淨淨成無可染
金剛智界金剛界　法界眾生皆如來
大悲發心遍照佛　無間相續金剛心

四、正見

本尊瑜伽本瑜伽　現成法界身金剛
佛身圓滿大圓滿　誰爾遠離大圓滿
無可遠離本究竟　渠非修證不可得
輪圓現成本法界　修生根本無修中
四曼六大不二界　金胎本界無二界

三密真如五智界　金剛界名金剛界
自灌自圓自海印　自生自顯自圓滿
自覺自證自解脫　自行自寂自金剛
自無可自法爾自　自菩提王自周遍
大慈大悲自六度　無自無他無可得
正見現成達本心　通達本心修菩提
菩提心自金剛心　金剛心自金剛身
佛身圓滿無師道　遠離因道果圓滿
金剛三昧本金剛　三昧金剛界金剛
一切有情全佛道　大金剛界全金剛

五、修證

㈠通達菩提心

佛性廣大菩提心　普賢心性法爾持
本心清淨菩提心　本然無初無所有
豁然現成普賢界　驚覺本初菩提性
心是菩提觀自心　自性清淨心真如
真實法性名自心　究竟菩提心體相
誰為尋求一切智　誰圓菩提成正覺
一切智智誰發起　自圓菩提一切智

本性清淨無可淨　亦無可染無可求
如是自心無少法　心不見心無自相
求心心所不可得　五蘊十二十八界
十八空中亦無得　法界無我無我所
心不自心心無得　如夢說心亦無得
心心所法本無生　亦無無生無可滅
法界世間一切心　內無外無中亦無
不可得見離三世　過現未來心無得
實相幻化無差別　自證悉了悉如是
心心所法本空寂　無初本然大菩提
心心所法無爾合　自覺苦樂自悟心
自覺覺他所不悟　依此立心大菩提
如實觀心本無相　如幻無得無可生
堅了法界眾無生　無可救度如本然
自性寂滅如如是　如是如幻如菩提
自性廣大圓清淨　如實觀心菩提心
大悲作用次第滿　次第無得無可證
如實通達自性心　一切眾生佛本初
全佛無得示全佛　眾生無得幻救度
如是救度一切眾　法界無增亦無減

亦無法界無可得　菩提如實觀自心
通達菩提心初位　已圓究竟當了知
眾生法爾圓成佛　次第現觀實相體
圓月輪寂體性心　無相現成具妙相
圓明月輪一肘現　自性本淨菩提觀
性空無識心三昧　法爾驚覺如來起
密示妙行等成佛　真觀自心如妙相
祕密莊嚴薄輕霧　無明二障本無障
佛地真如朦朧月　如理諦觀證大覺
無可證處本覺位　心月圓明無相輪
五相成身無得處　佛示法身心真言

唵　質多　鉢羅底馱儞　迦魯弭

Oṁ　cita　prativedhaṃ　karomi

㈡修菩提心

菩提心月如實觀　本無染淨無染心
法爾無穢具福智　自心現成如滿月
清淨皎潔無雲翳　無體無事亦非月
悲智正覺具大福　佛示發大菩提心
廣大時劫菩提行　如幻修習微塵慧

遠離煩惱眾過失　六度圓滿成福智
出生如實最妙果　無有少法可得處
無上正覺大覺位　大菩提心所出生
一切眾生本無初　本初現成究竟覺
廣大微妙菩提心　妙相現前如滿月
五十由旬圓滿輪　無雲晴空實相淨
菩提心相如淨圓　一念現成現圓觀
圓滿秋月朗然潔　心本淨識無可得
六度現成圓大心　善惡隨心諸煩惱
無為現起當體悟　淨識非染淨無穢
無始善修大福智　即月非月無體用
具智圓福滿月心　自見本淨月輪心
無垢離執現本然　心本如是佛所示
念念觀心淨月輪　無間觀照智明顯
菩提心續自法王　示大菩提心真言

唵　菩提　質多　牟膩婆馱　野弭

Oṁ　bodhi-cittam　utpāda　yāmi

㈢成金剛心

體性心月大菩提　無初阿（𑖀）字示本初

法爾無生無不生　法界等流真言心
緣起極密法界體　遠離二邊示空有
無雲晴空秋月滿　法爾菩提心月圓
白蓮八瓣本壇城　心月中蓮本然具
實相蓮台具勝悲　三摩地心如菩提
月輪蓮台阿（𑖀）字現　赤裸體性金色光
光明體立住心輪　淨光本明心菩提
實相圓滿具清涼　心息壽命本持明
阿字無生如金剛　宛轉自成五股杵

滿月五股金剛形　如實具足佛五智
菩提堅固金剛心　如淨水映水入水
法爾金剛蓮華界　普周法界廣金剛
如心一肘如緣起　如實自顯次第大
二尺三尺如四尺　如緣廣大現成淨
心自摩尼體性寶　現空實相白淨蓮
五股金剛如融金　金剛妙色淨自性
一丈二丈滿室圓　一室一城一國中
廣大地界虛空界　如力如緣心清涼
堅固不壞金剛體　海印無質能具力

空樂菩提大悲密　普周法界遍照光
遠離方所自體性　法界盡成蓮金剛
極明虹霓熾然金　如來五智第一慧
不生不滅金剛身　不壞堅固三昧耶
法界現前大日身　毘盧法界身流明
法界金杵金剛宮　常寂法身樂報身
一切時中離分別　一念究竟三昧耶
利益安樂眾有情　法界現成金剛界
自心息身周法界　我入金剛廣大界
實相究竟斂金剛　次第融密自寂然
無縛法界自然收　金剛蓮月還本然
普周法界現遍圓　次第空顯虛空界
三千大千世界齊　廣如大地如國土
如城如家一室中　一丈八尺四尺許
本相一肘漸次收　極微密成明空點
金剛虹絲蓮極空　心月摩尼最密明
惟一明點寂體性　現成金剛圓大空
體性妙心具妙德　會攝法界證金剛
一切有情常寂密　法界現成金剛界
自心息身最寂密　入我金剛體密界

入我我入如本然　次第現成如心相
蓮月金剛如一肘　安住平常三昧耶
諸佛金剛三昧定　堅固菩提心真言

唵　底瑟姹　嚩日囉

Oṁ　tiṣṭha　vajra

㈣證金剛身

金剛蓮華三昧耶　如實現成等身量
自成金剛薩埵身　頂嚴五佛智寶冠
手執金剛自法主　法界安住無可住
利益一切有情眾　我身即是祕密主
普賢薩埵金剛王　大雄無畏法界重
一切無明頓時滅　無住無別無可得
右手持杵自金剛　金剛杵舉摧無明
一切眾生障自消　自他無明如幻滅
堅固普賢身金剛　佛示如金剛真言

唵　嚩日囉　怛麼句　唅

Oṁ　vajra　tmakó　ham

㈤佛身圓滿

遍滿一切虛空界　佛身口意金剛界
一切如來悉加持　入於薩埵金剛身
以金剛名金剛界　廣大金剛界灌頂
一切如來體性眾　融入自身如海印
如鏡相映水入水　摩尼相注明空光
入我我入自三密　一切如來為自身
具三真實總成體　諸佛所證自法身
三身妙果圓自身　我身圓滿自圓滿
廣大圓滿大圓滿　具一切形妙成就
自佛妙身自性圓　現證自身自如來
現證菩提堅固身　諸佛入金剛界佛
自身金剛界如來　現證如來平等智
我身堅固如金剛　一切眾生無量壽
疾入諸佛密境界　毘盧遮那大三昧
五智寶冠自現頂　五佛跏趺示實相
身圓毘盧遮那佛　五佛智滿大吉祥
法界眾尊法流現　四身圓滿全法界
一切有情毘盧佛　現成遍照金剛尊
全佛法界大圓滿　佛身圓滿眾有情

一切時中圓滿觀　佛身明空自金剛
自性成就佛宣說　等同三世佛真言

唵　也他　薩婆　怛他誐多　薩怛他　唅

Oṁ　yathā　sarva-tāthagata　tathā　ham

五相成身全佛界　全佛圓滿金剛界
由金剛名大金剛　有情現成佛圓滿
法爾自持自加持　諸佛頂嚴自加持
究竟菩提不行到　普賢法界大圓滿

六、迴向

五相成身勝行法　毘盧遮那佛三昧
遍照光明自金剛　圓成全佛大圓滿
實相修證無可行　如法精進大迴向
通達本淨菩提心　發大菩提心妙修
如金剛心如真實　證金剛身本薩埵
現成圓滿如來身　毘盧遮那佛圓滿
遍照金剛大圓滿　眾生光明自全佛
安住圓佛不可得　無修無證本如來
迴向毘盧遮那佛　十方如來大吉祥

少病少惱眾易度　金剛法界金剛界
諸佛勝喜賜吉祥　圓具三身三真實
迴向有情咸成佛　法界如淨如現觀
佛子具力圓菩提　無障無礙圓成佛
全佛菩提一念圓　自善根力法界力
諸佛如來加持力　修證功德普迴向
國土圓淨無災障　人民安樂行菩提
六大災障人禍消　圓同遍照金剛王
吉祥歡樂喜無懼　世出世財如雨注
實相菩提心圓滿　大慈大悲大智慧
平常恒圓法界明　全佛平等勝傳承
能利法界眾成佛　安住海印三昧海

參考資料

1. 唐・不空譯《金剛頂瑜伽降三世成就極深密門》
2. 唐・不空譯《金剛頂瑜伽護摩儀軌》
3. 唐・不空撰《金剛頂瑜伽中發阿耨多羅三藐三菩提心論》
4. 唐・不空譯《金剛頂一切如來真實攝大乘現證大教王經》卷一
5. 唐・金剛智譯《略出經》卷二

延伸閱讀

1. 洪啓嵩著《五相成身觀》

25 五字嚴身觀

簡介

五字嚴身觀又稱爲五輪塔觀、五大成身觀、五輪成身觀。在密法中，視法界爲地、水、火、風、空、識等六大所成。

本禪觀是密教的眞言行者以地、水、火、風、空等五大五輪，來莊嚴建立自身，並觀察自身爲大日如來體性的行法，是密教中建立佛身、法界身的極重要觀行。

我們現觀五大的能觀之心，即是識大，而我們所觀照的五大，即是法界構成的質素。當這六大能常相應瑜伽，我們自身即現前成就五輪塔，也就是圓滿了大日如來自身。

而其中所謂的五字，是地、水、火、風、空五大，在梵字中即是阿、鑁、囕、訶、佉五字。我們在修法時，將「阿」 𑖀 字布於下身，「鑁」 𑖪𑖽 字布於臍上，「囕」 𑖨𑖽 字布於心間，「訶」 𑖮 字布於眉，「佉」 𑖏 字布於頂輪，即是成爲法界自身的地、水、火、風、空等五輪。如此修持，不只能滅除一切罪業，連天魔也無法加以障礙，終究能成就無上的果位。

因此，在《大日經》卷五的〈祕密漫荼羅品〉中說：「眞言者圓壇，先置於自體；自足而至臍，成大金剛輪；從此而至心，當思惟水輪；水輪上火輪，火輪上風輪。」

這就是要修習眞言瑜伽者，觀察自身爲地、水、火、風、空等五輪塔的修持根本。修行者以自體即爲圓壇漫荼羅，與大日如來的法界自體無二無別，所以我們直觀自身即是五大成身的五輪塔。

同樣的在《大日經》卷七的〈持誦法則品〉中說：「如前轉阿字，而成大日尊；法力所持故，與自身無異。住本尊瑜伽，加以五支分；下體及臍上，心頂與眉間，於三摩呬多，運相而安立。以依是法住，即同牟尼尊。」

由此可知，安住於深定中的五輪塔修法，即是本尊瑜伽，能令我們圓同大日如來、釋迦牟尼佛。

由以上我們了解到，五字嚴身觀是即身頓成圓滿佛身的殊勝法門，是殊勝妙機的直捷法門，利根者能依此而圓頓成就。

此法門在密教的金胎兩界大法中，是屬於《大日經》胎藏界的最根本大法，與金剛界的五相成身觀相對。二者都是修行成就的必備要門。

修行者如果能時常觀照自體即是五輪塔，其實是最幸福光明之事了。

當初始之時，我們在寂靜時觀修，直至純熟我們能夠於行、住、坐、臥當中，現觀自己是五輪塔時，我們不只會感覺到身心愈來愈輕利自在健康無病，而且與法界同體的覺受也會宛然現起，定力、智慧、悲心，也自然而然的增長了。這時，由於法力所加持，我們逐漸能體悟大日如來與我們自身無異的自覺，而此時，我們當能逐漸的成就無上菩提。

五字嚴身觀能帶給我們世間與出世間的幸福，並讓我們體悟法界平等如一，一切眾生與佛陀無二的甚深智慧。

五字嚴身觀　修證

1996.12.20 造

我一切本初　號名世所依
說法無等比　本寂無有上

——《大日經・轉字輪漫荼羅行品》

南無　大智海毘盧遮那佛
南無　五輪觀法門
南無　胎藏界賢聖眾

一、皈命三寶

皈命法界生如來　五智法身生海印
法界增身周法界　大悲胎藏生平等
大漫荼羅王自持　法界自身表化雲
本地法身大日佛　法界支分如來身
稽首平等法界藏　法界體性三摩地
一切如來一體力　悲生大漫荼羅王
本位加持還自身　相即相入六瑜伽
五字嚴身觀五輪　即身全佛本自身
南無大悲生行者　本位普賢金剛行

色心實相自身佛　輪圓一切五智眾
加持自身持金剛　光明遍照自大日
妙慧悲圓阿闍黎　如本性解演法僧

二、對法眾

本因胎藏普賢界　一切如佛全眾生
無始無明覺本初　法爾本心自無初
四大互造遍一身　如來法身遍法界
大悲胎生五輪藏　如法本因恆不離
不可得住本普賢　一切眾生即普賢
如是法眾當圓聞　覺本不生出言道
諸過得解離因緣　知空等空示大空
金剛遊戲本三昧　降伏四魔滿智句
無可得中自成佛　自身成佛自實相
自大輪圓漫荼王　自悲自智自本尊
六度四攝幻萬行　自金剛王持金剛
息增懷誅敬愛業　六大瑜伽自圓佛
五大五輪五智滿　十界現成眾心色
四漫現成圓九重　身語意德佛事業
如實灌頂全眾生　如是法眾如全佛

究竟惟一受法眾　佛佛相法即入圓
三密等持入我入　本尊瑜伽本本尊
大日如來大遊戲　說法我者聞法眾
現成大遍照金剛　毘盧遮那自加持
奮迅現身無盡藏　身語意等盡莊嚴
非大日身語意生　一切起滅不可得
大日身語意業現　處時現成說真言
示圓普賢蓮華手　執金剛者遍十方
初心即滿正覺句　眾生體空故如實
菩提心因悲根本　方便究竟成菩提
如實現知知自心　少法無得本無相
虛空菩提無知解　亦無開曉自無相
自心求心自菩提　一切智智無可得
本性清淨大幻戲　本無可得眾聞法
本然解脫金剛道　如實聞法全佛眾

三、發心

體性菩提心為因　大悲根本顯實相
方便究竟戲圓滿　心非欲界圓同性
非色無色界性同　渠非一切亦無住

性同虛空等同心　性同於心同菩提

心虛空菩提無二　悲為根本滿方便

如來法身遍法界　法界周遍如來身

六大瑜伽本三密　四漫不離自圓輪

能示莊嚴自在主　祕密王戲五智佛

發心修行菩提門　涅槃法界體性中

四身如來等法身　自性、受用、化、等流

五字嚴身大菩提　無生阿輪大瑜伽

悲水妙生智慧火　自在力大風輪禪

大空圓滿三摩地　自身實相圓成佛

法界體性等五輪　法界實相圓全佛

現成五大五智身　能了祕密心作用

如實現前菩提心　如實現行菩提心

如實現證菩提心　如實現入菩提心

如實本然菩提心　法爾現觀菩提心

無有非佛菩提心　善哉佛子佛事佛

無有一念離究竟　究竟密意念無得

五智現成大受用　大悲胎生漫荼羅

法界本佛現全佛　如水加水無增減

究竟自心發菩提　即心具成眾萬行

見心本然正等覺　證心如入大涅槃
涅槃實相無可得　發心方便大圓滿
法界體性自在力　無依自在全成佛

四、正見

一切眾生等究竟　如實毘盧遮那尊
吾身自遍法界身　諸佛亦遍法界身
本尊瑜伽本相應　法力所持無異身
六大無礙瑜伽常　四漫不離即現成
三密相應從本如　重重帝網自即身
海印相映五輪重　內外五輪法界身
六塵六根本雙運　無初如來本初身
十八界佛三密用　五智四身具十界
極平等密法界生　大悲胎藏漫荼王
虛空無垢無自性　法界自身現化雲
方便究竟菩提王　自性常空自本然
緣起甚深難思議　長恆時劫本精進
隨念現施無上果　圓示一切瑜伽行
平等法界自圓頓　正見全佛大日身

五、修證

㈠淨法界三摩地

因非作者果不生　因因自空何有果
真言密果離因業　無相三昧身證處
悉從心生法界王　自證正覺不思議
本尊瑜伽本法界　大悲胎生全金剛
法身如來大空現　自心圓明如自身
心月輪淨赤囕字　放大淨燄焚心垢
四蘊淨性自法性　頂嚴囕密焰光明
三角智火日初出　空點髻珠悲慧生
如來智火法界火　自頂法身遍至足
十字頂輪光焰滿　極無自性法界智
一切身分焚清淨　毛孔流火色蘊明
三毒深垢一切障　大小便利處淨觀
現觀自身等法界　遍照自身內外明
身心垢淨法界生　自座下遍焚赤光
大地眾垢法界垢　淨盡法界自身生

㈡金剛地輪觀

阿 𑖀 字金剛自體性　無上菩提心自心
諸法究竟本不生　自身圓壇置自體
六大體德常自在　瑜伽圓足法界王
一心安住自等引　臍下大金剛地際
大金剛輪菩提座　加持自身成自身
最勝阿字因陀羅　內外金剛等輪圓
菩提自座瑜伽座　引攝阿字第一命
能攝諸果離因業　不動堅固毀無智
善隨自意大成就　圓滿增益佛事業
行者一切常三昧　漫荼羅王大悲生
形方色黃圓地輪　阿字遍金遍照王
阿本不生大地生　能生萬物大堅固
大菩提心法界實　六度萬行萬德果
大日行者全佛行　阿本心地本菩提
菩提心植覺心種　永離眾障證大覺
大覺無生無可得　是本阿字如幻行
自行即示菩提行　金剛菩提大地輪

㈢大悲水輪觀

無礙三昧自解脫　鑁　水能淨煩惱垢
心身精進本無間　菩提萬行無散亂
性德圓海水不散　自性遠離眾言說
自臍圓輪如霧聚　秋夕素月鑁　字光
輪圓純白九重月　一切熱惱自淨銷
鑁　字雪乳商佉色　淨乳猶如珠鬘聚
水精月光遍流注　一切充滿自淨涼
等引成就自圓壇　乳酪生酥水精鬘
無量壽者大持明　除患總持成多聞
善慧普淨咸無垢　速證圓滿悉地果
寂災吉祥漫荼羅　本然離言無可得

㈣智火光輪觀

囕　字究竟勝真實　清淨六根燒業薪
六根淨障證菩提　瑜伽善修等圓證
所住三角持本心　悅意遍形赤色光
囕　字形赤初日暉　智火光明自法界
寂然周焰鬘明空　智者瑜伽成眾事
攝怨消伏眾雙邊　智火輪王具圓滿

㈤風自在力輪觀

訶 [illegible] 字第一真實性　風輪出生掃塵勞
因業果報種子長　摧壞一切證涅槃
智者善觀白毫位　眉間深青半月輪
吹動幢幡自在力　最勝訶 [illegible] 字深玄色
廣大威德現暴怒　焰轉大力等自在
安樂吉祥大降伏　住此廣大漫荼羅
成就眾事作義利　應現眾生滿眾願
不捨此身通神境　遊步大空身祕密
六根清淨開深祕　圓滿一切佛事業

㈥大空輪觀

佉 [illegible] 字究竟大空義　周遍法界等無礙
降伏一切魔軍眾　初坐菩提道場中
空大不障萬物長　凡聖依止淨穢同
諸因體性不可得　因因無性無果果
如是眾業實不生　三無自性得空智
相成一切色頂嚴　尊勝虛空空大空
諸法平等悉成就　圓輪自身自圓輪

㈦五輪五字嚴身觀

五輪現觀攝六大　平等現圓法界身
五大自身即圓壇　五字嚴身遍法界
吾遍法界身自體　法爾實相不可得
諸佛亦遍法界身　無初無相示本初
吾身遍入諸佛身　歸命諸佛即圓滿
諸佛身入吾身中　諸佛攝護密入密
身界平等法界身　現成六大自瑜伽
身語業入佛語密　自以語業讚諸佛
諸佛語密入吾身　諸佛教授真加持
十界語言法界語　現成金剛密實相
我自意業實相體　入佛意密體實相
現知佛心吾自心　以佛意密實相體
入吾意業體實相　諸佛觀照開示我
已成如來離因業　正覺圓滿三平等
平等三密遍法界　現成五輪自瑜伽
六大常恆體性圓　五智四身十界具
諸佛平等三密相　眾生本具曼荼羅
實相體中自身本　五字嚴身成法界
阿鍐嚂訶佉體中　方圓角缽大空形

一念安住本實相　相續無間本圓輪
究竟實相大事業　無盡緣起盡時空

㈧外五輪觀

我為本初自如來　平等現成一切佛
無為金剛淨五蘊　六大瑜伽常圓滿
三密大悲胎生蔓　廣大金剛圓五智
現成空界即自體　本初大日普賢尊
清界法界大空界　下方佉字遍十方
虛空不可得大空　自在周遍全法界
含容一切法界色　色色無礙自大空
空輪寶形佉字倒　如水月映法界入
相即相圓體中禪　海印三昧自圓生
空上倒鉢成風輪　深青黑色聚大風
威怒大力持十方　大風輪中倒訶字
因業法爾無可得　自在廣大方瑜伽
風輪上倒三角焰　智火圓生猛銳火
染淨不可得嚂字　赤色光中初日暉
廣大火輪體性淨　圓滿般若波羅蜜
火上水月輪九重　光輪潔淨霧聚中

清涼能降一切水　圓淨法界遍體柔
水精月倒鑁 𑖪 字乳　自性流注離言說
水月輪上金剛地　方黃顯倒金色阿 𑖀
性堅難壞本無動　力持剎塵一切國
如實相映內外輪　如體性中本海印
嚴淨佛國事如來　本來遊戲大日佛
本初佛界本初佛　圓顯法界海金剛

六、迴向

五字嚴身六大觀　本初大日體三昧
光明遍照法界王　甚深迴向大圓滿
迴向毘盧遮那佛　佛力廣大自加持
法界有情現全佛　一切毘盧遮那佛
甚深迴向全法界　內外自身圓金剛
六大瑜珈本常住　三密圓滿無錯謬
四漫即顯大日尊　金剛行滿本初體
迴向諸佛法界眾　平等全佛賜吉祥
法爾眾生皆成佛　法界即成本初界
佛子勝修五輪圓　皆成法界大金剛
以法界力諸佛力　自善根力修迴向

修證功德悉圓滿　國土清淨無災障
人民心安住菩提　六大災障人禍離
世出世財吉祥聚　勝喜空樂自無懼
堅住法界實相力　圓具大慈大悲力
廣大無比智慧力　福智圓滿皆隨喜
願此勝法傳無盡　全佛心明無盡燈
有情眾生咸成佛　圓滿大日如來尊
海印三昧自然顯　一心祈請願無盡

參考資料

1. 唐・善無畏、一行譯《大毘盧遮那成佛神變加持經》卷五〈祕密漫荼羅品第十一〉、卷一〈入真言門住心品第一〉〈入漫荼羅具緣真言品第二〉、卷三〈悉地出現品第六〉、卷七〈持誦法則品〉
2. 唐・一行記《大日經疏》卷十四
3. 唐・善無畏譯《慈氏菩薩略修愈誐念誦法》卷上
4. 日本・安然著《金剛界大法對受記》卷三
5. 日本・安然著《胎藏界大法對受記》卷一
6. 日本・覺鑁撰《五輪九字明祕密釋》

延伸閱讀

1. 洪啟嵩著《五輪塔觀——密教建立佛身的根本大法》

第三章

佛菩薩三昧

「佛菩薩三昧」，是作者從大乘三昧禪觀中，特別將其別立出來的禪觀法門。主旨乃依於「念佛三昧」的核心精神，讓學人選擇與自己有緣的佛菩薩本尊，綜攝其禪觀法門，來依止修習，迅速成就諸佛菩薩的十力、四無畏、十八不共法等廣大果德，最終圓滿成證佛菩薩的果位。

本章包括了：毘盧遮那佛三昧、釋迦牟尼佛三昧、阿彌陀佛三昧、藥師佛三昧、阿閦佛三昧、文殊菩薩三昧、觀音菩薩三昧、普賢菩薩三昧、虛空藏菩薩三昧、地藏菩薩三昧、彌勒菩薩三昧等常見的佛菩薩三昧禪觀。

26 盧遮那佛三昧

簡介

毘盧遮那佛（梵名 Vairocana，藏名 Rnam-par-snaṅ-mdsad）漢譯爲盧舍那、光明遍照、遍一切處、廣博嚴淨等名。

關於毘盧遮那佛，在《華嚴經》、《梵網經》、《觀普賢經》、《大日經》等經中所記載，不盡相同。據舊譯《華嚴經》卷二〈盧舍那佛品〉所述，盧舍那佛於無量劫海修功德成正覺，住蓮華藏莊嚴世界海，放大光明照十方，由身上諸毛孔出化身雲，演出無邊契經海。據《梵網經》記載，此盧舍那佛於百千阿僧祇劫，修行心地，成正覺，住蓮華台藏世界，化現千葉百億大小釋迦，說菩薩心地法門。而《觀普賢菩薩行法經》則說毘盧遮那身遍一切處，住於常、樂、我、淨四波羅蜜所攝成的常寂光土。

此「毘盧遮那」一語，最早出現於《雜阿含經》卷二十二的「破壞諸闇冥，光明照虛空，今毘盧遮那，清淨光明顯」，此中所指的「毘盧遮那」一詞，係「太陽」之意。其次《華嚴經》等有「盧舍那佛」之說；又《佛本行集經》、《大薩遮尼乾子所說經》、《大乘四法經》等經典卷前皆有「歸命大智海毘盧遮那佛」之語；《大乘同性經》卷下記載：「所有聲聞法，辟支佛法，菩薩法，諸佛法，如是一切諸法，皆悉流入毘盧遮那智藏大海。」其後《大日經》則以摩訶毘盧遮那為全法界的體性。

至於「毘盧遮那」的語義，據《華嚴經探玄記》卷三所述，其意為光明遍照。《大日經疏》第一所記載，毘盧遮那佛的名號具有三種意義：⑴除暗遍明義；⑵眾務成辦義；⑶光無生滅義。

毘盧遮那佛的名號，在不同的宗派詮釋之下，其譯名及意義，在佛教的各個宗派之間，用法並不統一。

如華嚴宗以「毘盧遮那」為蓮華藏世界的教主，也是含容十方諸佛，顯示超越一切眾相的佛法自身的法身佛，法相宗以「毘盧遮那」為釋迦牟尼佛的自性身；而天台宗以之為釋迦牟尼佛的法身；而密教則如同上述，奉之為眞言密教的教主。

密教稱毘盧遮那佛為摩訶毘盧遮那佛，此佛住廣大金剛法界宮，為自內眷屬說三密平等之法門，以理智二法身為其體。智法身住於實相之理，為自受用現三十七尊身，表金剛界之教主；理法身住於如如寂照之智，爲自他受用現三重曼荼羅身，表胎藏界的教主。毘盧遮那即是此理智不二之體。

祈願一切有情在毘盧遮那佛的光明中，圓成光明遍照的無上正覺。

毘盧遮那佛三昧　修證

1997.1.10 造

南無　大智海毘盧遮那佛

南無　毘盧遮那佛三昧法門

南無　法界賢聖眾

一、皈命三寶

皈命法界體性藏　最上廣博清淨藏
十身圓具三身如　自法界身自圓滿
理智實相寂照智　四法五智身現成
常寂遍照一切處　法界成身體性王
頂禮法界體性法　一切現成光明藏
諸法現前遍流注　毘盧智藏廣大海
法界體性全佛體　全佛體性法界身
平等遍照自圓明　毘盧遮那三昧門
南無法界賢聖眾　無有眾生非如來
遍成佛陀全佛眾　遍照光明等自身
現成遊戲光明王　毘盧遮那無間禪
平等如佛蓮華藏　平常是佛海印藏

二、對法眾

法界體性自現成　無性無妄顯自身
法爾流轉自明覺　遍照自體照分明
作用即性日用體　自自相生照自生
自他同異本寂滅　異同相異同不同
一切現成本遊戲　無可分別無生、佛
堅執大幻成大幻　幻幻如生不可得
如幻大生本如幻　持空執有佛眾生
無可成佛示成佛　法界體性自現成
法界即空諸眾生　現成自法對法眾
實相海眾等如佛　受用遍照光明海
自授自持說對待　一切現成無可得
廣大受用廣博淨　毘盧遮那三昧中
無緣廣大菩提心　大慈大悲不共法
光明遍照自淨滿　廣眼大藏自如來
十身自身習受用　十身如來習自身
對法自法無分別　習無分別無分別
本無分別如實相　實相自如如實相
三世十方一切處　同時炳現光明王

廣大智海藏遊戲　理智自足實相如
寂照如如大圓滿　法界體性自印成
無住吉祥本無初　一切所顯對法眾
現成全佛無不圓　全佛眾生不可得
法界所顯即密空　法界體性即現成
無性無妄即自身　現前毘盧遮那佛
絕無三時十方界　一切現成即實相

三、發心

現觀法界大平等　現成體性菩提心
圓頓現空無可得　無可堅住無可執
無有自性能作用　一切現作無可示
光明遍照菩提心　現前即發大究竟
無有次第無可依　現成毘盧遮那佛
一切毘盧遮那海　無有分別大菩提
體性圓具菩提心　離因道果示如實
心遍真如法界海　心即法界真如海
真如法界遍即心　無有錯謬勝實相
遠離三時住三世　十世真如無念具
十方現成一切眾　體即圓佛難思議

一切遍成光明王　發心實相全佛同
究竟菩提發究竟　無處不同真法界
事事無礙真發心　現成理智如金剛
一切圓同菩提心　隨緣現發無緣性
相入相即體金剛　相攝相映圓海印
不可得體真發心　毘盧遮那體性中
一切寂滅真如心　光明遍照真無礙

四、正見

毘盧遮那正見海　法界現成無謬誤
無有眾生非如來　本無眾生無可得
無法可得佛非佛　無生無滅無一異
無邊法界眾如來　非一如來異如來
如來眾生離常斷　相續頑空不可立
遠離眾相即實相　實相無得真性體
如來如去非來去　三世十方離動性
相具法界真遊戲　蓮華藏界摩尼鬘
遍照光明淨圓滿　廣博嚴淨毘盧佛
一切廣眼藏正見　身遍一切常寂光
三身即如如實相　十身遍成法界體

如來身具十身佛　廣大圓滿即全佛
金剛體性常寂滅　遍照受用光明王
無所不成示實相　蓮華藏海體性主
法界現成真體性　理智現成自平等
廣大平等無上覺　三密平等自平等
實相如如寂照智　自他受用四法身
五智法身不離初　法界印成自智體
無初無得無可證　法爾實相即正見
現成正見現前示　一切所示無可得

五、修證

毘盧遮那法界體　光明遍照自淨滿
廣博嚴淨三業滿　遍一切處常寂光
一切諸法悉流入　毘盧遮那智藏海
究極法界最高顯　光明廣眼藏如來
金剛法界遍照王　除暗遍明無分別
眾務成辦世出世　明離生滅大圓滿
無量無邊究竟佛　諸佛菩薩眼如來
諸佛菩薩最無上　法界廣博清淨藏
一切法自在牟尼　體性廣博身如來

遍照金剛法界佛　無障金剛不壞王
妙覺遍照體性尊　無初時劫修行海
供養諸佛化海眾　從本現空至無初
究竟菩提現無礙　毛孔化雲照十方
佛身遍滿自法界　普現一切眾生前
隨緣現空靡不周　赴感不動菩提坐
一一毛孔剎塵佛　剎海相攝盡無量
普周法界普賢願　毘盧遮那法海中
法界周流無不遍　現前克證如來地
普入法界轉三世　無得諸佛同法身
無依無別隨一念　見佛色形無不現
佛身常現法界滿　普現如來遍世間
法界國土微塵中　諸佛普現同虛空
法身無礙無差別　色形如影眾相現
佛身無取無生、作　應現平等如虛空
十方諸佛入毛孔　毘盧願力周法界
無邊法界眾剎海　毘盧遮那皆嚴淨
一念普現三世海　一切剎海悉現成
一一身圓一切剎　毘盧遮那自圓淨
剎海體性現成幻　如緣現空法爾成

妙寶、光明、淨光體　願力、摩尼、寶燄成
妙相莊嚴、心海生　以佛光明、普賢現
無邊法界隨體性　圓滿如空心隨證
現成法界體性海　無有一處非如來
一切毘盧遮那佛　相作相即體性同
相映相攝不思議　無可得住現成中
一心所現自如來　是心具非過、現、未
十方同心真如體　一異已離究實相
遍一切處一切眾　一切國土一切法
非至不至如來身　如來無身無可得
為眾生故示其身　是如來身第一相
本然無相不可見　如來眾生不可得
所顯即是大圓滿　一切毘盧遮那佛
法爾妙身無可住　無初無得遍光明
如來音聲遍法界　隨音現空如法解
普入法界無變異　法界出生無可生
如來心、意識無得　以智無量了佛心
虛空一切物依止　自無所依虛空性
如來智慧亦如是　為諸智依自無依
一切世間如來境　三世、剎、法、眾生境

真如無差別境界　法界無障空無分
實際無邊際境界　無境界境如來境
一切智海大願生　本無可得無可證
無礙真如如來行　如法界來性寂滅
如法界去無分別　示現遊行眾法界
如來圓成等正覺　於一切義無觀察
諸法平等無疑惑　無二無相無行止
無量無際離二邊　安住中道出一切
一念中知一切法　平等現空印法界
一切如來正等身　清淨三輪示體性
如來正覺普遍觀　自身普見眾成佛
一切眾生入涅槃　皆同一性自無性
無相、無盡、無生滅　無我非我無眾生
無非眾生無菩提　無法界無虛空性
亦復無成正覺性　諸法無性得佛智
大悲相續度眾生　虛空無生無增減
諸佛菩提亦如是　若成正覺不正覺
自無增減自體性　菩提無相無非相
自心念念佛正覺　不離此心成正覺
實如自心眾如是　悉有如來成正覺

廣大周遍無不有　不離不斷無休息
法界自入法界中　體性自成體性同
一切現入一切劫　一切劫入一劫中
一剎自入一切剎　一切剎入一剎同
一法入於一切法　一切法入一法體
一眾生入一切眾　一切眾入一眾生
一佛自入一切佛　一切佛入一如來
五事相涉自實相　平等平等無礙入
諸法常爾唯一法　一切無礙出生死
一切佛身一法身　一心一智力無畏
如水相入如海印　相即相映自圓滿
相攝同性廣大緣　本然無實實相中
如來藏界如法界　通別體性自無別
全佛毘盧遮那佛　現成即是無分別
遠離一切身分別　住於平等法界身
眾生、國土、業報身　聲聞、獨覺、菩薩身
如來、智、法、虛空身　十身現成大圓滿
自眾生身為自身　自國土、業、虛空身
國土自身亦如是　隨眾生心示圓滿
融三世間十身具　圓滿現成法界身

菩提、願、化、力持身　相好莊嚴、威勢身
意生、福德、法、智身　行境十佛如來示
正覺、願佛業報佛　住持、化佛法界佛
心佛三昧佛性佛　如意佛圓自體性
真如法界實際性　理事實相自無礙
法界現觀法界門　法界自圓法界體
法界緣起一乘際　本來究竟離修造
依體起用自性起　起即不起不起起
法界自身蓮華藏　法爾如來毘盧佛
光明遍照王如來　大日常住滿虛空
無始無終無生滅　寂照俱時無增減
法界體性實自身　廣大金剛法界宮
三密平等自宣說　理智二身即自體
金剛界尊圓五智　五相成身如金剛
智法身住實相理　自受用現三七尊
廣大無邊金剛界　無盡一性自同尊
五智本如法爾現　法界無盡大乳海
大蓮花王金剛莖　遍周法界眾莊嚴
寶樓師座淨滿月　妙白蓮華鑁字門
如實誓句三昧耶　廣大塔婆真如形

放大光明照法界　毘盧遮那法界尊
身如滿月五佛冠　天衣妙垂瓔珞身
光明普照智拳印　菩薩眷屬自性成
一切如來大集會　毘盧遮那三摩地
體性出生法界體　金剛界自金剛界
六大瑜伽胎藏界　毘盧遮那理法身
安住如如寂照智　自他受用三重壇
蓮華法界周法界　白蓮花上阿字門
三昧耶現嚴塔婆　身如融金莊嚴身
首戴髮髻如寶冠　天妙衣嚴大光明
理智不二大日體　二法身圓竟不離
五分法身五智身　三身圓滿四法身
一切眾身毘盧佛　廣大圓滿即究竟
毘盧遮那佛三昧　眾生全佛無可謬
有情無情同法界　體性現成遍照王
一切大毘盧遮那　現觀全佛全體性
如實相應大三昧　無初無後自同尊
所謂實相大圓滿　廣大法界一切眾
不可得中全成佛　圓示毘盧遮那佛
無間遍照三摩地　金剛海印圓全佛

圓頓現前離修證　相續實相法爾中

六、迴向

毘盧遮那三昧法　究竟實相眾成佛
如來十身如實現　無有眾生不成佛
無初菩提心金剛　不可壞中圓究竟
全佛廣大圓滿境　體性迴向體性中
法界體性修持法　出生一切離一切
毘盧遮那佛全滿　遍照光明自全佛
無修無證自如來　無佛如來無眾生
體性本具大迴向　毘盧迴向毘盧佛
少病少惱眾易度　法界全體法界體
三身圓具四法身　五智如來自成身
全佛菩提無可得　修證功德欣迴向
國土吉祥淨無災　人民歡樂證菩提
所行吉祥大圓滿　毘盧遮那三昧行
一切災障不可得　普同遍照王金剛
平常毘盧遮那佛　法界平等全佛等
傳承平等極平常　法界寂靜大圓滿

參考資料

1. 唐・實叉難陀譯《大方廣佛華嚴經》〈如來現相品〉

2. 唐・善無畏、一行譯《大日經》卷一〈住心品〉、卷七〈增益守護清淨行品〉

3. 唐・不空譯《金剛頂瑜伽略述三十七尊心要》

4. 唐・般若譯《大乘理趣六波羅蜜經》卷二

5. 唐・般若共牟尼室利譯《守護國界主陀羅尼經》卷五

27 釋迦牟尼佛三昧

簡介

釋迦牟尼（梵名Sākya-muni-buddha）是佛教教主，約在公元前五百餘年，出生於北印度的迦毗羅衛城（在今之尼泊爾南境），爲該城城主淨飯王的太子。姓喬答摩（Gautama），名悉達多（梵Siddhārtha，巴Siddhattha）。成道後，被尊稱爲「釋迦牟尼」，意思是「釋迦族的賢人」。

他在誕生時，自行七步而唱言：「天上天下，唯我爲尊；三界皆苦，吾當安之。」（出自《修行本起經》）這是一個無上光明的宣言，這世界充滿苦難與不安，生命充滿難以擺脫的煩惱、痛苦，但佛陀有自信爲人間帶來光明，有自信引領迷盲的眾生到達解脫的彼岸。此處他擺脫了超越意識（如神）的追求，也就是不依附於一個有力的強權之下，而落實歸入自心的追求，使自身圓滿，也肯定一切眾生終將成佛。

佛陀在二千五百年前誕生於印度時，雖然以王子之尊一直享受著人間至樂，但他諦視生命界時，卻看到了弱肉強食的眞相。四門遊視時，因見著老死苦楚，感受到生命的苦痛，不能解脫，故他捨棄了王室的奢華，而選擇了徹底出離的解脫之路。在六年的苦行中，日食一麻一粟，最後在摩竭陀國的菩提伽耶菩提樹下，結跏趺坐，發大誓願：「我今若不證無上大菩提，寧可碎是身，終不起此座。」

在四十九日當中，他終於降伏一切障難。在曉星初起時，廓然大悟，得無上正眞之道，成爲人間佛陀。

佛陀在初轉法輪時，演說了四聖諦及八正道等法要，指示弟子如何觀照生命與宇宙的實相，並遠離愛欲及苦行二邊，實行中道。

釋尊一生的弘法生涯，大約有四十餘年，最後在世壽八十歲時，於拘尸那羅入於涅槃。

他以無比的悲智願行，爲眾生提出中正、和平的解脫途徑，導以正法，齊以律行，爲眾生樹立起自覺覺他的偉大典範。

「佛法在世間，不離世間覺；離世覓菩提，恰如求兔角。」佛陀不是法的創造者，而是完全覺悟法的人。他不是所謂的「道成肉身」，而是「肉身成道」，是依緣起法而成佛，因地不斷的修行六波羅蜜而圓滿佛果，這完全是人間性的，是世人能走的平常道路，讓人深信，只要自己不斷的努力，也能解脫成為圓滿覺悟的佛陀。

釋迦牟尼佛三昧　修證

1997.2.21 造

我行無師保　志一無等侶
積一行得佛　自然通聖道

——《大智度論》〈釋初品中〉「如是我聞，一時」

諸佛微妙法　今已得總持
無壞無傾動　無修成大覺

南無　本師釋迦牟尼佛
南無　法界無盡三昧海
南無　釋迦海會賢聖眾

一、皈命三寶

皈命大悲佛世尊　法界體性常寂光
自他受用極圓滿　如水映月法性王
身本法界三身圓　四、五法身妙難思
無量劫修大菩提　三界慈父釋迦文
禮敬金剛三昧海　體性海印大受用
大悲首楞嚴三昧　無量三昧常寂滅
寶處三昧如意王　遍流法界體性海

大悲全佛大願力　全佛大悲三昧門
南無法界眾賢聖　釋迦海會大悲者
平等教化眾有情　圓滿成佛勝法界
釋尊光明遍總持　無有眾生非佛陀
全佛法界滿佛願　如來所生無能勝

二、對法眾

釋尊大悲度眾生　五乘妙法度有情
善願人天流淨光　二乘解脫覺有情
法界無邊一切眾　能入廣大佛大海
普門無門入者是　大悲度眾不涅槃
無邊眾相惟示現　惟一法乘惟佛乘
因果一如悟全佛　全佛同乘惟真實
三皈五戒十善法　戒定慧學示解脫
五門禪法對治眾　四諦三十七道品
十二因緣眾妙法　一切菩薩勝三昧
悉入如來廣大禪　無有一法離正覺
無邊眾生悉能度　無盡煩惱悉能斷
無量法門悉能示　無上佛道眾皆成
緣起大悲無盡力　體性無際無障礙

能度無量幻有情　無佛眾生深迷執
法界無初不可得　如幻有情幻無盡
無盡如幻煩惱習　無牢堅執如錯謬
如欲破冰滅智火　顛倒夢想妄如實
無邊有情對法眾　貪瞋癡慢疑嫉眾
一切幻毒入化心　幻化毒心幻有情
不體法界真實相　分別真妄入真際
本然解脫住解脫　無悲無力無精進
善發廣大菩提心　漸頓圓證本大覺
乃至初心悟全佛　無可得中了佛願
廣大法界幻有情　能仁法中對法眾
說法法眾悉現空　空亦無得空不空
大悲全佛對法眾　稽首佛恩見實相

三、發心

法界大悲極平等　能普遍施一切法
眾生圓滿咸成佛　不住妄想證大覺
法爾體性無差別　無初中後離三世
本然平等無錯謬　不可得中本寂滅
甚深緣起不思議　如實現成全法界

本願精進極究竟　大慈大悲勝菩提
平等法界無差別　無量劫來修菩提
從初發心等正覺　一切無礙法爾中
初心成就大悲海　無量名稱遍法界
成就一切大悲幢　乃至無上正等覺
於諸不淨穢世界　種種難行波羅蜜
捨諸淨土而成佛　五百誓願難思議
究竟一乘大悲王　能體法界大中道
深悟菩薩四懈怠　取淨世界調伏善
不說二乘壽無量　懈怠菩薩譬餘華
願取不淨諸世界　不淨人中施佛事
成佛善說三乘法　成佛壽命不長短
四法精進大菩薩　勝大丈夫分陀利
平等體性圓滿中　發心精勤行究竟
無可得中大悲海　徹見全佛大願王
法界諸佛悲總持　無緣大悲法界王
體性究極平等者　隨緣示現法界性
無修無證示成佛　久遠實成始正覺
無邊法海穢佛剎　乃至淨剎法界海
常寂光體寂滅剎　隨因緣示法爾成

無邊廣大菩提海　真如遊戲本圓頓
深悟能仁大悲王　法界如來眾全佛
不可堅持眾有情　十方剎土分淨穢
如實現空惟無緣　大慈大悲入佛心

四、正見

平等法界無分別　諸佛眾生不可得
乃至法界無可住　甚深寂滅法性體
緣起差別如眾相　釋尊無緣大悲中
明了教化無可示　如幻眾生度成佛
開示悟入佛知見　惟一因緣大事現
法界寂滅無別佛　如實相性無眾生
法身如來非一異　常寂法界無內外
法爾眾生無可度　實相現觀無緣慈
大慈大悲化幻眾　無可得法證大覺
體性寂滅無別義　緣起方便無邊門
正信皈依正趣入　正見聞法修正命
諸惡莫作善奉行　自淨其意諸佛教
三皈五戒行十善　業報因果正如實
一切無常受皆苦　厭離此生趣解脫

聲聞教乘三法印　諸行無常法無我
時空因緣寂滅壞　一心涅槃正寂靜
生老病死四諦觀　五蘊現離無後有
緣起生滅緣覺道　現觀立斷覺迷悟
身識相續十二支　如鉤藤纏根斷離
戒定慧學八正道　三十七品正覺受
如來幻教涅槃地　二乘行人住幻城
清淨真覺無動搖　未體無二如來地
大悲發心誓願鎧　如來示現本行位
開示悟入佛知見　咸令眾生皆成佛
無有眾生不正覺　是為如來真實道
法界究竟惟佛乘　體性寂滅無可得
大悲如幻極正見　緣起性空無可住
如實正見大菩提　大悲行人不涅槃
法界正觀惟全佛　十力十八不共法
大慈大悲四無畏　十號具足三不護
十八事圓住淨土　究竟圓滿喻金剛
一切有情現全佛　大悲現觀極究竟
無本無初具妙德　廣大圓頓大正見

五、修證

本然寂滅不可得　無初中後離因緣
法界體性大悲主　久遠實成本師佛
隨緣示現發菩提　長劫修行難思議
精進現前始正覺　教化法界眾成佛
深憶傳承廣大海　大悲常現不涅槃
念佛憶恩勝因緣　南無釋迦牟尼佛
如來、應供、正遍知　明行具足與善逝
世間解暨無上士　調御丈夫、天人師
具足十號佛世尊　娑婆世界諸世間
如來種種身、名號　色相、修短與壽量
處所、諸根、諸生處　種種語業與觀察
令諸眾生各知見　以妙因緣廣示現
釋迦牟尼諸名號　廣博難思不可量
一切義成、圓滿月　毘盧遮那、師子吼
導師、最勝、大沙門　無邊名號隨緣起
體性寂滅無可得　常住大悲不涅槃
隨入牟尼體性海　大悲海流大菩提
本因妙修如實際　恩德廣被法界王

本生勝緣現觀照　一念總持體無二
如彼本願隨順發　無邊妙行隨順修
無上佛果隨順證　隨順無上佛菩提
諦觀佛陀菩提行　一心總攝無別念
護明菩薩示後身　兜率下天託胎藏
出生出家示降魔　成道示轉大法輪
現成無滅入涅槃　八相成道觀如來
如實行住坐臥中　平等現前自實相
如佛示現同體應　相攝相映自如來
現觀思惟無可得　如水印月自合身
佛住菩提金剛座　光明遍照法界尊
三十二相八十好　法界賢聖共圍繞
如水入水無分別　平等受用法界身
十方三世諸佛陀　如彼夜空繁星現
佛如明月處虛空　無際明星自化現
法界無邊諸佛陀　如明空鍊極金剛
三世十方同炳現　一體釋迦牟尼佛
如海相映恆不離　同空幻空本無際
真實無得體性海　大悲流注極明顯
自身如來映如來　一切如來體中現

如大海印極空妙　無實廣大獨任運
微妙難思無念得　如得無得無可得
一切如來影自身　自身法界如來身
緣起現成觀極密　自身輪圍脈中佛
身顯極空如虹現　如日普照水精明
無質堅固益明顯　實相現成無可得
自憶佛恩念加持　佛力法界自善力
密輪體性誕生佛　臍輪苦修大功德
心伏降魔最勝尊　法輪常轉說法輪
眉心安住法界定　頂髻涅槃住寂滅
無畏妙施恆空注　無間加持入佛位
自身中脈即如來　常寂光佛寂常照
大悲智慧雙脈滿　七輪常現佛至尊
體空常密六瑜伽　自他受用大樂身
大悲常示首楞嚴　行住坐臥惟四曼
身語意行大功德　諸佛事業恆總持
三身現圓無次第　法界體性現成佛
明空現前法性海　莊嚴報身遍照光
無盡廣大三昧海　諸佛海印圓實相
功德法身無邊際　無量不共法具足

十力十八不共法　四無所畏三不護
大慈大悲最究竟　百四十法難思議
四身五身佛十身　一切功德佛身滿
實相佛身大中道　無住現觀無可得
無可得中惟實相　實相釋尊不思議
法爾如來大成就　遠離一切因道果
法界眾生皆能仁　深憶佛恩真現觀
一心憶念釋迦佛　法住法位常實相
久遠實成無生滅　平等大事因緣性
法界釋迦曼陀羅　無邊靈山法界海
現成如實釋迦佛　何必現觀成如來
究竟圓頓是全佛　無庸商議眾成佛
釋迦本心赤裸顯　隨順如實佛真子
法界體性恆如是　無有眾生不成佛
亦無佛眾生可得　如是真誠大精進
六度萬行能仁尊　我成能仁當隨順
大悲發心恆不退　無間精進無得中
隨順釋迦大三昧　行住坐臥釋迦佛
法海釋迦體法界　眾生同圓能仁尊

六、迴向

釋迦如來三昧法　承恩受用精進持
體悟法界眾成佛　現觀無非釋迦佛
大悲心王菩提主　隨順修證全迴向
法界迴向法界海　幻眾成佛無可得
無邊大願勝妙行　我願迴向同釋尊
如一眾生未成佛　誓於法界不涅槃
迴向釋迦願圓滿　法界淨土恆顯現
攝彼念佛釋迦人　能住法界同成佛
眾生易度少病惱　菩提事業咸成就
法界眾生大圓滿　三身圓滿四法身
諸佛五智恆現成　全佛法界惟實相
迴向釋迦三昧行　一切無障圓福慧
有力同圓佛菩提　能使一切眾成佛
修證功德勝迴向　國土安樂大吉祥
無災無難恆清淨　一心同行菩提道
釋迦如來三昧海　傳承永續無盡燈
直至眾生咸成佛　常寂法界大圓滿

參考資料

1. 劉宋・求那跋陀羅譯《雜阿含經》卷二十八
2. 東晉・瞿曇僧伽提婆譯《增一阿含經》卷四十三
3. 宋・施護等譯《佛十力經》
4. 姚秦・鳩摩羅什譯《大品般若經》卷五
5. 北涼・曇無讖譯《悲華經》卷六、卷七
6. 姚秦・鳩摩羅什譯《妙法蓮華經》卷五
7. 唐・義淨譯《金光明最勝王經》卷一
8. 龍樹菩薩造、姚秦・鳩摩羅什譯《大智度論》卷二十六
9. 五百大阿羅漢等造、唐・玄奘譯《大毘婆娑論》
10. 彌勒菩薩說、唐・玄奘譯《瑜伽師地論》卷四十九、五十
11. 天親菩薩造、後魏・菩提流支等譯《十地經論》卷三
12. 彌勒菩薩說、唐・玄奘譯《顯密二教論》卷下
13. 日本・空海撰《即身成佛義》
14. 隋・智顗說《法華玄論》卷第九
15. 日本・覺禪著《覺禪鈔》(釋迦如來法)
16. 日本・亮尊著《白寶口抄》卷九、卷十
17. 日本・亮尊著《白寶口抄》(釋迦法雜集)

延伸閱讀

1. 洪啓嵩著〈實用佛經修持法門〉系列

2. 洪啓嵩著《諸佛的淨土》

3. 洪啓嵩著《入佛之門——佛法在現代的應用智慧》

4. 全佛出版《釋迦牟尼佛——人間守護主》

28 阿彌陀佛三昧

簡介

阿彌陀佛梵名爲 Amita-buddha，或是 Amitābla 或 Amitāyus，代表著無量光明、無量壽命，所以又名爲無量光佛或無量壽佛。如《佛說無量清淨平等覺經》中說：「阿彌陀佛光明最尊、第一、無比，諸佛光明所不及也。……諸佛光明中之極明也……諸佛中之王也。」

阿彌陀佛是西方極樂世界的教主，他以觀世音菩薩與大勢至菩薩爲脅侍，在極樂淨土實踐教化眾生、接引有情的偉大悲願。

依據康僧鎧所譯《佛說無量壽經》記載，在過去久遠不可思議無央數劫之前，有世自在王佛（Lokeśvara-rāja 樓夷亘羅）出世說法，那時的轉輪聖王發心出家，名爲法藏（Dharmākara 曇摩迦）比丘。法藏比丘發起菩提大願，修習菩薩道而成佛，他的根本大願，就是希望在十方佛土中，示現最殊勝、最莊嚴的淨土，在十方無量無數的諸佛之中，最爲第一。

在支謙譯的《佛說阿彌陀經》中說：「前世宿命求道，爲菩薩時所願功德，各自有大小；至其然後作佛時，各自得之，是故令光明轉不同等。諸佛威神同等爾，自在意所欲作爲，不豫計。」這表示了諸佛的威神是平等齊一的；一切作爲不用尋思分別，自然無功用成辦一切佛事。

但是，諸佛的身量、壽量、國土、光明，會隨著因地中願的不同，而有大小之差異。法藏比丘就在這種立場中，發願要使其淨土最勝、最妙，光明最爲第一。如經上所言：「阿彌陀佛光明最尊、第一、無比，諸佛光明皆所不及也。……諸佛光明中之極明也……諸佛中之王也。」

法藏比丘發願要成就最勝妙的佛土，於是世自在王佛乃爲他宣說了二百一十億個諸佛妙土，給他參考；法藏比丘就以這些佛土爲資料，選擇這些佛土的勝妙之處，構築了自己淨土的藍圖。法藏比丘發此勝願，經無量無數劫修學六波羅蜜，終於圓滿成佛，稱爲阿彌陀佛。

阿彌陀佛所發的願，於各經中有二十四願、三十六願及四十八願的說法。這些之所以不同的原因，是因爲有的是兩個願結合在一起，有的是分開來的，所以才會產生差異；而就其內容，其實是大同小異的。現以《佛說無量壽經》來講，其中有三個大願是：

「設我得佛，十方眾生，至心信樂欲生我國，乃至十念；若不生者，不取正覺！唯除五逆、誹謗正法。」

「設我得佛，十方眾生發菩提心，修諸功德，至心發願欲生我國，臨壽終時，假令不與大眾圍遶現其人前者，不取正覺！」

「設我得佛，十方眾生聞我名號，繫念我國，植諸德本，至心迴向欲生我國；不果遂者，不取正覺！」

基於這三個弘偉的誓願；因此，在阿彌陀佛成佛之後，任何人只要具足信願行，如法念佛，一定能得到阿彌陀佛的接引，而往生真善美聖的極樂蓮邦！

本講首先闡明阿彌陀佛三昧之心髓，在修持法中除了念佛三昧之修證外，更加上阿彌陀佛瑜伽次第別行修法，現觀阿彌陀如來，成就平常是佛、現成如來。

阿彌陀佛三昧　修證

1997.3.15 造

一念阿彌陀　即是阿彌陀
現前無量光　圓成無量壽

所謂阿彌陀　現成無量光
憶念阿彌陀　無修無可證
無畏念佛者　即阿彌陀佛

南無　西方極樂世界阿彌陀佛
南無　阿彌陀佛三昧法門
南無　極樂世界賢聖眾

一、皈命三寶

皈命常寂明空身　法界體性無量光
無量壽命恆持明　自他極樂大受用
方便變化如等流　四身妙土阿彌陀
一切如來語金剛　如法界身如實相
稽首法界體性法　法爾本寂無量光
法盡身密無量壽　明空大樂持明虹

大慈遍滿無緣住　圓滿全佛全法界
阿彌陀佛大三昧　一切眾生阿彌陀
南無蓮華法界海　極樂世界賢聖眾
無緣大慈遍法界　救度眾生至成佛
盡攝皈命生安養　無間圓成四八願
同彼有情共成佛　無量光明無量壽

二、對法衆

法門廣大無邊際　盡攝法界念佛人
三根普被無不周　大慈大悲度眾生
有緣無緣一切眾　無量光明遍注照
教化成就無量壽　圓同如來正等覺
上智下愚無分別　極惡極善極平等
法界體性如來同　緣起深祕極平等
眾生悲哀集眾苦　未了極樂真實性
大明空樂法界身　大寶輪迴生幻苦
自身阿彌陀如來　大慈大悲真實力
未悟不知本無初　如幻悲苦盡哀愁
依彼法爾無得中　緣起三毒諸苦難
故說極樂微妙法　平等受用不可得

無量光明照幽闇　無量壽斷生死輪
四土圓生國極樂　一切眾生盡佛陀
五逆有情極惡眾　上中下眾九品等
大慈大悲諸菩薩　同住安養佛淨剎
法界無邊眾有情　皈命阿彌陀佛禪

三、發心

㈠信

深信眾生皆如來　法界阿彌陀全佛

㈡願

四八大願如實發　一切眾生阿彌陀

㈢行

法爾無二同心幻　無生無滅圓佛行

㈣智

現成法界大智海　全佛阿彌陀如來

㈤實相

阿彌陀佛法界身　遍入眾生心想中
吾等心想憶念佛　是心即是卅二相
八十隨好自圓滿　是心作佛是心佛
正遍知海從心生　一心繫念觀彼佛
心佛眾生無差別　現成實相不可得
是故真發菩提心　亦無菩提可得者
如彼阿彌陀發心　自具圓滿阿彌陀
一切眾生阿彌陀　全佛發心惟究竟
發心全佛不可得　緣起理具緣生密
如彼鏡相無緣悲　具力無量阿彌陀
從本無初阿彌陀　無量光明無量壽

四、祈請

如實大寶無盡鬘　阿彌陀佛微妙法

五、正見

阿彌陀佛無來去　如實現觀不可得
法爾實相大般若　出生諸佛無可住
無生無滅度眾生　無來無去現成佛

無一無異示妙相　不常不斷大悲王
緣彼幻苦諸眾生　現極樂見大明空
如實出離本無住　示離娑婆惡世苦
極樂淨土不思議　一心安住無量光
一心現成無量壽　具世戒圓三福行
依彼無住行菩提　無可得故行眾善
依大菩提正覺見　修行果地同圓滿
正見大慈悲佛心　悟入阿彌陀佛見
大空智見故圓滿　現前阿彌陀如來
法界眾生無量光　無量壽命惟實相
正見全佛阿彌陀　惟一正見無可得

六、修證

㈠念佛三昧

阿彌陀佛大三昧　一心念佛阿彌陀
不斷念佛阿彌陀　體性念佛阿彌陀
法界念佛阿彌陀　同體念佛阿彌陀
阿彌陀念阿彌陀　無量光明無量壽
持名念佛初相應　豁然體悟無本初
法爾隨緣不變持　一切音聲阿彌陀

觀相如緣如實相　如幻無得空能觀
緣起相應法性等　現觀法界阿彌陀
阿彌陀佛真妙相　遍入有情眾心想
吾等憶念非憶念　現心是佛阿彌陀
三十二相八十好　是心所作自彌陀
是心是佛生彌陀　正遍知海如心生
法爾平等不可得　實相體生妙緣起
一心諦觀阿彌陀　開目閉目阿彌陀
觀經彌陀次第現　寶像妙金具妙相
圓觀阿彌陀如來　豁然現成極樂界
如觀掌中妙明鏡　莊嚴佛土了分明
觀音勢至眾賢聖　如虹光漩明空身
六根現前最極樂　無間流水阿彌陀
阿彌陀佛身金色　相好光明無等倫
白毫宛轉五須彌　紺目澄清四大海
六十萬億那由他　恆沙由旬妙佛身
毛孔光明如空鍊　圓照百億大千界
化佛無量百千億　化菩薩眾無邊計
八萬四千妙好相　各具八萬四千好
相好光明無等比　遍照法界念佛者

盡攝眾生會極樂　圓滿大願咸成佛
緣起法性無量光　阿彌陀佛三昧圓
法界諸佛如星現　緣生隨順阿彌陀
十方三世諸如來　如海印現難思議
無量光佛自幻化　一心皈命涅槃城
阿彌陀佛三昧海　法界藏處大光明
十八圓滿真實相　四土莊嚴最勝身
彌陀功德難思議　具足無量不共法
十力圓滿佛十號　四無礙智四無畏
二身三身四、五身　六身十身無盡身
三種不護大慈悲　百四十法不可得
究竟佛身如法界　常寂光中大自在
實相妙身阿彌陀　直觀現成一切相
畢竟寂滅無可得　法爾本然無自性
廣大中道自實相　本無解脫自解脫
本然無佛示如來　無涅槃處現涅槃
一切平等無初後　無無可盡無法界
頓念彌陀如法爾　三世十方不可得
不可得中佛三昧　念佛是誰無可得
實相一如惟實相　圓頓妙成具方便

㈡瑜伽次第別行

1.實相頓空

大慈大悲大圓滿　大空大明大智海
實相頓空法爾現　無緣大慈攝一切
全體法界全體現　次第現銷即現成
離諸造作不用見　體性清淨常寂空
廣大極樂無上界　觀音勢至眾賢聖
如彼融金融自身　如漩金鍊入佛身
阿彌陀佛融赤金　次第密明化明空
頭手足指會中脈　惟一明點如本然
無初無示如自真　無有錯謬無淨穢
大空明照無量光　如密緣生無量壽
永寂如空如鏡相　如水月印如海印

2.阿彌陀如來瑜伽觀

體性自生訖利 字　幻變金色孔雀王
孔雀上具訖利密　轉成本淨蓮花台
蓮台上亦梵訖利　現成圓明月輪體
月輪上具訖利字　幻成獨股金剛杵
圓成阿彌陀如來　法界定印住總持
身色光明紅頗梨　千百億日透空明

遍照法界蓮華界　相好莊嚴最勝身
南無阿彌陀如來　南無甘露王如來
南無觀自在如來　南無清淨大金剛
南無大悲金剛王　南無持壽命金剛
現觀自身阿彌陀　佛入我身即成就
三密現成不相違　法性緣起密成就
現成彌陀即自身　遍入法界成彌陀
我入彌陀圓自身　法界體性清淨佛
如我現成阿彌陀　無間相續阿彌陀
如海印空阿彌陀　無時不現阿彌陀
無可得故阿彌陀　行住坐臥阿彌陀
體性緣起阿彌陀　現成阿彌陀如來
自身幻空如明網　如金剛鍊空無實
明顯堅固如月精　纖毫極明阿彌陀
內外密明阿彌陀　相續無間阿彌陀
十方三世阿彌陀　法界一如阿彌陀
三昧耶身阿彌陀　四八誓句阿彌陀
無可得故阿彌陀　阿彌陀故阿彌陀
空中脈生實相佛　無量光明遍照佛
究竟明空法爾佛　不可得中示成佛

輪脈現成阿彌陀　身語意功德事業
頂、喉、心、臍、海底輪　五身成就阿彌陀
白、紅、藍、黃、綠虹光　五佛同住法界定
自接引相三昧耶　如海印月鏡中幻
脈柔輪幻無量光　氣鬆心如無量壽
身空境圓阿彌陀　六大明點金剛虹
物質、風、息、真言、智　法界體性阿彌陀
大圓滿故阿彌陀　立斷無明無量光
無得頓超無量壽　持明阿彌陀佛光
自成金剛鍊虹光　心、氣、明點、脈、身、境
現成極樂無死虹　遍流法界遍照明
無常妙行即空樂　大悲流行持金剛
無有一處非虹光　如實遍界大圓滿

㈢平常是佛，現成如來

現成圓滿阿彌陀　不待現觀即成就
法爾圓滿大成就　無可得故阿彌陀
行住坐臥無量光　無間流水無量壽
一切現成極樂界　平常是阿彌陀佛
所有音聲如來語　音空極密阿彌陀

語言阿彌陀真言　無有一音能可得
堅固無住不待觀　明顯妙音無佛慢
只是平常諸言語　阿彌陀佛音實相
心意現成阿彌陀　無錯無謬無量光
如實相念如體性　不生不滅不可得
從本出離大出離　無初無後實相念
一切如心真寂滅　法爾極樂不用觀
阿彌陀佛妙功德　我身具足大成就
能遍一切法界眾　同成阿彌陀如來
十號十力四無畏　大慈大悲眾妙德
百四十德如力具　實相妙德不可得
功德有力能大施　我即極樂功德主
阿彌陀佛諸事業　我即現成能總持
不可得故幻佛事　盡攝眾生成彌陀
無緣大慈妙事業　空花水月圓全佛
極樂世界即法界　眾生即成阿彌陀
無量壽命無量光　法爾極樂具佛德
身語意功德事業　平等受持即實相
究竟阿彌陀三昧　現前交付如心子

七、迴向

攝無量壽無量光三昧　現成阿彌陀佛三昧法
交付無量光明眾心子　無盡燈明無量壽傳承
深信眾生皆如來　法界阿彌陀全佛

參考資料

1. 宋‧畺良耶舍譯《佛說觀無量壽佛經》
2. 唐‧實叉難陀譯《大方廣佛華嚴經》卷四十六
3. 優婆底沙造、梁‧僧伽婆羅譯《解脫道論》卷六
4. 龍樹菩薩造、姚秦‧鳩摩羅什譯《十住毘婆沙論》卷五
5. 唐‧飛錫撰《念佛三昧寶王論》
6. 唐‧善導集記《觀念阿彌陀佛相海三昧功德法門》

延伸閱讀

1. 全佛出版《阿彌陀佛經典》
2. 洪啓嵩著《如何修持阿彌陀經》
3. 洪啓嵩著《阿彌陀佛大傳》(上)、(中)、(下)
4. 全佛出版《阿彌陀佛——平安吉祥》

29 藥師佛三昧

簡介

藥師佛（梵名 Bhāiṣajya-guru）一般通稱爲藥師琉璃光如來，簡稱藥師佛。藥師琉璃光如來名號的來源，是以能拔除眾生生死輪迴的病苦故名爲藥師，能照破無明黑暗的世間，所以名爲琉璃光。

藥師如來是來自娑婆世界東方的佛陀。如《藥師如來本願經》中說：「東方過娑婆世界十恆河沙佛土之外，有佛土名爲淨琉璃，其佛號爲藥師琉璃光如來。」藥師佛是東方淨琉璃世界的教主，他以日光菩薩與月光菩薩爲二脅侍，化導救濟有情眾生。

藥師如來的利生弘法事業，是秉持他在行菩薩道時所發起的十二大願，這十二大願滿足了眾生在世間與出世間的願景。

在出世間上，藥師佛希望在成就菩提時「令一切有情如我無異」、「令遊履菩提正路」等，而在世間上則有「使眾生飽滿所欲而無令少」、「使一切不具者諸根完具」、「除一切眾生眾病、令身心安樂」、「使眾生解脫惡王劫賊等橫難」等願。

基本上，藥師佛的弘大誓願是助益我們迅疾成就無上菩提，並且滿足眾生現世安樂利益的願景，這與阿彌陀佛特別偏向往生極樂世界的安樂有所不同，這也就是佛教界爲什麼稱藥師如來爲「消災延壽藥師佛」，將藥師法門視爲現生者消災延壽法門的理由。

東方藥師琉璃世界是純一清淨的，大地盡爲琉璃所敷成，莊嚴的城闕宮殿也都是由七寶所成，田地或土中沒有各種染欲，也沒有地獄、惡鬼、畜牲三惡趣等苦惱。藥師琉璃淨土就宛如阿彌陀佛的極樂世界一般莊嚴殊勝。

由於藥師佛悲心深切的十二大願，不僅能護佑我們從各種疾病的苦痛中解脫，使我們身心安樂康健，延長壽命，遠離生命中的幽闇、障難，拔除無明煩惱的根源，而得致圓滿究竟的菩提。因此修學藥師如來三昧者，應深體其十二大願，發起等同或超越的誓願，作爲修證三昧的根本依止。

藥師佛三昧　修證

1997.4.11 造

琉璃法界吉祥成就子　現成實相如幻妙緣生
所說無比焰光王心明　如應有情圓滿全如來

南無　東方淨琉璃世界藥師琉璃光王如來
南無　藥師琉璃光如來三昧法門
南無　淨琉璃世界賢聖眾

一、皈命三寶

皈命清淨琉璃光　體性常寂法界身
如法受用大空樂　自他圓滿無邊際
大悲藥王勝如來　緣起一切極甘露
遍界等流如實相　以彼成佛眾成佛
禮敬無比醫王法　琉璃三昧普眾生
世出世間勝圓滿　燄網莊嚴極究竟
緣彼藥師水長流　法性盡地如現成
福智莊嚴滿法界　十二願王圓全佛
稽首琉璃法界眾　日月光明遍法界
圓滿世出世間願　大悲力斷眾煩惱

直至成佛有情病　如大醫王能與藥
法界圓淨琉璃光　一切眾生醫王佛

二、對法眾

無始眾生無無明　一念現成染淨生
無明輪轉根本幻　以幻生幻生無明
無始無有無立斷　故知眾生本來佛
佛與眾生無有故　廣說幻有諸眾生
無始生病生無明　貪瞋癡惱三根本
五蘊染著身語意　三業相行取六根
十八界中輪生死　無有眾生說眾生
一切有情病眾生　當成藥師法行眾
若諸眾生無染病　何來藥師琉璃佛
以諸有情執有病　是故醫王佛現前
大悲惱故現醫王　病無病病盡無盡
世出世間大依怙　南無藥師琉璃佛
有情眾病本如幻　以幻幻實故成病
知幻即離現無病　以幻執幻幻眾病
所謂外病世間病　內病心病煩惱病
六根不攝染眾病　身口意業亂造病

凡夫生病外道病　執有禪病無智病
幻執解脫涅槃病　二乘大悲難生病
菩提未圓一切病　一切病眾當修證
大悲發心菩薩眾　直至成佛之眾病
大悲未圓力怯病　大樂未遍深空病
分別生佛差別病　執有成佛法性病
方便未圓無究竟　現觀眾生非佛病
無上菩提未成就　大悲有情當修證
法界現成藥師佛　一切眾生修妙行

三、發心

信

藥師琉璃光如來　世出世間大寶王
決信皈命真如光　十二願圓眾成佛
琉璃世界極清淨　法性流光法界明
隨念現成琉璃界　深信醫王滅障難
憶念功德難思議　身心安樂證菩提

願

現生淨琉璃世界　日月光明眾聖會

願佛願滿如佛證　清淨光明無瑕穢
如佛勝願我願發　如佛大事我願成
無量方便濟眾生　如尊圓滿同佛生
清淨琉璃世界海　體性大悲願出生

行

一心憶念藥師佛　念念隨生琉璃光
一心隨順藥師行　眾生現成藥師佛
決定現成琉璃國　自性藥師事業圓
大醫王佛大威德　眾病現滅諸魔伏
緣起方便如大力　皈命吉祥藥王佛

智

體性現空如幻初　大悲力圓方便具
法爾本然常體寂　眾生祕佛藥師見
決定總持淨琉璃　如實清淨法界土
法界無病藥師佛　如佛大願眾成佛
廣大伏魔大威慈　大恩智海同寂滅

實相

無有分別發菩提　體性實智能發心
大悲平等無上覺　如佛發心我發心
以大隨順藥王心　離我我所大菩提
全佛現成藥師佛　究竟菩提不相違
本來現成琉璃界　大遊戲王大三昧
無初法王常寂滅　現成大淨琉璃心

四、藥師琉璃光如來祈請頌

南無東方琉璃界藥師琉璃光王如來
緣起眾生無明生　無始生病無始際
本來無有無可斷　以幻執故幻中真
大悲實相發菩提　無可得故療眾病
究竟實相常寂滅　無可得故藥師佛
體性琉璃淨光明　一切有情淨甘露
祈請善療眾生病　有情圓成藥師佛
有情眾病現如幻　依幻起幻執有病
所謂世間內外病　心病煩惱結使病
六根三業妄造病　凡夫外道我執病
禪定病生無智病　妄執解脫二乘病

涅槃有病無悲病　無智生病菩提病
大悲不生無力病　大樂不遍深空病
法性分別有得病　未成佛道眾生病
祈尊大藥悲智力　淨琉璃光本無病
外魔心魔祕密魔　死魔天魔可笑魔
五蘊諸魔煩惱魔　能障無生一切魔
大悲中斷諸魔羅　自他受用不圓魔
有所得魔最後魔　遮斷金剛三昧魔
祈尊焰網光明力　十二大願祈擁護
諸魔現空大悲顯　如實了悟魔空如
直顯悲空伏魔力　無修無證如尊圓
六大現前眾災難　地難水難火風難
空難無非五毒難　只因錯認根本難
識中流出三業難　三業所成共業難
當了根本除眾難　我慢大執生結難
地大緊澀無潤難　不鬆體性地成難
緊住生礙地震難　了悟現空如幻住
心空體鬆離地難　貪生大水瞋火劫
癡成空礙無自在　五大眾難共相會
旋成人間眾障難　心難身難境成難

生態環境地球難　一切源於無悲智
三昧不證無救力　妄認億劫生死本
愚癡錯認本來人　識神妄用引五毒
身口意用成共業　甚深懺悔六根淨
端坐實相真懺悔　三業清淨悟本然
轉識成智藥師佛　現見大悲琉璃光
大藥王佛體性尊　遍照明空法界淨
如幻悲智用大力　全體清淨離災難
現前如法琉璃國　祈尊賜護永福祐
一切障難現無生
南無藥師琉璃光如來
南無善名吉祥佛
南無寶月光音佛
南無金色寶光佛
南無無伏最勝佛
南無法海雷音佛
南無法海遊戲佛

五、正見

願我來世得菩提　一切眾生盡如我

藥師如來大願王　於斯本願已成就
故我現觀法界眾　一切盡如藥師佛
法界體性同清淨　琉璃光明遍成就
大悲願王無生生　無滅菩提現成佛
若有一眾未成就　藥師佛願未圓滿
故我現觀眾成佛　隨順大藥王本願
緣此無比隨順力　如彼醫王度眾生
金剛正見誓句力　見修行果藥師佛
廣大圓滿正見力　有見有力見無得
法性常寂同寂滅　緣起醫王如究竟
真如遊戲海印力　遍法界藥三昧王
究竟正見正成就　一切眾生藥師佛

六、修證

㈠藥師佛三昧

藥師如來三昧王　依彼本誓大成就
一心憶念藥師佛　不斷憶念藥師佛
體性憶念藥師佛　法界同念藥師佛
同體憶念藥師佛　藥師佛念藥師佛
無念自生藥師佛　自顯藥師自成就

廣大清淨琉璃光　體性常淨法界王
身如琉璃過日月　燄網莊嚴大吉祥
隨意所趣成事業　一切有情藥師王
持名憶念藥師佛　法爾無初無可得
智者念佛具大力　一切眾生藥師佛
如佛不變隨緣持　隨緣不變藥師佛
法爾音聲淨琉璃　一切妙音藥師佛
本然寂滅常寂光　離諸因緣無後有
大悲體性示願王　大藥王尊現成就
平等究竟如心起　法自生顯藥師佛
光明熾然明碧光　遍照法界淨琉璃
大明空王妙相尊　圓滿相好身琉璃
內外明澈淨無穢　功德廣大善安住
焰網莊嚴超日月　法界究竟最勝佛
淨琉璃國莊嚴海　一切賢聖如電光
海印清淨寶摩尼　大淨如意成寶王
有病眾生悉圓照　一切眾生皆成佛
十二大願大吉祥　緣起法界大醫王
不動福聚金剛王　善觀成就藥師佛
體性圓滿淨琉璃　十方三世諸如來

隨緣示現眾妙身　四土莊嚴隨成就
諸佛不共微妙法　功德勝身咸具足
畢竟法爾不可得　無生現成藥師尊
實相寂滅微妙忍　大悲發生密願王
中道實相直性觀　本來無佛何可示
一切寂滅大悲王　無緣體滅隨緣現

㈡藥師佛瑜伽現觀次第

1.實相現空

依淨琉璃顯實相　大慈悲中示圓滿
無緣次第不可得　頓空現成難思議
不可得故藥師佛　普攝眾生皆成佛
有病不空癡成執　現前體性藥師佛
本然大智實相現　大悲願故顯次第
淨琉璃界如海印　次第融空化琉璃
自生自顯自寂滅　無作現成能隨順
體密常寂淨碧光　淨琉璃界碧空融
日月光明菩薩眾　大悲甘露會空智
流入清碧如來心　漩淨海印注佛身
金剛空鍊碧光王　如實自化隨次第

頭手足指流中脈　空碧明點惟一明
本然無病全醫王　一切眾生如本然
法界現成無錯謬　無淨無穢本來佛
無初可示吉祥主　碧空法界淨琉璃
大寂體性惟一密　熾然相印摩尼網

2.藥師如來瑜伽現觀

自生自顯阿字觀　宛如雲月琉璃界
碧透清澄極莊嚴　城闕堂閣若極樂
寶閣現成師子座　大寶蓮花體性中
妙蓮月輪現金唄　放大光明遍法界
十方諸佛菩薩眾　二乘六趣法界眾
遍皆警覺大受用　大甘露王遍澆注
金明返照自種子　唄顯藥師本來佛
碧色寶藍淨琉璃　內外明澈無比倫
光明普遍十法界　燄網莊嚴勝日月
三十二相八十好　圓滿具足法界印
手執藥壺極究竟　日月光明菩薩眾
十二藥叉眾眷屬　如漩密雲電明光
無死無病大醫王　依實相故自生顯
現觀自身藥師佛　本來藥師滿佛願

佛入我身隨勝緣　三密現成大醫王
實相緣生法性界　大莊嚴鎧大成就
現成藥師自身佛　遍入法界藥師佛
我入藥師大願滿　法界圓成琉璃光
現成藥師琉璃佛　十方三世藥師佛
法性盡處藥師佛　無間流水藥師佛
相續密成藥師佛　海印相映藥師佛
相入相即藥師佛　何時不是藥師佛
一切無得藥師佛　無修無證藥師佛
行住坐臥藥師佛　無邊事業藥師佛
自生自顯藥師佛　我即藥師琉璃光
無可得故藥師佛　南無藥師琉璃佛
碧空妙身如實相　大明空網自身明
金剛碧鍊如空現　妙極堅固淨琉璃
大寶如意最明顯　微妙明細藥師身
內外大密藥師佛　法界實相藥師佛
大三昧耶藥師佛　十二願王藥師佛
藥師佛為醫王故　我等眾生皆成佛
大空法界碧光身　內外澈明柔脈生
實相中脈實相顯　究竟無得自生顯

輪圍脈中藥師佛　具身語意德事業
頂、喉、心、臍、海底輪　藥師佛自五身圓
碧空身中五虹光　白、紅、藍、黃、綠大明
依彼實相生緣密　五佛安住藥師印
自身碧相三昧耶　海印摩尼明空鏡
一切無非琉璃界　現成即是藥師佛
生起圓滿大圓滿　本來藥師佛如是

㈢現成藥師如來

藥師大願成如來　我無可得藥師佛
能成法界自在主　以大遊戲度眾生
有情幻病咸能治　世出世間助圓滿
淨琉璃界即法界　法爾眾生藥師佛
不用現觀自醫王　無念自在不思量
圓用十二大願王　大福成就大藥王
日常生活藥師佛　真實體悟藥師佛
十方三世無可得　究竟藥師三昧王

七、迴向

南無東方淨琉璃世界大願教主　藥師琉璃光王佛

廣大清淨琉璃光三昧　迴向有情無病無死福
圓滿成佛如尊大醫王　全佛法界現成琉璃國
平等體性本初無差別　大恩救度娑婆有情眾
皈命大慈大悲藥師佛　憶恩悲淚汩汩不停留
皈命善名稱吉祥王佛　祈請加持眾生大圓滿
皈命寶月智嚴光音佛　祈請加持眾生大福德
皈命金色寶光妙行佛　祈請加持眾生願成就
皈命無憂最勝吉祥佛　祈請加持眾生皆成佛
皈命法海雷音佛陀耶　祈請加持眾生圓悲智
皈命法海勝會神通佛　祈請加持眾生無災障
皈命藥師琉璃光王佛　祈請加持眾生皆成佛
眾生無礙菩提命圓滿　五毒三業病魔災障銷
地水火風空識一切災　人禍戰爭人為眾災滅
具足勝福世出世圓滿　淨願成就具德成法王
常住法界全佛能住世　十方佛土清淨蓮華藏
身土不二常寂光圓滿　永憶恩命稽首無盡藏
一切眾生現成藥師佛　如尊大願吉祥大圓滿
琉璃心子清淨法界燈　傳承無盡眾生莫自忘
十方三世皆是藥師佛　藥師如來本願大迴向

參考資料

1. 唐・玄奘譯《藥師琉璃光如來本願功德經》
2. 唐・玄奘譯《藥師琉璃光七佛功德本願經》
3.《淨琉璃淨土標》
4. 唐・金剛智譯《藥師如來觀行儀軌法》
5. 日本・覺禪著《覺禪鈔》卷三、四
6. 日本・心覺著《別尊雜記》卷四（藥師・善名稱）
7. 日本・亮尊著《白寶口抄》卷十四（藥師法第三）

延伸閱讀

1. 全佛出版《藥師佛・阿閦佛經典》
2. 洪啓嵩著《諸佛的淨土》
3. 洪啓嵩著《如何修持藥師經》
4. 全佛出版《藥師佛——消災延壽》

30 阿閦佛三昧

簡介

阿閦佛（梵名 Akṣobhya-buddha），漢譯有阿閦鞞、無瞋恚、不動、無動等的名號，是東方世界的佛陀，在大乘佛法中，有極重要的地位，現在住持於東方的妙喜淨土。

在《阿閦佛國經》卷上記載，阿閦佛於因地時，在東方有阿毗羅提（Abhirati 譯為妙喜，甚可愛樂的意思）國土，大目（或譯為「廣目」）如來出世，宣說菩薩的布施、持戒、忍辱、精進、禪定與智慧六波羅蜜。那時有一位比丘，願意修學菩薩行。大目如來對他說：「如結願學諸菩薩道者甚亦難。所以者何？菩薩於一切人民及蜎飛蠕動之類，不得有瞋恚。」

這位比丘受了大目如來的啓發，乃發起「對眾生不起瞋恚」的誓願，所以大家就稱他為「阿閦」菩薩。阿閦就是不瞋恚、無忿怒之意，引申為對一切眾生恒起慈悲心，永不為瞋恚所動，所以亦稱為不動或無動。

一位菩薩發願成佛，當然要具足許多誓願，而對於一切眾生起慈悲心，不爲瞋恚所動，是爲阿閦菩薩的根本誓願。這個誓願，其實也是菩薩行者的共同心理基礎。阿閦佛在因地中累劫的修行，就是秉持著這個誓願，從事於修習六波羅蜜及斷除貪、瞋、癡三毒的修道歷程。

在阿閦佛的因地誓願中，有一個特別的誓願，如《阿閦佛國經》卷上之中說：「世間母人有諸惡露。我成最正覺時，我佛刹中母人有諸惡露者，我爲欺是諸佛世尊。」經中又說等到阿閦菩薩成佛之後，阿閦佛刹的女人生產時，身心不疲，意念安穩，無有諸苦，也沒有女人的一切諸苦。阿閦佛在因地發願修行時，以不瞋恚爲根本誓願，但也注意到女人痛苦的解除。

大乘佛法興起時，顯然不滿於女人所受的不平等及苦難。大乘經典中，每每有發願來生脫離女身，轉女成男的記載（如《藥師經》）；也有現生轉女成男（如《法華經》龍女轉男身成佛）；這是不滿於女身的諸多苦難，而想厭離女身。然而阿閦菩薩卻以爲，只要解脫女人身體及生產的所有苦痛即可，而女人在世間與出世間中，一切所爲和修證，與男子並沒有不同。

阿閦佛在東方阿比羅提世界的七寶樹下成佛，佛刹名爲「妙喜」。基於他的願力，這一佛刹沒有三惡道，大地平正，沒有山谷石礫，柔軟而隨足的高低。一切人都行善事，淫佚、瞋怒、愚癡之念甚薄。樹上有自然香美的飲食，與五色華麗的衣服，均能隨意取用。住處皆爲七寶所成，浴池有八功德水。沒有外道邪說，也沒有國王，而以阿閦佛爲法王。總之，妙喜淨土的境界極爲殊勝，乃是阿閦佛本願所感召。

依《大寶積經》所說，往生妙喜世界的因緣有多種，但是最根本的因緣則是「應學不動如來往昔菩薩行，發弘誓心願生其國。」另外必須具備行六波羅蜜，善根迴向，願生阿閦佛國，並願當來得見阿閦佛的光明而成就大覺等因緣。總之往生阿閦佛的國土，是需要修習清淨的誓願才行。而修學阿閦如來三昧更是要學阿閦如來往昔菩薩行所發起之誓願，甚至超越他的誓願，現成圓滿阿閦如來！

阿閦佛三昧　修證

1997.6.28 造

南無　妙喜世界阿閦如來

南無　阿閦如來三昧法門

南無　妙喜世界賢聖眾

一、皈命三寶

皈命本具菩提心　金剛無動法爾佛

生佛平等吉祥主　萬德圓滿不思議

無瞋大忍不動尊　法界究竟微妙身

大誓鎧甲大菩提　滿願成就全金剛

頂禮法界體密義　本具菩提力充足

覺悟金剛遍三昧　法爾湧現圓萬德

堅固不動自金剛　平等不壞眾生佛

摧滅法界悉不動　怖畏自性自真如

稽首法界金剛海　依彼不動具大悲

滿願眾生圓妙喜　摧碎不成佛有情

怖畏眾生安不動　究竟本具菩提義

無瞋無恚最忿怒　大悲度眾示全佛

二、對法衆

法界有情皆妙喜　圓成究竟第一義
緣彼大誓悲鎧海　度眾成佛安大忍
不起瞋恚至成佛　三世十方承妙恩
無明眾生無始有　無始如幻離有無
現前無始一念生　染淨無生本不生
淫怒癡空無無明　無無明盡咸現成
眾生煩惱生眾生　五蘊三業幻輪迴
不忍眾生大愚癡　不忍訶責大悲生
大誓願鎧從體性　安忍不動無恚瞋
法界有情入妙喜　普斷眾生淫怒癡
圓證本具菩提性　妙圓萬德不動佛
方便度眾成究竟　三乘普行隨緣成
體性無怒不動尊　度眾成佛示悲忿
隨應一切菩提行　金剛根本現金剛
不壞菩提大堅固　眾生本來佛平等
一切大心菩提眾　安立人間淨土者
如彼大願恆同心　圓淨大誓鎧妙行
同為不壞金剛眾　護誓十方諸剎海

圓滿法界如來願　眾生現成究竟佛
如大金剛海行眾　不動妙願體無瞋
根本圓滿離初後　一切現成大菩提
阿閦如來頂上顯　一切有情自金剛

三、發心

從今直至圓成佛　不起一念瞋恚心
本具菩提本堅固　如緣順發示究竟
生佛平等只平常　自他凡聖涉萬相
影現如心大圓鏡　從自菩提自發心
菩提體性眾成佛　現成菩提自無性
緣彼本來無無明　無明無始幻執生
幻生闇黑無明海　魔障本幻幻中真
緣彼幻業無始迷　本具菩提幻除淨
根本菩提自安忍　不動體性離造作
妙色相具無恚體　大悲忿未成佛者
不動金剛大摧碎　一切成佛諸障礙
乃至未悟自菩提　本來成佛菩提義
怖畏金剛大威赫　一切未了自佛者
安忍不動自菩提　現成是佛自無動

滿願吉祥金剛主　從初發心至成佛
五毒十惡恆斷滅　無住密行法界善
大悲誓鎧無造作　無所得行圓菩提
妙喜國土恆清淨　滿足金剛念佛人
從實相中發實心　不壞金剛本菩提

四、正見

安住不動本法爾　實相示現大菩提
生佛平等如法界　現成究竟菩提心
無可得故本菩提　寂滅體相大圓鏡
大誓莊嚴法性鎧　大悲無怒不動佛
一切究竟本正見　能斷法界眾生苦
法爾無生無菩提　安住大悲性無瞋
六度誓行金剛鎧　不動光明自體性
發心無怒成菩提　伏魔自在自寂滅
無生現成無無明　無滅現前佛無得
不離究竟本菩提　平常生活正見生
無得無成體不變　如力如實相實真
如緣如妙如願成　大悲正見度眾生
徹見眾生無怒體　法爾不動恆大悲

無瞋金剛能怖畏　滿願密主圓吉祥
大悲現成眾全佛　法爾如實不用力
生佛法界不可得　大遊戲王如是說

五、修證

㈠不動佛三昧

菩提慧性寂堅固　大菩提王能金剛
寂諸無始密無明　微細煩惱究竟盡
不動金剛三昧王　法身常住自慧命
初發心即正等覺　不動生死至涅槃
阿閦如來智自性　動轉寂靜無無明
動寂畢竟淨菩提　無生生決定誓願
一向求一切智智　必當普度法界眾
猶如幢旗行道首　萬德根本本不動
安住中道第一義　普觀十方度無量
攝持無盡功德海　普灌一切幻眾生
大慈悲護法界眾　伏魔眾障本自在
菩提心力體圓滿　無初不生本初地
始覺修生自寂圓　法爾心地三世密
緣境發起自菩提　境智不二真實體

定慧最極佛喜樂　大寶心色如意珠
無生無滅固不動　定慧自證菩提心
勇猛堅固發菩提　幻有三毒一時斷
大力不動法性尊　緣密大莊嚴誓鎧
本來法爾本無生　無動法性當了知
有力念佛不動心　法界大圓現金剛
念佛自體不離現　當體不動阿閦佛
如緣成願大誓鎧　大莊嚴幢依誓住
一心憶念阿閦佛　一心密念本無動
不動憶念不常斷　如實憶念阿閦佛
體性念佛淨菩提　心同大圓阿閦佛
法界現成圓心色　金剛實念阿閦佛
法爾同體咸無動　不動念佛佛無動
同念自體阿閦佛　無生無念念無動
不動當體阿閦佛　凡所顯現法界智
自他三密無邊際　具足不缺真實圓
實智鏡現自法界　金剛成身自全佛
發意受慧阿閦尊　從本現空如緣生
無恚無瞋圓成佛　決定一乘離五毒
所行迴向無上覺　直至成佛行頭陀

大悲事業佛傳承　法界無相中究竟
廣大佛事無動轉　如首楞嚴畢究竟
法性平等最有力　生佛不二本圓滿
念佛持名心無動　從本體性自念佛
無初念佛無中後　如鏡圓智無可得
念佛有力不動淨　一切眾生佛不動
念佛妙音如心色　法界音聲不動佛
南無阿閦如來尊　無瞋無恚不動佛
不動滿願祕密名　怖畏金剛摧眾障
十號具足佛世尊　究竟離相不可得
如彼妙願同發心　妙行無邊如密行
如佛本然如來去　如成佛時示瑞相
如佛初行中後圓　不動本初淨圓滿
觀佛實相妙喜國　現樂圓滿明空鏡
三十二相八十好　法界金剛海會漩
平等體性不動位　如空住空無分別
堪忍世間示大恩　顯示如緣淨妙土
不動本初三摩地　法界諸佛鏡中顯
緣彼大圓明空體　佛智自性歡喜位
堅固不動佛菩提　法爾無初佛本初

黃金微妙金剛身　左手安脇拳作印
右手垂地觸伏魔　淨菩提心寶如意
或示密相左執衣　自成青空不壞色
我身十方無量界　諸佛菩薩一切眾
山川草木咸至青　自智圓滿勝報身
十方三世平實現　大寶如意金剛鍊
明空自體真實身　如海印月體無盡
十八受用大圓滿　法界自身大樂幢
緣起大願成法身　具淨勝妙心色圓
功德難思願覺滿　無死虹身不必難
只緣堅固本不動　法身不動主金剛
大悲流注功德身　十力無畏無量法
不共法如無盡身　法界等持喻金剛
法界大圓大中道　實相體中離雙邊
自身法界自如來　常寂光密不用常
平常實性無自性　現成真實無相相
畢竟寂滅同體淨　無有堅固名金剛
現成無得無佛佛　無解脫故自解脫
法爾圓頓離一切　平常是佛真實相
行住坐臥淨菩提　三世十方離寂動

如佛平常如來去　無生無滅常金剛

㈡阿閦如來不動實相現觀瑜伽

1.法爾現空實相

依彼不動淨體性　無生無滅菩提心
隨手拈處即實相　法爾大悲緣如實
頓然現成平常性　實際本然無非佛
現佛如來依如去　決不可得不動佛
阿閦如來體性力　法界大圓根本力
不動密願如來力　我善功德力瑜伽
隨處現前即實力　頓斷三世離十方
無可得處平常力　不動現成空實相
空明智海法界現　遠離造作圓大空
隨念生顯自寂滅　體性常寂隨緣生
廣大密明妙喜界　一切賢聖金剛明
如融明點空露會　流金漩鍊珠液生
大空明鍊入佛身　大寶摩尼金明細
次第極漩金剛空　頭手足指注中脈
惟一明點大菩提　無初惟示本初相
佛自智性光常密　大悲空顯青明定

法界大圓永寂性　如觀水月掌中鏡

2.現觀瑜伽

淨自菩提現阿　字　無生現成淨月輪
心色不二自性淨　諸佛內證有情居
妙月輪中赫利　字　法爾現成八葉蓮
蓮台有密吽　字怖　極成五股金剛杵
五智圓明佛智性　五大現前佛中圍
金剛五杵如幻明　阿閦如來不動變
現成自生不動佛　觸地伏魔降法界
左手拳持明空衣　宛轉流光照海印
青色最空法界佛　法界現成遍空青
極妙莊嚴三二相　八十隨好明具圓
如漩電光明空網　四密菩薩護金剛
本有菩提執金剛　有情自性普賢王
鉤召諸佛金剛王　眾德圓滿自菩提
不二敬愛諸如來　生佛無分金剛愛
金剛善哉佛歡喜　金剛喜彈密義聲
法界金剛全隨動　本寂如來本標幟
漩繞明電掣光雲　祕密法爾真實相
輪圍中脈即實相　法界心色即現成

具足身口意功德　事業圓具不動佛
不動諸佛根本力　五身同圓阿閦佛
頂、喉、心、臍、海底輪　實現現成佛不動
白、紅、藍、金事業光　大青空身現虹光
誓句大鎧大堅固　伏魔觸地等真如
法界無非本不動　廣大妙喜恆大樂
現身不動三昧耶　六大明點如金剛
色、風、息、心、真言、智　法界明點皆不動
我即現成阿閦佛　法界誰非佛不動

㈢現成圓滿阿閦如來

大誓願鎧阿閦佛　一切眾生不動佛
盡無盡故成金剛　平常現成佛本初
無初法界是平常　佛非佛者不可得
一行無念自三昧　般若智了無動初
身語意密圓不動　六大瑜伽恆不動
五智自性本不動　現觀不動不觀明
生活廣大瑜伽王　何處現成非圓滿
金剛王事今付汝　大事因緣了究竟

六、迴向

南無　東方妙喜世界阿閦如來

一切迴向本不動　我不可得而迴向
無瞋無恚阿閦佛　自淨菩提自迴向
無上誓鎧勝迴向　法爾緣生修迴向
一切有情佛無動　如佛智體自性圓
我願眾生皆成佛　無功德行普迴向
一切世界咸妙喜　無得現樂普迴向
有情眾生得離苦　無災無難至成佛
願具不動佛大力　伏魔自在賜成我
如金剛王我迴向　阿閦如來同一心
願諸眾生無災障　無復魔擾無病難
六大災害永寂滅　國土吉祥人安康
五毒三業人難銷　戰爭眾禍永離盡
世出世福常具足　不動本心成法王
全佛法界恆現成　十方佛土蓮華藏
法界金剛咸圓滿　願尊福佑盡迴向
一切眾生不動佛　吉祥傳承不動轉
如燈無盡菩提淨　依佛本願盡迴向

參考資料

1. 後漢．支婁迦讖譯《阿閦佛國經》

2. 北涼．曇無讖譯《悲華經》卷四

3. 日本．承澄撰《阿娑縛抄》第五十（阿閦）

4. 日本．亮尊著《白寶口抄》（阿閦法雜集）

5. 日本．亮尊著《白寶口抄》卷第一（阿閦法）

延伸閱讀

1. 洪啓嵩著《諸佛的淨土》

2. 洪啓嵩著《如何修持阿閦佛國經》

3. 全佛出版《藥師佛．阿閦佛經典》

31 文殊菩薩三昧

簡介

文殊菩薩（梵名 Mañjuśrī）代表甚深般若智慧的菩薩，是佛教中四大菩薩之一，常與普賢菩薩同侍釋迦牟尼佛，是釋迦牟尼佛所有菩薩弟子中的上首，所以又稱爲文殊師利法王子。

文殊菩薩是佛教中極爲特殊的菩薩，雖然爲了輔助釋尊的教化，一時示現爲等覺菩薩，但實際上他在過去、現在、未來三世當中都已成佛。在過去成佛時，文殊菩薩稱爲「龍種上佛」，又名「大身佛」或「神仙佛」，現在則爲「歡喜藏摩尼寶積佛」，未來已成佛稱爲「普現佛」。文殊菩薩依首楞嚴三昧的威力，遍現十方救度眾生，所以他不只被稱爲三世佛母，也有三世佛之稱。

文殊菩薩的教化手段不可思議，在《大寶積經》中記述，因爲有菩薩得宿命智後，知道多劫以來所做罪業，心生憂悔，不能證得無生法忍。文殊菩薩爲了讓這些菩薩能了知宿罪如幻，而能證得無生法忍，於是在大眾中仗劍迫佛，佛陀示以諸法幻化之理，使這些菩薩知道宿罪皆如幻化而得證無生法忍。文殊菩薩使用突兀、反詰、否定的各種善巧方便，教化眾生悟入諸法的實相。

文殊菩薩能於諸法實相通達無礙，演說善巧法門，直顯究竟法性海，以般若表詮其特德，因此被稱爲大智文殊師利菩薩。

雖然文殊菩薩代表大智，但是其深廣的悲願，也是難以企及的。在《大寶積經》〈文殊師利受記會〉中，他不只發願要廣度一切眾生，而且他用天眼觀察十方世界，如果其所見的諸佛之中，有一位從初發心以至成佛，不是他所勸發、教化的，就不成佛。由此可見其悲願的廣大，也可體悟他「寓悲於智」的勝妙法門。故《大乘本生心地觀經》說：「三世覺母妙吉祥」誠不虛言。

文殊菩薩是諸佛之母，而大恩教主釋迦牟尼佛也深受其法恩，在《文殊師利普超三昧經》及《放鉢經》有記載：「今我得佛，皆是文殊師利之恩也。過去無央數諸佛，皆是文殊師利弟子，當來者亦是其威神力所致；譬如世間小兒有父母，文殊者，佛道中父母也。」以此讚嘆文殊菩薩爲三世覺母。

文殊菩薩仗劍騎獅，代表著其法門的銳利。以右手執大利劍斷一切眾生的無明煩惱，以無畏的師子吼震醒沈迷的眾生。祈願在文殊菩薩的智慧光明注照下，超越一切障難圓滿究竟的菩提佛果。

文殊菩薩三昧　修證

1987.07.26 造

三世覺母妙吉祥，文殊智慧世第一；
我今總持無上意，不住菩提行菩提。

南無　大智文殊菩薩摩訶薩
南無　文殊三昧無盡藏
南無　文殊海會賢聖眾

一、皈命三寶

三世如來勝覺母　體性本如妙吉祥
無所作意咸成佛　自他受用大圓滿
三身圓具首楞嚴　本法身界大悲身
大悲空智斷無得　實相大海普覺身
體性金剛三昧海　初心正覺勝海印
大悲首楞嚴勝利　文殊定海密莊嚴
無盡藏門普嚴現　能所斷超盡寂圓
如是妙作寂一切　不住菩提無佛證
從初發心至正覺　法界賢聖文殊海
盡順覺母妙吉祥　如彼小兒依母住

永貞童子法王位　無住相故不涅槃
一切發心咸皈命　同彼法界全成佛

二、對法眾

如彼世間兒親母　有情成佛眾覺母
法界眾生法乳母　皈命文殊般若母
眾本全佛依佛母　一切佛母妙吉祥
無礙天眼見十方　無量無邊諸如來
從初發心行六度　成證無上大菩提
滿願乃證無上覺　三世覺母妙吉祥
恆河沙數諸佛剎　體性如空一心圓
現前一土顯吉祥　佛道父母文殊恩
大悲利圓顯大智　大智力融大悲心
頂禮菩薩父母尊　眾生法母妙德王
以大悲力演妙音　普令一切聞圓滿
諸法實相達無礙　說法善巧顯性海
大利文殊法王子　摧障無破三世佛
實相性尊一切主　本住究竟眾如佛
無佛可得銳劍利　直破無障說礙有
幻中幻執直開顯　無可得故第一尊

以極利悲名大智　開示普界實相門
圓攝法界諸如來　本然成佛執眾生
皈命佛母妙吉祥　緣彼願空竟實發
一切菩薩有情眾　諸佛世尊入彼願
咸住教佛道父母　三世覺母妙吉祥
擊大楗椎告法界　諸佛當憶文殊恩
全佛能圓文殊故　無有眾生實文殊
以一實乘攝法界　惟一實相示眾生
大銳利劍斷眾執　始悟本來佛無得
一切有情非有情　信順勝法不信順
咸住文殊大教海　無有眾生非佛者

三、發心

以實相發菩提心　不住菩提亦無心
菩提及心不可得　無行故發菩提心
無生無滅實相中　初中後絕不可得
一異如來無來去　常斷說示本寂相
法界非界無無盡　緣起如幻悲幻如
一切無恃不可住　實相中發菩提心
我以妙眼觀一切　實相無相不可得

緣彼大幻化中生　如實大願如實生
我以無礙天眼觀　十方法界無量剎
一切如來大覺王　從初發心行六度
乃至得證無上覺　若非我勸教授得
我於菩提終不證　滿願乃證大菩提
法界無邊諸佛土　合為清淨一佛剎
緣彼體性如空故　實相義中自莊嚴
十八大願十無盡　一切吉祥體性願
如緣勝利化眾生　實相體中本無得
不淨煩惱自菩提　一行體中自發心
體性如來妙吉祥　甚深發心我隨順
一超現前實相界　無斷無頓本現成
三世如來諸佛母　悲體智用聖文殊
至心皈信如幼子　現前教命圓成佛
佛性體淨不可得　如實佛土會法界
清涼山中金色界　常喜國土離垢心
一切如幻入法界　無罪無福念恩深
願成文殊廣大願　金色世界常喜國
離垢心土合法界　法界如幻三世佛
願深智眼見無礙　如尊三世諸佛母

光明遍照全六度　幻化成佛離生滅
願成三世佛如來　清淨佛土遍法界
無差別中示妙行　無憶念中現文殊
大智海中妙吉祥　大悲勝行住寂滅
無住向道自解脫　決定無生法界中
法界宮中清涼剎　文殊大願三世圓
平等精進如來住　隨念莊嚴淨佛土
言語道斷寂照明　無能分別如來慧
普遍現生法界門　大智海中常清淨
不斷煩惱一切智　無生滅體示生滅
常清淨中離清淨　安住大智吉祥城
如如實際如如來　無諸戲論性空忍
觀身實相佛亦然　無法無相無所得
無證法中如實際　無心成佛不可得
不見一法非法界　金剛句中如來界
法界如實金剛界　有情全佛喻金剛

四、正見

現成法界體性中　寂滅無別能成佛
法界明淨如虛空　現觀法界一切法

己界法界眾生界　一切眾界等智界
法界欲界三界等　生死涅槃等法界
眾生界量如佛界　不思議界即般若
無生滅界如來界　我界法界不二相
諸法現成即菩提　甚深法忍無菩提
無心無智無可得　究竟實相無可說
聖智自覺涅槃界　平等法性界無得
離凡聖佛無差別　無我離相直現成
一切無得煩惱如　業如苦、蘊、界、處如
凡夫聲聞緣覺如　菩薩菩薩法如如
如來如來法如如　一如非二無二如
如如平等無凡聖　無染無淨無智得
現成如性煩惱業　現即菩提無可得
苦、蘊、處、界即菩提　眾生菩提佛菩提
所謂菩提離菩提　無為無起無作相
無業業報無諸行　無起諸行是菩提
菩提貪欲一非二　貪欲實相即佛法
佛法實性貪欲性　二法一相謂無相
貪瞋癡惱毒如幻　凡夫分別我貪瞋
貪瞋癡毒即如幻　雖現眾事無實性

凡夫不了無實幻　如幻煩惱成熱惱
煩惱本空先自無　現前未來亦無有
如是現成如信解　無生法忍本現前
等貪瞋癡及諸欲　平等於道離分別
空無分異離有無　現成實相即如來
不斷煩惱不住惱　無貪瞋癡不盡滅
善知顛倒實相故　亦無妄想無分別
一切諸法從本來　現離貪瞋癡眾相
貪瞋癡本性自離　不可得故無可滅
世間畢竟滅盡相　如是義相不可盡
以是盡故不更盡　本來寂滅無滅斷
蓮華不染行世間　不壞世間達法性
如日初出闇黑銷　道智與時煩惱無
道與煩惱不俱全　善了菩提根本義
菩提煩惱等如空　塵勞與道無差別
正覺煩惱等性空　一切諸法復平等
等觀煩惱與菩提　一切法同空無異
無二無別大平等　煩惱現前即菩提
深義塵勞現有道　煩惱無形無所有
求為塵惱則為道　等觀無分道煩惱

一切無二亦無別　煩惱現入於菩提
如諸法入於法界　如是眾生即全佛

五、修證

㈠文殊三昧

直觀實相平等界　現前法界即文殊
覺了諸法一切等　一切眾生處在道
道亦處在諸眾生　眾生與道不相離
眾生現前即菩提　菩提現成即眾生
菩提眾生本一如　如是善知為世尊
我平等故菩提等　眾生體性自無我
如是現成即菩提　我即現前菩提道
善了道即文殊尊　文殊即道不可得
如實了悟文殊道　現成三昧我文殊
惟一文殊我現成　不可得故無二尊
一切諸佛為一佛　一切諸剎為一剎
一切眾生悉為我　一切諸法為一法
第一空定為一故　亦非定一非若干
一切平等無可得　我不可得真實我
一切世界悉平等　一切佛等法亦等

一切眾生為平等　我住於彼等故等
一切剎土虛空故　諸佛法界不思議
一切諸法虛偽故　一切眾生無我等
眾生自性即無我　一切眾生一眾生
平等法界即等故　甚深寂相等文殊
文殊三昧不思議　以不思議直驅入
現前一心文殊念　不斷憶念本文殊
體性本念即文殊　法界現念妙吉祥
同體相念同文殊　文殊念者我文殊
如實憶念同法界　本來平等念無念
持名憶念本相應　南無文殊摩訶薩
法界一切同一音　六塵同聲文殊尊
蘊界處如十八界　六大五蘊音瑜伽
隨成南無文殊尊　平等法界不可得
南無龍種上如來　大身如來神仙佛
歡喜摩尼寶積佛　南無未來普現佛
一切無戲論如來　實相現成三世佛
文殊師利大聖尊　三世諸佛以為母
現觀文殊妙色相　緣成如幻體性現
本然寂滅無可得　平等普現眾生心

眾生心想即文殊　如實妙現微密相
三十二相八十好　隨心所現妙文殊
是心體現法身佛　現成現圓文殊性
平等法爾中示現　諦觀妙相文殊尊
身紫金色頂五髻　妙作童子無別相
五髻寶飾五佛冠　如來五智久成就
右手執持大利劍　能斷眾生一切惱
以自劍斫諸如來　四種文殊般若劍
善斷四種成佛智　能取所取諸障礙
劍斫一切如來臂　能斷自他俱生障
金剛劍發妙智火　左手妙持青蓮花
蓮上般若梵經篋　不染諸法妙色相
身處淨月輪中密　安坐淨蓮自性圓
堅固住金剛劍身　摩訶三昧耶誓身
圓全三世諸如來　現成無上等正覺
我今安住此三昧　現前金剛劍妙身
勇健菩提心師王　精進大誓無怯懦
安住智慧師王座　智慧第一佛妙德
光明遍照無比倫　法界體性平等生
體性幻化無邊身　深攝實相諸如來

三世諸佛如明星　圓滿全佛等法界
十方現前平等住　佛母體性法界體
有力究竟如海印　璇空光明如密鍊
明鍊如空金剛光　霓虹自身文殊禪
具德圓滿體性佛　法身自在三世佛
究竟密德隨妙相　以自莊嚴他受用
法爾佛德法界等　一切平等功德身
諸法密性即文殊　現成法界皆文殊
佛母廣大最深德　三世如來法界佛
同體受用深憶恩　遍照法界全金剛
十方如來初發心　皆是文殊教化力
一切世界諸有情　聞名見身及光明
並見隨類諸化現　皆成佛道難思議
直顯法性實相身　體性妙身如實身
平等受持現成身　法身實相直顯示
不假修行不斷證　本具大智利劍斫
無有行證之佛位　在纏如來現四智
如來法性體自性　不二自性文殊劍
實相現成離有無　菩提無得無可見
本來無佛無眾生　究竟實相無本初

我即文殊本法界　不必修證本全佛

(二)文殊瑜伽現觀

1.實相現空

本來現空是法爾　不用觀禪離有無
一切現成究竟空　平等實相無造作
所有心意本寂滅　煩惱菩提不可得
頓銷現前本法界　常寂光中自然妙
現寂如空大明鏡　大海印月淨本然
三世如來妙吉祥　凡所顯現常法界
十方三世一切佛　如星虹顯寂光明
一切眷屬即如是　自法界即自法界
如金融注於自身　漩明金剛光鍊圓
融入文殊我法身　自文殊身自融金
次第融密常明空　頭手足指中脈空
自虛自寂自然注　中脈密融惟一明
平等常寂我文殊　不可得故自莊嚴

2.文殊現成瑜伽

諦觀實相等法界　現見清淨菩提心
離諸塵垢如滿月　菩提月中現曇字 ᨀ dhan

如金色暉耀如日　放大光明遍法界
現成般若智慧劍　離諸分別能斷惱
智劍漸增遍法界　如實斂身等自身
堅固不壞金剛劍　三世諸佛入智劍
同體法爾自體性　如彼佛體我亦然
智劍轉成文殊尊　具大威德妙總持
身妙瓔珞頂五髻　紫金色身妙法界
右手妙持金剛劍　左手執持青蓮華
華上般若經寶篋　堅固法界即自身
安住寶蓮自清淨　以菩提心為師王
南無文殊妙吉祥　南無妙音妙德首
南無般若大金剛　吉祥施願金剛童
大慧辯法金剛王　三世如來諸佛母
我即法界我文殊　現成文殊不待觀
劍斫在纏我如來　不用斷證不假修
無行無證自佛位　不二自性自文殊
無邊妙形一髻尊　五、六、八髻自吉祥
隨緣化現示等流　大悲楞嚴不動定
乃至千臂示千缽　法界等流全文殊
本然不必再方便　緣彼法界自相妙

從法性中示圓滿　六大現成中圍身
五身文殊五佛智　五佛功德自文殊
五輪五身妙文殊　五色虹身遊戲定
法界明點自藏密　自生自顯本法界
我即現成自文殊　本來無死虹光身
無滅金剛鍊虹明　法界霓虹自霓虹
我本法界文殊身　文殊法界大圓滿
全佛法界文殊同　如來無性不曾藏

六、迴向

文殊三昧今總持　法界現前即文殊
我不用觀我文殊　我不可得即法界
一切所行文殊禪　文殊三昧普迴向
迴向法界本法界　如幻錯謬盡如幻
一切眾生本成佛　如實相印印圓滿
文殊三世皆如來　我同彼尊咸成就
眾生成佛眾自知　自知無執不可得
全佛法界咸迴向　法界如來一佛剎
迴向眾生本大覺　無明盡離無無明
貪瞋癡毒三行業　清淨如來極平等

六大災障皆同銷　國土安樂無眾染
能現成佛自平等　眾生現成即文殊
文殊三昧廣大海　教化眾生皆成佛
如有一眾未成佛　文殊大願不圓滿
我願修證文殊禪　迴向滿願眾成佛
菩提妙緣無盡燈　傳承無盡圓法界

參考資料

1. 唐·菩提流支譯《大寶積經》卷二十九〈文殊師利普門會〉卷五十八～六十〈文殊師利授記會〉，卷一百一十五～一百一十六〈文殊說般若會〉
2. 唐·菩提流支譯《文殊師利所說不思議佛境界經》
3. 西晉·竺法護譯《文殊師利普超三昧經》
4. 西晉·竺法護譯《佛說文殊師利淨律經》
5. 西晉·竺法護譯《佛說文殊悔過經》
6. 唐·菩提流支譯《大乘伽耶山頂經》
7. 唐·不空譯《金剛頂經瑜伽文殊師利菩薩供養儀軌》
8. 唐·寶思惟譯《文殊師利根本一字陀羅尼經》
9. 宋·天息災譯《大方廣菩薩藏文殊師利根本儀軌經》
10. 唐·不空譯《大聖曼殊室利童子五字瑜伽法》

11. 日本·承澄撰《阿娑縛抄》卷九十九〈文殊五字〉

參考資料

1. 全佛出版《文殊菩薩經典》
2. 全佛出版《文殊菩薩——智慧之主》

32 觀世音菩薩三昧

簡介

觀世音菩薩（梵名 Avalokiteśvara）又有光世音、觀自在、觀世自在、觀世音自在等名號。觀音菩薩因於大悲救濟，所以又被稱爲救世尊、救世大悲者。又由於他爲眾生的依怙而使之不生畏怖，所以又稱爲施無畏者。

在《法華經》〈普門品〉中記載：「若有無量百千萬億眾生受諸苦惱，聞是觀世音菩薩，一心稱名，觀世音菩薩即時觀其音聲，皆得解脫。」只要我們一心稱念「觀世音菩薩」的名號，即能得到菩薩的護佑與加持。

觀世音菩薩在大乘佛教中，不但最重要，也是最著名、最受歡迎的菩薩。因爲觀世音菩薩永遠以最大的慈悲、智慧與耐心，來幫助所有的眾生。

觀世音菩薩代表著諸佛的菩提心，永遠用慈悲的眼目來觀照與守護一切眾生。他宛如慈母一般，幫助所有的眾生渡過最深刻的苦難與痛楚，安慰著所有生命的心靈，走過生命中的黑暗，在寒夜中帶來溫暖與光明。

他是所有人與家中的守護者，所以有著「家家觀世音」的俗語。

觀世音菩薩爲了拔除一切有情苦難，聞聲救苦，不稍停息，在中國歷史上留下許多感人的靈驗事蹟，也使觀音成爲民間廣爲流傳信仰的偉大菩薩。

又由於觀世菩薩「普現色身三昧」的威力，能現起不可思議變化身，眾生需以何身救度，觀世菩薩即現何身施予救度，使他成爲與我們娑婆世界最爲相契的菩薩，在十方世界作無邊的救濟，使苦難眾生得到無限的慰藉與清涼。

觀世音菩薩三昧　修證

1997.8.30 造

法界總持無上大悲主；　現觀自在無礙圓通尊；
廣大究竟如實相體性；　大士觀世音前我禮敬。

金摩尼寶能仁大悲自性觀自在現觀訣要

自性等量中脈顯　無有法界不觀音
從觀自在脈如空　大悲體生摩尼金
無見頂現金輪圓　肉髻圓滿金剛寶
天冠自顯大悲主　本師能仁頂安住
熙然微笑勅傳承　大悲力尊為自身
如力作用同法界　日月平空住本心
密緣眾生無邊渡　千眼注照千手護
從本自心自觀音　全觀法界全觀音

南無　大悲觀世音菩薩摩訶薩

南無　大悲三昧門

南無　法界大悲勝海賢聖眾

一、皈命三寶

一切如來大悲體　法身觀自在王佛
大悲空智觀世音　凡所顯現示圓佛
一切受用成大悲　導諸有情成悲王
寓智成悲觀自在　廣大圓滿法界尊
金剛體性喻大悲　大悲圓滿喻金剛
無緣大悲離一切　凡所顯現遍悲覆
大悲三昧無盡門　未成佛者咸成佛
法爾如空離生佛　究竟大力大悲門
一切大悲所成眾　心意起動不離悲
悲即空智不可得　平等現成悲海眾
法界有情咸成佛　大悲行海第一義
無有葛藤不涅槃　惟見全佛無眾生

二、對法衆

法界有情大悲覆　普門無門盡普入

當知觀自在發心　無有眾生離心怙
是故遍行十法界　同入究竟佛法界
惟一心行從無初　無滅等行證全佛
地獄眾生極可憫　未悟自身本如佛
以自佛身煉惡苦　無知自極逆重罪
觀音大悲遍照覆　能滅阿鼻諸苦毒
地獄眾生最可憫　大悲甘露當受服
無明畜牲學無知　不用自身如來智
以自佛智迷癡覆　不省愚佛造重業
觀音大悲普觀照　能去畜牲無明服
畜牲法界極可憫　悲王善啟妙智門
餓鬼眾生貪無盡　未了眾生佛自足
至貪密覆佛心意　迫害自佛不滿足
觀音大悲貪無厭　能食至貪眾苦毒
餓鬼貪眾貪受用　大自在王能滿足
修羅大瞋心難抑　未了空瞋自如來
大瞋火燒自身佛　無可奈何業極增
悲忿眾生未成佛　暴伏狂瞋火毒燄
修羅瞋眾恃極怒　大悲忿王大降伏
人間眾生重三毒　不悟悲智自如來

纖心毒網害自佛　狂造五逆諸眾罪
觀音大悲丈夫德　具力巧破三毒業
人眾常依小毒智　金剛大悲銳無初
天人貪樂悲智泯　難觀自身現是佛
著樂空染自如來　自鈍大悲空智混
如意寶王無上福　善破一切天人果
福禪定喜縛自佛　觀音悲輪大威德
六道眾生廿五有　聲聞緣覺菩薩眾
當受大悲妙法門　同諸如來讚妙德
法界有情同悲種　本來無初無生佛
如幻同歸觀音門　同成大悲法界眾

三、發心

祈請

南無　本師釋迦牟尼佛

南無　西方極樂世界阿彌陀佛

南無　過去無量億劫千光王靜住如來

南無　過去正法明如來

南無　大慈大悲千手千眼觀世音菩薩摩訶薩

南無　廣大圓滿無礙大悲心陀羅尼

稽首觀音大悲主　願力洪深相好身
千臂莊嚴普護持　千眼光明遍觀照
真實語中宣密語　無為心內起悲心
速令滿足諸希求　永使滅除諸罪業
龍天眾聖同慈護　百千三昧頓薰修
受持身是光明幢　受持心是神通藏
洗滌塵慈願濟海　超證菩提方便門
我今稱誦誓皈依　所願從心悉圓滿
南無大悲觀世音　願我速知一切法
南無大悲觀世音　願我早得智慧眼
南無大悲觀世音　願我速度一切眾
南無大悲觀世音　願我早得善方便
南無大悲觀世音　願我速乘般若船
南無大悲觀世音　願我早得越苦海
南無大悲觀世音　願我速得戒定道
南無大悲觀世音　願我早登涅槃山
南無大悲觀世音　願我速會無為舍
南無大悲觀世音　願我早同法性身
我若向刀山，刀山自摧折；
我若向火湯，火湯自枯竭；

我若向地獄，地獄自消滅；

我若向餓鬼，餓鬼自飽滿；

我若向修羅，惡心自調伏；

我若向畜生，自得大智慧。

大寶如意體性王　全佛大悲總集心

本無可得自無緣　全體在用大悲明

實相現發大菩提　觀自在王我禮敬

1. 本無眾生無佛陀　法爾實相無本初

實相發心第一義　現空大悲圓菩提

2. 無有眾生不成佛　如實大悲無錯謬

實相現成菩提心　大悲法海如次第

3. 無有眾生非佛陀　大悲智眼圓悉地

現成實相心菩提　法界大悲大遊戲

4. 初中後善無盡緣　次第會融法爾虹

現成圓滿即非即　金剛海喻同金剛

5. 究竟菩提徒嫌勞　無有作用任運戲

本無佛陀無眾生　寂滅法界實相體

現前禮敬悲菩提　觀自在王寶如意

惟一大悲具大力　無上菩提再敬禮

大慈悲心平等心　無染著心無為心

空觀恭敬卑下心　無雜亂心無見取
法爾無上菩提心　諸佛同慈眾悲仰
十心具足觀自在　度眾無餘施無畏
南無無比大悲主　隨順尊心惟菩提
大悲體性常精進　無時空中圓頓起
大悲尊遍全法界　全佛現成極平等
無盡緣生十方國　三世一念法界身
是故稽首大悲者　施無畏者大智者
究竟無上金剛王　祕密王佛最勝尊

四、正見（以《心經》、《楞嚴經》爲主）

現觀即成觀自在　無有造作離分別
廣大圓滿大悲怙　平等加持我禮敬
觀自在者觀自在　行深般若不行到
照空度厄本一如　法爾實相空即蘊
本無無明無明盡　一切無得從無初
是故現成觀自在　無上正覺現前得
聲空如幻無緣悲　大悲能力極勇健
常憶本師法界力　自善根力同佛慈
不自觀音觀觀者　是故名為觀世音

觀其音聲現解脫　觀音三昧法爾成
我不自觀音觀觀　平等現成觀自在
正見根塵同法性　縛脫無二自在觀
心悲內外非一切　無心可據觀自在
法爾妙心體全用　無可還處絕無得
無緣全體體無住　相本無得性無為
非有自然非因緣　用成全體觀自在
聞性如實離有無　根識同銷常真如
緣起生滅幻音聲　想見識塵銷真如
法眼現成觀自在　無上覺明觀自在
常清淨本自在觀　法界眾生全如來
不壞金剛首楞嚴　堅固慈力大悲觀
生佛同空金剛喻　大悲同生諸如來
大遊戲海大悲主　施無畏者本金剛
無盡幻化全體用　諸佛悲集觀世音
我不可得故觀音　全體受用觀自在
無邊密行觀自在　十方如來觀自在
正見無行觀自在　本淨金剛觀世音

五、修證

㈠觀音三昧海

勇猛自在大丈夫　法界無比施無畏
由彼觀音力圓滿　我今現住大悲海
平等法界無初後　法爾實相悲體大
以妙智力觀自在　諸佛現成觀世音
法界身心如琉璃　朗徹無礙常寂性
融形復聞全體用　不動道場遍十方
不壞世間全用體　明照無二合法界
廣大圓通無畏力　是故能知眾全佛
法界體性空無我　一切如幻無所得
一切造作勤救度　實無眾生滅度者
真妄雙邊示有無　實相無二離一切
所顯法界即實相　非是非非具圓滿
本妙圓心非一切　元明心妙遍即是
妙明心元融非即　法爾無初無是非
善悟修證觀音道　一心大悲即本然
不用葛藤妄作力　大智寶心本圓證
具大悲眼觀一切　豁然了悟全佛陀

不肯謗佛觀自在　如象迴觀自如來
從本平等無可為　大悲全用無無為
觀自在等眾生等　觀世音等我平等
觀自在禪不思議　以大悲心平等入
本來普門無入入　普眼蓮華現前開
繫緣法界念法界　繫緣即止念即觀
一切現成即佛法　住無所住如佛住
我今聞彼觀音名　一心稱名念觀音
不自觀音觀觀者　現前解脫如觀音
一心憶念觀世音　不斷憶念觀世音
體性同念觀世音　法界一念觀世音
同體相念即觀音　不自觀音妙觀我
觀音念我我觀音　現前實相觀音界
觀自在界實相界　一切言語觀世音
法爾無念念平等　持念觀音證菩提
聲空聞性即真如　聞思修入體三昧
觀音名號聞於耳　緣起相應如本初
入流亡所所入寂　動靜二相了不生
法界漸增聞觀音　聞所聞盡觀世音
盡聞不住觀自在　覺所覺空空覺圓

空所空滅盡觀音　生滅既滅現寂滅
頓超世間出世間　十方圓明觀世音
法界一音觀世音　上合諸佛本覺心
與佛如來同慈力　下合眾生同悲仰
法爾聞性攝六塵　六根同銷六識圓
六大五蘊同觀音　觀音法界觀自在
全體大用觀世音　觀音念佛大圓通

㈡觀想化身觀音無邊妙容

南無正法明如來　觀音名號無邊際
我今持名勤受持　自觀音性念觀音
觀音具相同如來　三十二相八十好
觀音相好如水映　無實法界不可得
隨性實現真觀音　無比妙容最勝尊
身紫金色跏趺坐　安坐寶蓮披妙衣
左手當臍未敷蓮　眾生本然自性淨
右手當胸開花葉　本淨自性無明惑
大悲功德除迷妄　肉髻圓滿頂寶冠
無量壽佛住定相　寶相莊嚴大悲王
如照水鏡觀尊身　自見妙形自相影

身與觀音同無二　入我我入互映形
實相觀音無比相　報身莊嚴法界身
紫金色身項圓光　無實虹光體中禪
五百化佛圓光中　如彼釋迦牟尼佛
化佛五百菩薩眾　無量諸天為侍者
身光現五道眾生　一切色相於中顯
毘楞伽寶為天冠　二五由旬立化佛
菩薩面如閻浮金　眉間白毫七寶色
流出八萬四千光　光明無量數化佛
無數侍者化菩薩　變現自在滿十方
臂紅蓮色無量光　光珞瓔現莊嚴事
手掌五百億蓮色　十指端具諸印文
各具八萬四千畫　諸畫色具光數同
普照一切光柔軟　寶手接引眾有情
足下具千輻輪相　自化五百億光台
下足金剛摩尼花　布散一切莫不滿
身相妙好咸具足　如佛無異自圓滿
先觀無見頂肉髻　次觀天冠立化佛
眾相次第極明顯　現觀成就如實相
法界觀音無比倫　應化無際觀自在

與佛如來同慈力　自在能化卅二應
入諸國土化眾生　一切有情盡觀音
廣大圓融淨寶覺　無邊妙相妙觀音
如緣隨生無初性　法爾現成大悲鏡
一、三、五、七、九、十一　百八、千、萬無量首
二、四、六、八、十、十二　百八、千、萬寶印臂
二、三、四、九、百八目　千、萬、八萬四千目
慈、威、定、慧救眾生　悉得自在大圓滿
觀音妙現無邊形　各誦一一微妙咒
廣施無畏度眾生　施無畏者法界名
六道觀音無邊力　圓同眾生盡成佛
我今皈命無際量　法界自在觀世音
法爾實相無實虹　同映水月法爾尊
究竟如實自觀音　法界同生觀自在
諸佛悲集體性密　如實悲現十方佛
如海映星同體現　十方如來遍照尊
現觀眾生即觀音　眾生界量觀音界
觀音界量不思議　眾生界量即觀音
現觀大悲總集尊　十四無畏勝功德
四不思議無作德　二五三昧化有情

五部如來勝妙力　四十觀音最勝手
一切眾生安無畏　普眼蓮華最勝尊
千祈千求自相應　南無大悲觀世音
現成實相觀自在　大悲自性自無性
不住菩提自菩提　法爾無初觀世音
生死涅槃無取捨　垢淨無得住實際
貪欲瞋癡恆寂滅　不動法界無可得
如實現觀觀自在　一切現成觀世音

㈢觀音瑜伽現觀

*1.*實相現空

本來大悲即法爾　現空實相不可得
圓頓現成無住體　大悲觀音觀自在
惟一實性現成空　我不可得法無得
無能取見空現前　空不可得空故空
法界實相離有無　大印本然映法海
所顯惟悲實性界　常寂光中喻金剛
如水鏡映常觀音　淨觀自在月明現
法界應現觀自在　十方三世諸如來
如星明顯印月明　不自觀音為觀音

法界自融圓寂性　如琉璃金融注身
極潤明光鍊金剛　漩明法界入觀音
觀音我身我法身　觀音自身自融密
次第明圓寂空明　頭手足指中脈注
自虛自鬆自圓明　會於惟一最明點
觀音自體自觀音　現銷成淨法爾成

2.觀自在王瑜伽

法界常寂明空現　我成法爾觀自在
大悲菩提極明顯　標幟現成極觀音
離垢圓滿菩提月　心月圓明現紇利 𑖮𑖿𑖨𑖱𑖾
遍照光明自法界　現成八葉白蓮華
光明顯照本虛空　菩提自心法爾圓
白蓮漸周廣法界　如實斂密等自身
虛空諸佛如胡麻　悉入其中本實相
現變蓮花觀自在　寶冠瓔珞相莊嚴
放大光明周法界　冠住無量壽如來
左持白蓮自本尊　右開蓮花度眾生
金剛法身現圓滿　現觀此身成正覺
無邊眷屬觀自在　法界眾生觀世音
無盡觀音普眼明　吉祥現成妙因顯

無邊應化隨緣起　眾生隨念得觀音
金剛首楞嚴三昧　法界等流等觀音
本來法界本圓滿　六大瑜伽身中圍
妙用六大觀音圓　以聖觀音成自身
無量壽佛住自頂　如意輪寶、准提尊
十一面、馬頭、千手　五尊自住自五輪
體性中顯佛五身　五佛功德五佛智
五色虹明寂照身　自顯本明觀自在
無死虹光無滅身　觀自在王大三昧
大圓滿中觀世音　全觀自在付全佛

六、迴向

南無大慈大悲廣大圓滿觀世音菩薩摩訶薩
廣大圓滿觀世音三昧　法界如來悲心總集前
願尊歡喜如願盡攝受　所行功德現前普迴向
願諸眾生平等普成佛　十法界眾現成如來眾
特別三惡道中眾有情　一切障難迴向祈全消
無礙飽足滿喜全心願　智慧悲心菩提命增長
大菩提道如心皆圓滿　一切迴向祈願咸成滿
五毒三業病魔祈消除　六大災障人禍戰爭無

國土安康喜樂具增長　圓滿台灣成人間淨土
具足世出世間大勝福　長壽自在大悲德常住
地球娑婆圓成菩提土　同心共圓眾生全佛陀
願吾正修法行一切眾　傳承勝利如佛無量光
具足大力大福大勇猛　大空大智大悲度眾生

參考資料

1. 宋・曇無竭譯《觀世音菩薩授記經》
2. 宋・施護等譯《佛說如幻三摩地無量印法門經》
3. 唐・不空譯《七俱胝佛母所說准提陀羅尼經》
4. 隋・闍那崛多共笈多譯《添品妙法蓮華經》〈觀世音菩薩普門品〉
5. 北涼・曇無讖譯《悲華經》卷六
6. 唐・不空譯《千手千眼觀世音菩薩大悲心陀羅尼》
7. 姚秦・鳩摩羅什《佛說阿彌陀經》
8. 宋・畺良耶舍譯《觀無量壽佛經》
9. 唐・玄奘譯《般若波羅蜜多心經》
10. 唐・實叉難陀譯《大方廣佛華嚴經》卷第六十八
11. 唐・般刺蜜帝譯《大佛頂萬行首楞嚴經》卷六〈耳根圓通章〉
12. 宋・天息災譯《大乘莊嚴寶王經》卷三、卷四

13. 日本．覺禪著《覺禪鈔》卷四十七～四十九

14. 唐．不空譯《聖觀自在菩薩心真言瑜伽觀行儀軌》

延伸閱讀

1. 全佛出版《觀音菩薩經典》

2. 洪啓嵩著《菩薩的淨土》

3. 洪啓嵩著《如觀自在——千手觀音與大悲咒的實修心要》

4. 洪啓嵩著《如何修持大悲心陀羅尼經》

5. 全佛出版《觀音菩薩——大悲守護主》

33 普賢菩薩三昧

簡介

普賢菩薩是大乘菩薩的代表，象徵著究極的大乘精神。

普賢菩薩是一切諸佛的理德與定德的示現，與文殊菩薩所代表的智德與證德是相對應的，而在修行上，文殊重在一切般若，而普賢重在一切三昧。兩位菩薩德行的相合，正表現出大乘精神的究極成就，也圓滿的呈現了諸佛的體性。因此，他與文殊菩薩就成爲釋迦牟尼佛的兩大脅侍。文殊騎獅，普賢乘象，表示出理智相即，行證相應的特質，展現出毘盧遮那如來的妙德。

普賢菩薩在華嚴會上，廣說十大願行，以明菩薩發心：一者、禮敬諸佛，二者、稱讚如來，三者、廣修供養，四者、懺悔業障，五者，隨喜功德，六者、請轉法輪，七者、請佛住世，八者、常隨佛學，九者、恆順眾生，十者、普皆迴向。此十大願王又稱爲普賢願海，代表一切菩薩的行願，所以總稱菩薩的發心修行，爲入普賢願海。

在大乘佛教中，普賢是無上菩提心及菩薩行願的象徵。他在過去無量的時劫當中，發菩提心實踐菩薩行，勤求一切智慧，集聚了菩薩救護眾生的無邊行願，所以他成爲大乘佛教徒實踐菩薩道時的行爲典範。因此，在《大日經疏》中說：「普賢菩薩者，普是遍一切處，賢是最妙善義。謂菩提心所起願行及身、口、意皆平等遍一切處，純一妙善，具備眾德，故以爲名。」

而普賢菩薩主一切三昧，與文殊菩薩的般若又成一雙法門。《華嚴經探玄記》中說：「普賢三昧自在，文殊般若自在。」即明示此理。

再者「法華三昧」又稱「普賢三昧」，以普賢菩薩於法華會上，誓言將於法華三昧道場，現身守護安慰法華行者。他在《法華經》〈普賢勸發品〉中說：「是人若行若立，讀誦此經，我爾時乘六牙白象王，與大菩薩俱詣其所，而自現身供養守護，安慰其心。」可見其特有的功德。

普賢菩薩的法身遍於一切，所以總攝三世諸佛的法身，又名普賢法身，《華嚴經》中說普賢身相猶如虛空，即爲此意。而其應身，則普應十方作一切方便。所以，我們亦可說普賢應身，乃爲十方三世一切諸佛的應身。因此其功德巍巍普於一切佛剎中示現，於一切世間中安住、教化。

普賢菩薩三昧　修證

1997.9.20 造

普賢本因地　我無行自得
法界自勝初　性起圓寂證
稽首遍吉恩　遠離諸道故
佛境菩薩行　究竟微妙義

南無　法界大恩菩薩勝主大行普賢菩薩摩訶薩
南無　普賢三昧海
南無　普賢行法界菩薩海眾

一、皈命三寶

南無諸佛本因地　勝初普賢我禮敬
法界藏身不可見　究竟普賢智本覺
蓮海華藏普佛現　遍行妙善一切處
普現普賢佛妙行　因果一如大莊嚴
皈命法界普三昧　因道果佛究竟行
法爾一如恆無住　體性周遍隨緣成
德無不周調柔禪　金剛海定照海印
無盡行願眾成佛　三昧大海勝無初

稽首法界普賢眾　一切菩薩行普賢
佛境圓現菩薩行　遍吉眾生咸成佛
性起真如法爾願　無邊行願盡等持
無生無滅永寂體　平等全佛大普賢

二、對法衆

普賢願海遍法界　盡覆有情住普賢
菩薩妙行恆遍吉　普攝眾生盡如來
是故法界有情眾　咸入普賢行願海
如有一眾未成佛　普賢海願未成滿
法界性起普觀佛　同圓種智毘盧尊
稽首共憶普賢恩　十世十方盡圓澄
無得幻執無始妄　無盡緣中漩無明
廣大無礙成方所　六大能所三毒中
法界無生如幻有　幻生非有本無生
緣起無明心一念　時空如有十法界
本如法爾現空圓　大幻化網中遊戲
六道四聖一普賢　共皈一相大普賢
法界眾生普賢體　身語意業住普賢
能體究竟本寂密　皈命普賢大圓滿

六道四聖圓一乘　因赅果海果全因
我與普賢平等故　法界有情入普賢

三、發心

普賢法身遍一切　究竟實相等遍空
法界藏身體性寂　總攝三世佛法身
依如而住不可得　一切佛大菩提心
普賢身等三世佛　法界如來本因地
是故發心普賢行　身語意同普賢等
純一妙善一切處　備具眾德佛供恩
如彼普賢大願王　我悉同發普賢行

1. 無盡法界塵海中　帝網華藏同炳現
   普賢行願威神力　十方三世剎塵佛
   悉以清淨身語意　無盡妙身恆遍禮
2. 平等佛智普賢力　實相勝解音聲海
   普賢妙言無量義　讚佛甚深功德海
3. 法界供養普賢力　最勝莊嚴身語意
   外、內、密供法性供　無盡供養法界佛
4. 普賢體性自寂滅　緣生無始如幻業
   身語意行貪瞋癡　現前無盡深懺悔

5. 十方三世一切佛　菩薩賢聖諸眾生
一念賢善至成佛　所有功德皆隨喜
6. 法界虛空諸如來　十方三世正覺者
念念相續無疲厭　勸轉無上妙法輪
7. 諸佛欲示大涅槃　深心祈請恆久住
利樂一切有情眾　請佛住世無間時
8. 恆隨一切如來學　修習廣大普賢行
三世佛陀我隨覺　速證無上大菩提
9. 無盡法界諸眾生　法爾隨轉大菩提
普賢願行利有情　恆順眾生皆成佛
10. 所有普賢行願德　普皆迴向法界眾
身語意寂無疲厭　眾生全佛無上覺
勝利普賢大願王　我願發心同成就
乃至無盡大願海　一一同心同菩提
因道果中同發心　佛境妙行同普賢
勝善力者平等我　依如同力同發心

四、正見

普賢實相不思議　即自真如自金剛
法爾如住法界如　勝初如緣三昧王

無盡緣起自緣起　性起如來等因果
理事相如等無礙　法界同身即普賢
實相究竟覺本覺　子母光明本寂靜
稽首大德普賢王　我依彼力悟全佛
寶王普賢金剛喻　首楞嚴尊普賢現
海印圓攝善一切　依如住不依佛國
本無所得自相應　現觀即成普賢恩
普賢具德遍十方　最妙勝善示平等
實相究竟示普賢　一切佛子普賢行
體性清淨妙法身　三世不壞心金剛
遍遊十方佛剎海　無處不至現自在
寶蓮師子金剛座　隨緣法界無量身
一切佛土如來所　依如而住等虛空
蓮華藏海體性界　正見普賢三昧海
無量行願如普賢　普遍法行願成證
普應十方勝方便　純一妙善具應德
一切世間隨尊現　安住普賢淨法界
總持三昧大自在　一念圓通普賢門
本菩提心攝諸佛　普賢實相身法界
十大願王行菩提　菩薩妙行即普賢

念念無間自法性　決定現前遍一切
普賢身相如虛空　普賢剎土亦復然
善巧隨示如緣界　因道果圓如理現
勝行如尊永決定　三昧法王普照明
法身善攝三世佛　法爾三昧常寂光
普賢因果如實相　普賢境界如如生
勝初法爾普賢界　普賢應身如法生
圓攝法界眾佛剎　隨順現前寂海印
因道果佛極平等　實相全佛普法界
正見普賢妙法身　法爾同悟不可得
普賢行願大菩提　究竟有情普賢王

五、修證

(一)普賢三昧海

普寂寂滅等法界　賢現如來來如去
法爾本然不可得　無庸錯謬本覺位
十世十方依如住　不可思議正遍智
體性現成即普賢　廣大究竟皈命禮
現成普賢三昧王　從無初後現前得
因道果圓極平等　法界現成普賢王

一切眾生如來藏　普賢自體遍法界
真如常熏常寂滅　何有眾生未成佛
是故如來苦訶責　無明妄見諸眾生
無始無始不可得　勝初普賢大圓滿
廣大幻化如遊戲　無有眾生未成佛
我依普賢力宣說　本法界相實相義
稽首普賢勝恩德　如彼毘盧遮那佛
現觀即入普賢界　自法界體自三昧
本定勝禪離修證　見修行果大圓滿
為示一切普賢位　為諸普賢示普賢
無生普賢法界體　為自法界說賢善
以大菩提心自起　平等遍住普法界
本依如如不可得　所有行相無可見
所見離妄本無得　妄無所生皆普賢
賢現普賢金剛慧　普入法界純妙善
一切世界無行住　諸眾生身即非身
無去無來無斷盡　無差別自在神通
無依無作無動轉　至法界究竟邊際
普入諸佛平等性　能於法界示眾影
廣大無礙同虛空　法界海漩咸隨入

出生一切三昧海　普遍包納諸法界
諸佛智光從此生　大世界海悉示現
成就諸佛功德海　顯示如來大願海
一切菩提恆攝入　普賢廣大行願海
普攝諸根大精進　一心憶念普賢尊
普眼觀察一切境　咸見普賢究竟身
智慧眼觀普賢道　自心廣大如虛空
大悲堅固如金剛　念念隨順普賢行
能入究竟普賢地　如來境中平等持

㈡持名憶念

普賢名號甚深祕　聞名受用如金剛
無上正覺不退轉　見觸夢聞亦如是
南無一切諸如來　南無普賢王菩薩
至心稱名無怯懦　自法界念普賢名
一心稱名念普賢　心不斷念憶普賢
法爾緣生體性念　法界一念普賢王
普賢體念自法界　普賢念我成普賢
實相法界即普賢　凡所憶念皆普賢
我以無比音聲海　各以普賢妙舌根

一切語辭念普賢　窮盡法界無不遍
法界海漩稱普賢　六大五蘊十二界
同念普賢微妙名　體寂同念普賢聲

㈢實相六根大懺悔，觀普賢菩薩法

（出於《觀普賢菩薩行法經》）

正見惟一實境界　不斷煩惱淨諸根
父母所生常淨眼　不斷五欲超眾障
知佛不滅一乘道　諸佛護念入菩提
正念現前普賢王　身量無邊法界藏
自在神通無邊音　遍吉尊力入大乘
智慧力化乘白象　無邊莊嚴幻化佛
三化人持輪、珠、杵　化佛眉光化寶台
六牙白象七寶蓮　安坐普賢妙色身
身白玉色五十光　光五十色為項光
身諸毛孔流金光　眉間白毫光明相
身相端嚴若金山　端正微妙卅二相
身諸毛孔放光明　法界現聚成金光
現視諸人猶如佛　於諸眾生父母想
隨順大慈大悲者　憶念法華一實義

菩提心生菩薩法　南無釋迦牟尼佛
南無多寶佛塔廟　南無十方法身佛
釋迦牟尼光普照　毘盧遮那遍一切
廣大懺悔了實相　勝修莊嚴大懺悔
現無罪相真懺悔　破壞心識破有王
大悲光明示無相　現修普賢廣大法
如幻憶念普賢身　六牙巨象力智慧
至心諦觀懺悔生　思惟一乘無休息
莊嚴如幻隨緣生　思惟觀相想成證
現見眾生佛父母　遍法光照證始觀
夢觀普賢教總持　旋陀羅尼總持法
宿世惡業一時消　諸佛現前三摩地
十方國土如現成　六根懺悔念實相
眼耳鼻舌身意懺　廣大無盡業障海
皆從妄想所出生　一切罪業如霜露
實相慧日能消除
如實至心念實相　懺悔清淨六情根
如觀普賢最初境　旋陀羅尼得總持
諸佛現前立三昧　見阿閦佛十方佛
普賢菩薩無邊相　六牙象王安寶座

象王頭上持金剛　以金剛杵擬六根
遍擬六根淨行者　普賢菩薩為說法
六根清淨勝懺悔　以佛三昧普賢力
耳聞眼見障外事　鼻舌身意亦如是
六根清淨顯初境　身心歡喜無惡相
心純是法法相應　十億億旋陀羅尼
復見百千萬億佛　右手摩首為授記
初始諦觀東方佛　次第遍禮十方佛
普現色身三摩地　圓滿普賢大行願
真淨六根體性中　普賢實相真懺悔
不住使海不斷結　觀心無心顛倒起
想心妄起空無依　如是法相不生滅
罪福何者不可得　罪福無主心自空
諸法如是無住壞　如是懺悔真實相
法不住法心無心　諸法解脫滅寂靜
破壞心識大懺悔　莊嚴懺悔無罪相
身心清淨不住法　念念流水三摩地
普見諸佛普賢尊　得佛五眼三種身
六根遍淨如體性　六根互用本現成
根塵不盜相為賊　法爾雙運大圓淨

六識成智如來慧　十八界妙示海印
法爾流行體性用　大悲無盡妙緣生
如實體性實相懺　普賢佛子見全佛
釋迦牟尼為和上　文殊大智授淨法
彌勒大慈憐愍故　現前教授菩薩行
十方諸佛現證明　大德菩薩勝伴侶
永世依皈一乘經　皈命常住佛法僧
現發菩提恆念念　波羅蜜行度一切
現身教授普賢行　大力大勇大願行
普賢因道果一如　實相隨順普賢入
遍入身口意法界　具力普賢真平等
行道普賢我遍入　前中後善善巧如
念念諸佛念普賢　普賢念佛憶念我
相照明空常寂光　同證毘盧遮那佛

㈣觀普賢清淨無上妙色身、三世平等法身

普賢身相如虛空　依真而住不依國
如實相中大悲生　隨眾生心而顯現
普賢遍住諸佛土　恆示普身等一切
真如平等虛空藏　三世平等淨法身

普賢色相最第一　清淨無上妙色身
法界微塵無不入　等照十方恆睹見
見聞普賢清淨身　必得生彼淨身中
一一毛孔不可數　諸佛剎海遍住中
一一剎海諸佛興　大菩薩眾所圍繞
種種莊嚴妙佛事　周遍法界普賢行
普賢毛孔剎中行　一步已過難計國
普賢身量無邊際　音聲無邊像無邊
普賢身等三世佛　同法界身遍眾身
如實體解普賢身　現觀法界即普賢
故知眾生即法身　現成毘盧遮那佛
普賢三昧微妙力　證成法界全佛事

㈤普賢王瑜伽

1.實相現空

普賢自身自實相　法界自身大圓滿
究竟頓空本大覺　究竟菩提極明顯
三世常淨法身圓　現成金剛喻海印
常寂光中無盡緣　事事無礙本法界
直顯常寂普賢界　大覺明空智界圓

現成法界自在力　如星海佛融寂性
琉璃漩融注自身　普賢自身金剛空
如日出海金光映　次第明柔注大空
次第化注中脈圓　顯空自會惟一明
普賢自體成普賢　寂靜妙色寂法身

2.體性普賢王瑜伽

我即普賢王法身　智界自運大圓滿
從本無縛自解脫　以如自身自金剛
本無可得無修證　所有遊戲普賢王
圓滿離垢月菩提　心月圓明現吽字
遍照光明普賢界　勝初金剛自法界
現成五智金剛杵　心如金剛遍照明
智杵周遍廣法界　斂入密性等自身
入我我入三密圓　身語意寂同金剛
智杵現成普賢王　住大月輪寶蓮花
五佛寶冠實相頂　水精月色身相明
內外瀅澈安寂定　右持金杵當心上
左手持鈴置胯上　大悲愍濟無盡眾
普賢金剛薩埵尊　勇進法界等普賢
自身普賢金薩尊　一切眾生普賢王

普賢遍住等眾生　全佛法界勝吉祥
勝初法界大圓滿　普賢體性自金剛
六大中圍大瑜伽　法界同住海印定
自身現成普賢現　五大普賢五智德
水精月身虹光顯　金剛明虹無死身
自生自顯普賢王　全觀法界盡普賢
普賢廣大三昧海　一聞即入普賢界

六、迴向

普賢廣大行願海　無盡三昧究竟行
我今受持行精進　同證普賢體性海
海印三昧金剛喻　普皆迴向法界同
法爾眾生現成佛　全佛菩提現圓滿
無盡迴向十願王　普賢行者全佛心
法界平等蓮華藏　常寂光海無量光
虛空有盡願無窮　妙行無盡普賢身
無盡燈明傳承海　如普賢行願無盡

參考資料

1. 劉宋・曇無蜜多譯《觀普賢菩薩行法經》
2. 姚秦・鳩摩羅什譯《妙法蓮華經》
3. 唐・般若譯《大方廣佛華嚴經》〈入不思議解脫境界普賢行願品〉
4. 唐・實叉難陀譯《大方廣佛華嚴經》卷七〈普賢三昧品〉第三、〈世界成就品〉第四卷八十〈入法界品第三十九之二十一〉
5. 唐・一行撰《大日經疏》卷一、卷九
6. 唐・不空譯《普賢金剛薩埵略瑜伽念誦儀軌》
7. 隋・智顗撰《法華三昧懺儀》
8. 日本・亮尊著《白寶口抄》普賢延命法
9. 日本・覺禪著《覺禪鈔》卷七十三（普賢）
10. 日本・承澄撰《阿娑縛抄》卷九十七（普賢）
11. 唐・不空譯《金剛頂經一字頂輪王瑜伽一切時處念誦成佛儀軌》

延伸閱讀

1. 全佛出版《普賢菩薩經典》
2. 洪啓嵩著《菩薩的淨土》
3. 全佛出版《普賢菩薩——廣大行願守護主》

34 虛空藏菩薩三昧

簡介

虛空藏菩薩具足無量無邊的福德與智慧寶藏，猶如虛空般能夠滿足眾生一切所求，這也是虛空藏菩薩名字的由來。

虛空藏菩薩功德非常殊勝，在《虛空藏菩薩神咒經》中說，虛空藏菩薩的禪定如大海一般，淨戒如山一般，智慧如虛空般；是諸菩薩眾的寶幢……。而在《大方等大集經》中則描述了虛空藏菩薩的種種相好莊嚴，以善說佛法來莊嚴他的口，不退於禪定來莊嚴他的心，以總持不忘的記憶來莊嚴他的心念……，虛空藏菩薩以無量的功德莊嚴其身，可見虛空藏菩薩的功德莊嚴廣大。

在佛教界中，虛空藏菩薩的聞持法相當有名，其特色是增長記憶力，然而虛空藏菩薩的慈悲、智慧、願力，其實都是非常廣大的，增長記憶只是他的無量功德中的一小部分。

虛空藏菩薩自發心以來，經過無量阿僧祇劫修行菩薩道，教化無量無邊的眾生令他們發起阿耨多羅三藐三菩提心，滿足一切眾生的願望。

本講中除了虛空藏菩薩三昧外，還加入了虛空藏菩薩大伏魔法，在修持虛空藏瑜伽時，更有圓滿五大虛空藏瑜伽的修法，及觀大悲虛空藏菩薩懺罪法門。

虛空藏菩薩三昧　修證

1997.10.18 造

禪定如海，淨戒如山，智如虛空，精進如風，
忍如金剛，慧如恒沙。
諸菩薩幢，趣涅槃者導，善根河池，貧者寶瓶，
闇冥者日，失道者月，怖畏者山，
煩惱病者良藥。

——〈佛說虛空藏菩薩神咒經〉

南無　虛空藏菩薩摩訶薩
南無　虛空藏菩薩三昧
南無　隨虛空藏行賢聖眾

一、皈命三寶

南無清淨法界境　自身虛空祕胎藏
一切三界主如來　大寶出生如意王
真如不壞無能勝　雨寶善施自在取
福智莊嚴大空庫　虛空藏尊我頂禮
南無法性虛空藏　以空證知一切法
自身等空三昧主　現觀即成法界王

出生無量妙法寶　隨順受用無竭相
能知自心本性淨　稽首虛空三昧寶
南無虛空體行者　自虛空身嚴福智
雨寶自在功德具　利樂眾生一切事
大悲胎藏成菩提　圓滿無上金剛寶
清淨境界三摩地　皈命虛空眾賢聖

二、對法衆

眾生福薄甚可憫　不了自身虛空藏
本然無性離一切　法爾無惱本法界
薄福覆藏生錯謬　自他全佛難了悟
大聖慈悲愍有情　開法界藏生無盡
普施一切雨大寶　如意金剛寶金剛
六道四生無福者　趣入大寶如意門
以虛空孕全如來　灌頂眾生本如來
世出世寶等持受　現觀虛空藏三昧

三、發心

虛空自性本無盡　善根功德亦如是
成就大虛空庫藏　究竟菩提善迴向

如彼虛空無窮竭　周給一切無窮盡
如實菩提心自發　空中庫藏行如是
供養如來無際量　菩提心淨意樂淨
加行清淨增上淨　六度清淨方便淨
無礙心光大慈淨　大悲、喜、捨、神通淨
身語意三業清淨　大人相淨善根淨
虛空庫藏如清淨　空中示諸菩薩行
一切願行淨無盡　虛空庫藏大寶生
所有發心真菩提　顯諸法性同虛空
如空無高亦無下　以無高下無體性
法本無相而說相　能所眾相本然無
菩薩現了真如性　如大虛空無所得
無所執著無所有　無有覺了無戲論
一切有情不可度　如性真實名菩薩
有情本然大涅槃　聞此心中無驚怖
善被勇猛堅甲冑　名為真住菩提子
幻生廣大菩提心　猶如虛空不可竭
有情幻化諸佛法　本同一性無性性
如虛空藏菩提心　得虛空藏足有情
空藏無盡功德聚　清淨空藏如法性

法性無動無有窮　法藏難思不可測
無物無所盡無盡　究竟滅法無所盡
無盡亦無不盡法　是故說為無盡法
善發無盡菩提心　虛空庫藏如實實
有情眾生若虛空　無有輪轉盡成佛

四、正見

諸法性如虛空等　無有高下無體性
如空無生無有滅　無生滅性不敗壞
如空無增無有減　以無增減同法相
如空無明亦無闇　以無明闇心性如
不動法性本空寂　平等善攝一切如
如空常住無敗壞　諸法常住於法界
喻如虛空受眾色　法界如是受眾法
如空非色相叵見　心性如是空無相
如空無邊不可取　如鳥行空無踨迹
善行菩提不可見　法界眾相同空然
諸法無相相如說　相及無相法性無
空相為相空無相　體此妙相菩提行
無滯無礙無戲動　無始無終不可得

不離眾生非眾生　如眾生性名菩薩
喻如幻師殺幻人　實無死者度亦然
有情本住涅槃界　無性無相同一性
有情虛空菩提心　佛法四者本無盡
究竟滅盡無可得　無盡不盡說無盡
六度如空如真如　眾法即空即真如
迴向真如菩提如　有情真如我真如
一切眾法真如故　非真如不妄真如
不異真如善隨證　五蘊真如不壞蘊
不斷不常從緣生　無生自性超世間
無有染著不可得　不壞世間真如相
菩薩善擐淨甲胄　乘大乘住出世道
無所執著三摩地　常起大悲度有情
不見流轉生死惱　生死涅槃性無別
現觀有情皆涅槃　自身本來涅槃相
住法界行菩薩行　亦無行法無所行
安住不生與不滅　不住、非不住法性住
如法性住無所住　一切諸法咸無住
我身本即大虛空　知一切法悉虛空
我不可得無可證　法身虛空無邊藏

法身無遷亦無變　蘊處界等不生滅
非顛倒身如法爾　隨意現身作佛事
離法無身我身法　法即我身法若身
無有二相說身證　正見虛空大庫藏
善觀有情佛涅槃　所顯率意全佛事
蓮華藏海虛空身　不可得故顯微密

五、修證

㈠虛空藏菩薩三昧

1. 清淨境界三摩地　現觀自心本性淨
通達清淨法界境　現成大空之祕藏
大悲胎藏虛空藏　長養成就菩提心
諸佛境界如虛空　普門悉離一切相
是心佛證不可示　自在神力出眾寶
周給眾生無可盡　不可破壞無能勝
出生一切大佛事　三昧主者如意寶
福德聚身無邊際　如虛空界不可得
如實灌頂法界主　諸佛體性大庫藏
平等周遍不可得　為救世間而出生
世出世寶雨無盡　一切眾生佛滿足

虛空自性無可得　我如虛空無自性
從虛空藏三昧生　善修虛空藏三昧
大悲虛空藏菩薩　稱名憶念虛空修
實相憶念本無得　大悲救世雙憶念
緣於大悲一心稱　從體用體本一如
心離二相如實念　南無虛空藏菩薩
從虛空念虛空身　三摩地中虛空藏
福智莊嚴自受用　自灌虛空藏三昧
周用不竭度眾生　眾生全體真如佛
一心憶念如虛空　相續憶念虛空藏
不可得念本虛空　體中自念虛空藏
周遍法界虛空藏　虛空實相虛空藏
一切音聲皆虛空　能成廣大智福主
法爾本然虛空念　念虛空成虛空藏
2. 一切眾相如幻影　虛空無相無不相
從無差別中現身　圓同諸佛法界身
三十二相八十好　莊嚴聚身如海印
淨摩尼寶相映現　妙容無盡隨緣生
如意寶容身赤黃　適悅妙相無邊身
威光赫烿照法界　頂五佛冠智五佛

垂珠寶鬘勝法衣　右持寶劍智第一
左手如意大福寶　寶蓮華上跏趺坐
無量寶眾賢聖隨　海會光明眾寶聚
身相虛空絕無得　大悲妙現無邊容
等流眾身十法界　自心本淨空含色
隨形利益諸群生　示相無盡說道果
眾生無上大福田　廣大慈悲證全佛
3. 明空清淨流法性　大身莊嚴等虛空
頂如意珠天冠現　三十五佛安住頂
如意珠現十方佛　法界眾事妙無邊
平等空故寂一切　十方三世諸佛陀
如流星海相映現　大空遍照無盡圓
體中如來不可得　報身莊嚴觀無厭
4. 我亦虛空亦庫藏　如心眾寶自在雨
眾生苦惱皆除滅　能施自在如意尊
虛空自性自無盡　一切平等無增減
無邊三摩地總持　不由他悟自身證
廣大功德法門藏　一切佛法所出生
性空句攝一切法　無相、無願、無行句
離欲、寂靜、法界句　無賴耶句、真如句

實際、不生不起句　涅槃句等攝眾法
欲離欲句離欲性　一切佛法皆同性
瞋癡亦然法同性　一切眾法同實性
大海吞納眾流水　一句普攝一切法
虛空能包含萬像　一切諸法皆佛法
是佛法者即非法　以想分別想遍知
假名說故中無相　亦非無相法、無法
究竟無相自清淨　自相遠離本法爾
猶如虛空同一性　佛法亦爾性皆空
如是法界虛空身　何人非顯虛空藏
無比善悟眾全佛　佛非佛亦無可證

5.虛空藏菩薩大伏魔法

虛空無礙如來去　自見礙者不可動
內心意樂於淨法　外見眾暗理何在
一切諸魔隨空力　無可動作不能動
現前善發菩提願　虛空藏力大伏魔

⑴本然虛空無魔佛　求離魔境墮魔界
一切境界皆佛界　無有魔界能現觀
如是名隨佛境界　入佛境不見佛境
何況一切餘境界　由此越魔超法門

（山王菩薩）

⑵心緣慮者魔境界　諸法無緣慮無得
無有賴耶魔何作　菩薩超魔勝法門（寶吉祥）

⑶有執則墮於魔境　不取著則無諍競
一切不具勝法門　菩薩超魔之境界（寶手）

⑷若墮空有為有諍　以有諍故住魔境
不墮空有隨相識　無所動轉住無相
一切無相際法門　是為菩薩超魔門（寶勇）

⑸一切妄想煩惱境　如光影像不來去
不轉亦非不轉者　不住內外無可得
如是了知悟實相　分別煩惱不起滅
能斷一切遍計執　菩薩超魔之法門（寶思惟）

⑹有染不染惹愛憎　以有愛憎墮魔行
若離愛憎住平等　諸法種種相自離
離諸相故平等思　平等名超魔法門（寶藏）

⑺起於我則為魔業　若我清淨何魔為
由我淨故煩惱淨　煩惱淨故眾法淨
一切法淨虛空淨　住空淨法超魔門（離寶）

⑻大王灌頂離怖畏　得灌菩薩亦如是
以眾法寶為眷屬　於一切魔無怖畏

能持諸佛眾法寶　如是心超魔法門（法王）

⑼心有間隙心搖動　以搖動故魔得便

菩薩護心無間隙　諸相圓滿無動礙

相圓滿空性圓滿　是菩薩超魔法門（山相擊）

⑽見佛不以五蘊法　見法離作意文字

無見見佛不貪法　真見成就超魔境（喜見）

⑾起念思惟名魔業　思惟不如理魔作

不動不思不生觸　菩薩超魔勝法門（帝網）

⑿若有對治為魔業　若無對治即法界

一切諸法順法界　入於法界無魔界

離於法界魔無得　法界魔界同真如

菩薩了悟一如道　是為超魔之法門

（功德王光明）

⒀無力者魔得其便　有力者魔不得便

無力三解脫驚怖　有力三解脫自在

證解脫者無驚怖　則為超魔之法門（香象）

⒁如大海同一鹹味　佛法智海同法味

若佛若法悉平等　空無相願不生起

一相平等一味等　是為菩薩超魔門（慈氏）

⒂虛空起過一切境　亦無六入一切境

一切諸法自性淨　等身、口、意入智光
若得智光超魔境　是為菩薩超魔門（虛空藏）
⒃現前所說皆魔境　施設文字皆魔業
乃至佛語猶魔業　無言離字魔無能
無施設無我、文字　無我諸法無損益
如是入者超魔境　菩薩超魔勝法門
（文殊師利）
虛空藏大伏魔法　摧毀魔心生菩提
一切作障無能為　隨順究竟菩提心
恒沙魔眾虛空伏　令安住無上菩提
金剛場摧碎煩惱　清淨法門勝軌則
令法界一切眾魔　成就佛果虛空藏

㈡虛空藏瑜伽

1.實相現空

虛空自身即虛空　一眼現觀自圓滿
性界雙圓自寂滅　本然大覺自灌頂
大空所顯密境界　金剛法界顯海印
三世十方法身滿　常寂顯空無盡相
虛空藏如海中印　明顯赤露無差別

十方三世佛星海　法界吉祥大莊嚴
次第融注虛空藏　霓虹明空金剛光
融金器界化眾尊　同入虛空藏自身
脈空明柔次第化　大空中脈大圓滿
最後匯注惟一明　寂滅虛空藏自身
頓空一切不可得　法身最寂證實相

2.虛空藏瑜伽現觀

六根現觀虛空界　最密心要法性界
本來成就金剛界　胎藏無滅離因果
虛空廣大遊戲王　從自清淨自圓滿
心月圓明訖利 化　大蓮花王遍法界
華上阿 化淨月輪　中現伊 字遍照空
本來法界虛空藏　返照自成如意寶
光明遍照廣法界　斂觀入密等自身
現成虛空藏自身　入我我入圓三密
身赤黃色如虹明　內外淨明虛空定
愉悅威光顯赫奕　遍照法界平等明
頂五佛冠垂珠鬘　跏趺安坐寶蓮花
自成虛空藏自尊　一切眾生虛空藏
眼觀法界大圓滿　無死明虹等遍空

3.圓滿五大虛空藏瑜伽

自身遍空虛空藏　如意金剛寶金剛
六大中圍虛空定　中脈成就五虛空
五佛如來同自身　如虹明空顯法界
頂白法界虛空藏　左手執鈎右持寶
喉紅蓮華虛空藏　左鈎右持大紅蓮
心黃金剛虛空藏　左鈎右持寶金剛
臍青寶光虛空藏　左鈎右持三瓣寶
海底業用虛空藏　黑紫身色左執鈎
右寶金剛身吉祥　分乘師子、孔雀、象
鳥與大鵬金翅鳥　安住如意寶三昧
一見廣大虛空後　平等無別大圓滿
自然虛空藏自身　眾生成佛自圓滿
我即虛空藏自身　法界何處非吉祥
法爾遊戲圓性界　一念等持不用觀

六、迴向

廣大虛空藏三昧　受者福智即圓滿
見聞即超法界海　圓同虛空本瑜伽
歡喜勝利普迴向　現知即悟即真如

普皆迴向眾大覺　無修無證虛空藏
灌全佛頂全金剛　無初本然法性界
一切障礙即虛空　歡喜圓成法界王
大福德寶盡成就　世出世間如意寶
法界周用恒不竭　我即如意寶金剛
虛空三昧勝傳承　能成法界眾生寶
無盡傳燈佛海明　虛空妙行恒無盡

觀大悲虛空藏菩薩懺罪法門

救世大悲卅五佛　深信禮敬最敬禮
著慚愧衣心柔軟　如眼生瘡生愧恥
一日乃至七日中　一心禮敬十方佛
稱念三十五佛名　別念大悲虛空藏
澡浴清淨燒名香　特別堅黑沈水香
明星出現跪合掌　悲泣稱念虛空藏
大德大悲大菩薩　愍念我故為現身
現觀虛空藏菩薩　頂上如意寶珠王
紫金色珠最勝妙　珠現天冠自然顯
三十五佛寶冠中　如意珠現十方佛
二十由旬尊化身　結跏趺坐安寶蓮

手捉如意寶珠王　演妙法音清淨相
若於夢中於禪定　菩薩愍眾化眾形
以摩尼珠印人臂　印文中有除罪字
或於虛空有梵聲　罪滅明告罪滅者
或於夢中菩薩言　罪顯清淨教懺法
如意珠首楞嚴出　見者得如意自在
一見虛空藏清淨　本自虛空何罪業
咄！

參考資料

1. 宋・曇摩蜜多譯《說虛空藏菩薩神咒經》
2. 唐・不空譯《大虛空藏菩薩念誦法》
3. 唐・善無畏譯《虛空藏求聞持法經》
4. 唐・金剛智譯《金剛頂瑜伽中略出念誦經》卷三
5. 宋・法天譯《聖虛空藏菩薩陀羅尼經》
6. 日本・覺禪著《覺禪鈔》卷六十二（虛空藏）
7. 日本・覺禪著《覺禪鈔》卷六十五（求聞持）
8. 唐・一行撰《大日經疏》卷五、卷十、卷十一
9. 唐・金剛智譯《五大虛空藏菩薩速疾大神驗祕密式經》
10. 日本・心覺著《別尊雜記》卷二十六（虛空藏）

11. 日本・亮尊著《白寶口抄》卷七十八（虛空藏法）

參考資料

1. 全佛出版《虛空藏菩薩經典》

2. 全佛出版《虛空藏菩薩——福德大智守護主》

35 地藏菩薩三昧

簡介

地藏菩薩是一位悲願特重的菩薩，他在六道中示現，於未來際中救度無量苦難眾生，使之得到解脫安樂的菩薩。他更以「地獄不空，誓不成佛」的大願，廣為世人所熟知，也是佛教徒超荐先靈，作為主尊的大菩薩。

依《地藏十輪經》記載：「安忍不動猶如大地，靜慮深密猶如祕藏。」所以尊名為地藏。而在密教中，其密號為「悲願金剛」或「與願金剛」，表現了他如大地之厚載，安住法性，深祕不住六道而廣度眾生的特德。地藏菩薩的偉大悲願與圓滿的行證，是每一位眾生最光明的典範。

地藏菩薩所示現的形像，雖然也有戴天冠的在家相，但一般以出家相為主，與常示現在家形像的觀音、文殊、普賢菩薩的形像稍有不同。

雖然地藏菩薩特別示現以大乘教法為中心，但同時護持聲聞、緣覺等小乘教法的特質，他也特別重視救濟苦難特深的地獄眾生，並提倡孝道，教人如法超荐祖先，教導眾生敬信三寶、深信因果，使中國佛教界對他有著至高的崇仰。

地藏菩薩往昔在忉利天時曾受到釋迦牟尼佛的囑付，每日晨朝之時，必須入如恒河沙般眾多的三昧禪定，以觀察眾生的機緣，而予以救度。並在釋迦佛滅度之後，彌勒佛未來之際，二佛之間的無佛世界中，救度教化所有的眾生，所以他更是現前我們世間的大恩依怙。

《地藏菩薩本願經》〈囑累人天品〉中釋迦牟尼佛曾說：「吾今日在忉利天中，於百千萬億不可說不可說一切諸佛菩薩天龍八部大會之中；再以人天諸眾生等未出三界在火宅中者，付囑於汝（地藏菩薩），無令是諸眾生墮惡趣中一日一夜。」

而《地藏十論經》更說：「此善男子（地藏菩薩）於一一日每晨朝時，爲欲成熟諸有情故，入殑伽沙等諸定，從定起已，遍於十方諸佛國土，成熟一切所化有情，隨其所應，利益安樂。」所以，如果我們至心如法的念誦地藏菩薩的名號，必定能獲致無量無邊的利益。

地藏菩薩有廣大不可思議的殊勝功德，而且他自從發心修行以來，已圓滿修習不可思議的無邊密境，更具足了廣大無邊的悲願。經過無量時劫的修行，他的智慧、功德，早已等同諸佛，入於等覺究竟之位，應當早已成佛，但是由於他的悲願高遠，要度盡一切眾生，才成就佛果，因此至今仍舊示現菩薩的相貌，而未成佛，是故被稱爲大願王。

稱念地藏菩薩或供養其圖像，不只能離諸憂苦，而且能獲二十八種利益：一、天龍護念。二、善果日增。三、集聖上因。四、菩提不退。五、衣食豐足。六、疾疫不臨。七、離水火災。八、無盜賊厄。九、人見欽敬。十、神鬼助持。十一、女轉男身。十二、爲王臣女。十三、端正相好。十四、多生天上。十五、或爲帝王。十六、宿智命通。十七、有求皆從。十八、眷屬歡樂。十九、諸橫銷滅。二十、業道永除。二十一、去處盡通。二十二、夜夢安樂。二十三、先亡離苦。二十四、宿福受生。二十五、諸聖讚嘆。二十六、聰明利根。二十七、饒慈愍心。二十八、畢竟成佛。這些都是由於地藏菩薩的廣大悲願功德，及威神力所加持成就。

本禪觀除了地藏菩薩廣大三昧，大地藏瑜伽外，其中更有十法界地藏特別現觀教授，利願圓滿廣大地藏究竟殊勝三昧。

地藏菩薩三昧　修證

1997.11 造

地藏！地藏！

汝之神力不可思議！

汝之慈悲不可思議！

汝之智慧不可思議！

汝之辯才不可思議！

正使十方諸佛讚歎宣說汝之不思議事，

千萬劫中不能得盡。

……

現在未來天人眾，

吾今殷勤付囑汝，

以大神通方便度，

勿令墮在諸惡趣。

——《地藏菩薩本願經》〈囑累人天品〉

南無大願地藏菩薩摩訶薩

南無地藏菩薩三昧行法

南無大願賢聖眾

一、皈命三寶

無無法界伏身藏　真如大地體法身
諸佛大悲密胎藏　寶王心地性中起
無邊功德大福藏　大願幻化無盡身
等流法爾隨緣藏　皈命地藏大悲幢
南無地藏大三昧　法身等持喻金剛
伏藏無盡含一切　寶王功德無邊藏
能持法界眾善種　出生無礙大悲幢
萬法出生隨心現　稽首真如三昧王
南無地藏賢聖眾　大願真如體中生
法爾隨緣大寶藏　如法出生大伏藏
法界全佛大悲願　不肯一眾未成佛
示現無盡勝妙身　皈命法界眾願王

二、對法眾

緣起地藏大悲心　能持法界眾有情
不捨一眾悉成佛　法界菩提無邊心
眾生體性自胎藏　究竟法身如來藏
能滅有情無明暗　生死曠野示正路

善住不共勝佛法　六度法界普救度
隨諸佛土入三昧　普令有情除惑熱
眾生惡業眾惱害　悉能解脫大悲尊
特別極苦難有情　普皆成佛方隨證
法界有情咸皈命　普入究竟地藏門
皈敬地藏眾願滿　任持大地喻金剛

三、發心

堅固妙慧清淨心　滅諸有情無量苦
施眾妙樂如寶手　能斷惑網如金剛
起大悲慧具精進　善持妙供奉世尊
以海智救苦眾生　度諸眾生無畏岸
緣起法身如來藏　住持法界無傾動
金剛寂性寶王心　大地安忍智佛頂
滅眾生罪大願王　大悲伏藏滿眾願
利益極苦難有情　眾未成佛誓不證
金剛性寂大地淨　青光榮滋佛種生
大悲金剛不壞誓　決定總持佛心藏
我願隨尊如實發　發已同住地藏王
決定隨住遍法界　大地淨土三昧山

金剛地獄常寂光　安住法界身密藏
地獄不空不成佛　眾生度盡證菩提
法爾大願如實發　同尊體性五智王
甚深願行地獄人　決定現成常寂光
體性寂滅法界藏　念念地藏離怖畏
解脫安住涅槃城　大福現成德圓滿
願尊永怙無佛界　隨念大地成淨土
隨尊法界無生滅　安住體性法界地
能持法界善根種　出生如實佛妙德
平等性智妙法體　金剛寶生現如來
平等妙悲觀察智　體寂用力大願王
願切深如離生滅　大悲伏藏喻金剛
能滿一切眾心願　無分別中證菩提
無佛世界寂法性　有佛之處緣妙生
大悲闡提早成佛　與尊同證無上覺
法界眾生同全佛　地藏妙心同此生

四、正見

法界體性真如體　大悲胎藏自法性
大如來藏菩提心　能持法界眾善根

微妙功德勝伏藏　解脫珍寶如意生
佛輪恆轉眾生佛　精進難壞金剛寶
安忍不動如大地　靜慮深密如祕藏
等至嚴麗妙花鬘　智慧淨廣如大海
無所染著太虛空　妙果近因眾花葉
安忍堅住妙高山　總持淨廣如大海
神足無礙若虛空　滅惑障習日銷冰
大悲寶幢勝三昧　金剛不壞行三昧
金剛地輪極堅固　住持萬物無傾動
隨住佛土入三昧　眾生同證普平等
日日晨朝恆沙定　遍十方國化有情
以無分別住大悲　十方法界身無量
隨緣大力眾如願　法爾成佛地藏境
無上大悲法界力　大願本心圓滿力
大平等力究竟行　常寂無住無可得
如實救度實相力　無間地獄寂光常
是故現見無非佛　直觀法性地藏王

五、修證

(一)地藏菩薩廣大三昧

1. 安忍不動大地德　靜慮思祕密藏心
正見法界妙性地　現前如幻證地藏
微妙功德勝伏藏　解脫珍寶所流生
隨所希求令滿足　稽首大地藏菩薩
地藏威神不思議　本誓深廣難可測
如幻願心不可量　幻化無盡地藏身
十方地藏如幻住　共復一形佛囑付
世尊勿慮末世眾　無佛世界大願度
大悲大願法性地　大力大光祕密藏
安住如幻不思議　如實正見不退轉
信修大悲大願王　救護六道如尊心
皈命至孝菩提因　念念度眾勤修養
空生幻空如水月　念念地藏心皈命
見聞瞻禮一念間　一念現生菩提命
隨心隨念正皈命　南無大願地藏王
一念隨現無邊體　一切眾惡現銷彌
地藏神力不思議　廣大慈悲不思議

智慧圓滿不思議　辯才無礙不思議
至心稱名憶念誦　皈敬供養地藏尊
一切皆得如法求　離諸憂苦隨所應
所有功德大願滿　魔障礙難一時消
無盡妙身勇猛力　安置眾坐無上道
究竟圓滿盡成佛　是名滿足地藏心
大悲大願一心持　南無大願地藏王
相續憶念恆不離　無有間斷地藏心
廣大地藏真如體　以無所得念地藏
現成大地即地藏　法界伏藏心自念
體性憶念大地藏　周遍法界念地藏
地藏地藏念地藏　念念地藏成地藏
地藏法性大法身　現前遍入如來藏
如尊妙行法王子　如尊化身娑婆王
無佛世界尊住頂　教化一切不退轉
碎裂地獄化六道　一切穢惡淨皈命
大力勝行不思議　地獄現空方成佛
地藏遍入我法性　我心遍入地藏尊
相攝遍入體無二　現前大悲大願王
常寂光性安地獄　六道如力遍法界

地性總持法界尊　不動道場本誓揚
現前地藏緣生密　總持大願法性光
現觀法界本地藏　福智雙嚴圓全佛
地藏大悲願成就　承載眾生盡如來
2. 無比大悲願成就　是故法界盡留形
特別大悲救極苦　十方闇界常寂身
功德妙定威神力　等流無畏決定地
隨應如意寶伏藏　眾生自體自法身
大瑜伽王大自在　佛影變化遍流出
大空無垢猛熾身　法身地藏我禮敬
金剛不壞行境界　隨佛安住等三昧
法界無邊恆沙定　盡攝眾生證如來
真如大地法界體　無相無得示總持
無差別中妙容現　相好莊嚴無比倫
如海印顯寂大地　淨摩尼身如意王
寶王心地性中起　隨緣示生大聲聞
袈裟覆身戒莊嚴　一切眾生如來藏
本然體性遍含容　萬善具足總持王
左手寶珠眾生心　本如來藏如意寶
一念心生無量德　大悲利益遍法界

右手錫杖金剛持　說法利益極究竟
振錫妙聲遍法界　眾生聞者同發心
聞心無盡莊嚴幢　福智二嚴如意寶
端坐千葉青蓮座　焰胎密嚴法性生
身勝虛空吉祥尊　無量神通大自在
堅固誓願猛精進　十方法界等流住
六道苦毒極地獄　不動三昧盡化現
乃至無量異類身　大悲願王普示現
我今皈命稽首禮　讚嘆無上大悲主
無邊利益眾有情　法界眾生大圓滿
以無邊力聖救度　眾生與爾同成佛
3. 無佛世界普莊嚴　有佛世界如意寶
眾寶莊嚴法性地　明空真如大悲藏
身土同流如來藏　現大法身光明藏
如緣示現其妙身　普佛世界自周滿
金銀琉璃水精寶　聚蓮華座極巧麗
光焰遍身如胎藏　寶王心地大悲滿
性起功德無邊藏　如意王寶勝標幟
天冠瓔珞九蓮台　身白肉色最無上
右持寶珠如意王　左持蓮華上幢幡

眾寶眷屬自圍繞　能雨眾寶自在尊
福智雙嚴真如體　平等現空大寂意
一切眾生盡成佛　十方三世諸如來
如海相印一體現　大悲胎藏金剛幢
寂靜報身自他圓　全佛體現蓮華藏
4. 現空永斷蘊處界　不住三界與三世
十二緣起眾行滅　無塵垢輪滿月光
諸法無礙日普照　如虛空無差別相
無量三昧戲自在　諸法非有亦非空
非即色空離色空　蘊、處、界、法亦如是
三界、三世、卅七支　十力、無畏佛不共
法爾實相悉如是　滿月清涼遍虛空
如實現觀真地藏　直持寶王自心地
真如大地無漏性　性德大地菩提王
真實不生我無得　是故同觀真地藏
平等妙智無分別　法界大地自地藏
地藏有力我同體　我具力大地藏力
法爾同空現前觀　無錯謬力大悲行
佛輪廣大自在轉　佛眾生界不可得
無相大悲大願力　一切眾生盡成佛

㈡大地藏瑜伽

1.實相現空

法界大地真如體　安住現成本瑜伽
廣住自身如來藏　大悲胎藏法界生
自住性寂大圓滿　無礙作用大地藏
不壞金剛喻海印　當體即顯法中王
三世十方熾然現　一切放下自現成
無別盡顯寂密身　十方三世佛同身
我即廣大地藏身　法界同身即地藏
如明空性金剛海　諸佛法界次第融
流注性明地藏身　如焰胎流遍虹空
金融如焰無別意　全佛化注地藏身
地藏自身脈柔空　大空密煉次第虹
漩流明境無所得　自在惟一明自身
自身寂滅等地藏　最寂真如實相身

2.大地藏瑜伽現觀

現前地界曼陀羅　現觀成就瑜伽王
十界依正皆地藏　大菩提心大圓滿
無別現成大地藏　六根同住地藏王
真如妙心法界身　寶王心地如性起

本來大悲胎藏主　現成金剛法界王
遠離因果大遊戲　自伏藏流如意寶
滿月光輪淨無礙　清淨壇中蓮花台
上具 訶字最吉祥　遍照法界盡明空
本來自身大地藏　返照現成地寶蓮
蓮花上幢幢上蓮　三瓣寶珠安上蓮
焰胎極明自胎藏　眾生菩提心福智
光明寂照廣法界　斂觀入密等身空
自心圓滿大地藏　入我我入成三密
安坐四寶蓮華上　焰胎莊嚴如意寶
天冠莊嚴九蓮台　趺坐自在身肉色
右持如意寶珠王　左持蓮華上幢幡
大地藏身即法界　自身法界現地藏
一切眾生大地藏　現住大地大圓滿
如意寶身虹光聚　無死持明自在身

3. 大地藏圓滿瑜伽（以菩薩身，亦可別用聲聞身）

自成廣大地藏尊　如意寶王法界身
實相中脈如明顯　內外明澈虹寶成
無得體性自生顯　自身壇城地藏尊
五大地藏五佛智　身、語、意、功德、事業

頂、喉、心、臍、海底輪　五身明顯十法界
明空寶身流虹明　白、紅、藍、黃、綠清淨
法爾法界大遊戲　度眾妙行無住德
現身安住大地界　自身法界密伏藏
現成究竟心中心　性界法身大覺王
最極究竟大圓灌　法爾已成地藏王
無心可用無修證　法界現成全佛圓

4.十法界地藏特別現觀教授

法界全體大地藏　十法界身大地藏
有緣密行十地藏　以法界身為自身
自顯大菩薩地藏　頂住能仁佛地藏
右眼緣覺身地藏　左眼聲聞相地藏
眉際大堅固地藏　喉輪大清淨地藏
心清淨無垢地藏　臍輪大光明地藏
海底大清淨地藏　密大定智悲地藏
能仁雙目金身聚　眉、喉、心、臍、海底輪
白紅藍黃綠光明　密觀顯密熾熱光
廣度無邊有情海　一切眾生必成佛

（自身顯為菩薩身地藏相，亦可現為聲聞相，此時以大智悲地藏身示現。菩薩身地藏入於眉心，除二眼中之地藏不變其位外，其餘五尊次第下置。）

六、迴向

廣大地藏究竟勝三昧　修證清淨如尊寶生德
願爾成佛眾生現成佛　全佛現前蓮華藏海現
初中後善平等無差別　噫兮大悲至尊願王佛
祈請憶起本師妙付囑　慎勿捨我娑婆有情眾
特別具心修證諸佛子　密護加持無間願金剛
南無怙主勝利閻魔敵　十法界圓地藏曼荼羅
赤裸現前體性法界藏　不二現空相應破有壞
怙主願火熾然妙功德　迴向現前法界盡迴光
無佛世界為尊妙住持　再憶本師釋迦勝付囑
少病少惱眾生易得度　娑婆世界立斷眾雜染
現前頓超大圓滿法界　清淨喜涼三世圓十方
靈山灼灼無二佛尊前　眾生成佛任誰不成佛
木黑闇黎威力現成佛　五毒三業現銷如霜雪
無上菩提命中自圓融　能賜妙福無災障至尊
祈請大願大力如圓滿　三憶大悲付囑能仁佛
願尊大事圓滿大成就　勝法傳燈無盡全佛明

參考資料

1. 唐・實叉難陀譯《地藏菩薩本願經》

2. 唐・玄奘譯《地藏十輪經》

3. 隋・菩提燈譯《占察善惡業報經》

4. 唐・善無畏、一行譯《大日經》

5. 唐・藏川述《地藏菩薩發心因緣十王經》

6. 日本・覺禪著《覺禪鈔》卷七十〈地藏〉

7. 日本・承澄撰《阿薩縛抄》卷一百一十〈地藏〉

8. 日本・亮尊著《白寶口抄》九十一～九十二（地藏法）

9. 日本・亮尊著《白寶口抄》（地藏法雜集）

10. 明・智旭述《禮地藏菩薩懺願儀》

延伸閱讀

1. 全佛出版《地藏菩薩經典》

2. 洪啓嵩著《菩薩的淨土》

3. 洪啓嵩著《地藏菩薩大傳——地獄救度之王》

4. 全佛出版《地藏菩薩——大願守護主》

36 彌勒菩薩三昧

簡介

彌勒菩薩是大乘菩薩中，喜樂慈心的代表。彌勒菩薩特重慈心，「慈」是能給予他人喜樂。其實「彌勒」漢譯即為「慈氏」，是彌勒菩薩的姓氏，而彌勒菩薩往昔亦以修持「慈心三昧」為其根本修行。

彌勒菩薩的信仰，無論是在中國或者是在印度，都是相當重要的。彌勒菩薩是繼釋迦牟尼佛之後，即將成佛的補處菩薩，也是娑婆世界賢劫千佛中的第五佛。

彌勒菩薩是一生補處菩薩，即將繼釋迦牟尼佛之後，在閻浮提（娑婆世界）下生而成佛，所以我們亦稱他為彌勒佛，是未來佛。

根據《彌勒下生經》記載，彌勒菩薩現在居住於兜率天，在內院弘法教化天眾；經過天壽四千歲約人間五十六億七千萬年之後，將會誕生在娑婆世界，在華林園龍華樹下成佛。並舉行三次度眾法會，轉妙法輪，此即有名的「龍華三會」。

因為彌勒菩薩是未來佛，是一切眾生的依怙，所以有很多人被傳述為彌勒佛的化身，其中在中國最有名的莫過於肚子大大的，隨身帶著一個布袋，笑口常開的布袋和尚，一般我們常見的彌勒佛即是布袋和尚的身相，笑口常開喜樂的體性與之非常相應。

依據《觀彌勒菩薩上生兜率天經》記載，當佛陀滅度後，如果有行者稱彌勒菩薩的名號，此人能在生命終了時，得以出生於兜率天；只要聽聞彌勒名字，命終之後不會墮於黑闇處，恆常生起正見；若歸依彌勒菩薩，當知是人於無上佛道得不退轉，於未來也值遇恆河沙等諸佛如來。

彌勒菩薩三昧，讓我們安住於彌勒菩薩的大慈光明之中，自觀現成彌勒菩薩，使一切有情安住無上喜樂，圓滿成佛。

彌勒菩薩三昧　修證

1997.12.21 造

我悔一切過　勸助眾道德
歸命禮諸佛　令得無上慧

——《彌勒菩薩所問本願經》

南無　大慈彌勒菩薩摩訶薩
南無　大慈光明三昧法門
南無　大慈賢聖眾

一、皈命三寶

南無法界大慈體　三世諸佛同慈心
大光明藏妙法身　大空明樂等持明
無能勝圓自他滿　平等如願兜率主
等流密用隨緣力　皈命彌勒大慈尊
南無大慈三昧海　受用究竟光明王
清淨無苦等持力　安住寂靜平等意
大悲大空無分別　信忍喜定智慧明
能證金剛喻海定　稽首大慈光明禪
南無大慈賢聖眾　能與眾生究竟樂

遠離眾苦證平等　圓滿成就大光明
廣大至柔心體性　淨護一切法界眾
無邊安樂眾成佛　皈命大慈光明眾

二、對法眾

大慈緣起彌勒心　不忍眾生受眾苦
光明三昧力總持　遍救眾生住究竟
特別三毒薄眾生　無有瑕穢住十善
國土清淨行願眾　相應如實會龍華
法界一切諸眾生　當心力持大慈門
真實安樂平等住　圓成光明全佛門

三、發心

廣大慈心堅固意　盡滅眾生無常苦
光明喜樂滿眾心　同入真言喻金剛
善權方便安樂行　得致無上正真道
善以清淨身口意　廣集無盡諸功德
願成大慈菩提因　圓證無上菩提道
法界眾生深垢重　能以廣大慈悲心
心無厭捨善巧度　度脫無盡生死海

過去現在佛世尊　一切所行菩薩道
大願修學恆無盡　六度圓滿究竟道
廣度法界一切眾　同住無上菩提果
如實淨護諸國土　善巧淨護一切眾
八心殊勝隨順發　無上正覺不退轉
成佛國土能清淨　眾生無垢無瑕穢
淫怒癡薄行十善　大慈勝利圓成佛
大慈妙緣根本願　遍覆眾生盡平等
大空明樂眾成佛　全佛法界光明生

四、正見

正見至柔法界性　大空無礙真如法
大慈光明體三昧　如金剛喻不可壞
善巧方便安樂道　大力度眾盡成佛
法性如實不可得　自性如幻不成就
智了因緣幻集相　入三世境不忘念
調柔至順隨眾生　無礙安忍大菩提
不肯見眾未成佛　大慈喜樂究竟心
全佛法界熾然顯　現觀彌勒尊成佛

五、修證

㈠彌勒大慈光明三昧

1. 法界大慈體性尊　甚深皈命圓喜樂
性空如幻法樂長　如實圓具佛慈心
兜率內院菩薩海　隨順隨念隨寂靜
決定彌勒大慈佛　攝受如心大功德
一念迎同兜率國　無上慈尊下生來
現前娑婆咸清淨　龍華三會度眾生
現觀大慈心三昧　一切有情永慈護
現成光明大三昧　圓同無比功德人
現集佛德淨佛剎　如彼彌勒尊勝利
現迎清淨下兜率　隨侍慈尊會龍華
如尊決定圓成佛　大慈空樂淨剎佛
大慈三昧普照行　如尊因地本慈心
體性如空慈滿注　光明清淨佛德生
兜率示現如寶月　體性無生如來生
決定現住彌勒閣　重重無盡法盡智
上生下生輔佛位　如尊幻化大慈行
能持法界善根種　出生如實佛妙德

不變大慈體性海　智照光明離造作
寂靜平等妙功德　法爾本然本無生
無授記中自授記　如尊彌勒我亦慈
重重彌勒閣安住　無生如實隨侍尊
兜率淨土彈指現　龍華三會自圓成
示佛妙因大慈意　不斷煩惱不修禪
決定成佛本無疑　皈命上生最後身
成就八法不退轉　深心、行、捨、方便心
大慈、大悲、善了知　成就般若波羅蜜
如實圓滿勝菩提　了悟諸法勝體性
四清淨法菩薩戒　持戒清淨本無我
三昧清淨無眾生　智慧清淨無壽命
解脫知見淨無人　疾證無上大菩提
恆轉無上大法輪　圓滿眾生盡成佛
淨護國土及一切　四事安忍未證佛
善權方便安樂行　皈命禮佛慧無上
無有垢穢三毒心　慈氏本行佛善生
龍華三會勝依止　迎得彌勒下天來
菩薩勸助眾道德　如實集佛勝妙慈
本願清淨無垢穢　隨尊吉祥自安住

現前深修十法圓　遠離惡道惡知識
寂靜平等道意慈　勝法空生、方便觀
大悲、現空、知無念　正觀、無疑、安、禪、戒
立德樂法無分別　貪瞋癡鎖住大空
菩薩善權七覺意　現前直心八正道
九住如幻次第定　十圓三昧現金剛
行實如如隨意佛　無生法忍勝導師
淨護國土遍一切　大慈方便安樂行
無有垢穢當來世　方證無上等正覺
現前果圓離三世　大光遍照無方所
慈氏本行吉祥果　本願因緣大慈佛
當來下生清淨國　法性緣生常安樂
無有錯謬如法界　一念現生彌勒佛

2. 大慈體性力遍起　心自柔軟大光明
一心如法念慈尊　南無彌勒佛世尊
大悲名字法界聞　無上道中不退轉
廣大功德難思議　無間憶念彌勒尊
我念彌勒佛念我　如彼明鏡互明照
眾生無明染塵垢　是故不知佛念我
一心憶念彌勒佛　大慈心念如湧泉

喜樂空生光明藏　佛德無盡如法生
念念慈尊無間斷　法界體性同生慈
法界體力同圓滿　大喜法界全佛同
龍華三會蓮華藏　毘盧遮那無盡光
3. 遍一切如來境界　法爾隨起大悲心
善巧隨順眾生念　施與無上正法樂
能從如來種性生　令諸世間佛種續
眾生見者無量喜　現證慈心三摩地
現觀慈尊妙身相　三十二相八十好
身肉白色五寶冠　冠中塔婆自莊嚴
右手紅蓮拈花持　花上寶瓶光明聚
傾灌十地甘露水　迅疾除惑證正覺
左手廣大施無畏　慈日遍注法界眾
4. 兜率妙身光明相　七寶台內摩尼殿
師子床座蓮華上　結跏趺坐極莊嚴
身如紫金大光聚　十六由旬妙寶身
三十二相八十好　紺琉璃髮肉髻圓
帝釋妙寶嚴天冠　百萬億色聚佛光
一一色中無數佛　化菩薩眾為眷屬
他方世界菩薩眾　變化自在住天冠

眉間白毫妙相光　流出眾光百寶色
一相五百億寶色　一一好中同妙光
一一相好艷明出　八萬四千光明雲
見佛光明得授記　祈願同樂共全佛

5. 彌勒慈氏大成佛　放大光明垢不障
身紫金色卅二相　坐寶蓮華現莊嚴
光明晃耀無數計　一一身節力無量
不可思議毛孔光　無量無盡無障礙
身長三十二丈滿　端正無比妙相好
一相八萬四千好　以自莊嚴如鑄金
一一好中流光明　照千由旬示緣生
青白分明肉眼淨　常光繞身百由旬
佛身高顯黃金山　見者自然得解脫
祈願彌勒大成佛　眾生成佛成全佛

6. 一切寂滅惟實相　現成大慈盡圓滿
無生無滅無所得　無自性故現如幻
何能憶起諸分別　現前實相彌勒禪

㈡彌勒大慈瑜伽

1.實相現空

法界至柔大慈體　現空瑜伽自圓滿
自性真寂大樂顯　如鏡相照大法悅
海印性圓蓮華藏　當體無謬法中王
十方三世赤裸顯　諸佛如來同慈心
現成我空住慈氏　金剛海會最寂滅
法界融空如星佛　諸佛漸次化實性
宛若融金注彌勒　自身慈氏悟虹空
融金流虹無分別　全佛化入彌勒身
慈氏至柔脈深空　次第相煉流霓虹
明境空樂無所得　最密融入惟一明
現前自身即彌勒　現空寂滅無相身

2.彌勒大慈瑜伽現觀

法界大慈曼荼羅　全佛同心瑜伽王
一見即證光明禪　法界體性自三昧
頓空體性法爾顯　大寶樓閣毘盧藏
中現八葉蓮華台　上現月輪淨圓滿
月中無生阿 𑖀 字顯　遍照法界本然空
返照現成法界塔　一切如來法身顯

五輪體性法界身　光明圓具遍照身
明光遍顯次第廣　遍法界處大廣觀
次第斂觀融如密　圓成等身無所得
大圓滿現彌勒尊　自身慈氏光明藏
首戴五智如來冠　冠中一切如來塔
右手拈持紅蓮花　華上寶瓶盛光明
十地甘露智水光　傾灌法界眾有情
左手妙持施無畏　眷屬圍繞大莊嚴
自身霓虹大慈光　一切眾生同慈尊

3.彌勒大慈光明圓滿瑜伽

無畏大慈心成就　法界同灌我慈尊
以法界身自莊嚴　最寂實相身圓滿
至柔實相中脈顯　內外明澈大寶光
無生自體無得顯　自身壇城佛慈心
五大彌勒五佛陀　身、語、意、功德、事業
頂、喉、心、臍、海底輪　現成大慈法界王
白、紅、藍、金、與虹光　自身霓虹大慈光
廣大誓願眾生樂　至樂同證法中王
自身大慈三昧耶　六大明點金剛喻
色、風、息、心、真言、智　法界大慈三昧耶

我即現前彌勒尊　一切全佛自無難

4. 現前彌勒大慈尊

無初無後無生滅　無自性空自實相
如實金剛大慈定　法爾現成彌勒尊
不待分別度眾生　無修無證本彌勒
彌勒大事如心證　慈尊妙緣一力扛

六、迴向

彌勒光明三昧行　大慈吉祥大成就
如緣迴向攝佛德　如實成就眾生佛
諸佛歡喜少惱病　眾生易度國莊嚴
祈願彌勒未來佛　早早下生願成佛
龍華三會現成就　法界共會無不成
祈請勿捨娑婆眾　直至成佛喜攝我
一切災障消如實　十力圓滿大慈王
諸魔歡喜不為障　疾病永消無死虹
無生法王勝迴向　法界平等盡佛陀
決定成就無錯謬　普光明地全佛證
五毒三業淨無得　六大無災人禍離
無上菩提早決定　依彼無滅如實成

祈請大樂彌勒尊　盡攝眾生現成佛
一向無災大歡喜　遍照光明永傳燈

參考資料

1. 宋・沮渠京聲譯《佛說觀菩薩彌勒觀上生兜率天經》

2. 姚秦・鳩摩羅什譯《佛說彌勒大成佛經》

3. 元魏・吉迦夜共曇曜譯《雜寶藏經》卷三

4. 東晉・佛馱跋陀羅譯《華嚴經》卷六十

5. 龍樹菩薩造、姚秦・鳩摩羅什譯《大智度論》卷一、卷四、卷九、卷二十九、卷三十一

6. 唐・善無畏譯《慈氏菩薩略修愈念誦法》卷下〈畫像品〉

7. 日本・惠什撰《圖像抄》卷五

8. 日本・心覺著《別尊雜記》卷二十八

9. 日本・覺禪著《覺禪鈔》〈彌勒〉

10. 日本・承澄撰《阿娑縛抄》

11. 唐・一行撰《大日經疏》卷一

12. 唐・不空譯《補陀落海會軌》四十

延伸閱讀

1. 全佛出版《彌勒菩薩・常啼菩薩經典》

2. 全佛出版《彌勒菩薩——慈心喜樂守護主》

第四章

密教三摩地

密法是實踐究竟實相，圓滿無上菩提，讓修行者疾證佛果的法門，密法的修持，是從法界萬象中，體悟其絕對的象徵內義，並從這些外相的表徵、標幟中，現起如同法界實相的現觀，進而了悟自心即是如來的祕密莊嚴。因此，禪觀的修持在密法中相形重要。

「密教三摩地」，選擇了密法中重要的禪觀法門，其中主要以無上瑜伽部的觀法為主，是依於悲智圓融雙運的高階禪觀法門。本章共講授了生起次第、圓滿次第、六法教授、無死瑜伽、全佛大手印、大圓滿等密教三摩地禪觀。

37 法爾體性生起次第

簡介

「無上瑜伽部」，建立「嘛哈瑜伽」（生起次第）與「阿努瑜伽」（圓滿次第）兩大系統，融攝了生起次第、圓滿次第二者而成。

生起次第者，把瑜伽部建立佛身的觀念提出來，從瑜伽部只是與本尊相應、觀想對生本尊，更進一步即行者自身，本然就是佛身。

所以要以生起次第顯現外相的佛身，透過五方佛的灌頂，來成就生起佛身、生起本尊的次第。因此可以稱之爲「本尊瑜伽」，是屬於密教四灌頂中的初灌法門。

無上瑜伽部的生起次第，是將自身完全轉化成佛身的本尊瑜伽修法。

其修法是以空性的三摩地爲基礎，加上「入我我入」的瑜伽前行而生起本尊的現觀。

生起次第所依的根本是觀想，而所觀的佛身是心、色不二及現空如幻的本尊身；透過生起次第的修證，能生出如幻即眞的眞實現象，即現觀起他人能見、能觸摸的本尊身。

生起次第依據瑜伽部中的五字嚴身觀與五相成身觀，建立了自身身體、語言、意念三業與本尊之身體、語言、意念三密入我我入、交互融攝的基礎，確立安住於本尊的心念。

現在更進一步透過五方如來的灌頂，確認此凡夫身現前爲佛身，並能使自身生起佛身，能夠明顯、堅固並具足佛慢，成證化身佛。

生起次第屬於初灌的法門，即指行者接受五方佛灌頂時，觀想此身如何成爲本尊身，基本上這是屬於本尊瑜伽。

行者經過五方佛的灌頂，使自身具足五方佛的體性，把眾生的五毒貪、瞋、癡、慢、疑轉成佛陀的五智，將地、水、火、風、空轉成五方佛的體性；將九識轉成九智，也就是把第九意識轉成法界體性智，第八意識轉成大圓 鏡智，第七意識轉平等性智，第六意識轉成妙觀察智，前五識轉爲成所作智。

五方佛各在東、西、南、北、中，具有五大的意義。五方佛中央是大日如來，西方阿彌如來、東方阿閦佛，南方寶生如來，北方是不空成就如來，這五方佛代表五智，最主要的意義則是將凡夫的五毒轉成如來五智。

本尊觀是生起次第的主要內容，茲簡介如下：

本尊觀在《菩提道次第廣論》中稱爲天瑜伽，實際上應稱爲本尊瑜伽較恰當，在此種觀法中又可分爲四種：⑴對生本尊、⑵頂生本尊、⑶肩生本尊、⑷自生本尊。如以事部、行部、瑜伽部、無上瑜伽部而言，對這四種觀法也有不同看法。

有的認爲事部瑜伽是不作意觀想本尊，而是自然現起，或有說須作意觀想。

行部所觀想的基本上以對生本尊爲主，即是觀想本尊在虛空中出現。

瑜伽部則需要觀對生、自生本尊，因而修習「入我我入」觀法。

在行部、瑜伽部中，都須將本尊奉還本位，而在無上瑜伽部中，基本上以自生本尊爲主，有時也修習對生本尊。自生本尊是絕對不遣送的，在修持生起次第時，隨時隨地觀想自身爲本尊，無一刻相遠離。若是觀想對生本尊的話，則或奉回、或不奉回。

本尊觀主要以對生、自生爲主，而在修法中卻又衍生出頂生、肩生兩種。

以上四種觀法中，行者修持時，必須了解此皆是由空性中出生，是空性所生的如幻三摩地和本尊瑜伽觀的結合。

遣送跟不遣送本尊在意義上有什麼差別呢？如果將本尊奉回本位的話，還是有「本位本尊加持於我」的想法，所以修完法之後，要奉回本位，行者不敢以佛、本尊自居，這是事部、行部、瑜伽部的修法。

而無上瑜伽部，認為一切眾生皆是佛，要生起佛慢堅固，所以行者受領加持灌頂之後就是本尊了，隨時隨地現觀己身是本尊的三昧耶身，將身體每一部位觀想得清清楚楚，身相自然就改變得如同本尊一般。

本次宣說的「法爾體性生起次第」則是依「全佛現成、法界壇城常寂圓滿」，從一皈命三寶；二對法眾；三發心；四正見；五修證：空、悲、因三摩地，月輪菩提心觀，阿字觀，三密相應，入我我入，五輪塔觀，五相成身觀，金剛持身法界，身法界護輪，五方佛灌頂，供自體性金剛持，誦咒，入體性，懺悔，現成；六迴向。是從法爾體性來修持生起次第的禪觀。

法爾體性生起次第　修證

1998.2.20 造

如自體性所依止　全佛現前自瑜伽
現成許可惟名言　上師無為自灌頂

爲諸有緣弟子及法界有情，開啓諸佛體性無爲正道，一切根本薄伽梵，具樂大空兮魯迦，許可名言無爲灌頂至理，全佛現成，法界壇城常寂圓滿。

南無　上師法界體性海
南無　法界五佛金剛持
南無　法爾體性生起次第
南無　法界三昧耶聖眾

一、皈命三寶

皈命法界自體性　五佛廣大持金剛
等流教授圓全佛　灌頂有情大法王
稽首法爾體性法　隨順現前大金剛
現身成佛無錯謬　生起次第眾全佛
南無法界密聖眾　具誓三昧耶金剛

圓滿有情圓成佛　最上菩提心禮敬

二、對法眾

人法無我了二乘　見空如幻大悲生
願行菩提心戒圓　上證三昧菩提心
大悲空智菩提生　為佛真子利自他
聞思慧行諸佛法　善解如來真實義
妙懺行戒六度攝　世出世圓出離心
定慧力持不動智　持金剛喻善圓滿
眾行圓力行瑜伽　無上密乘等金剛
全佛現觀眾全佛　一切眾生即金剛
善攝法界眾有情　遍界眾生咸如來

三、發心

根本金剛持本心　菩提現成實相心
遊戲勝願菩提王　四無量心四攝足
行菩提中六度滿　大悲相續微密行
不肯眾生未成佛　悲忿密圓三摩地
樂空無二法爾足　眾生全佛大菩提
惟一究竟勝心發　法爾實相無可得

四、正見

最勝懺悔見實相　自見體性無可見
現成無得大光明　法爾如緣即全佛
蘊處界圓常寂滅　法爾金剛持金剛
法界本然六大密　清淨無礙本瑜伽
五蘊五毒五大智　九識圓證體性轉
四曼陀羅身法界　三密現成離因果
帝網莊嚴遊戲王　現成如來大金剛
惟一正見惟全佛　悲智不離惟全佛
離全佛見違誓句　堪受法者住正見
見修行果惟全佛　法爾自性全灌頂
無有作用離分別　上師密義惟體性
明顯堅固全佛慢　平等大悲大般若
廣大金剛全法界　空樂受用自瑜伽
大悲密力三昧耶　惟遊戲王大遊戲
惟金剛王大金剛　一切受持現灌頂

五、修證

勝密加行本全佛　宛轉遊戲事行圓

瑜伽本然勝義中　無上次第本然無
生起圓中大圓滿　金剛王戲大金剛
大悲空智光明藏　頓斷全佛果圓因
離彼因道果自性　法界全生勝王佛
上師自性海加持　上師自性海灌頂
上師自性海無二　無有言詮勝瑜伽
無上次第上師海　無別大智全總持
現觀法界全如來　第一密性光明藏
流出佛德三十六　圓同自性法界身
三十七尊惟緣起　隨順勝緣我開啟
能總受用諸傳承　無有障礙諸違逆
一切法越體中消　惟見眾生全如來
法界全生曼陀羅　不離自身自圓滿

1.空、悲、因三摩地

本然大空空三昧　法爾大悲悲等持
圓果成因三摩地　惟一勝見惟全佛

2.月輪菩提心觀

實相菩提心圓月　究竟圓成勝佛種

3.阿字觀

本然無生阿字生　法界依住大菩提

4.三密相應、入我我入

三密相應勝加持　入我我入成本尊

5.五輪塔觀

六大瑜伽內外界　法界成身身法界

五輪總成圓次第　無可得中大中圍

6.五相成身觀

五相成身界金剛　金剛界成自金剛

無可得生證全佛　全佛金剛大總持

7.金剛持身法界

法界遍空金剛界　頓然無得引妙聲

吽 ![] 吽大吼心法、界　金剛幕顯結本界

智火熾然金杵密　法界帝網遍壇城

自心鑁 ![] 字智水精　彈指虹光八葉蓮

花上無生阿 ![] 字現　如性自生心月輪

輪中體顯藍寶吽 ![]　化成晴空水精杵

放光供養全佛界　廣斂自在成實相

密意等持返自身　自成金剛總持尊

廣大師王寶嚴座　虹光妙蓮五自性

遍照金剛大總持　不變佛性晴空藍

一面二臂具法界　五佛頂冠相無盡

寶飾莊嚴最因緣　右持金剛方便杵
左持般若空智鈴　大悲空智本雙運
法界藍空金剛虹　悲智三昧光極顯
五輪自性五字嚴
嗡　阿　吽　唆　哈

8.法爾金剛持

心間蓮月吽　字光　迎請本然大金剛
如實上師本無異　究竟無上持金剛
外、內、密、實相供養　惹吽榜吙融自身
如明入明空注空　遍照法界自圓滿

9.身法界護輪

自身頂具五金杵　足蹈金剛界地基
肋成不壞金剛墻　金剛帷幕皮相滿
寶蓋莊嚴頂髮相　汗毛焰網熾金箭
指爪無生智火焰　身即自在法界壇
金剛宮殿極勝利　足下風大密火力
臍中智水如淨住　心間不動地性德
脊住須彌串串立　四方隅等身壇城
心中脈輪如體性　緣生具力隨自在
眼空明照法界光　肢節身柱全法界

耳、鼻、舌、身極妙用　如燈明暗真遍照

法界身城極明晰　自身金剛大總持

10. 五方佛灌頂

頂輪嗡 字如水精　現成毘盧遮那佛

名言灌頂大自在　九識、色蘊空癡體

現成遍照金剛慢　法界體性智圓滿

悲智雙運三昧耶　法爾現成大總持

喉輪阿 字赤寶玉　現成無量光如來

金杵灌頂大自在　六識、想蘊、火、貪體

現成無量光佛慢　妙觀察智自圓滿

悲智雙運三昧耶　法爾現成大總持

心輪吽 字青空寶　現成金剛不動佛

寶瓶灌頂大自在　八識、識蘊、水、瞋體

現成不動如來慢　大圓鏡智自圓滿

悲智雙運三昧耶　法爾現成大總持

臍輪唆 字金明相　現成寶生佛金剛

寶冠灌頂大自在　七識、受蘊、地、慢體

現成寶生如來慢　平等性智自圓滿

悲智雙運三昧耶　法爾現成大總持

海底輪哈 綠淨光　現成不空成就佛

寶鈴灌頂大自在　五識、行蘊、風、疑體
現成不空如來慢　成所作智自圓滿
悲智雙運三昧耶　法爾現成大總持
自性雙運金剛宮　五智如來五壇城
一切眷屬喜圍繞　大樂空智飲吉祥
上師法爾自性寶　現前即生五如來
法界本然五佛陀　空中現成法界宮
外、內、祕密、實相供　現成歡喜大作用
如密流明融自佛　無二實相已成灌

11. **供自體性金剛持**

無邊流轉遊戲尊　究極供養最究竟
外、內、密與實相供　自身現成持金剛
法界金剛大總持　一切眾生金剛持
一切隨身身金剛　一切語言言金剛
一切意念意金剛　所受現成功德寶
所行事業金剛聚　無分別中金剛持

12. **誦咒**

嗡、縛日羅、達喇、吽吽

13. **入體性**

法界壇城即體性　火網護輪斂入密

全佛等入自身中　自法身城漸次寂
金剛空鍊遍照光　如實流入實相中
頭手足指注中脈　最後會明吽 字中
依地漸收入大空　極細明線惟一明
泯入無為法界定　法爾成就金剛持

14. **懺悔、現成**

自懺實相體性中　明顯堅固自金剛
行住坐臥如明空　明晰遍照無疑惑
我即金剛大總持　眼注全佛同金剛

15. **金剛界五佛真言：**

大日如來：Oṁ vajra-dhātu vaṁ
阿閦如來：Oṁ akṣobhya hūṁ
寶生如來：Oṁ ratna-saṁbhava trah
阿彌陀如來：Oṁ lokeśvara-rāja-hriḥ
不空成就如來：Oṁ amogha-siddhe aḥ

六、迴向

依彼體性生起法　次第已成金剛持
迴向有情同圓滿　成就金剛總持尊
身、語、意、功德、事業　諸佛悲智圓悉地

法界壇城無邊際　法爾傳承大圓滿
地水火風空識難　人為自然諸障礙
祈願迴向皆消除　五毒盡滅圓五智
世出世間勝吉祥　一切全佛持金剛

38 圓滿次第

簡介

「生起次第」與「圓滿次第」爲無上瑜伽部之二大系統。兩者內容不同，生起次第是現觀自身爲佛身，是使五大體性與本尊智慧體性轉換的方便；而圓滿次第則是直接以觀想或透過氣功及各種修持法來改變內在的氣、脈、明點。生起次第可以說是化身成就，而圓滿次第則是報身成就。但密教所說的化身、報身，其定義和顯教並不相同。

就藏密而言，生起次第只是觀自身爲佛身，圓滿次第則是利用氣功道的修持來達到改變氣、脈、明點爲目的，使整個生命的精華進入中脈、開發中脈，開發身體各輪脈，使一切細脈都完全開發，將業劫氣轉成智慧氣。

在藏密中，一般認爲要修學圓滿次第須到達四灌頂中的二灌與三灌程度，修生起次第則只須到達初灌的程度。二灌是祕密灌頂，三灌是智慧灌頂。祕密灌頂和智慧灌頂與男女的雙運有關，讓我們成就大樂智慧身，使心中智慧薩埵成爲報身佛。

生起次第、圓滿次第的氣、脈、明點和成佛的關係極爲密切，以下分別討論之。

「氣」是一種遍行的力量，如果沒有安住在智慧的體性裡，就容易成爲雜染、不清淨的氣。同樣的，如果有雜染的氣存在，就表示心不清淨，智慧不具足。

氣的清淨與否是智慧的問題，而氣的力用則是來自大悲心。就一個阿羅漢而言，他的智慧已經具足，能夠使業劫氣停住；但是其智慧氣卻無法轉動法界，因爲力用不足，也就是悲心不足、大悲力不足。

就「脈」而言，法界脈是至柔的、通達的，如果脈有阻塞、不通達，表示行者在智慧上有阻礙、不通達。脈如果不通達，氣在其中便無法自在地運行，無法轉動法界，也就無法產生力用，而力不足則表示大悲心不足。

就明點而言，明點不清淨，表示智慧不清淨，明點力量不足，無法通達法界一切處，表示悲心不足。

所以氣、脈、明點的修鍊，就是悲心與智慧的調鍊。而各種修道方便有不同的調鍊方法。

就圓滿次第而言，當發生氣不純的現象，直接從氣的本身，也就是從緣起上入手。

在生起次第中，「理」上已經次第的觀照，但是在

「事」上，卻還不到轉化的程度，所以在圓滿次第裡便直接從緣起方便中將它直接轉掉。

在生起次第般若空觀的修法中，是從因上著手，掌握了這個因，再從事相也就是病症上來醫治，使病症快速痊癒，讓業劫氣整個停住，智慧氣完全生起，讓阻塞、僵硬的脈轉化，使其柔軟，將有業力、會漏的明點直接轉成智慧光明明點。

這種修法也是從佛陀的三十二相、八十種好而來。《金剛經》中說：「若以色見我，以音聲求我，是人行邪道，不能見如來。」但是在緣起上，若不以三十二相見如來，則是入於斷滅。所以，生起次第掌握了因地本質，圓滿次第則從因緣事相上著手調鍊，雙管齊下，迅速成就。

那麼，一個人的脈通達了，是否就一定具足智慧與大悲？就圓滿次第而言其答案是肯定的，因爲它所講的是「無爲脈」，也就是「佛脈」，而不是世間脈。

圓滿次第所通達的脈是從空性出發，在見地上與世俗完全不同，如果只是像一般世間修脈，如道家打通任督二脈、印度教的中脈通達，這樣修持的境界，到最後充其量也只能達到無色界身而已，跟智慧是無關的。

修習圓滿次第的根本是在如幻三昧，如果只是單純地修鍊身體，就和外道相同了。

就圓滿次第而言，眞正修持氣、脈、明點、開發中脈，必須在悟道之後，悟道之前都是屬於假修，只是將緣起上的障礙完全去除，讓行者在成就之後，不必再花太多時間來清除。

生起次第和圓滿次第的修法，如果能在法性和緣起上同時下手，則更爲快速。如果行者只停留在圓滿次第的假觀中脈上，以爲自己成佛了，是無有是處的。

在「圓滿次第三昧修證」中，其修法是從上師出生法界身，清淨身、語、意，到外身、內身的修持，然後密護輪、九接佛風、脈輪明空的修證，再練習金剛誦與寶瓶氣，最後修鍊拙火瑜伽。在圓滿次第的修證中，轉五毒成五智圓滿，地、水、火、風、空、識六大自性圓滿，成證全佛現成的持金剛。

圓滿次第三昧　修證

1998.3.15 造

絕空不待因　持法性至輪
如幻緣生起　現前正受命
法爾大金脈　法輪無滯轉
我總持金剛　以全智圓滿
大悲兮魯噶　大空寂加持
現成金剛王　無不現成佛

法界太平常　惟一瑜伽王
現成大灌頂　誰個不金剛

南無　惟一法界上師兮魯迦
南無　體性圓滿兮魯迦智慧金剛
南無　廣大究竟圓滿次第
南無　法界獨勇智慧薩埵眾

一、皈命三寶

皈命上師普賢王　體性金剛法界尊
獨勇具力兮魯迦　無畏清淨幻化主

稽首現成金剛法　大悲空智體性力
全佛金剛總持密　圓滿次第大圓境
南無聖密法界眾　獨勇智慧大薩埵
金剛智慧薩埵眾　菩提心王我禮敬

二、對法眾

法爾體性眾全佛　緣生如幻貪瞋癡
五毒脈結五輪體　五大九識五蘊空
法爾遊戲兮魯迦　具誓智慧金薩尊
如實次第誓句王　從本金剛自總持
無初法界普賢王　自然具力圓滿界
金剛持加金剛持　法爾壇身法界城
大悲空智大樂王　無生無滅無死虹
一切全佛智慧尊　我今頂禮全灌頂

三、發心

法爾全佛菩提心　全佛惟一菩提心
大悲空智大樂心　無生無滅無得心
惟一指示全佛心　惟一無上菩提心
除此別無菩提心　所謂菩提無菩提

遊戲圓滿成次第　五毒遊戲幻中結
大幻遊戲解五結　本來遊戲五結解
五毒五大五蘊體　九識五智法界義
智慧薩埵所遊戲　無死虹聚遊戲王
自身輪壇本三密　法體體性身遊戲
本來灌頂大灌頂　大樂灌頂如幻真
吽字真成菩提心　如密嗡字體性心
無生阿字心無滅　惟一實相全佛心
我心成阿無不解　以吽金剛大摧碎
嗡字流轉全佛體　惟一菩提全佛心

四、正見

無所有見為正見　無所得見為正見
無所畏見為正見　無可死見為正見
無為具力為正見　大遊戲力為正見
如幻正見體空母　大悲大智大遊戲
無初現成本來佛　如來遊戲身金剛
現成四曼大瑜伽　氣脈明點本輪壇
身力三密五智具　五毒九識不可得

無死金剛虹聚身　自佛金薩自灌頂
上師本具大瑜伽　圓滿法界大成身
全佛現前惟一見　惟一正見全佛具
金剛不動不可壞　大樂現成兮魯迦

五、修證

1. 上師法界

無二法界體性中　無別上師普賢王
廣大圓滿金剛持　具力金剛薩埵尊
祕密總持金剛手　勝利究竟兮魯迦
悲智現成菩提心　三身圓具上師身
法界淨明甘露母　身語意密極究竟
粗細最細法性身　上師出生法界身

2. 清淨身、語、意、體性

體性無得大圓滿　頓阿無生嗡吽具
身語意如藍獅縱　剎那勤勇奮迅足
盡奪亂意自鬆如　至柔法界性圓融
自生大淨自解脫　大悲空智力菩提

3. 外身

我即普賢王如來　安住遍照七支座
不動金剛等菩提　法界自在成佛母
六根本具普賢相　六塵自在法界母
等持受用流金薩　無生菩提心流注
六識法界體性滿　平等瑜伽全金剛
五蘊我自普賢王　五大我自法界母
九識現轉金剛慧　金剛薩埵流五智
第六金剛持如來　密力金剛手等流
識大現成普賢王　五大法界母自在
見大流出五智體　法界體性身圓滿
外身生起極熾烈　我即無初普賢王
大雄大力大自在　法界自在大佛母
常寂定光中自圓　悲智自運法界身
實現法界體性中　無勤勇動無錯謬
赤裸法界身極麗　究竟明虹無死身

4. 內身

赤露明空水精月　悲智菩提自飲空
法界遍身慧明點　我成海印如實現

無質具現普賢王　大空無得無所有
有力隨心能具相　定印持母無初佛
大空悲智忿怒母　法爾悲慧定雙融
體性法界金剛身　悲智法界惟明點
金剛虹道定中生　一切無相如實明
心真如海即法界　氣鬆至柔法界脈
空智明點大悲力　身顯普賢王佛身
法界圓壇極明顯　一切祕義在眼前
法界脈生悲智足　雙運等融流內身
如體性薄如竹膜　如空正直如芭蕉
外如晴空內渥丹　明似霓虹無生中
上抵法界頂髻中　下至海底法界緣
柔遍至性無可破　有力法界廣歛中

5. 密護輪

自身法界金剛王　明晰密護法界輪
盡出陳息吽密淨　安住實相自法身
隨息虹光空色具　毛孔流明七遍入
虹吽七入遍體淨　剎那密護輪網具
現成五色金剛手　右舞金杵左降伏

密如碎鑽遍體住　七返無生無滅中
密住毛孔面朝外　法界金剛大護輪

6. 佛風

吽呸盡斷一切疑　法然清淨顯智氣
第一義風慧息出　九接佛風本金剛

7. 脈輪明空

色本來空即空色　脈本來通通即脈
輪圓具足本輪圓　我即普賢無初界
通達一切顯中脈　常寂光明無盡密
淡藍色空無雲晴　內如妙寶本血精
右脈血玉火體性　左脈月精空水性
大悲空智大樂幢　頂髻海底極中道
平等寂滅無初相　本初普賢法爾生
悲智妙風隨息道　至頂依中脈柔下
三脈相注生法宮　俱生吉祥忿怒母

8. 金剛誦

普賢本明金剛誦　法界妙音嗡阿吽

法爾緣生嗡入息　寂滅現成長啊定
不滅法身吽出聲　如虹連環法界體
童瓶無相金剛明　無生相續無死虹

9. 寶瓶氣

本來童瓶法界身　函蓋相合智氣滿
氣住中脈本寂滅　引滿銷射智瑜伽
本無貪愛赤裸身　無質消融空極明
樂明無念大空智　大悲法爾自解脫
指示汝即現成佛　普賢王身大薩埵

10. 拙火

九住安然法界定　赤裸自顯普賢身
身、語、意寂自法身　隨緣現生大樂身
三身三業本遊戲　法身心輪八葉蓮
臍輪化身六十四　頂上大樂三十二
喉輪報身十六輪　本來圓滿具相尊
大悲空智心菩提　氣入自融中脈住
法爾明點毫虹密　圓生空色慈悲潤
細如豌豆極智慧　白色嫣紅淨琉璃

五色虹光五佛智　相揉清淨帝釋寶
母子光明會菩提　心喉頂眉臍諸輪
一切輪脈遍色空　七萬二千細脈柔
阿本不生普賢母　法界自在體無生
半阿臍下四指現　忿怒拙火自顯性
體性極光熾潤紅　飄如紅毫極熱燄
頂輪倒杭色空明　法然方便普賢性
月晶白潤菩提點　降滴甘露住月宮
引入風息住雙脈　上養半阿增熾烈
如引下息上海底　喜引息風順左右
由底入中脈阿字　下閉二門氣上引
輕嚥甘露融二氣　阿字摩尼住寶瓶
法爾住息大暖樂　自然出息融氣珠
鼻柔輕現呼空藍　大悲心住短阿空
智火熾盛上尖銳　直明紅空銳細針
宛若紡椎速轉動　隨息增長順中脈
心輪倒吽喉輪嗡　勝熱欲融次十息
神牛降乳生初喜　勝喜離喜俱生喜
拙火熾然空大空　圓滿勝空最勝空
如針空焰自增長　勝熱至烈中道行

心輪喉輪正欲融　輕觸頂輪杭字底
月空明點菩提液　淨白甘露妙酥融
漸次周潤頂心臍　如蜜相續細傾注
融入短阿拙火熾　大樂遍身諸輪脈
拙火性空如電光　雷閃熾熱極猛利
如實中脈次第升　眉間白毫智火光
三界有情十方界　現前無別具成佛
融入諸佛體性道　具藍明光入佛心
不壞明空月明點　智慧方便大樂性
諸佛圓滿勝加持　佛月明點母赤白
空樂明點極和合　赤白俱顯俱生樂
自入白毫融頂輪　空行勇父密和合
大智大力勝持明　明空不二大樂王
短阿續生會頂杭　明白明點順中流
喉輪嗡字眾生佛　心輪吽字全法身
回融阿字大幻化　妙身具力證金剛

11. 拙火特別修習

法界同相本解脫　蘊處界身蓮華藏
平等會注身中圍　輪圓具足自普賢

拙火引燃中脈空　智焰熾烈如燃燭
頭手足指密空融　會入實相一義中
次第流注會中脈　惟一明點菩提珠
豁然寂密常寂光　法爾自在普賢王

六、迴向

我即密智瑜伽主　大悲空智大明王
以自遊戲菩提心　修證圓滿自迴向
法界有情同金剛　無初金剛普賢王
圓滿次第智瑜伽　慧滿成就大金剛
五毒五智成圓滿　六大自性得圓滿
九識成智本圓滿　五蘊大幻大圓滿
蘊處界中三身幻　清淨大幻智金剛
全佛現成持金剛　法燈已明圓滿觀

39 六法教授

簡介

六法教授又稱「那洛六法」，為藏密噶舉派所傳密法中的精要，後來格魯派等也多有發揚。

此六種成就法為：拙火、幻身、夢觀、光明、中陰、轉識等六種瑜伽。

在生起次第修法，我們把人身轉化成為幻化的佛身之後，身內的氣（呼吸）、脈、明點等內在的一切，如何轉換成為圓滿佛身的境界，就是圓滿次第的範疇。而生起次第是幻身的修行；圓滿次第是在氣、脈、明點上的報身建立。

以下簡介六法教授概要。

1. 拙火瑜伽

拙火瑜伽是引生我們自身海底輪中，本覺的火大法界體性，穿透身體中央的中脈，打開纏縛的身心脈結煩惱，使我們得到光明的覺性智慧，與無邊喜樂身心的微妙法門。

眞正究竟的拙火瑜伽，其引生的力量，是要來自對法界生命實相的正確認知，與對眾生永遠關懷的清淨菩提心。因爲具有了智慧與慈悲兩種力量，才能徹徹底底的，把我們本覺的覺性力量，全體開放出來，焚燒我們身心的障礙與煩惱，使我們的身心吉祥快樂，具備圓滿無缺的智慧光明。

2. 幻身瑜伽

幻身瑜伽又稱爲幻觀瑜伽，是修習報身成就的修法。此法之核心正見爲了知此身爲空、如幻之實相，以此修鍊圓滿報身。

修煉幻身者，把自身作爲觀想的對象，專心觀想，身體彷佛如鏡中所現，如陽焰，如彩雲，如月影，把鏡中自身當作佛身或本尊身，心即是諸法，非常寂靜，猶如水面，光明照射，相互映透，如此而成就如幻的佛身。

3. 夢觀瑜伽

夢觀瑜伽是運用睡夢中來轉換心、氣、脈、身、境，而修鍊成佛，從凡夫的迷中作夢，漸至夢中知夢、夢中作主，乃至最後圓滿究竟的夢幻光明。

4. 光明瑜伽

光明，一般分爲喻義光明、證悟光明、晝夜光明、薄厚光明和子母光明。《集密五次第論》則分爲自性光明、三摩地光明、明無分別光明及勝義光明。《等味金剛略論釋》分所表自性光明、能表睡眠光明、熟習道光明、結合命終光明和果法身光明等五種。大手印根本書《教誡喻后論》也分爲五種，與前五種略有不同，即自性光明、智慧光明、三摩地光明、眞實性光明、分別光明，涉及顯密兩方面的內容。從無上瑜伽部說是隱義光明，概括爲有學光明和無學光明。

無論是何種光明的觀想，都要具足有三個素，第一是如太陽般明亮，第二是如水晶般透明，第三是如彩虹般無實體。此爲光明瑜伽之心要。

5. 中陰瑜伽

中陰瑜伽是當修行者逝世後，如何在中陰身現起時，修證成就的法門，雖然這是一套殊勝而特別的方便法門，以救度修行人自身與亡者。但是目前所傳持的中陰瑜伽，多是經由無上瑜伽修持灌頂的境界，因此其中所述於中陰所見的境界，含有濃厚的藏密修法特色。然而，中陰瑜伽可以有更多元而廣義的修法，因爲具有不同文化背景、不同修法者，不同國度的人，在中陰時所見的境界並不相同，因此，每個人在死亡乃至中陰時，並不一定都會見到如同《西藏度亡經》中所描寫的中陰境界。因此在本講中陰瑜伽中，是教導行者了別法性光明，進一步能在中陰境界中認取，而不被中陰境界所迷惑，如此在中陰身中圓滿自覺，乃至修證成佛。

6. 轉識瑜伽

轉識成就法，又稱爲「遷識往生法」、「頗瓦法」。「頗瓦」爲「遷移」之意。密教認爲人死後，神識自身體九穴脫離，而後輪迴轉生。神識若自上半身遷出，則往生善趣；若自下半身遷出，則將轉生惡趣。因此，利用頗瓦開頂的方式，打通往生淨土的路徑，讓神識自此遷出，如此熟練之後，是行者調鍊生死自在的重要法門之一。

六法教授　修證

1998.4.11 造

皈命自性金剛

廣大上師體性傳　圓滿勝法六教授

法爾成佛勝方便　開示究竟金剛道

1. 拙火瑜伽（靈熱成就法）

2. 幻身瑜伽（幻觀成就法）

3. 夢觀瑜伽（夢觀成就法）

4. 光明瑜伽（淨光成就法）

5. 中陰瑜伽（中陰成就法）

6. 轉識瑜伽（轉識成就法）

（以下依《明行道六成就法》爲綱要，講授六法。）

明行道六成就法（節錄）

珀瑪喇嘛　著

皈敬

皈敬尊聖光榮諸寶上師足下

引端

今於此中，開演訓導微妙心要，使自本具之俱生正智，得以無比光顯，須依調攝煅煉，具足金剛勝報身者之身心靈命，乃能出生，此心要有兩部，一謂精勤修習於啓請祈禱歷代宗承，此無上心要法門諸寶上師，求垂加被之前導加持，此中不述。二即精勤修習於諸寶上師所宗承之密要法門，此復分二：一爲如咒道次第共學之教示。二爲諸已成就相上師，感應道交由本尊示現，親得宗承，口耳授受，不共教學之極祕要妙。今所開演，即此極祕要妙之大綱。共有六者成就法門：一「靈熱」成就、二幻觀成就、三夢觀成就、四淨光成就、五中陰成就、六、轉識成就。

第一章　靈熱成就法

靈熱成就分三步修習：一、前行修習、二、根本修習、三、實驗修習。

一、**前行修習**。又分五段：1. 觀外粗身空，2. 觀內細身空，3. 觀身擁護輪，4. 靈息之訓練，5. 靈力之加持。

觀身擁護輪者，復分三：⑴曰正身，⑵正息，⑶

正意是也。

二、**根本修習者**。分三：1. 靈熱之發生，2. 靈熱之經驗，3. 靈熱之超勝。

靈熱之發生，又分四：⑴著坐安身，⑵輕調風息，⑶重調風息，⑷靈熱觀想。

三、**實驗修習者**。分二：1. 獲證熱益之修習，2. 獲證樂益之修習。

獲證熱益之修習，復分三：謂⑴練身，⑵練息，⑶練觀。

獲證樂益之修習，復分三：⑴觀於意變勝慧女身，⑵菩提液之鎔降，⑶祕密之體功。

第二章　幻觀成就法

幻觀成就法，分三：一、認證不清淨之幻色身爲「嘛雅」（幻化）；二、認證清淨之幻色身亦爲「嘛雅」；三、認證一切法皆爲「嘛雅」。

認證清淨幻色身，亦爲嘛雅者，有二：1. 爲觀想所成之清淨幻色身，2. 爲圓滿現出之清淨幻色身。

第三章　夢觀成就法

夢觀成就法分四：一、明悉夢境，二、轉變夢境，三、認識夢境爲「嘛雅」，四、習觀夢境之實相。

明悉夢境之修習法有三：1. 依心願力，2. 依風息力，3. 依觀想力。

第四章　淨光成就法

成就於淨光者，先須知有三種之淨光：一、根本淨光，二、道淨光，三、果淨光。

道淨光之修學有三：1. 日中道行，融合淨光，2. 夜間道行，融合淨光，3. 中陰現前，融合淨光。

日中道行，融合淨光者，此有所謂「五要妙教授」（五要妙教授者：⑴實相之認識，⑵淨光之等差，⑶淨光之三喻（子淨光、母淨光、和合淨光），⑷明滿道行程，⑸明行之果境）。

第五章　中陰成就法

成就於中陰者，分三種證入：一、證入淨光境之清淨法性身，二、證入淨報身，三、證入勝化身。

於中陰境內，證入淨光之清淨法性身者，如偈示云：

光消滅及色消滅。想消滅及識消滅。

識消滅已又識生。此際淨光即開曙。

光曙兩體當合一，有其已教與未教。此云兩體合一者，即母子兩淨光合一也。

融其已教入未教，此名成就得證果。

死亡之法，緊接於中陰境以前，中陰境臨前時，景象如秋日無雲之晴空，其間亦有光、燃與持三種之界分。認證淨光者，要必在於生世知見方息，死後知見未生中間之時際。於此道中，顯發淨光妙用者，要須善巧運用於其所受之上妙教授，使其道行能與眞心之境，和合爲一，是爲極要。

方死時境之要妙

當彼前五識並眼識界，內返退失之際，凡一切具顯形幻色之對象，皆內返散降退滅，即所謂「光消滅」此光指世間光也。此時即覺地大降於水大，謂此肉體，消失其繫著性。

次則水大降於火大，謂如口鼻乾枯。次則火大降於風大，謂體溫消失。次則風大降於識大或空大，是時具諸惡業者，即受其痛苦。

具諸善淨者，有其聖眾上師及扎格尼等，來相接引於最後之一呼息終了已。則此色身內返退喪，於是於其內駐體中靈力活素，猶尚持存之前半時際，即其氣息已停但其識神尚未出體之際當生起能認知之各覺境。

其所覺在於外者，有似乎月之光明。在於內者，如煙霧之狀。此時即爲方死時光明現前之境，是謂「光」境。此之景象，旋復轉爲「燃」境。此即死者經驗於其方死境象時，其瞋恚三十二性妄，當令遣除。

如是外所覺者，則有其如日光之照。覺在內者，有如流螢之光，此則正是「燃」境之時，不久即當轉入「持」境。謂彼之貪欲四十性妄，又當遣除，則其所覺於外者，當有如月蝕日時，日中所現黑月光影。

而其內所覺者，則如油燈外蒙半透明之罩，此爲方死者所經驗之「持」境。由此「持」境，再轉即入淨光明境。謂彼無明之七性妄者，當令其根本遣除。此際幻識皆已消滅，而後外所覺者，有如黎明欲曙之光；內所覺者，則爲一片無雲秋日之晴空。此第四境，即「淨光」境矣。

以上所述之中陰前行境，與死亡法之諸境，銜接而生，彼修習有成就者，稱之曰初期中陰，或曰「起海」中陰，謂此尚是死後中陰諸境發軔之期也。

（中略）於欲求復生之中陰期中，種種怖畏之驚奇聲相，但當如實了知其一切無非幻妄者，則諸不堪投入之生趣門，自能閉息。復次當善憶念於生時所受學之要妙教授，了達其自性空理，惟專注觀念於自之生時上師及所修本尊，則彼不堪投入之生趣門，亦自閉息。如是善作意以觀想於己所欲生之處，必其尊貴且富資財之人間賢善族中，俾得具緣持續於聖教事業，則如此之生，隨念即得，此即獲生於所謂勝化身者也。又於瑜伽道已善修習於生時，則於命頃即未能證見淨光，亦隨願取證，不退菩薩之位，往生十方淨土，如西方阿彌陀佛極樂世界，東方金剛薩埵「現喜」世界，種種淨樂佛土。

第六章　轉識成就法

轉識成就法者，藏文名曰「頗哇」，有三等成就之分：一、上等者，轉識成法性身；二、中等者，轉識成淨報身；三、下等者，轉識成勝化身。

上等轉識成就法性身者，即初期中陰際，證入淨光明境。

中等轉識成就淨報身者，即中期中陰境，證入聖空悲合成體。

下等轉識成就勝化身者，即取獲於勝善轉生身。

此就身言，雖分三等，而其教授要妙之修習道，則非有三種，惟是一法也。

㈠恆修（恆常所修）

恆修法者，先當堅願，誓成佛道。次即觀想自身成爲金剛瑜祗尼母，當體空明。於體幹中心，觀有中脈猶如支持篷帳之中央大柱，惟上大下小，下端封口，而上端開孔如天窗。此天窗孔外，上面坐有聖根本上師多傑羌佛，其體亦空，體之中心，亦有智慧中脈。此中脈與自之中脈，通連爲一直管道。自心與本尊之心，遙遙相望而可通，即觀本尊心中有藍色吽字，細如毫毛。自之心中，亦有同樣之吽字，即爲自己之識種。於是修習壺式之息令身成壺。持息已，即觀本尊心中吽字下端母音符，伸長如鈎，垂下於自心中；將自心之吽字，向上提升，於是呼一出息，即同時呼出一「醯」字。（按此即偈文所云全聲字）儘力高聲呼喊之，猶如在極恐怖之下呼救者然。如是連續二十一呼，（即經由靈輪一一提升之謂也）即想自心吽字，已被提升至達頂門天窗之口。至是即改「嘎」聲，（此即偈文所言之半聲字）使此自心吽字，循中脈管漸漸下降，退於自心原處。呼「嘎」字之聲，亦同於呼「醯」時之高而響。亦連續呼二十一次，且觀其順彼二十一輪，一呼一輪，而漸下降。如是修習，往復上下，令極純熟。

㈡臨用（臨終所用）

臨用之時，即令自心吽字更被上提，投入上師本尊心中吽字合而爲一。於是自身，即已舉體投合上師本尊，即隨之往生永無退墮及生死之淨樂土中，而住入非可言之聖境矣。

40 無死瑜伽

簡介

無死瑜伽在密教中爲香巴噶居派的香巴金法。

在香巴噶居派的主要法門中，如果以樹來譬喻，最下面的根本爲大手印，全樹幹爲勒古六法，再其上有三大枝，爲上師相應法，本尊修法、幻身修法；左有白花表白空行，爲特別遷識法；右有紅花，表紅空行，即金剛亥母；而其最上方有一大果，即是無死瑜伽法。這「不死自解解心要」的修法是觀想上師及本尊勝樂金剛雙運身，再加以觀察自心及本尊身的修法。在其修法中，仍然以本尊觀來修法。

而在本講「無死瑜伽」中，不同於傳統無死瑜伽的教授，而是以金剛道歌或金剛句的方式，直接攝受行者入於無死瑜伽之修證。其中所寫的金剛句的語辭本身，不只是字面的音節及意義，也不只是單純的詩，更是一種眞實心境的描寫，其中所烘托出的情境，讓我們安住於無死的境界之中。

如果是用恐懼死亡的心來修學無死瑜伽，是不可能了悟無死的。只有超越生死的心，才能與無死相應，了知生死的實相，現成無死虹身。

無死瑜伽

1998.5.23 造

1. 無死金剛句

生滅心死，死心生滅，無死心死，心心無生，
心無心得，第一義空，非無現覺，覺所覺空。
覺心亦滅 ，大覺體空，同體大覺，覺無所得，
無所得覺，現觀寂滅，分明寂滅，死不可得。
不可得死，名大作用，立斷頓超，現前明虹，
無可取處，三世十方，無可滅處，喫茶擔水。
有如意手，張牙舞爪，無生滅拳，裝模作樣，
驢腳已生，毛披角帶，老水牯牛，炭裏生花。

2. 無修的無死虹光身

從赤裸的體性中流出，
無死的金剛果。
其實這是欺騙你的，
因你從不死亡。
現前的大空赤露，

是現前的無死虹身，
不要害羞，
你可以坦然的拾取。
其實這對你而言，
只是手中的葛藤，
但偶然使用閒傢俱，
也是法界無生滅旅程中的遊戲。

大遊戲金剛，
你有多久未唱無死的虹歌了。
我多麼的企盼，
在蓮華藏的舞台上，
渴仰的為你拍掌。
只用一隻手，
就能拍出如潮的妙音。
可惜！我還不夠，
不能像維摩詰一樣，
用默然擊出了不可思議的雷鳴。

3. 現證無死的一味心要

有一天，
我看到了美麗死亡，
她溫柔的貼近了我，
就像最親近的情人，
不肯暫捨，
我驚恐的逃離，
就像受到驚嚇的獅王，
離塵而去。
死亡的金剛　聖閻摩德迦，
無死的金剛　大威德明王，
你猙獰的爪牙，
已紋上了我的明空妙身，
示現了無比的金剛誓句。
嗡！　南無佛！
時空的刀劍，
雕刻出明空大樂的莊嚴報身。
啊！
南無金剛誓句！

不可思議的　金剛薩埵，

流出悲淚的化身，

大空大悲的泥，

和合智慧的水，

拈出了

吽！吽！吽！

法性盡地的幻化身。

4. 無死的歌聲

嗡！

皈命無死的一切勝尊，

只有他們的和聲，

能消除清淨自性佛的寂寞。

天邊的虹彩多麼美麗，

橫掛著紅色的天鼓，

在那裏　無量光明的

無量壽佛，

或許　正教授著

無死的金剛之歌，

啊！

皈命一切本不生的至尊如來。

從空色的霓虹，

敬請隨手捏出片片的吉祥，

輕敲吉祥的雅音和鳴，

讓我憶起石琴的和合妙聲，

吽！低鳴著，

和上法界寂滅，

南無佛陀！

吉祥的無死虹身，

現前！

現前！

5. 無死忽憶起

金剛心不死無有生滅期，

輾轉反側　現前忽憶起。

現成本來佛無有修證心，

千般尋覓　現前忽憶起。

念密本寂照無有昏昧境，

次第作觀　現前忽憶起。
無願廣大時無有不悲時
口說無憑　現前忽憶起。
且卻明空體無有剎那離，
遠近璇繞　現前忽憶起。
妥葛金剛鍊無有窒礙處，
祕密空色　現前忽憶起。
無死虹光身無有不如意，
霓虹擁護　現前忽憶起。

6. 不必再允許死亡

無明的孩子
你要拒絕死神的誘惑
不要貪玩的進入自己的迷惑
不必允許再死亡
我不必再允許自己死亡
只是心中充滿了往事的懷想
雖然過去已經不見了
但依然有滿膺的芬芳

時間的鍊鎖
已悄悄的用金剛斬斷
十方的相遇
如明鏡般的幻化流光
重新架起時輪
迴旋了法界
依舊自生著十方
我不必再允許你的死亡
生滅的遊戲在體性中全幻
為什麼那樣的任性
不肯與自己的心性商量
回首已經逝去的時空
滿掬著淡淡的輕夢
或許這一片
菩提的葉子
稍稍的彌補著
成佛的寂寞
於是再來一次
慈航
我不必再允許死亡

夢醒的時候
夢已經醒
殘殘的迷味
不必再留在身上
但喚醒我再進入夢裏的夢
讓我在夢裏依舊不在夢裏的夢
我依然不必允許再死亡
生死都化成了彩虹
光從光裏流出
這是究極的密意
不必再允許死亡

7. 死亡遊戲

我為了遊戲
忍受了死亡
或許　這並不是那麼的恰當
但是　每當看著彩虹再一次的舞蹈
供養著　如佛的眾生
我又禁不住的忘記了

涅槃
清風再次吹動著本然
陽台上的七里香
又迴向了的鼻根的真如妙香
於是無妨還是持明
用六大湊起了
法界的金剛
大遊戲者
敲醒著閻摩的命鼓
吽！吽！的低吟著劫初的冥路
如來　依舊　如來
沒有畏懼
依舊在死亡中遊戲
啊！無死的金剛
忍不住又
忘了涅槃

8. 無死的心情

無死的心情

總是不必遺忘
但是為了塵勞的世間
依然要忘懷
不會死亡
裝死的劇本
從劫初演到劫末
卻忽然間
十方三世成了一念
一念又成了三世十方
忘記
不曾死亡
在自以為是的眾生之間
談生論死
忍不住笑了
這些人竟不知
自己從不死去
卻又拼命
求生弄死的紛紛迷惘
有時累了
真的累了

悄悄的涅了槃

但經不起

佛陀　無聲默雷的催促

又要勉強起來

裝生覓死的陪他一段

41 大手印

簡介

大手印，梵語爲 Mahāmudra，意爲大印；藏經爲差珍（Chagchen），意爲大手印。印即印契，與法印之「印」同，乃以世間國王印璽，喻法王佛陀親許的佛法宗要。藏譯於大印加一「手」者，表示佛陀親手印定，此印爲至極無上之佛法心髓，故名爲大。在密乘瑜伽部（唐密金剛界）法中，大印爲四種密印（大印、羯磨印、法印、三昧耶印）之一，藏密所言大手印，主要是屬於無上瑜伽部法，指本元心地之心傳口授。

大手印的教法是藏密噶舉派最著名的教法，自古以來有無數的成就者。而大手印是以般若的心髓爲中心所開發出來的教法，在見地與修證上與中國的禪宗非常類似。

大手印以直入於法性爲修證的核心，直觀法性，與法性完全相融爲一，如實安住於實相中，剎那除滅一切的分別，現前與明體合一。

大手印之修證雖如禪宗頓悟法門，直悟心性，但在修證上卻有四層的修證次第，以圓證無上果德。岡波巴大師在「大手印導引顯明本體四瑜伽」中，將現證大手印悟入法身明體後修證成就：專一、離戲、一味、無修等四瑜伽清楚的解析指引，並將悟入方便與檢證明顯的教授，可以說是大印教法中最明晰的導引與教示。

一、**專一瑜伽**：安住法性，與法性合一的悟境。

二、**離戲瑜伽**：遠離現悟安住法性後產生執著悟境與眞妄的分別，而了悟一切分別皆是戲論。

三、**一味瑜伽**：一切眞妄、迷悟等法界分別，都現融於一味，不再生起。在行、住、坐、臥中，都安住於實相的大印，現前修習大手印。

四、無修瑜伽：一切法爾無別，沒有得與不得、修與不修的一切眾境，修時無修、無修時修，在法性盡地中，自在的圓滿。

本講包含了「大手印現證瑜伽寶鬘」、與「全佛大手印」，從大手印的見地、加行，到專一、離戲、一味、無修四瑜伽，而現證大手印，接著即以攝頌的方式，指示明正平常本明心，即是平常光明實相的大手印。

大手印現證瑜伽寶鬘

1998.7.25 造

一、說法意樂

說法界現前實相明空流行

二、發心

明空大菩提心願

三、見地

明空體性流行實相

四、加行

㈠遠：三法印、無我、四聖諦、八正道、菩提心、十八空、如幻、八不中道、十玄門……等。

㈡近：體性四加行

㈢極近：

1. **指示正見**

⑴明體指示

⑵指示心要

⑶直顯大手印

⑷大手印歧途

2. 得法身見

3. 依見試印

⑴椎擊三要印

⑵融合三空印

⑶曠野陳屍印

⑷吐氣離心印

⑸猝然頓住印

⑹本然現成印

⑺法界流行印

五、正行四瑜伽

1. 專一瑜伽

2. 離戲瑜伽

3. 一味瑜伽

4. 無修瑜伽

六、結歸

1. 除障

(1)除病障

(2)除魔障

(3)除定障

(4)除智障

(5)除悲障

2. 證量

3. 生活

七、圓滿

全佛大手印　修證

1998.8.22 造

敬禮佛頂尊勝

法界體性佛頂自尊勝　別毛山中如實現印證
法爾授記本來光明佛　大印成就無別自成就
佛母出生本來全佛陀　大悲祖母歡喜我禮敬
光明現前無次第圓滿　現成流行大手印實相
勝利實相我自法師子　無有言詮究意吉祥主
無生無滅無整體性中　燦爛指示大樂自明身

噫嘻！忽然現空無性中

喜樂湧生遍動法界動　初喜離喜勝喜俱生喜
不必歡喜自生大樂主　光明大手印自明自心
指示妙緣大悲有緣眾　具足法界惟一體性滿
廣大信心如緣勝皈命　一眼所見自明大手印
光明實相如實全皈命　六根相應法爾大瑜伽
一切無別皈命大印主　所見無錯無謬金剛主
能賜大印成就祕密主　所謂無我真實體性主
一見全用無分別自生　自顯實相光明大手印
能力全明體性本如是　大噉明空赤露受用食

嗡！　全體法界現成受生爾

啊！　現前無生誰爾不成佛

吽！吽！　吼聲體性空明句

呸！呸！　大明頓斷空明大手印

奮力如天空密明苦行　一心勤勇身口意全供

碎裂極痛苦受用無退　大印明者今日決指示

所謂指示即大手印明　所說一切無非大手印

非有妄處全體光明處　如彼金剛根本不可壞

我所宣說無可宣說者　宣說者我即是大手印

大印自生自顯無性中　大手印我無性自空寂

暢言彼空根本大手印　無依無持本來自明境

任運廣大彩虹無住處　你即光明彩虹大手印

如來五智何處欠負你　何必修證本無修證處

自心喜樂歡躍吉祥悅　無可依處自生大印者

本明瑜伽歡喜瑜伽主

阿！阿！受用吞食大樂果

不畏！不畏！無有恐畏處

阿！阿！爾即吉祥空樂主

彩空無礙任運大手印　惟一自明無依自性明
長阿頓斷無際大手印　無修無整無分別自性
眼觀於眼現觀眼何見　不可無見謂不可明見
現眼一見即是實相智　實相智中無別無無別
眼觀於眼心自明觀心　一切本來法爾明淨中
非過、現、未離十方世　非離三世十方即體性
初中後善我說即善樂　大手印主明空自決定

噫！你當下一念覺者誰
妄想分別頓時如一味　一切法界本淨心自顯
無生自生無滅本寂滅　自看長江後浪推前浪
前浪後浪分別者阿誰　惟一一味長江體性水
忽然明悟淚滴合江水

喝！頓悟現空離言妙契合
惟一法性法界流行中　去暗惟明本來無明暗
去暗奪暗分別覺性障　明暗體性誰言有差別
惟一明空以光明自顯　隨緣演說頓悟了明空

顯明本體瑜伽本無暗　一切覺性法性遊戲者
歡喜暢樂噫嘻笑呵呵　如童遊戲真實天真者
哭笑喜鬧累矣自沉寂　大睡法性忽然無分別
體性充兮有力大雀躍　四瑜伽主四層大遊樂
是真非真勸汝莫惹厭　長江星海源流水一滴
法住法位我說水長江　沛然大流奔勝萬丈空
魚躍龍門驚虹化作龍　體性作用法界全體力
長江奔狂三峽急水裂　忽然平明如如萬里闊
大印明持何處非大印　爾所分別離戲無真妄
含羞帶愧於是無分別　淨水暢流自心大快意
無明本明本水自如意　一味妙水閑靜流無流
忽然到海原來本光明　長江原水始終相一如
無動之處無證本來佛　無可修處一切本來佛
一切所說無可言說處　指示明正平常本明心
平常光明實相大手印　現成交付一切本來人
全佛自在廣大本來喜　頂禮全佛現前諸聖眾

42 大圓滿

簡介

大圓滿的意義

大圓滿（梵名 Mahā śānti），其中 Mahā 爲大之義，意譯爲寂靜、寂滅，亦可爲涅槃義，如《悉曇四十二字門》中的捨（奢）字，即取其字頭（śa）。

《大般若波羅蜜經》卷五十三說：「入『捨』字門，悟一切法寂靜性不可得故。」又《瑜伽金剛頂釋字母品》說：「 捨字門，一切法本性寂故。」皆展現了捨字法性寂滅、法性本寂之義。而《大日經疏》卷七則說：「奢字門，一切諸法本性寂故者。梵云扇底，此翻爲寂。如世間凡夫，獲少分恬泊之心止息諠動，亦名爲寂。乃至二乘人等，永斷諸行輪迴得涅槃證，亦名爲寂。然非本性常寂，所以然者，諸法從本來常自寂滅相。（中略）若入奢字門時，則知是法平等無有高下，常無所動而無所不爲。故云解脫之中多所容受，大般涅槃能建大義，皆以此也。」

因此，依梵文 Mahā śānti，亦可爲「大寂靜」或「大涅槃」義，然從藏文漢譯爲大圓滿，爲凸顯其法義的精要。

「大圓滿」是西藏寧瑪派所特有的教法，寧瑪派認爲大圓滿是諸乘之顚，相較於其他各乘都更爲殊勝，而在理論與實踐上與西藏新派密教也有許多不同的地方。寧瑪派將所有的顯密教法分爲九乘，佛教的教義全部包括在這九乘裡。這九乘的分法是：顯教三因乘、密教六果乘，共爲九乘。在密教六種果乘中又分爲外密三乘、內密三乘。

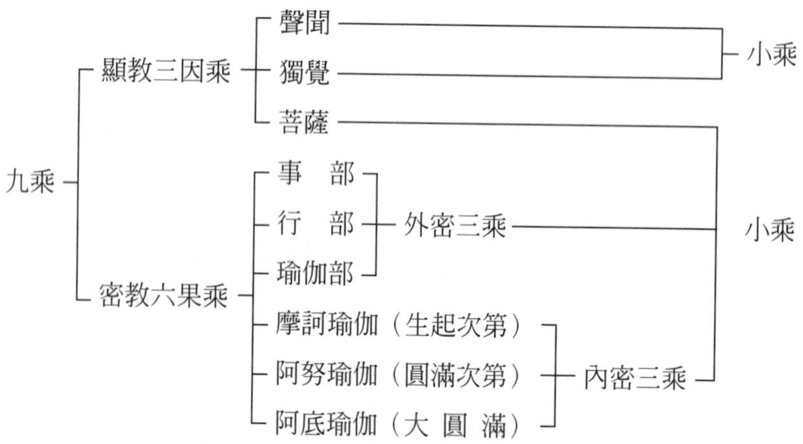

在這九乘次第當中，阿底瑜伽不只是寧瑪派所獨有，它更是最究竟的無上法門，勝過一切顯密諸乘，這是因爲此法是安住於自性大圓滿光明界體，即自生平覺智，因此一切能所對待、因果緣法及法界萬有，一切悉皆寂滅，行

者於平等性中能圓滿成就、本淨佛果。

大圓滿法的三部

因此阿底瑜伽大圓滿法，在解脫道中為最高法門決定無可疑，而無垢友尊者將之分為三部：心部、界部及口訣部，即其內更細分為三部，即心部、界部、口訣部，而口訣部中，來自漢地的大圓滿祖師吉祥師子（Srisinha）又將口訣部教授，分為外部、內部、密部及心髓部四部。

《大莊嚴續》中說：「諸持心者為心部，持虛空界為界部，若於道上無修治，此即口訣部心髓。」

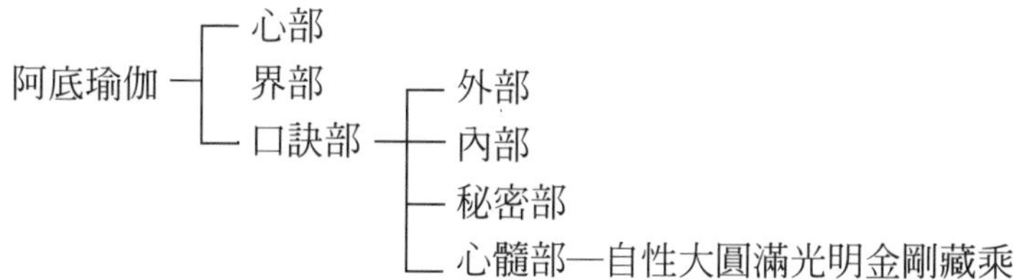

此中，心部、界部與口訣部的差別，龍青巴尊者於《妙乘藏》中說：「心部強調一切法無非眾生之心識所變，故一切皆不離心識。此見地乃防止自心偏離於自然智。界部主張除普賢佛母（即究竟法性）之虛空外，實無餘處住。此見地乃防止自心偏離於究竟法性之廣大虛空。而了知自性真實義者，乃是口訣部。」

而法吉祥譯師於《密主事業善說教授》則說：「住於

法身境界之等持，即本覺與空性雙運，爲心部。住於無修無整境界之等持，即住於究竟自性，爲界部。住於本來解脫，無所取捨之究竟自性境界中等持，爲口訣部。」在此三部中，口訣部較心部與界部更爲殊勝，依龍青巴尊者於《宗輪藏》中所說：「因心部謂一切法顯現皆屬心（之顯現），故仍有作意。而界部則緣一切有法爲法性，仍屬有作意。（一切二部相比），口訣部實較殊勝，因其於法性中自明。」

關於口訣部的四部差別，無畏洲尊者在《功德藏廣釋．果乘遍智庫》中則說：「口訣部（分四）：外部如身；內部如眼；密部如心；心髓部則如全體。」龍青巴尊者於《宗輪藏》中解釋道：「

一、**外部**：就體性而言，以無煩惱可捨故，五毒乃成（修習之）道。就自相而言，以無整治故，一切生起皆顯現爲法性之莊嚴。就力用而言，以無偏私故，空性及周普無偏。

二、**內部**：就體性而言，以非實色故，故爲離相之法性。就自相而言，以其離來去故，實爲永恆相續之本覺智。就力用而言，以其遍入（輪迴與涅槃）故，此則有如（樹）根；以其現證（自性），此則有如軀幹；以其能開展（顯現諸色之力用）故，此則有如樹枝；以其爲（無盡）光明，此則有如花朵；復以其能成熟故，此則有如果實。

三、**密部**：就體性而言，以直指與證悟（根本覺）俱同時故，不須依聞、思、修（此三智）；就自相而言，因證覺與息斷（死亡）俱同時故，不須依精勤及串習力。就力用而言，因悲心與證覺同時生起，故不須依賴圓滿二種（資糧）之積集。

四、心髓部：就體性而言，因不須依於名言，故毋須倚賴分別智。就自相而言，因乃親證故，遂不必住於意識分別之見地中。就力用而言，因四見圓滿故，遂無有能得佛三身及五本覺智之希求。究其所以，則因在此修習中，行者可即身現證本始及法爾所成（之果位）。」

口訣部的觀修

口訣部的觀修主要可分爲立斷（且卻）與頓超（妥噶）二種。在《珍珠寶鬘續》中說：「且卻與妥噶即是修習。」

蓮花業緣力尊者於《大圓滿無上智總義》中說：「且

卻之道，在於修赤裸覺性，不須依賴觀（妥噶）光明之生起，能無整治而解脫，實爲上根利器，但怠於修法者之殊勝道。妥噶則是藉有爲而得解脫之道。依於觀修光明之生起，精進之行人於即身中清淨其粗色身而得解脫。」

且卻與妥噶的基礎全都是根本覺性的赤裸現證。無畏洲尊者於《功德藏廣釋．果乘遍智車》中說：「若行者不能證悟赤裸覺性（即本淨及法爾根本成就），而只得妥噶空相之覺受，則亦無任何利益，惟轉生於色界而已。」

因此，大圓滿的成佛境界，並非向外尋伺求得，而是從根本覺的自性中得到解脫。無畏洲尊者於《功德藏釋．果乘遍智車》中說：「大圓滿只是指出——安住於自性中解脫之本覺即成佛之道，而非向外希求或尋伺以求覺悟。是故三世諸佛皆離能所，而於自然根本覺境界中圓滿。」

（註：以上譯文參照敦珠仁波切所寫的《九乘見修行果差別》，許賜恩先生譯）

本講「全佛大圓滿」是從法爾體性中直指眾生體性清淨，一切現成全佛大圓滿，我們所處的世界何處非淨？本來佛世界。以大圓滿遊戲的心意，遠離一切戲論，無所造作坦然赤露，以惟一明點的究竟心髓，在實相的心中心自在地顯示。

現成指示一切大圓滿，於眼所見、耳所聽聞、鼻子的聞嗅，身觸、意法十八界大圓滿中，以地、水、火、風、空、識六大廣造瑜伽常樂的遊戲。以「我無可說指示現成佛，一切全佛無滅大圓滿。」總攝大圓滿心要。

全佛大圓滿　修證

1998.9.25 造

皈命一切現成普賢王佛

廣大法界無比金剛界　究竟圓滿廣大大圓滿
法爾直指眾生體性淨　一切現成全佛大圓滿
誰非佛陀究竟金剛心　何處非淨本來佛世間
現前指示本然淨心念　無分別前頂禮全佛眾
所有分別何處能生起　無生無滅無盡無死虹
無所得中能現全佛滿　無一無異頓然全佛界
常斷分別無可得圓淨　無來無去現成現如來
立斷頓超法爾圓淨中　本來圓滿廣大圓滿眾
直指汝心不可示分別　直指汝意一切無得中
直指汝念清淨明空體　直指汝身六根大圓滿
直指法界無分別心中　直指直指心自心相會
現前自淨大空大遊戲　常喜金剛遍照自法界
自生自顯本明全佛界　現成即是坦然自受用
赤露法界赤裸體性海　大圓光明惟一全體現
全顯如來金剛三昧海　我因大悲首楞嚴三昧
現前海印宣說全佛海　善哉諸佛斷然全受用
不必用心自全是如來　大遊戲兮大幻大樂海

如意寶王相應自如海　現成實相無可得大樂
妙湛總持不動法界海　佛頂尊勝祕密真如海
我所成就最勝全佛海　全佛現成真如實相海
一切光明遍照大圓滿　普賢父母無初自成佛
現成法界普賢王父母　噫噫自然無畏自普賢
嗡真佛子指示你是佛　阿全佛顯普現法界真
吽明空樂無二全佛陀　吽我真如我自普賢王
普賢法界自心能作主　普賢父母全體同普現
我所說法疾指虹光佛　善哉全佛何不離戲現
無修無證本明無死虹　善哉自成無護現成佛
普光明地密明常寂顯　法性盡處常樂我淨身
南無自性本來自佛陀　現成加持現前即成就
無實廣大獨一任運海　見修行果本然一如證
無修無證無可得如來　我大成就自然為佛陀
心性、法性、平等自解脫　離心無念獨一廣大性
自然成就法爾大成就　不變不壞金剛自體界
自生智慧自顯自如來　遠離造作本無勤勇佛
不二現成眾象無二空　解脫真如自他本不二
惟一明點法界大明點　一切如實諸法自成就
不離一切全佛無邊畔　不思不緣不憶本佛陀

無錯無謬無見無見境　非因非緣亦非自然性
自空自成自性自圓成　慈悲遍滿大平等無二
一切體性無二自然體　法界所顯妙相離戲論
如實無思無憶念自覺　豁然現成我即普賢王
頓然本成捨離眾精勤　無修無證自然本來佛
心行處滅一切無分別　遠離垢淨所有無差別
世出世間一切大圓滿　果位圓滿誰爾非佛陀
自生自顯自然全如來　本界清淨現光明法身
六根六塵自顯普賢王　六識圓滿自成大圓滿
十八界成無初普賢佛　五蘊身心大樂無死幢
六大法界普賢王瑜伽　見修行果一切大圓滿
一切所行現成大圓滿　我大圓滿一切大圓滿
法身現成即說即成就　一切圓滿現成已指示
如來心子全佛普賢界　無所得中實相大圓滿
無有迷亂本覺自然心　無二無相平等普覺王
我心中心最密極心要　交付現成法爾本來人
一切聞法本來全佛眾　善巧因緣歡喜實相中
決定堪能全佛大圓滿　不勤勇力自證本全佛
廣大遊戲普賢如來戲　體性雙運大圓滿瑜伽
無初體性本來童瓶身　三世平等不滅自圓滿

從我無初普賢父母身　流明現樂不滅受用身
金剛薩埵五方五佛海　法界壇城自性等心流
眼見圓滿即是大圓滿　耳鼻舌身意等大圓滿
色聲香味觸即大圓滿　法法圓滿一切大圓滿
我示究竟守護三昧耶　一切皆佛全佛大圓滿
不可壞戒爾等大守護　無退轉中一切皆佛陀
五毒自空本來大圓滿　心氣明點自成大圓滿
惟一明中無觀自顯現　決定無謬現成具佛身
遊戲脈輪自顯金剛明　本尊父母明虹自現成
心氣脈語身境大圓滿　自現三密自加持成佛
一切本然三密自本然　生住異滅本來大圓滿
一切本原法界體性定　法界眾相妙用大圓滿
現成五毒解脫自解脫　六根六識解脫自解脫
六塵六大解脫自解脫　法界解脫自生大圓滿
所有方便指示本現成　晝夜善巧大圓滿瑜伽
六光本來大圓滿智光　全佛大眾現前自成就
身語意斷自生法界上　五智本光自顯智三身
任運成就本具圓三身　本來無亂自身大圓滿
法界大眾明體本無垢　現成五蘊五大佛父母
脈界眾處金剛本尊眾　法界壇城自身大圓滿

寂忿諸尊自身大圓滿　五佛自身大遊戲金剛
法界明體五光自性顯　自性本寂體性大圓滿
不滅廣大佛陀智慧身　現如水月饒益一切眾
即身成佛即身本佛陀　無謬賢妙增長大賢妙
我已無示總持一切法　一切眾法現前大圓滿
頓超金剛鍊光明本明　無死虹身誰能不成就
我無可說指示現成佛　一切全佛無滅大圓滿

全佛金剛寫於全佛法界本明大圓滿體性中。
以大圓滿遊戲心意，離於一切戲論，無所造作坦然赤露，
以惟一明點究竟心髓，實相心中心自在顯示。
不可得究竟廣大無實，究竟獨一任運，現成指示一切大圓滿金剛。
普賢王界性雙運大遊戲海，本然無滅大光明心滴，
以金剛霓虹無死身姿，舞於實相大圓滿法界大海，
於一一眼見、耳聞、鼻嗅、身觸、意法十八界大圓滿中，
以六大廣造瑜伽常樂遊戲，金剛王心無始不滅，
無初本來佛陀，自授灌頂一切普賢王，
流明無滅金剛虹者，迴向法界自身增明益顯無滅不二大樂！
善哉！一切吉祥成佛！

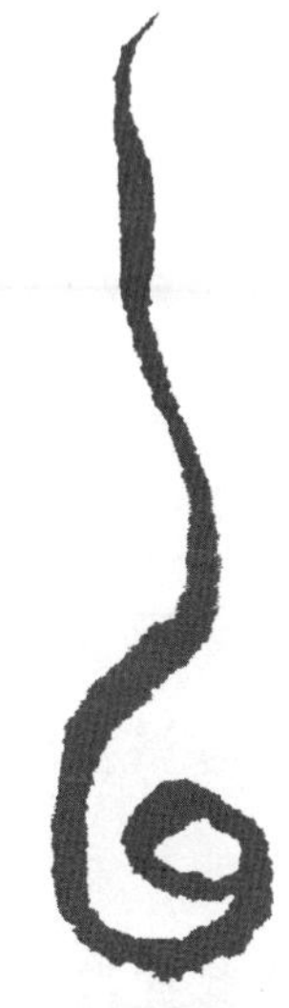

第五章
禪宗法門

「禪宗法門」，主要是介紹中國的禪宗法門，也就是所謂的「中華禪」。本章內容講授中國禪宗從達摩祖師到六祖惠能大師，及禪宗各派祖師大德的禪法。本章選列了各宗禪門祖師開示學人的禪法心要、語錄、公案、論著，擇要講說，使學人迅速掌握禪宗法門的心要，親切體受諸家宗風。

本章所講授的禪法，包括了：初祖達摩禪法、二祖慧可至五祖弘忍禪法、六祖惠能禪法、永嘉玄覺禪法，石頭希遷、馬祖道一的禪法，溈仰宗、臨濟宗、曹洞宗、雲門宗、法眼宗的禪法，及話頭禪、默照禪等禪法。

中國禪宗簡介

禪宗又稱「佛心宗」、「達摩宗」，以菩提達摩爲初祖，探究心性本源，以期「見性成佛」之大乘宗派。

本來中國自古以來專意於坐禪之系統爲禪宗，兼含天台、三論二宗，而不限於禪宗；唐中葉以降，達摩宗興盛，禪宗遂專指達摩宗而言。

禪宗的傳承，中國以釋尊在靈山會上拈花，迦葉尊者微笑爲其濫觴。迦葉以後至達摩，凡二十八人，是即本宗西天二十八祖。菩提達摩傳本宗入中國，故亦爲中國禪宗之祖。

開中國禪觀先河的人，是東漢桓帝時安息國的沙門安世高；他於建和二年（西元一四八年）到達洛陽，其所譯之《安般守意經》爲中國最早譯出之禪經。繼承安世高禪法者，是百年後的康僧會及釋道安。

支婁迦讖與安世高同時，他譯有《般舟三昧經》、《伅眞陀羅所問如來三昧經》、《首楞嚴（三昧）經》（佚）、《光明三昧經》（佚）等，引入大乘禪學。由此可知，中國禪經的翻譯甚早，大、小乘禪法於後漢時皆已傳至中國。但因缺乏實地的修持者，禪教幾至斷絕。

從安世高以來，雖有不少禪經傳譯至中國，但禪法卻未因之振興，直到東晉時代方才普及。此時由於鳩摩羅什與覺賢（佛陀跋多羅）盛譯禪經，而道安與慧遠師徒也提倡甚力。道安曾對禪法下了很大的功夫，並將禪法融於般若之中。

鳩摩羅什的禪法，乃綜合諸家而成。其特色爲：入手處多以小乘禪，終則進入諸法實相的般若相應禪。這依然是菩薩禪的特色。覺賢是禪學專家，認爲羅什輩沒有師承、不講源流、未得宗旨。後來覺賢便離開長安到廬山慧遠處。大體說來，此一時代所傳的禪法已爲大、小乘融貫的禪法，鳩摩羅什與覺賢皆是如此。

鳩摩羅什所傳的禪法漸與般若、三論、老莊清談者合流；覺賢門下在相互的影響中，也漸與羅什所傳無甚差別；於是形成中國特有的禪風。梁武帝時，保誌、傅翕的禪法，就明顯地有此特色。此時達摩東來，禪宗開始弘傳，漸漸形成具有特色的中華禪。

菩提達摩傳來，在中國發展而成的禪宗，不論在中國佛教、文化史，及至在整個世界文化史上，都佔有光輝的一頁。然而達摩禪也並非一開始即完成，是經由不斷的發展與適應，終至成爲中國特有的禪。

禪宗的發展

禪宗的發展是從達摩的「藉教悟宗」開始，以《楞伽經》印心，在不斷的發展中而到達六祖惠能的「無念法門」，依當前無住的一念而得自在解脫，爲禪的中國化開闢了一條通路。

達摩所傳的禪宗，在四祖道信時發展起來，經道信、弘忍、惠能的弘揚，禪宗成爲中國佛教的主流。由達摩而至惠能，雖有不同的方便與演化，但畢竟還是如來禪的系統。「即心即佛」、「無修無證」、「本來平等」等，仍是大乘禪的特色，但在發展中適應了中國的文化與生活，而逐漸演變成具有中國特色的「祖師禪」。

自此，釋尊囑咐予大迦葉的「不立文字，教外別傳」的「正法眼藏、涅槃妙心」，就由東土二祖慧可——三祖僧璨——四祖道信——五祖弘忍——六祖惠能依次相傳。

五祖之門人中，以神秀爲第一上首，稱「秀上座」。五祖示寂後，神秀於北方振錫弘法，故亦稱「北秀」，其門下俊秀輩出，被尊爲北宗禪之祖。大鑑惠能因一偈受五祖弘忍印可，傳其衣鉢，繼爲第六祖。其後避難南方，住韶陽（廣東）曹溪，大振禪風，是爲南宗禪之祖。是以南、北二宗宗風之異，遂有「南頓北漸」之說。惠能之嗣法弟子有四十餘人，以南嶽懷讓、青原行思、南陽慧忠、永嘉玄覺、荷澤神會爲著名。

南嶽、青原以至唐末五代，其間二百五十年，南宗禪一枝獨秀，建立「即心是佛」、「平常心是道」的精神。於實際生活上，建立以禪堂爲中心的禪院規制；於禪法之弘傳、演佈方面，更以靈活生動之機法接引學人，以棒喝之機用宣揚宗風。後來漸成五家之分立。兩宋之際，臨濟宗復衍出黃龍、楊岐二派，而成爲中國禪宗之「五家七宗」。

楊岐派自楊岐方會後，陸續有五祖法演、圜悟克勤、大慧宗杲等大揚禪旨，蔚爲禪之主流。又曹洞宗系統之宏智正覺與臨濟宗系統之大慧宗杲各倡默照禪、看話禪而爲一時雙璧。近代禪師首推虛雲與來果禪師，虛雲在其百二十高壽中，一生弘法不懈，廣建叢林，竭力振興禪宗，維繫六祖以來之法脈。

禪宗宗旨

菩提達摩倡以《楞伽經》印心，所以慧可、僧璨均被稱爲楞伽師。而後弘忍提倡《文殊般若經》的一行三昧，至六祖惠能改以《金剛般若經》印心。至中唐以後，盛行棒喝應機，禪之意義落實在當下的生活，所以搬運柴水、吃飯穿衣等平常動作亦爲禪行。

本宗不依固定經典，即使引用經典亦爲一時的方便施設，最要者是要依止清淨的菩提自性。所以立下「不立文字，教外別傳」的宗旨，以期「直指人心，見性成佛」。

禪宗以「不立文字，教外別傳」彰顯宗法的特質，但是於不立文字與教外別傳的意義，傳統上還是有著許多的誤解。

禪宗重傳承，強調以心印心，是希望能以心傳的方式，直接契悟釋迦牟尼佛在菩提樹下所自證的境界。一切體悟來自內證，但所有的內證境界必須是統一的，即所謂的與十方三世諸佛同一鼻孔出氣。因此在「直指人心，見性成佛」的引導方便看來，超越任何語言符號的障礙，讓禪者不再受困於語言、文字，就成了特別的教學方便。

「不立文字」是要禪者不再受語言文字的制約，直接超脫以心印心。語言文字只是表達我們心的工具，不能讓語言、文字反來控制我們的心；現在直接以心印心，語言文字也必須成爲我們的心自身。因此「不立文字」，是不受語言文字制約之意，而不是拒絕語言文字，因爲拒絕語言文字，還是落入有、無的對待，依然受制於語言文字。

面對文字時不即不離自在作用，才是「不立文字」的眞旨。這亦是《金剛經》所說的：「所謂佛法者，即非佛法，是名佛法。」的妙諦，我們亦可認知「所謂文字者，即非文字，是名文字。」才是體悟「不立文字」的實相。

五家七宗

從達摩系而下的禪宗，歷經梁、陳、隋三代，大約一百年間，可以說是中華禪宗的醞釀時期。至初唐（從武德元年至先天元年，九十餘年間）是以惠能爲中心，爲禪宗的創建時期。而盛唐（開元元年至寶應元年，五十年間）之時，因爲青原、南嶽兩大師的弘揚，禪宗逐漸榮盛。到中唐（廣德元年至大和九年，七十二年間）至百丈懷海的時代，禪宗已完全成爲獨立的宗派。自此禪宗如旭日高昇，光輝遍耀，隆盛至極。

從晚唐（開成元年至開平元年，七十一年間）到五代（約五十三年），歷經曹洞、雲門、法眼、溈仰及臨濟，而這五家的分派禪宗已全成熟。

這並非是各派的宗旨有異，或是意見相違逆，以及其他種種利害關係而致使分立，主要是這些創宗的大禪師每一個皆人格超凡，各人都有特別的教法作略，使得仰慕其道的人，雲集門下，形成教化中心，這完全是自然趨勢，並不是意識上或自覺上的分宗。但是由於各位禪德的性格不同，攝化的善巧作略有異，因此隨著年代的變遷，也導致形成各自特殊的家風。

這五宗大致說來，青原下三宗：曹洞、雲門、法眼。南嶽下二宗：潙仰、臨濟。

在「禪宗法門」中，大致可分為三個階段：第一個階段是從禪宗初祖達摩祖師到五祖弘忍大師的禪法心要，第二階段是從南宗禪六祖惠能大師以下至五家七宗之前，此階段以「南宗分燈前的禪法流佈」函蓋之，接著講授潙仰、臨濟、雲門、法眼、曹洞等五宗禪法，再加上中國禪宗最後的迴光返照——話頭禪與默照禪，將中國祖師禪的心法綜攝講授。

「禪宗法門」不同於其他三昧以攝頌的方式來講授，而是從各宗禪門祖師開示學人的語錄、公案、論著擇要解說，除了使學人了知各宗的心要，也能親切體受到各宗宗風。

本章僅將禪宗主要的祖師及宗派作一簡介，在附錄中則蒐錄諸位祖師及節取各宗篇主要的論著，對學人而言都是極佳的修道指要。

五家七宗系譜圖

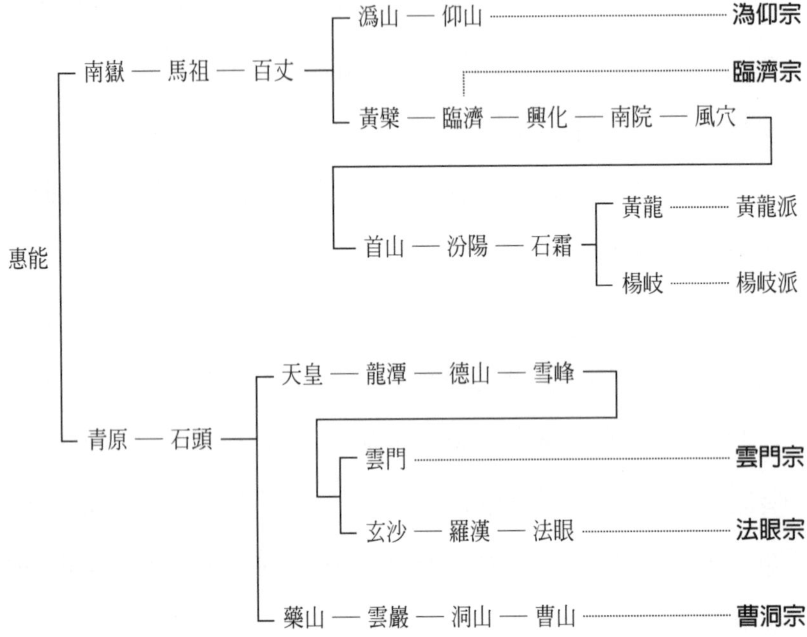

43 初祖達摩禪法

簡介

達摩祖師在禪宗的傳承上是天竺二十八祖，而為中華禪的東土初祖；由他傳來禪定所發展成的禪宗，在中國的文化史、佛教史上，始終佔有光輝的一頁。

菩提達摩祖師，原為印度刹帝利貴族，為南天竺國香至王的第三位王子，他的本名為菩提多羅。後來遇到禪宗的二十七祖般若多羅禪師到他的本國接受國王的供養；般若多羅禪師了知他是法器，因此以他與二位兄長分辨所布施的寶珠的因緣，而發明心要開悟。此時，般若多羅禪師告訴他說：「你現在於一切的諸法，都已得到通達的證量。而所謂達摩，就是通達一切大法之義；所以，你也應當改名為達摩（法）才恰當。」因此，他就更改姓名為菩提達摩。

菩提達摩得法之後，就問般若多羅禪師弘法的因緣，般若多羅禪師告訴他：「你現在雖然得法，但還不可遠遊他方，就先安住於南天竺弘法就好！等我滅度之後六十七年，你應當前往震旦中國，設下大法妙藥，直接接引上根利器之人，千萬要謹慎，切勿速行，以免在京師重地受到法難。中國是大乘的國度，在因緣來到時，自然有大法主前來接化。」

所以當達摩祖師問道：「震旦中國是否有大士堪爲法器？」而般若多羅禪師就答以：「你未來所要教化的中國，證得菩提的人將是不可勝數。」

達摩祖師在印度隨侍師尊四十年，般若多羅禪師滅度後，謹遵師言在南天竺弘法。直到與震旦中國的因緣成熟，到中國行化的時間到了，方才辭別祖塔，踏海前往中國。

菩提達摩祖師渡海東來，歷經三年的漫長旅途，終在梁普通八年九月二十一日抵達中國，他所坐的船在廣州上岸，廣州刺史蕭昂出來迎接，並且立刻上奏梁武帝。同年十月一日，達摩到達上元縣，梁武帝親自坐車來迎接這位大法師，並撥給他一座宮殿供養。

梁武帝問：「我自即位以來，建造寺院、抄寫佛經，廣度僧眾，這究竟有何功德？」

達摩祖師說：「並無功德可言。」

梁武帝問：「爲何無功德？」

達摩祖師回答：「此乃人天小果報，是有漏煩惱之因，恰如影子跟隨著人形一般，雖有善報，但並非實相。」

梁武帝又問：「如何才是眞實功德？」

達摩祖師說：「清淨的般若智慧，微妙而圓滿，體性自相空寂，如是才爲眞實的無相功德，無法以此間意念求得。」

那時，武帝問達摩祖師：「什麼才是聖諦中的究竟第一義呢？」

達摩祖師回答：「廓然廣大，平等無聖。」

梁武帝又問：「那面對朕的到底是什麼人？」

達摩祖師回答：「不認識。」

可是梁武帝不能領悟達 摩祖師的話，達摩自知與梁武帝法緣不合，機緣不契，就渡過長江，進入北魏，寓止於嵩山少林寺。他在少林寺中，面壁而坐，終日默然不語，無人能測度其境界，因此他被稱爲「觀壁婆羅門」。

當時，洛陽有一沙門名爲神光，雖然博讀群書，善談玄理，但尚無眞實的心得。後來前往少林寺，希望能放身捨命，開明心地。當時，天降大雪，從夜達旦，積雪沒膝，他立於雪中苦求佛法。

達摩問他：「你立於大雪之中，到底何求？」

神光悲然淚下說：「唯願和尚慈悲，能廣開解脫甘露法門，廣度一切眾生。」

達摩說：「諸佛的無上妙道，皆爲曠劫精勤修習而來，歷經了一切難行能行，非忍而忍的苦修，豈能以小德小智、輕心慢心而欲達實相眞乘的境地，你這樣做是徒勞勤苦，沒有用的。」

神光聽聞大師的教誨勉勵，立即取刀自斷左臂，以證明其熱切的求法之心，所以達摩祖師爲他改名爲「可」。

神光慧可又問：「諸佛法印的心要可得嗎？」

師說：「諸佛的心要法印並非從他人身上得證。」

神光慧可說：「我心尚未安，乞求大師與我安心。」

師回答：「你將心拿來，我與你安心。」

神光慧可說：「我覓心了不可得。」

師說：「現已爲你安心完畢。」

此時二祖慧可大悟。

達摩大師在少林寺九年後，某日告訴他的徒眾：「我要西還天竺，你們應當各自說明所解悟的佛法。」

這時，門人道副就說：「如我所見證的佛法，就是不執著文字，也不離開文字，而能爲道所用。」大師說：「你得到我的皮。」

其次尼僧總持說：「我現在所了解的佛法，就如同慶喜見到阿閦佛的妙喜國土，一見之後更不再見。」大師說：「你得到我的肉。」

再來道育說：「四大本來空寂，五陰亦非實有，而我所見道之處，無有一法可得，一切的言語之道都斷絕，心識意行之處也消滅了。」師說：「你得到我的骨。」

最後，二祖慧可禮拜之後，就依其本位而站立。師說：「你得到我的髓。」達摩祖師對慧可說：「往昔如來以正法眼交付與摩訶迦葉大士，輾轉囑累傳承而至於我。我現在就把正法眼交付給你，你應當好好地護持，並且授與你袈裟以為正法的傳物。」又授與慧可《楞伽經》四卷，以此來開示世人。從此之後釋尊囑咐予大迦葉「不立文字、教外別傳」，的「正法眼藏、涅槃妙心」，就由東土二祖慧可——三祖僧璨——四祖道信——五祖弘忍——六祖惠能依次相傳。

之後，達摩祖師就與徒眾往禹門千聖寺居住。不久後，該城太守楊衒之來參訪祖師，請示法要，並乞師長久住世，利益眾生。但大師自知化緣時機已盡，在世壽一百五十歲之年，就奄然入滅。

傳說魏國宋雲由西域回國，途經蔥嶺時，看到達摩祖手中攜著一隻草鞋，悠然西往前行。宋雲問：「大師要往何處去？」師回答說：「西天去！」他又告訴宋雲：「你的國主已經駕崩了。」宋雲聽了之後十分茫然，返國之後，果然明帝已經駕崩，孝帝即位。宋雲將途中所遇之事俱實上稟，孝帝立即派人開啓舍利塔，見到空棺中只剩一隻草鞋而已，於是下詔將這隻草鞋祕藏於少林寺。

達摩禪法的心要

達摩祖師禪法以二入四行爲入道之門。二入是指理入與行入。

理入是要藉教悟宗。深信一切眾生，都是同一眞實清淨法性，只因受到客塵煩惱妄想的蓋覆障礙，故不能使眞性顯了發明。若能捨除妄想歸於眞諦，凝心安住宛如壁觀，無自無他，凡聖平等一如，能與至理冥合，不起任何分別之念，寂然清淨無爲，就是理入。這就如同圭峰宗密大師所稱：「達摩以壁觀教人安心，外止諸緣，內心無喘，心如牆壁，可以入道。」這是外止一切諸緣，捨妄歸眞；內心凝無喘，不再有任何的妄動，使心如牆壁，契入無爲實相，可以入於至道的禪法。

達摩祖師所強調內證的禪定，不離佛佛祖祖的心印相傳。所以，禪的證悟不能離開佛法，不能與佛陀的悟境不同；雖是不隨文教的教外別傳，但必須與佛心相應，不容成爲盲修瞎證的野狐禪；所以達摩祖師以「藉教悟宗」來檢證禪者所悟的內容，傳下《楞伽經》做爲檢證的經要，從印度禪逐漸轉化成中華禪的楞伽禪於焉成立。從印度的如來禪轉化成中華的祖師禪，在心要與證悟的內容上絕無任何差異，只是隨順著文化不同，在禪教學上有了特別的適應。

達摩祖師的理入，強調了「藉教悟宗」，這是藉著佛陀所傳的教法來了悟，檢證禪者的見地心要。在《續高僧傳》的慧可傳中說：達摩初祖以四卷《楞伽經》授予慧可說：「我觀漢地，唯有此經，仁者依行，自得度世。」這說明了中國禪宗初期傳承的因緣。

行入有所謂的四行，而一切眾行，攝入其中。

《續高僧傳》卷第十六中有所謂：「行入四行，萬行同攝。」這四行是：

㈠報冤行

修道人於受苦時，應自念往昔所造惡業，是在無數時劫中捨本逐末所起的怨憎傷害，這時應當了知：現雖無犯眾業，但這時我宿昔所作的惡業，必當受此果報，所以應當甘心忍受，不應怨天尤人，自生煩惱。這就是佛經中所說：「逢苦不憂」的道理。爲何？這是因爲見識通達的緣故啊！這種心念生起時，與道相應，能體悟冤報而進於大道，所以稱爲報冤行。

㈡隨緣行

眾生無我，苦樂隨緣，縱得榮譽善果，皆是宿因所成，而現所得，緣盡時還是空虛無實；何喜之有呢？故得失隨順因緣，心中無所增減，不由喜風所動搖，冥順於佛道，名隨緣行。

㈢無所求行

世人長迷，處處貪著，名之爲求，智慧之人能契悟眞如，所了悟的眞理恰與俗事相反。他能安心無爲，身形隨緣運轉。佛經中說：「有求皆苦，無求乃樂。」了悟無求乃眞正安心之道，稱爲無所求行。

㈣稱法行

法性清淨之理，名之爲法。此法理是一切眾相皆空，無染、無著，無此、無彼。經中說：「法無眾生，離眾生垢故，法無有我，離我垢故。」智慧之人若能信解此理，應當稱法而行，法體之中無有慳悋，於身命財產行檀捨布施，心中無所悋惜，了達三輪體空，而不倚不著，但爲去除塵垢攝化眾生而不取著眾相。此是自利之行，又能利他，也能莊嚴菩提道。檀捨布施既然如此，其餘五度也是如此，爲去除妄想而修習六度，而實無所行。稱法與理入原無二趣，惟理入是觀禪的法門，而行入乃是指日常生活中的道行。

這就是達摩祖師所傳的「二入四行」。

參考資料

1. 宋．道原纂《景德傳燈錄》卷三

2. 梁．菩提達摩製《無心論》

3. 隋．智顗述《觀心論》

4. 梁．菩提達摩製《絕觀論》

5. 梁．菩提達摩製《少室六門》

6. 梁．菩提達摩製《菩提達摩四行論》

44 二祖慧可至五祖弘忍的禪法

簡介

根據《續高僧傳》所說，達摩曾以四卷本《楞伽經》授慧可說：「我觀漢地，唯有此經，仁者依行，自得度世。」但慧可對此經「專附言理」，作了許多實證的自由解釋。日後慧可的門徒，也隨身攜帶此經遊行村落，不入城邑，行頭陀行。他們對於《楞伽經》的共同認識是：在名義上，「文理克諧，行質相貫」；在修證上，「專唯念慧，不在話言」，即是不重語言，而著重觀慧。他們以此思想爲指導，對禪法的宗旨即是「忘言、忘念、無得正觀」，「貴領宗得意」，絕不拘泥於文字。所以其傳授著重口說，不重文記。這些人逐漸立爲一派，被稱爲「楞伽師」。

三祖僧璨大師是西元六〇六年以後的人物，楞伽師的傳承是道信、弘忍兩代。從此以後，他們不再像過去那樣行頭陀行，遊行於村落了，而是逐漸定居山林，並且徒眾日多。四祖道信、五祖弘忍同在黃梅弘化，使禪門大大興隆，尤其弘忍時代在東山的弘化使大眾信服，因此人稱爲「東山法門」，也稱爲「東山宗」。

到了唐代，據《楞伽師資記》的看法，五祖弘忍傳法給神秀，蔚成大宗，並得帝王支持，勢力極盛。開元年間，弘忍的再傳弟子淨覺爲玄賾門下，依玄賾《楞伽入法志》所說而作《楞伽師資記》，說明了楞伽一系的傳承。它不但追溯到達摩，並且把《楞伽經》的翻譯者求那跋陀羅功德賢列爲「楞伽師」的第一代；還說明求那跋陀羅在翻譯講學之外，並根據《楞伽經》「曾開禪訓」，他的師承是「傳燈起自南天竺，故稱南宗」等。記中也講到禪法，著重在「安心」，安心的究竟則是「安理心」。對理心的解釋則是：「心能平等名理，理能照明名心，即心即理是爲佛心。」此「佛心」即爲所安之心。

《楞伽師資記》認爲自求那跋陀羅功德賢以來，對於禪法就是這樣認識的。這當然是代表當時「楞伽師」的主張。不過在道宣《續高僧傳》內，卻無此記載。這是因爲後來弘忍的弟子惠能一系逐漸得力，他們推崇《金剛經》，認爲達摩所傳的就是此經，而非《楞伽經》。所以楞伽師的這段歷史就長期湮沒。直到近人在敦煌發現了有關資料，才弄清這段公案。

本講中主要講授三祖僧燦大師之《信心銘》、四祖道信之《入道方便》，及五祖弘忍之《修心要論》。

二祖慧可

慧可爲中國禪宗的第二祖，一名僧可。俗姓姬，虎牢人（今河南滎陽縣）。當他年少爲儒生時，博覽群書，通達老莊易學。當他出家以後，精研三藏內典。

大約四十歲的時候，値遇天竺沙門菩提達摩在嵩洛（今河南嵩山——洛陽）遊化，就禮他爲師。慧可跟隨達摩六年，精究一乘的宗旨。當達摩圓寂後，他即在黃河近邊一帶韜光養晦；但因爲早年已經名馳京畿，所以早有許多道俗前往問道，請爲師範，他隨時爲眾開示心要，因而道譽甚廣。

天平初年（西元五三四）慧可到了東魏的鄴都（今河南安陽市北），大弘禪法，有些學者不能理解他的學說，時常發生爭辯。當時門下擁有千人的著名學者道恒，竟指慧可所說法要爲「魔語」，於是祕密派遣弟子和慧可詰難。但他的弟子聽了慧可說法之後都欣然心服，反而不滿道恒。因此道恒更加懷恨慧可，甚至賄賂官吏，企圖加以謀害。

有說此和慧可宣揚宋譯《楞伽》理論有關。起初，達摩把四卷《楞伽經》授慧可說：「我觀漢地，唯有此經。仁者依行，自得度世。」慧可就宣揚此經，但因宋譯《楞伽》文較難解，不如北魏．菩提流支所譯的十卷《楞伽經》文字流暢，所以當時北魏的學士多鄙視它。由於劉宋和北魏兩譯《楞伽》學說之爭，牽涉到菩提流支，後世智炬的《寶林傳》等遂出現菩提流支因禪學思想不同而毒害達摩的記載。

慧可在鄴都既受到異派學者的迫害，其後即流離於鄴衛（今河南安陽、汲縣）之間，所以到了晚年，並沒有多少隨從的弟子。但三論宗的學者慧布（西元五一八～西元五八七）北遊鄴都時，曾慕慧可而前去叩問禪法，得到印證。北齊．天保初年（西元五五〇年）著名禪學者向居士致書慧可請教，並以詩文問答，受到了慧可的許多啓示。

在北周．建德三年（西元五七四年）武帝進行滅佛運動，慧可和同學曇林曾努力保護經典和佛像。後來他又南行隱居於舒州皖公山（今安徽潛山縣），在這山裡傳法與三祖僧璨。周武滅佛停止後，他又回到鄴都。隋．開皇十三年（西元五九三年）入寂。

禪宗著名的「斷臂求法」的傳說，即是慧可向達摩求法時，達摩對他說：求法的人，不以身爲身，不以命爲命。於是慧可就站立在雪中數個夜晚，斷臂表示他求法的決心。獲得了安心的法門。

慧可的禪學思想傳自達摩，特別是達摩傳授給他的四卷《楞伽》重視念慧，而不在語言。它的根本主旨是以「忘言忘念、無得正觀」爲宗。這個思想經過慧可的整理提倡，給學禪的人以較大的影響。

房琯的《僧璨碑文》，記僧璨請慧可爲他懺悔。慧可說：「將汝罪來，與汝懺悔。」僧璨覓罪不得。慧可就說：我已經爲你懺悔了！《少室逸書》〈雜錄〉第八十三則的記載和上面的問答形式大體相同，只加上一句僧璨最後答慧可時說「罪無形相可得，知將何物來」而已。慧可的著名弟子有僧璨和僧那。

三祖僧璨

僧璨（西元？～六〇六年），爲中國禪宗第三祖，其生年、籍貫不詳。有說其爲徐州人。最初以居士身參謁二祖慧可；二祖識其爲法器，收其爲徒；遂隨侍慧可二年，得受衣法，後入司空山。

北周武帝破佛滅法時，師隱居皖公山十餘年，其後，出世行化。於隋．開皇十二年（西元五九二年），沙彌道信來投於門下，年僅十四歲，從學九年。僧璨大師傳給其衣之後，即前往羅浮山雲遊，二年之後才又回到皖公山。

大業二年（西元六〇六年）十月十五日，僧璨大師爲四眾廣宣心要之後，合掌立化於樹下。唐玄宗賜謚「鏡（鑑）智禪師」。著有《信心銘》，爲禪宗重要典籍之一。

四祖道信

道信爲中國禪宗第四祖。蘄州（湖北省）廣濟縣人，俗姓司馬。年幼時欣慕空門而出家。隋朝開皇十二年（西元五九二年）入皖公山，在僧璨門下大悟，奉侍九年（一說十年，或說十二年），得到僧璨付法授衣。大業十三年（西元六一七年），率領徒眾至吉州廬陵，遇見群匪圍城七旬，當時城中的泉井枯涸，大家都非常憂懼。師乃勸城中大眾齊念「摩訶般若」，這時群賊遙望城中好像有神兵守護，就說：「城內必有異人，不可攻也！」於是就離去了。

後來，道信想要前往衡岳，路過江州，道俗請留，住於廬山大林寺。唐朝武德七年（西元六二四年）歸返故鄉蘄州，住於破頭山（後名爲雙峰山），大振法道，學侶雲集。有一天前往黃梅縣，路途逢遇一個骨相奇秀的小孩，就請他的父母准許他出家。這小兒即是後來的五祖弘忍。

貞觀十七年（西元六四三年），唐太宗聽聞道信的道風，於是三次下詔令促入京，師上表辭謝不就。太宗又第四度遣派使者，命令他如果不再入京就要取他的首級，然而道信只是神色儼然地伸出脖子，使者不得已，就還京入奏，太宗聽了愈加讚歎欣慕道信。

永徽二年（西元六五一年）閏九月四日（一說同二十四日，或說永徽元年），道信垂誡門人，安坐而寂，享年七十二歲。建塔於東山黃梅寺，中書令杜正倫爲其撰碑文。大曆（西元七六六～七七九年）年中，代宗濫諡「大醫禪師」，塔曰慈雲。門人有弘忍、法融等人。著有《菩薩戒法》、《入道安心要方便門》等。

五祖弘忍

弘忍爲中國禪宗第五祖。俗姓周，湖北黃梅人。七歲時，隨從四祖道信（西元五八〇～六五一年）出家，十三歲正式剃度爲僧。他在道信門下，日間從事勞動，夜間靜坐習禪。道信時常以禪宗頓漸宗旨來考驗他，他觸事解悟，盡得道信的禪法。永徽三年（西元六五二年）道信付法傳衣給他。同年九月道信圓寂，由他繼承法席，後世稱他爲禪宗的第五祖。因爲四方來學的人日多，便在馮茂山雙峰山的東面另建道場，名爲東山寺，時稱他的禪學爲東山法門。

中國禪宗從初祖菩提達摩到三祖僧璨，其門徒都行頭陀行，隨緣而住，並不聚徒眾定居於一處。到了道信、弘忍時代，禪風改變。道信於唐・武德（西元六一八年）初於入黃梅雙峰山，一住三十餘年，會眾多至五百。後來弘忍移居東山，又二十餘年，徒眾多至七百人，這兩代徒眾都定住一處，過著團體修行的生活。弘忍並認爲學道應該山居，遠離囂塵。這是後來馬祖、百丈等於深山幽谷建立叢林，實踐農禪生活的思想。

龍朔元年（西元六六一年），弘忍令徒眾各作一偈來表明見解，上座神秀先呈偈說：「身是菩提樹，心如明鏡台，時時勤拂拭，莫使惹塵埃！」惠能另作一偈：「菩提本無樹，明鏡亦非台，本來無一物，何處惹塵埃！」於是弘忍授以衣法給惠能並促其南歸。咸亨五年（西元六七四年）十月二十三日，弘忍圓寂，年七十四，葬於東山之岡。唐代宗時諡爲「大滿禪師」。

參考資料

1. 宋・道原纂《景德傳燈錄》卷三

2. 唐・淨覺集《楞伽師資記》

3. 隋・僧璨作《信心銘》

4. 唐・道信《入道安心要方便法門》

5. 唐・弘忍《修心要論》(《最上乘論》)

45 六祖惠能禪法

簡介

惠能禪師（六三八～七一三年）是南宗禪的開祖，也可以說是中華禪的眞正創立者。六祖生於廣東省肇慶附近的新興縣，俗姓盧，三歲喪父，家中貧寒，大師常以採薪汲水，奉養母親。一日出市，聞誦《金剛經》，竊發出塵之志。咸亨年中（六七〇～六七三年）至韶陽聽到山澗寺的無盡藏尼誦念《涅槃經》，而爲尼解釋。又參訪智遠及惠紀二位禪師，聽說五祖弘忍在蘄州黃梅的東禪院，盛弘禪法，因此前往參訪。五祖知道六祖是大器，故意叫他入廚房作務八個月，後即傳持東山衣缽，使之隱於懷集、四會之間，經過四年，始於儀鳳元年（六七六年）至南海法性寺，依止印宗法師剃度落髮，智光律師爲其授具足戒。

第二年移錫韶陽曹溪的寶林寺，聲振四方。刺史韋據請大師於大梵寺樹法幢，又歸曹溪大擊法鼓，道俗歸依者，接踵而至。神龍元年（七〇五年）唐中宗遣內侍薛簡召大師入京師，大師稱病故辭。說法三十多年，以七十六歲高齡示寂。

他門下的法海，曾經記錄他的言行，而集爲《施法壇經》，後來此經迭次修改增刪，乃成爲著名的《六祖壇經》，頗受各方重視。目前壇經的異本頗多，現存最古者，乃敦煌本《六祖壇經》。雖然有這本書的傳世，但關於六祖的直接史料仍然缺乏。

六祖惠能的無念法門

六祖認爲一切眾生本具菩提般若自性，只因心迷，不能自悟，須假大善知識來示道方能見性。

《六祖壇經》的根本是來自於六祖惠能，而且要從修證經歷去了解，才能穿透它的精神，掌握它的妙意。

在《六祖壇經》中要注意「無念」的概念，這「無念」可以說是貫穿整個《六祖壇經》的重點所在，《六祖壇經》開宗明義：「菩提自性，本來清淨，但用此心，直了成佛。」

「菩提自性，本來清淨」是空性，無法污染；「但用此心，直了成佛」是修證，所以空性自身，每個眾生都有成佛的可能性。這空性本身是永遠無法污染的。能掌握這清淨心，從空性出生，就能直了成佛。

「無念」，一般人以爲是沒有念頭，但這種想法是會被六祖喝斥的。

無念即無不念，念頭本身不是壞事，壞的是念念起時爲念念所縛，造成念的輪迴，造成生命的纏縛、困難與煩惱。

所以念頭起時不要被念頭綑綁，這叫無念。用現代心理學的話來講，每一念頭都不變成制約下一念頭的因。不被制約就不會起善惡諸念，如此便將過去、現在、未來三心的鎖鍊、煩惱斬斷，所以每個人能活在當中，不爲當下所縛、所限制。

了悟了，清淨大地本來如是，通達無念，法自在如是，行、住、坐、臥都是如此，都不執著，念念自在；此即「般若三昧」、「一行三昧」。這是六祖整個思想，當下直心就是道場。惠能又主張煩惱不能污滅自性的「無相懺」，並由此發展成「無相三歸戒」。

至於惠能的門下，諸書記載頗有出入，或說八人或說四十三人，加起來大概有五十幾名傳留下來。其中如青原行思（？～七四〇年）與其弟子石頭希遷（七〇〇～七九〇年）、南嶽懷讓（六七七～七四四年）、荷澤神會（六六八～七六〇年）等，以及曾經是弘忍門下的蒙山慧明、佛川惠明（六七九～七八〇年）、印宗（六二七～七一三年），還有初學天台教觀，著有《永嘉集》與《證道歌》的永嘉玄覺（六六五～七一三年），此外，受王公皈依，入大內，肅宗以師禮相迎的慧忠（？～七七五年）亦屬之。而南宗禪就在上述的系統之下，展開中國禪的歷史。

神秀與惠能的禪風有所不同，後世乃分別以北宗禪與南宗禪稱之。事實上，地域分佈以長安與洛陽爲中心，廣傳教義的神秀、普寂等，並沒有自稱其派別爲北宗禪。北宗禪系統的傳承隨著唐朝存續下來，而後世所寫的禪宗史，多出自惠能門下。所以北宗一系的資料就較爲隱沒。

參考資料

1. 宋·道原纂《景德傳燈錄》卷五
2. 唐·惠能《金剛經解義》
3. 唐·法海等集《六祖大師緣記外記》
4. 唐·惠能說法海集《六祖法寶壇經》
5. 宋·契嵩撰《六祖大師法寶壇經贊》
6. 無著菩薩造、隋·達磨笈多譯《金剛般若論》
7. 隋·智顗說《金剛般若經疏》

延伸閱讀

1. 洪啓嵩著《如何修持金剛經》

2. 談錫永導讀《金剛經導讀》

46 永嘉玄覺禪法

簡介

永嘉玄覺禪師，在中國禪宗史上，是一位特殊的奇才，他自閱《維摩詰經》開悟，後來才受到六祖惠能大師的印證。

他原本通達天台宗的止觀圓頓法門，受到六祖的印可之後，成爲禪宗的傳人，對禪宗後來歷代傳承的發展，佔有很重要的核心地位。其《證道歌》更是傳誦千古。

永嘉玄覺俗姓戴，字明道，童年就出家剃髮，而其兄宣法師，也是一位名僧，並與姪兒二人出家爲僧。

據《宋高僧傳》等的記載，玄覺本住於永嘉的龍興寺，後來他在龍興寺旁，見到別有勝境，就在巖下自行構築禪庵，常年坐禪冥思修行。

而根據《祖堂集》的記載，則說玄覺在溫州開元寺，侍奉母親與親姊，並因此而受到他人的毀謗。

永嘉玄覺早期的師承不十分清楚，但我們知道他精於天台止觀，又與天台八祖左溪玄朗爲友。因此宋朝天台宗志磐所撰的《佛祖統紀》認爲，他是台宗七祖天宮慧威旁出弟子，與玄朗是同學。從此天台宗人就一直認爲玄覺是同門之人，也對他承受禪宗的傳承，不以爲然。但這些說法，只是宗派諍論下的產物，立論並不太堅實。

另外，在《宋高僧傳》則說玄覺，曾一度師事於北宗的神秀，最後才於曹溪惠能處得法。

永嘉玄覺參訪惠能的緣起，依《景德傳燈錄》的說法，是因爲受到左溪玄朗的激勵，而與東陽玄策同詣曹溪參訪。但《祖堂集》則認爲是受到玄策的勸說而參訪惠能。

左溪玄朗與玄策，和永嘉玄覺都有著深刻的因緣，一位是他的摯友，一位則與他同參六祖。

玄朗是唐代的天台宗僧人，被後世尊爲天台宗八祖（一說爲五祖）。他是婺州（浙江省）烏傷縣（一說東陽縣）人。俗姓傅，相傳爲傅翕——傅大士的六代孫。字慧明，號爲左溪。所以後世稱爲左溪玄朗。

他的門下名僧輩出，其中，荊溪湛然承繼他的法統，並再興天台。另外他的門下有新羅的僧人法融、理應、純英等人。所以，他的教義也傳至海東韓國。

而玄策禪師是婺州（浙江）金華人。在《曹溪大師別傳》中稱爲大榮，而《祖堂集》則稱之爲智策或神策。據《曹溪大師別傳》中說，他住在曹溪奉事惠能大師三十年，惠能常告訴他，要他去教化眾生，所以玄策就辭別大師，遊方向北。

後來，他到了河北，遇到了五祖弘忍的弟子智隍禪師。智隍自認已經得道，但經過一番問答，卻見屈於玄策。因此，在玄策的激勵下，前往曹溪問道於惠能，因此而悟道。

玄策禪師生平雖然不詳，但似乎是一位很長壽的人，傳說他活了九十五歲。而他一生的重要事蹟中，留傳下來的，就是策勵智隍與玄覺，參訪六祖惠能而悟道。而他在曹溪奉事六祖的三十年中，可能也同時到處遊方詢道，而陪同玄覺共同到曹溪參禮惠能，也應在這一段時間內。因爲六祖惠能在曹溪開法三十六年，而玄覺如果依《祖堂集》所說，是在三十一歲時參禮六祖，那時六祖不過在曹溪十八年而已。因此，玄策可能在曹溪時，還是有時到處遊方的。

玄策離開曹溪之後，後來回到金華大開法席。

雖然《景德傳燈錄》中，傳出玄覺是受到左溪玄朗的激勵，而與東陽玄策同詣曹溪。但依《宋高僧傳》則認爲是玄覺主動想尋師訪道，所以與玄策參訪曹溪惠能。而且玄朗是天台的重要傳人，要他激勵玄覺去參訪禪宗的惠能，似乎也不太妥當。

而在《聯燈會要》卷三中則記載：

玄覺因看《維摩經》而發明心地。偶有玄策禪師相訪，與玄覺劇談之後，發覺他的出言說法，暗合諸祖。

因此，玄策驚訝的說：「仁者的得法師是誰呢？」

玄覺回答道：「我聽聞方等大乘經論，都各有師承，後來於《維摩經》悟佛心宗，但卻沒有證明的人。」

玄策說：「在威音王佛已前就可以如此，但威音王佛已後，無師自悟者，都算是天然外道。」

玄覺說：「希望仁者能為我證明。」

玄策說：「我的所言輕微，曹溪有六祖大師，四方學眾雲集，都是受法的人。」

因此，玄策就帶領玄覺同往曹溪。

當玄覺來到曹溪時，正好到惠能大師上堂。他立即持著錫杖而上，繞著六祖的禪堂三匝之後，卓然而立。

六祖惠能看到這種無禮的情形，就說了：「一個出家的沙門，應當具有三千種的威儀與八千種細行，而且行行無虧，才名為沙門。大德你到底從何方而來，而生起了這種大我慢的高傲心呢？」

玄覺回答說：「這是因爲生死事大，而無常迅速啊！」玄覺爲超越生死，體悟實相而來，並不想被世間的禮儀所困住。

六祖又說：「那麼你何不體取無生的眞諦，了達根本無速的實相呢？」

「體本來就是無生，而了達即是無速的。」玄覺在實相的立場中，明明通達，對於惠能的質問，是一點也不退卻，直接拈出「體即無生，達本無速」的眞諦，顯示一切的當體即是無生的境界，了達就現前超越了時間的相對待，根本就沒有速與不速的問題。所以，何必再去體取無生，了達實相無速呢！

惠能這時十分的讚賞說：「你十分悟得無生之義。」

沒想到玄覺並不領情，不在這句經中迷失眞諦，而說：「無生那有意念呢？」

「如果無意念的話，那麼誰能分別呢？」六祖再質問。

「分別也不是意！」玄覺自然的回答著。

「如是！如是！」惠能歡喜的給予認可。

這時，堂上有大眾千餘人，無不愕然訝異。

於是，玄覺就到東廊之下掛上錫杖，具足威儀之後，就到堂上來禮謝惠能大師。接著，就看著六祖默然出堂，便到僧堂中去參見大眾。就又前來向六祖大師告辭。

惠能大師說：「大德從何方前來？現在這樣回去，是不是太快了呢？」

玄覺依然回道：「體性本來是不動的，那有快不快呢？」

「那麼誰知道不動呢？」

「仁者你自己心生分別！」

這時，六祖就下座，撫著他的背說：「善哉！善哉！你有眞實的悟境，稍留一宿再走吧！」

因此，就被稱爲「一宿覺」。

玄覺翌日下山之後，回到溫州。他的名聲早已傳播於眾人之耳，都說他是一位不可思議的人。於是學者輻湊。

從曹溪歸來的玄覺，依然還是居於龍興寺。並有了一些重要的著作。

玄覺的著作中，最有名的是《證道歌》，這一部千古的名著，敘述永嘉玄覺參謁惠能之後的大悟心境。（全文見於附錄）。

永嘉玄覺的奢摩他頌

永嘉玄覺大師在〈奢摩他頌〉中記載著：「恰恰用心時，恰恰無心用，無心恰恰用，常用恰恰無。」

恰恰這二字用得好，動之未動，剛好「恰恰用心時，恰恰無心用」，無心者，道之體也；用心者，照之用也。「恰恰無心用」即是默體，「恰恰用心」時即是照用。

「無心恰恰用」是說當默之時而能起照用，「常用恰恰無」是說當照之時不離默體，功夫就在此。要達到這種功夫就要先有見地，見地到了，功夫才有用；見地不到，即使禪定功夫很好，仍只有定力。修學默照禪者，很容易落入這種境界。

見地上成就了，再就體性上用功夫。在默照禪中，「意默清淨，枯寒心念」是在說見地安立之後，就體性上所談的功夫。心中自然安住，不起分別之思，不盡求成佛，不盡求開悟，現前自證，自然安住，法性現前本然。

功夫直接由內顯現，由心、息、身、法，一切剎、一切時劫，當下現前自住，現前光明。這中間是非一非異，全體現起、全然迴現，不作意分別、刻意斷念，念念所起，即是光明照用。

在心則無所欣求，不欣求成佛，不急求開悟，悟本現前，無悟可得，悟與非悟一切現前平等。像水銀瀉地一般，一切粒粒成圓，無可求者、無可得者，現前安住。這是第一步功夫。

所以，心要以平等繫入，自住安住。因為功夫沒有圓熟，所以要加些次第，但就諸佛而言，諸佛現前現起，法界一相。但是自住安住時，我們可以內攝六根，迴光返照，使諸佛常依，諸佛常法，即眼內觀、耳內聽、鼻內聞、舌內嘗、觸內覺。

心安住於第一義法，六根如龜而藏，自然迴光內照，自然安住，安樂法門。安樂法界一相，法界相無大無小，小而退藏於密，大而彌諸六合，功夫即在此。

參考資料

1. 宋．道原纂《景德傳燈錄》
2. 南唐．靜、筠二禪僧編《祖堂集》
3. 宋．悟明集《聯燈會要》卷三
4. 唐．玄覺撰《永嘉證道歌》
5. 唐．玄覺撰《禪宗永嘉集》〈奢摩他頌四〉、〈毘婆舍那頌五〉、〈優畢叉頌六〉
6. 唐．玄覺撰《禪宗永嘉集》〈優畢叉頌六〉「觀心十門」

47 南宗分燈前的禪法流佈

簡介

六祖惠能大師的嗣法弟子有四十餘人，其中以南嶽懷讓、青原行思、南陽慧忠、永嘉玄覺及荷澤神會最爲著名。而懷讓門下的馬祖道一，行思門下的石頭希遷，這些祖師們在南嶽懷讓、青原以至唐末五代的二百五十年間，使南宗禪開展出燦爛的一頁，建立「即心即佛」、「平常心是道」的精神，在教化上更以靈活生動的教學方法接引學人，後來漸漸形成五家七宗等不同特色的宗風。

以下簡要介紹這個時期著名的禪師及其法要。其修證法要請參閱附錄。

南嶽懷讓

懷讓是陝西金州安康人，俗姓杜。他出生於唐高宗儀鳳二年（公元六七七年）的四月八日，正與佛陀同日降誕。傳說當他出生之時，竟然有瑞應的天象示現在他的家鄉安康，感得白氣沖天。當朝的太史觀察到了這個瑞相，立即奏聞唐高宗。

高宗就問太史說：「這是何種祥瑞？」

太史對說：「這是國家的法器，不染世間的榮華。」

於是，高宗就傳勅金州的太守韓偕親自前往，宣慰懷讓的家。

杜家有三子，懷讓是最小的。但是由於他的個性十分的特異，對事歡喜恩讓，所以父親就爲他安名爲懷讓。當他十歲時，就雅好佛書。這時有一位玄靜三藏經過他的家中，就告訴他的父母說：「這孩子將來如果出家，必定能夠獲得上乘的佛法，廣度眾生。」

當懷讓十五歲時，就拜別雙親，前往湖北荊州玉泉寺，跟隨弘景律師出家。則天武后的通天二年（公元六九七年），他受戒後，開始學習毗尼律藏。

有一天，他自嘆道：「出家之人，應當修行無爲之法才對。如此在天上人間之中，才能沒有超勝於他者。」

這時，他的同學坦然，知道懷讓志氣高遠，就勸他參謁嵩嶽的慧安國師，於是二人就到嵩嶽參謁慧安國師。

坦然在慧安國師的啓悟下，豁然如歸，從此依止於慧安門下修行，但懷讓卻未能契入，於是繼續前往曹溪參請六祖惠能大師。

懷讓隻身來到曹溪參謁六祖惠能，六祖惠能看他來得有趣，就問他：「從什麼地方前來呢？」

「從嵩山來。」懷讓老實的回答。

這時惠能再看看懷讓，又問：「什麼東西，這麼來呢？」

懷讓愣在那裏，也不知道如何回答，就一心一意的在曹溪修行著。

如此經過了八年，懷讓忽然有了省悟。於是他就前去告訴六祖惠能。

懷讓向惠能說：「我有一個體會處。」

「什麼體會呢？」六祖問道。

「說像一個東西，就不對了。」

六祖有興緻了，就再問說：「那是否還要經過修證呢？」

懷讓就回答說：「如果說修證則不能說沒有，但是污染卻是不可得的。」

這時六祖就印可他說：「就是這不污染，是諸佛所護念的。你既如是，我也如是。西天的般若多羅祖師的讖語說：你的足下會出一隻馬駒，將來會踏殺天下人。」

般若多羅祖師是禪宗的二十七祖，後來傳法給達摩祖師，才東渡中國。所謂的馬駒，即是後來的馬祖道一，後來果然大弘禪法，踏殺天下人。

青原行思

青原行思是江西吉州（吉安縣）安城人，俗姓劉。他幼年便出家，每當大眾群居論道的時候，只見他都默然坐在一旁。

後來他聽聞六祖惠能在廣東曹溪開法，就前往參禮。

當他見到了六祖之後，就問說：「應當做何所事務，即不會落入階級的分別之中？」要做什麼樣的事物，才能超越一切修道中的階級分別，而得超越一切佛法，修行的階位境界，證入無分別的圓滿？

惠能大師對於這個年輕人的問題，十分的珍重，就回問他說：「你曾經做過什麼來呢？」

他十分平靜的說：「就是究竟的聖諦第一義，我也不爲。」修行本來要歷經各種階位、境界，到最後悟入究竟的聖諦實相而成就的，但行思卻回答「聖諦也不爲」。

惠能就繼續問他：「那這個落在何種階級呢？」

行思經過這一問答，心中的疑謬，早已消融，一切階級已入本來烏有之鄉了。於是就自在的回答說：「連聖諦都不為了，何來階級之有！」

而六祖經過了這一探底，確認行思是有見識的，就十分器重他，讓他當了學徒中的首座。

後來青原門下果然法門隆盛，從他的派下，分出了「曹洞」、「雲門」及「法眼」三宗，而稱為「青原下」。與南嶽懷讓所開出的臨濟、溈仰二宗，稱為「南嶽下」。並為後世中國禪宗的兩大系，後代的禪子禪孫，都是來自這兩家派下了。

馬祖道一

馬祖道一是唐代著名的禪師，他是漢州什邡（今四川什邡縣）人，俗姓馬，因此後人就尊稱他為馬祖了。

他先在本邑的羅漢寺出家。生來容貌奇異，牛行虎視的，並且能引舌過鼻。而且他的雙足之下，出現有輪文的瑞相這是佛身的三十二相之一。

他幼年時依止資州的處寂禪師出家。處寂又稱為唐和尚，是屬於禪宗五祖弘忍門下智詵的弟子，後來四川禪宗最重要的淨眾宗與保唐宗，都出自此系。這一系後來並影響到西藏的佛教，舊派寧瑪巴的大圓滿教法，就受到這一禪宗支派的深刻影響。

後來馬祖又從渝州圓律師受具足戒。在唐玄宗開元年中（公元七三五年頃），他到南嶽衡山修習禪定，結庵而住，整日坐禪。

當時，六祖惠能大師的弟子南嶽懷讓禪師，正住在南嶽般若寺，見他的神宇十分的不凡，就想度他。

馬祖道一此時，獨處庵中，只是坐禪，對於往來的人，都絲毫不顧。於是，懷讓就問他：「大德，你坐禪到底要圖個什麼？」

道一就回答說：「圖作佛！」

懷讓於是拿起一塊磚頭，就在庵前的石上磨了起來。

這個奇怪的動作，竟攪動了道一的坐禪心，不禁狐疑這個老和尚到底在做什麼？於是就問道：「請問師父，你到底在做什麼？」

懷讓說：「我要把磚頭磨成鏡子！」

道一笑著說：「磨磚頭那能磨成鏡子呢？」不禁懷疑這老和尚，是不是腦袋瓜有問題。

懷讓也疑惑的問道一說：「既然磨磚不能磨成鏡子，那坐禪豈得成佛呢？」

道一這時才知這老和尚是高人，於是肅然起敬的問道：「那要如何才是呢？」

懷讓就問他說：「如牛駕車，如果車不走的時候，是要打車，還是打牛呢？」

道一這時對不上來了。

於是，懷讓就向他開示說：「你到底要學坐禪還是學坐佛？如果學坐禪，禪非坐臥。如果學坐佛，佛也非行、住、坐、臥的定相。對於無住法，不應取捨。你若坐佛，即是殺佛。如果執著坐相，就沒有悟達其理。」

道一聽聞懷讓的開示，如同飲下醍醐，立即禮拜請示無相三昧。道一因此就在懷讓的教誨下開悟了。

後來馬祖道一成爲一代的禪德，天下受其法益者無數。這也正合了當初六祖惠能大師爲懷讓所預示的「西天般若多羅禪師的讖語：你的足下出一馬駒，踏殺天下人。」

道一在懷讓門下開悟後，侍奉十年，才離開南嶽。後來在江西開堂說法，起初住於建陽的佛迹嶺，又遷至臨川，再遷至南康的龔公山。在唐代宗大曆年中（公元七六六—七七九年），住於鍾陵（今江西進賢縣）的開元寺，四方學者雲集。

馬祖門下的大善知識有一百三十九人，後來各爲一方宗主，散布天下。六祖惠能的後世，以道一的門葉，最爲繁榮，禪宗至此而大盛。

石頭希遷

希遷禪師（公元七〇五～七一二年）俗姓陳，出生於唐中宗及睿宗相繼續位的年代廣東端州高要縣，年幼時即不凡，有一次母親帶他到城中的佛寺上香，在寺中，母親恭敬的禮佛，也教他頂禮。

禮佛時，他的母親就向他介紹說：「這是佛陀！」

禮佛完畢後，他就一直呆呆地瞻仰著佛像。過了許久之後，忽然說：「這就是人啊！他的身形、儀態及手足與一般人那有什麼不同呢？如果這是佛陀的話，我也要作。」

這時，在寺中聽到他所說的話，不管是出家的比丘或在家眾，都感覺十分的訝異。

在高要縣，鄉民十分畏懼鬼神，因此鄉邑中迷信神祠，所以時常定期的殺牛、灑酒，舉行各種的祭祀。但這位陳姓童子，年紀雖小，但個性十分沈毅果斷，識見非凡，也十分有自信，並重視然諾。雖然他平時十分的和藹，但碰到他認爲不對的事情，就十分的堅決。

現在，他看到大眾的迷信，十分的不以爲然，於是只要碰到祀期，他就前往毀祠奪牛而歸，弄得鄉中的長老，也不知如何是好。而且他的態度又十分的謙和，道理也極爲充分，所以鄉老也無法禁斷他的行爲。

後來，他聽聞六祖惠能大師南來，就前往禮覲。六祖惠能十分喜歡他，曾欣喜的手持著他的手，開玩笑的說：「你如果成爲我的弟子，應當有遷。」只見他十分高興的笑著說：「好。」因此，這位童子的法號，果然稱爲希遷了。

希遷到曹溪之時，只有十歲出頭。六祖在初見面時，就十分高興的再三撫著他的頭頂說：「你應當承紹我的眞法。」於是希遷在曹溪成爲沙彌，並親侍惠能。不過惠能大師在與他相處數年後，就就在他十四歲時入滅了。

但是希遷的一生，是與六祖緊密結合在一起的，他的將來在惠能心中，也有著明白的打算。

因此，當六祖臨入滅時，希遷問他說：「恩師百年之後，我應當依止何人呢？」

惠能大師就要他：「尋思去。」可惜希遷當時還小，不知道惠能的一語雙關，但畢竟他還是一心修學尋思，日子還是沒有空過的。

希遷後來在首座師兄的指撥之下，亦來到青原山追尋行思。行思禪師十分看重這位青年沙彌，因此曾讚嘆說：

「眾角雖多，一麟足矣！」將他視爲麟兒了。

在行思的教誨之下，希遷的悟境愈來愈深。有一天行思就告訴希遷說：「有人道嶺南有消息。」

希遷卻不同意行思的話，而說：「有人不道嶺南有消息。」

原來嶺南是泛指五嶺以南的地區，由於六祖惠能大師出生於此，並在這裡長期的弘法，因此成爲象徵禪法源頭的地方。所以，行思說：「有人道嶺南有消息。」是指有人說嶺南是禪法的根源，有禪法心要的消息傳出。以此來檢測希遷的悟境，但希遷拒絕接受禪法心要是由外而來的說法，所以說：「有人不道嶺南有消息。」

這時，行思就再質問說：「如果這麼說的話，一切佛法的大藏、小藏等從何而來呢？」嶺南在此代表佛法的根源，行思認爲如果依希遷所說：「有人不道嶺南有消息。」那佛法的根源已斷，那一切的佛法從何而來呢？

沒想到希遷這時十分自在地說：「盡從這裡去。」原來當下這裡，才是一切佛法、禪法、悟境的根源。不管稱之爲這裡、自性、心或體性，一切的禪法妙悟都盡從這裡而去，不假外求、不向外求法。

唐玄宗開元十六年（公元七二八年），希遷前往羅浮山受具足戒。他略爲研究戒律的道理，見到其中得失紛然，各種異見極多。於是認爲：「自性清淨，謂之爲戒體，諸佛根本無有造作，何有生滅呢？」從此，他就不再拘於小節，也不崇尚文字義理的理解，而以實修爲重了。

希遷是六祖惠能的弟子，也是青原行思的師弟。但同時在六祖的指示下，參謁行思，所以也是行思的弟子。因爲他最後在行思手中，成就了悟境，承嗣了行思的法，因此他的傳承是青原的門下了。

行思禪師在傳法給與希遷時，曾說：「我的法門，從先聖以來輾轉遞相付囑傳授，不要使之斷絕。祖師曾經預記於你，你應當保持這法門，善自好去。」

後來行思在開元二十八年（公元七四〇年）入滅了，而希遷也在唐玄宗天寶初年（公元七四二年後），來到南嶽的南臺寺。南臺寺東有一顆大石頭，宛若平臺，於是希遷就結庵在大石之上，時人就稱他爲石頭和尚。

有一天，石頭希遷看著僧肇法師所寫《肇論》中的〈涅槃無名論〉，讀至：「會萬物以成己者，其唯聖人乎！」心中有了極深的體悟。

石頭希遷本來是六祖的弟子，後來在行思的鍛鍊下成熟，嗣了青原行思的法脈。

於是，他就寫了《參同契》來詳述自己的悟境。《參同契》本來是東漢道教的魏伯陽所寫的道書之名，可以說是丹經之祖，也稱爲萬古丹經之王。此書是最早將《易經》的八卦爻相，引入煉丹之道，參合〈大易〉、〈黃老〉、〈爐火（丹術）〉三種說法，所以名爲《參同契》。他又以「迴互」、「明暗」等說法，來闡述修行的要義。其中「明暗」指清淨的自性與染汙的煩惱，「迴互」則指法與法之間互爲因緣、交相影響。這其實也應用而昇華了八卦的爻象。而當我們能修至：示迴互而不迴互，現明暗而不墮入明暗之中，那便成就了大覺佛果了。

參考資料

1. 宋．道原纂《景德傳燈錄》卷五、六、七、八、十、十四、十五、十六
2. 唐．石頭希遷《參同契》
3. 唐．石頭希遷《草庵歌》
4. 唐．馬祖道一《平常心是道》
5. 唐．圭峰宗密《五階三宗》

48 溈仰宗禪法

簡介

溈山和仰山均為山名，溈山位於長沙府潭州，寧鄉縣之西一百四十里處，即現在湖南省長沙附近。此山是百丈懷海的法嗣靈祐禪師提示其宗要的本山。仰山在江西省袁州大仰山，為靈祐之法嗣慧寂所駐錫的本山，故後世靈祐與慧寂門下的宗風取其住山名為「溈仰宗」。

靈祐於中唐初大曆六年（七七一年）生於福州長谿。俗姓趙氏，十五歲時依止本郡的建善寺法常律師出家，後到杭州龍興寺受戒，研究大小乘經律。二十三歲時遊江西參百丈懷海，百丈一見，許以入室，遂居參學大眾的上首在百丈禪師的提撥下，有所悟入。不久，因為司馬頭陀的推舉，所以常住溈山的勝境。溈山峭絕，遠離人煙，禪師與猿猴為伍，以橡栗充食。山下居民為其營造梵宇，連帥李景讓上奏賜號為同慶寺，相國裴休時常咨問玄要，於是天下禪眾會歸參學。門人常有一千餘人，宣說宗要接引大眾凡四十餘年，入室弟子有四十一人。宣宗大中七年

（八五三年）正月九日圓寂，時年八十三歲，勅謚爲大圓禪師，他的舍利塔號爲「清淨」，著有《潙山警策》及《語錄》等。

慧寂是韶州懷化人，俗姓葉氏，十五歲時欲出家，父母不許。兩年後，斬斷二指，誓求正法，父母遂允許出家。於是他便依止廣州和安寺通禪師落髮，參遊諸方。起初參謁慧忠國師的法嗣耽源禪師，體悟玄旨，又參訪潙山禪師，遂陞堂奧。後往江陵受戒，深研律藏，參訪巖頭、石室禪師等。又回到潙山侍奉十五年，受潙山之心印，領眾住王莽山，後來因緣未契，便遷往仰山，從此學徒大增，得法者十餘人。後又遷往江西觀音院，於晚唐大順元年（八九〇年）示寂於韶州東平山，享年七十七歲。勅謚通智大師，塔號妙光。

仰山慧寂示寂之年，《編年通論》、《佛祖通紀》記載爲大順二年，《稽古略》、《宋高僧傳》記載爲梁貞明二年。總之，慧寂禪師弘化時代是在晚唐之際，師曾評其師弟香嚴智閑云：「汝只得如來禪，未得祖師禪。」傳說此是如來禪、祖師禪一語之由來。潙山、仰山之宗風共稱爲潙仰宗，與臨濟同屬於南嶽門下。

溈仰宗心要

潙仰宗之禪要，散見於《潙山警策》及兩師之《語錄》傳記。另依法眼文益之《十規論》，晦巖智昭之《人天眼目》，三山燈來的《五家宗旨纂要》，東嶺圓慈的《五家參詳要路門》等，從這些著述中可以詳知五家之宗風。

現在略述其大要：潙仰宗攝化方法以叮嚀懇切爲要，恰如慈母對赤子一般，可謂婆心苦口。從他以「三種生」接化學者中即可明瞭。

師一日謂仰山曰：「吾以鏡智爲宗要，出三種生，所謂想生、相生、流注生。《楞嚴經》曰：『想生爲塵，識情爲垢。』二俱遠離，即汝法眼應時明清，云何不成無上正覺。想生即能思之心雜亂，相生即所思之境歷然。微細流注，俱爲塵垢，若能淨盡方得自在。」

潙仰宗以「鏡智」爲宗要，鏡智是指「大圓鏡智」。凡參禪者皆以證得四智爲目的，其中就大圓鏡智爲吾人自性的本具妙德。但是大多學者皆識八識賴耶爲窠窟，遂生能所之隔礙，則三種生即生起。潙仰宗參禪的目的是要打破這三種生，如圖：

大圓鏡智 ┬ 想生—塵—能思之一心雜亂：兔子望月 ┐
　　　　 └ 相生—垢—所思之萬境歷然：山河大地 ┘ 流注生—塵垢—無間斷交流

溈山、仰山二實踐最努力於斷破此根元；

溈山因問仰山：「寂子（仰山慧寂）心識微細流注無來得幾年？」

仰山不敢答，卻云：「和尙無來幾年矣？」

溈山曰：「老僧無來已七年。」

溈山又問：「寂子如何？」

仰曰：「慧寂正鬧。」

如此在師資之間作親切之問話，且老實地實踐躬行。又香嚴示人以三照：

一、本來照——無師自然智。

二、寂照——處處靈智。

三、常照——化他……日用……萬象。

其他有五種圓相，十一種圓相。又仰山於耽源處受九十七種圓相，而後於溈山處因而頓悟。此等皆視學人根機而方便教導。圜悟評本宗云：「師資唱和，父子一家，明暗交馳，語默不露。」晦巖云：「以事理不二爲宗。」東嶺云：「明作用，論親疏爲旨。」即本宗介於臨濟之惡辣，而曹洞之綿密的中道。所以本宗的禪風是老婆心切之中帶有立壁萬仞的嚴峻。

參考資料

1. 明・圓信、郭凝之編集《五家語錄》卷二

2. 宋・智昭集《人天眼目》卷四

3. 清・性統編《三山來禪師五家宗旨纂要》卷下

4. 宋・宗紹編《無門關》

49 臨濟宗禪法

簡介

臨濟宗祖師臨濟義玄，爲鎮州臨濟院慧照禪師，俗姓刑氏，出生於曹州南華郡。禪師幼年聰穎，長大後以孝聞鄉里。大師一向有脫出塵俗之志，於是落髮受具足戒，初始研究毘尼及探經論，後來參訪黃檗希運禪師，其行業純一。

而後他去參訪溈山，之後又隨侍德山，往後於河北鎮州城東南隅，臨滹陀河一小院，宏揚宗風、唐咸通八年（公元八六七年，或有說爲咸通七年）四月十日，端坐歸寂。門人將禪師坐化全身，建塔於大名府之西北隅，敕謚慧照禪師，塔號澄靈。其宗稱爲臨濟宗。禪師著有《臨濟慧照禪師語錄》一卷。門人有志閒、譚空、慧然等，得法者二十二人，爲禪宗一大支派。

臨濟宗風

臨濟之宗風以機鋒爲主，擺脫羅籠全機大用，卷舒擒縱，殺活自在，他們接化眾生之手段，孤峗峻峭，實在極其辛辣！不僅是接化之時如此，即使是參問師家也毫無忌憚。臨濟宗以「四喝」、「四照用」、「四賓主」、「四料簡」、「三玄」、「三要」等手段，接化學人。雖然臨濟禪風表面看來頗爲辛辣，但其內心非常親切感人，而且接化學人的手法也很周到，即從正面看，直與一掌，托開，喝破，一切兩斷，有如殺人刀活人劍；從側面看，他老婆心切，充溢溫情，給予學人種種方便。

溈仰與臨濟都是南嶽門下，溈山先於臨濟，均爲中唐、晚唐之禪宗重鎮，特別是臨濟，被人讚賞爲「濟世之醫法」。就中國禪宗說，此派後世特別隆盛。黃龍、楊岐兩派即爲臨濟之法孫輩。

臨濟法要

臨濟常以「四喝」、「四照用」、「四賓主」、「四料簡」、「三玄」、「三要」等手段，接化學人，現在圖示如下：

四料簡

(1)**奪人不奪境：**煦日發生舖地錦，嬰兒垂髮白如絲……中下根：奪人不奪法

⑵**奪境不奪人：**王令已行天下遍，將軍塞外絕煙塵……中上根：奪法不奪人

⑶**人境雙俱奪：**并汾絕信，獨處一方……上上根：人法俱奪

⑷**人境俱不奪：**王登寶殿，野老謳歌……出格人：全體作用

四照用四賓主

⑴**先照後用**……主中賓……暗中有明……自力中他力……體中用

⑵**先用後照**……賓中主……明中有暗……他力中自力……用中體

⑶**照用同時**……主中主……死中常死……純自力……純本體

⑷**照用不同**……賓中賓……活中常活……純他力……純妙用

三玄、三要

⑴**體中玄（具理、智、方便三要）**……隨波逐浪……言中無巧妙

⑵**句中玄（具理、智、方便三要）**……函蓋乾坤……千聖入玄奧

⑶**玄中玄（具理、智、方便三要）**……眾流截斷……離四句絕百非

四喝

⑴**有時一喝如金剛王寶劍**……覿露堂堂，纔涉唇吻，即犯鋒鋩。

⑵**有時一喝如踞地獅子**……本無窠臼，顧佇停機，即成滲漏。

⑶**有時一喝如探竿影草**……不入陰界，一點不來，賊身自敗。

⑷**有時一喝不作一喝用**……不作喝用，佛法大有，只是牙痛。

此外臨濟宗後世尚有興化存奘之四棒、四唾、四瞎之說。汾陽善昭之十智同眞、四句、圓鑑三獅子、三決、十八問等接化來參者。雖然臨濟禪風表面看來頗爲辛辣，但其內心非常親切感人，而且接化手法亦很周到，即從正面看，直與一掌，托開，喝破，一切兩斷，有如殺人刀活人劍；從側面看，他老婆心切，充溢溫情，給予學人種種方便。

圜悟禪師評論臨濟宗：「全機全用，棒喝交馳，劍刃上求人，電光中垂手。」晦巖云：「以自在縱橫爲宗

旨。」東嶺云：「戰機鋒論親疎爲旨。」對本宗評極爲恰當。

以上兩宗，潙仰與臨濟都是南嶽門下，潙山先於臨濟，均爲中唐、晚唐之禪宗重鎮，特別是臨濟，被人讚賞爲「濟世之醫法」。就中國禪宗說，此派後世特別隆盛。黃龍、楊岐兩派即爲臨濟之法孫輩。

參考資料

1. 明・圓信、郭凝之編集《五家語錄》卷一〈臨濟宗旨〉〈臨濟宗〉

2. 宋・智昭集《人天眼目》卷一〈臨濟宗〉

3. 清・性統編《三山來禪師五家宗旨纂要》卷上

50 曹洞宗禪法

簡介

曹洞宗的起源，是就洞山良价禪師與曹山本寂禪師的師資傳承而說，現依洞山、曹山師資傳承大概介紹一宗之概要。

洞山良价禪師，俗姓俞氏，會稽人，幼年隨著師父誦讀般若心經，誦至「無眼耳鼻舌身意」一句時，忽然以手捫面問師父：「某甲有眼耳鼻舌身意，何以經說無有？」其師駭異曰：「吾非汝師。」良价即去禮馬祖法嗣五洩山之靈默禪師披剃，二十歲詣嵩山受具足戒，遊化時先去拜見馬祖法嗣南泉。某日正值馬祖諱辰，寺中修齋，南泉垂問眾僧曰：「來日為馬祖設齋，未審馬祖還來否？」眾皆無對，師乃出云：「待有伴即來。」南泉禪師聞已讚曰：「此子雖後生，甚堪彫琢。」師云：「和尚莫壓良為賤。」

次參溈山，雖有「無情說法」問答，但是不甚相契，遂依溈山指示，訪詣藥山惟嚴禪師法嗣潭州雲巖寺之雲巖曇晟，請示「無情說法什麼人得聞。」

雲巖曰：「無情說法，無情得聞。」

師問曰：「和尚聞否？」

雲巖曰：「我若聞，汝即不得聞吾說法也。」

師曰：「若恁麼，即良价不聞和尚說法也。」

雲巖曰：「我說法汝尚不聞，何況無情說法也。」

師乃述偈呈雲巖曰：「也大奇也大奇，無情說法不思議，若將耳聽終難會，眼處聞聲方可知。」

遂辭雲巖。

巖曰：「什麼去處？」

師曰：「雖離和尚，未卜所止。」並互相談論種種周到親切之語。

臨別時，雲巖又曰：「承當箇事，大須審細。」師猶涉疑，後因過水睹影，大悟前旨。因而有一偈曰：「切忌從他覓，迢迢與我疎，我今獨自往，處處得逢渠，渠今正是我，我今不是渠，應須恁麼會，方得契如如。」洞山遂嗣雲巖之法。

唐大中末年，洞山在新豐山接引學徒，後住豫章高安洞山（宋之筠州）普利院，宏化禪學，門下常有數百人隨學，得法者有道膺、本寂、道全、居遁、休靜等二十六人，龍象輩出。洞山圓寂時對大眾說道：「吾有閑名在世，誰爲吾除？」時有一沙彌出言：「請和尙法號。」師曰：「吾閑名已謝。」唐咸通十年（八六九年）三月朔旦，命剃髮、澡身、披衣，擊鐘，告別大眾，儼然坐化，時大眾號慟不止，師忽開目而示眾曰：「夫出家之人，心不附物，是眞修行，勞生息死，於悲何有！」遂命主事僧令設愚癡齋，蓋責大眾懷情也，眾猶懷慕不已。延至七日，食具方備，師亦隨齋畢，並誡大眾曰：「僧家勿事，大率臨行之際，喧動如斯。」至八日晨浴訖，端坐歸寂。壽六十三，臘四十二，勅謚悟本大師，塔稱慧覺。

良价禪師單傳曹溪之宗旨，但後世所謂曹洞宗是師資在洞山、曹山而說的。良价禪師著有《洞山悟本大師語錄》一卷。另外，禪師曾住泐潭，閱大藏經，編撰《大乘經要》一卷，另外有《五位頌》及《寶鏡三昧歌》等。

洞山門下以洪州雲居山道膺禪師爲上首，道膺禪師是幽州玉田人，俗姓王氏，幼年出家，二十五歲時具戒於范陽延壽寺，從師學五篇七聚之律。後詣翠微山問道三年，遂往豫章洞山參訪良价。

洞山問：「闍黎名什麼？」

師曰：「道膺。」

山云：「向上更道。」

師曰：「向上道，即不名道膺。」

山曰：「與吾在雲巖時祇對無異也。」

其後在洞山參問多年，遂得洞山法。

洞山曰：「此子以後千人萬人把不住」，並許之爲室中領袖。道膺禪師最初宏化於三峰，後移住雲居山，門下大興，學徒常有一千五百人。南昌鍾氏，荊南節度使成汭等均欽仰道膺禪師之德風。唐天復元年（《通載》說此年圓寂）秋示微疾，翌二年（九〇二年）正月三日歸寂，勅謚弘覺大師，塔稱圓寂。門下得法者有二十八人。

曹洞宗的另一位祖師，撫州曹山本寂禪師，泉州莆田人，俗姓黃氏，開始時修習儒學，十九歲時入福州福唐縣靈石山出家，二十五歲受具足戒。咸通初年參訪洞山，得洞山宗旨後住撫州曹山，又居荷玉山，兩處法席頗盛。洪州鍾氏屢請不遂，寫大梅和尚山居頌答之。天復元年（九〇一年）六月十六日，六十二歲遷化。《統記》記載天復三年入寂。勅謚元證大師，塔稱福圓。門下得法者十四人。原來在洞山門人，不管由其人品或由其門下之隆盛觀之，曹山都不及雲居，但是一般多稱曹洞不稱雲居，因爲雲居並不倡導五位君臣之故，五位君臣爲曹洞宗風，所以大多捨不說五位之雲居，而採倡導五位爲主之曹山而稱曹洞宗。曹山傳云：「及受洞山五位銓量，特爲叢林標準。」

曹洞宗宗風

洞山接引學人設下「鳥道」、「玄路」、「展手」三路以截斷學者的眾見。洞山又立有「三滲漏」，以辨見參學者修行之眞僞，列表如下：

三滲漏
- 一、見滲漏—所謂機不離位墮在毒海—滯著先入
- 二、情滲漏—所謂智常向背見處偏枯—住著己見
- 三、語滲漏—所謂體妙失宗機昧終始—拘泥文字

學者獨智流轉不生此三種

其次曹山說有三種墮、正偏五位，此即曹山繼承洞山五位而大成者，圖文如下（正偏五位，洞山創作，曹山大成）。

三種墮
- 一、體墮—披毛戴角—冥合初心而知有（本分事）
- 二、隨墮—不斷聲色—知有而不礙六塵
- 三、尊貴墮—不受食—本分之草料

正偏五位
- 一、正中偏—背理（空）就事（色）
- 二、偏中正—舍事（色）入理（空）
- 三、正中來—轉身一路
- 四、兼中至—妙用隨機
- 五、兼中到—冥應眾緣，不墮諸有

此外尚有「警玄三句」，「宏智四借」，「王子五位」等，不過比不上「正偏五位」，「功勳五位」那麼常

被引用。此五位中，將一切眾法包含無遺，實是一句道破，巧妙之理。

另外洞山又有「寶鏡三昧歌」傳世。

曹洞宗法要

參禪是諸佛安樂行儀，迴光返照，都攝六根，如是如是，一切悟本現成，一切諸佛現成。在這其中所顯現的是如幻的差別境界，也就是緣起的法則和緣生的事相交會。

了解上述的觀點之後，我們再廣泛地來看佛法。曹洞宗有時講明暗，這和中國傳統太極思想的陰陽說法不同。如果墮入傳統陰陽的說法，會有基本的錯謬存在。因為陰陽的理念在佛法而言是存於混沌時期，是一個蒙昧無明的結構，一個世間輪迴的結構。

相反的，洞山的五位和石頭希遷的草庵歌，都在宣示眞實的解脫境界，且和這世間無二無別，即屬於眞空妙有的境界。所以這兩者完全不同，但輪迴、涅槃不二，法和現象合一。了解這個道理，來看五位君臣頌就比較清楚了。

〈五位君臣頌〉

***1.* 正中偏**　三更初夜月明前，莫怪相逢不相識，

隱隱猶懷舊日嫌。

2. **偏中正**　失曉老婆逢古鏡，分明覿面別無眞，休更迷頭猶認影。

3. **正中來**　無中有路隔塵埃，但能不觸當今諱，也勝前朝斷舌才。

4. **兼中至**　兩刃交鋒不須避，好手猶如火裡蓮，宛然自有沖天志。

5. **兼中到**　不落有無誰敢和，人人盡欲出常流，折合還歸炭裡坐。

而〈功勛五位頌〉也是詮釋這五個修行的階段：

1. 聖主由來法帝堯，御人以禮曲龍腰。有時鬧市頭邊過，到處文明賀聖朝。（此是「君向臣不共」，是指「正中偏」。）

2. 淨洗濃粧爲阿誰，子規聲裡勸人歸，百花落盡啼無盡，更向亂峰深處啼。（此是「臣奉君一色」，是指「偏中正」。）

3. 枯木花開劫外春，倒騎玉象趁麒麟。而今高隱千峰外，月皎風清好日辰。（此是「君視臣功」，是指「正中來」。）

4. 眾生諸佛不相侵，山自高兮水自深。萬別千差明底

事，鷓鴣啼處百花新。（此是「臣向君共功」，是指「兼中至」。）

5. 頭角纔生已不堪，擬心求佛好羞慚。迢迢空劫無人識，肯向南詢五十三。（此是「君向臣功功」，是指「兼中到」。）

洞山五位的正偏思想是受到石頭希遷《參同契》中明暗迴互的思想所影響。「正」代表暗，但是這「暗」並不能用太極二儀中的陰來代表。「正」是代表體性，也就是法性，亦即緣起之理，直指空性，代表著法界的平等境界，這是個絕對本然的境界和寂靜寂滅的境界，代表了本覺的境界，代表了眞如乃至如來藏的境界。

而「偏」代表明，明代表動，這是相對於正中的寂靜，代表了大用，代表了法界一切如幻的色相。相對於理上，是代表事，也是代表法界中種種的差別萬相，也代表始覺，而相對於如來藏的是代表法身的境界。

正的法性和偏的緣起（也就是緣生的現象），這兩者互相迴互、運作，代表本覺和始覺的交互運作而產生正中五位的說法。這所顯現的是一個修行人從開悟之後的整個修習次第到成佛的次第。

這其中也蘊涵了默照禪一個很重要的想法——一切現

成的思想：悟境現成、佛本現成。默照禪的基本原理，是悟本身從未離開過法性自身。對一切眾生而言，他們其實是未離悟境的，因此曹洞宗才會有不重久修、不輕初學的觀念存在。到最後是不講如何開悟的，因爲悟本現成，但修證本身還是現前存在。

五位君臣頌雖不提要有求悟之心，可是境界仍是如是現前，才會有五位君臣頌。這就如同《金剛經》所謂：「以無爲法而有差別。」一切現前，本來是眞空如幻的境界。一切法性現空的狀態中，而有種種的次第差別，這次第差別也是法爾如是。了悟的作用不是在作意，了悟如是就是現前，這樣才能體會到曹洞宗最重要的宗旨。

正中偏

首先五位君臣的正中偏，洞山所說的：「三更初夜月明前，莫怪相逢不相識，隱隱猶懷舊日嫌。」而天童也曾說：「雲暗不知天早晚，雪深難辨路高低。」這個解得妙。

雲暗不知天早晚，這代表一個初入悟境的人，其悟境自在的現象。他在悟境中是一片的，所以說雪深難辨路高低，什麼都是一個事兒，什麼都是一起來的。

此外我們也可說正中偏是：「初睹明月似相識，舊情難忘遭猜疑，境界萬千天馬行，時時保任列聖儀。」這是包含了修法的「初睹明月似相識」，明月是我們每天都在看的，有能看的眼及被看的月，這表示初入悟境時還有悟跡可尋，而執於悟境的狀況。

古徹禪師亦道：就初悟此理實例，理是正，悟是偏，三更初夜，黑而不明，代表理耶？這是理，表示正、法界體性。以月明前顯即是黑，是黑顯時中便有明。我們要注意，有理必有悟而顯，亦即有黑中必具有明。這句話在曹洞宗旨裡表示猶有未盡之處。

但古徹禪師的說法比三山來禪師的還妙，因爲三山來是用臨濟的說法，才會說：「有體即用」，而古徹禪師說：「理顯時終便悟」。也就是說偏是事、是悟，悟到正時，表示悟到體了，而體中便有悟。悟起時，理由悟來顯現。正中偏的偏是來顯正的，所以理由悟而顯。

且理顯時中便有悟，因此正中必有偏。正中偏更廣大而言是——一切眾生百姓自用之中，一切現前現前。

就曹洞宗旨而言，雖有這些階次的差別，但一切現前即理事皆圓，正偏具足。正、偏二者從不曾有差別、大小之分，這才是悟入曹洞的宗旨。

又古徹禪師說：有理可見即是悟跡之不除，理上未眞，也就是說還有一個悟可得，還有一個眞諦可得，所以未融爲一味。

五位君臣頌的正中偏說：三更初夜月明前，莫怪相逢不相識，隱隱猶懷舊日嫌。「莫怪相逢不相識」的「識」是什麼意思呢？就是融合一味。雖然相逢了，卻還不能完全統一。所以「隱隱猶懷舊日嫌」，意謂立場仍有不同，還有分隔、不統一的境界。

而「初睹明月似相識」，則意謂眼睛本來不肯開眼望著月，這時肯開眼望月了，所以看到時覺得似曾相識，「舊情難忘遭猜疑」意謂他已看到染、淨，但仍不能直接和明月相應，仍是時時被俗諦遮住，不能達到和明月完全相融的境界。

「境界萬千天馬行」表示這時的境界不斷湧現，他所悟的境界自己感受到特別的不一樣，所以雖會被世俗拉回來，但仍能有特別不同的境界，這是初悟的人所會有的現象。但要「時時保任列聖儀」，不要時常顯現這樣特別強的境界，而要保任才能和明月相應。這是正中偏的境界。

「三更初夜月明前」就表示能見暗，這是有明處，而「莫怪相逢不相識」是初見明月時的狀況也就是境，「隱隱猶懷舊日嫌」則是指他那時的心。

在功勛五位頌中則說：「聖主由來法帝堯，御人以禮曲龍腰。有時鬧市頭邊過，到處文明賀聖朝。」第一句是指有悟境的人宛如一位聖主，聖主還不是帝堯，所以他要效法帝堯，而他與帝堯其實是一個，這代表其相對性。

第二句則表示對人都十分有禮，但他仍是在上位，自認爲所做的是禮賢「下士」——仍有高下不同。第三句及第四句則表示他的境界盡人皆知。

偏中正

再來是偏中正的境界：「失曉老婆逢古鏡，分明覿面別無眞，休更迷頭猶認影。」剛才的正中偏是相逢不相識，現在則愈看愈眞。

這偏中正在大手印四瑜伽（專一、離戲、一味、無修）中可算是離戲的境界。在見到時緊咬著不肯放，而現在則愈看愈相融，不是只躲在家裡，而敢出來瞧瞧人了。

筆者曾就此境界寫著：「姝麗豔色塗粧痕，朝夕相會意更深，勸君盡棄舊顏色，轉共畫眉唾翠人。」這是指當悟境更深入之時，會裝模作樣，用外相來顯示悟境的狀況。

其實這也不是故意裝模作樣，而是自然會有悟的習氣現起，這是屬禪病的一種。心的犀利有時令人反感，因他不能了知甚深的緣起法界，所以會產生這種狀況。

古徹禪師說：「此謂由奉重之地所見，更親於前。但未能親造此理則所認猶在影像之間，故曰：『迷頭認影』。」這悟境的正中含偏。以洞山的意思是偏中便有正，而非偏後歸於正。

偏中正和正中偏不能說是更侵於前，因爲兩者基本上是不一樣的。古徹禪師說：「偏中便有正，而非偏後歸正。」這是對的，但更侵於前就不對了；因爲偏中正和正中偏是完全相反的作用。

偏中正是以悟來化眞，以悟來化體性，而體性是圓滿一切。這偏中正其實是在講後得智的作用，在正中偏已具足根本智後，偏中正是依境依悟，其中便是體，依事便是理，這一切萬相萬物都匯歸於體性上。一切所知所見都以後得智總攝，和根本智相應。

所以，清曉時老婆一看到古鏡，在鏡中看到自己，總算是認識自己，而一一的境界就是分明覿面，且千萬莫要「迷頭認影」。

「迷頭」和「認影」是兩個公案。「迷頭」是指頭上安頭的譬喻，「認影」則是說有人看到影子，而把影子認爲是他自己。當分明覿面別無眞時，他還沒有完全融攝，所以仍是迷頭認影，還有眞假之分。

洞山悟道詩中云：「切忌從他覓，迢迢與我疎，我今獨自往，處處得逢渠，渠今正是我，我今不是渠，應須與麼會，方始契如如。」這境界和偏中正的境界是不同的。

至於偏中正這句，是說這個階段就像天大明時，這老太婆看到古鏡，她在鏡中看眞，還是迷頭認影。然而洞山悟道詩的「切忘從他覓」幾句，顯示這是孤然獨立的境界，而「渠今正是我，我今不是渠」，仍是攝末歸本，以境見眞，仍是在修道位當中；還是依事而悟，想攝入根本，根本智與後得智還未完全統一，因此大作用還未現起，仍在收拾舊河山的階段。

功勛五位頌中則說：「淨洗濃粧爲阿誰，子規聲裡勸人歸，百花落盡啼無盡，更向亂峰深處啼。」洞山是用君臣來喻夫婦，也喻理事、明暗。這幾句代表夫婦相待之深，相會之深。

洞山的「淨洗濃粧爲阿誰」是用空，而前所寫「姝麗艷色塗粧痕」是用妙有，二者其實是一樣的。妻子淨洗濃粧是等待郎君歸來，而姝麗艷色塗粧痕，意謂一切心意粧扮都是爲了郎君能夠朝夕相會。

「勸君盡棄舊顏色，轉共畫眉唾翠人」就是說兩人希望能朝夕相處，會同一心。這和洞山的「百花落盡啼無盡，更向亂峰深處啼」都是在講空、有的相應，理、事的圓融，更深的圓融、更深的相應。

正中來

接著講正中來的境界。

正中來是超脫眞俗二諦之上，從正中而來是直入中道，安住在中道，就是泛中道，也就是互會。

五位君臣頌寫道：「無中有路隔塵埃，但能不觸當今諱，也勝前朝斷舌才。」

三山來禪師說：「正中來是不取尊貴位中，無話而無所不話，還有言句，皆從無中暢出。」這樣的看法，似乎是他把理事二者一味的境界。

洞山的無中有路隔塵埃，意謂直接從空中現起，不必再落到事上，即路上的塵埃之中。但能不觸當今諱，當今諱指聖諱，也就是指「自在、中道」，也就是說能不滯於中道之中而能無中有路，就勝卻過去執著於說法的人。

斷舌是指說法者因爲觸犯當今諱（此喻與自在中道違觸）而慘遭斷舌。

至於功勛五位頌則說：「枯木花開劫外春，倒騎玉象趁麒麟。而今高隱千峰外，月皎風清好日辰。」「劫外」是空劫之外；「枯木花開」是跳脫有無的對立融攝而成，枯木是指空，花開是指妙有，真空妙有等同一味。

「倒騎玉象」是染淨雙離，這時所顯的境界和凡俗的境界有所差別，像瘋行者的境界一樣。「而今高隱千峰外，月皎風情好日辰」，則是安住一味、無功用行的清涼境界。

兼中至

兼中至的境界，是一個很明顯的大用境界。

天童如淨禪師以「鋒芒兩不傷，大用全彰是。」的著語來解釋「兩刃交鋒不須避，好手猶如火裡蓮，宛然自有沖天志。」很恰當。兼中至明顯的是屬無功用行的境界，純然理事雙融。所以兩刃交鋒不須避，而有無、理事、本覺和始覺交融一味。

進入一味境界者，即進入根本智和後得智一味中，猶如在火裡生出蓮花（指現前的世界），不離世間而能出生真諦，所以是火裡蓮，這代表真諦與俗諦、世間和出世間完全交融，無所間隔。

但這時仍有一個問題待解——宛然自有沖天志，就是境界太強。他所顯的境界就像兩刀交鋒、火中之蓮一樣自顯，獨自坐在五毒當中。

筆者曾就此境界寫道：「千般花月滿色新，狼煙鋒起侵上京，情深自然護園苑，手舞刀兵火裡生。」在正中來中所顯現的是：「郎君醉臥高堂前，夫人躡足被輕掩，此中深情向誰道，不共他人百花前。」這裡有不共他人的境界，一個最深情的狀況、將融合成一體的狀況，而對的是下一個狼煙鋒起侵上京的境界。

這時所有之物都不再作用，心不再作用。雖是千般花月滿色新，心所感受再美好、再融合的境界都要放掉。

故雖是千般花色滿月新，狼煙鋒起侵上京，情深自然護園苑，這時夫妻的感情是那麼深刻，近乎一體，最後完全一體時，爲了使家庭完全平安，在國家臨危之時，自然會全心全意「手舞刀兵火裡生」，奮不顧身救國救民，而成了最勇敢的將士。

而功勛五位頌另用一個寂靜的境界來顯示：「眾生諸佛不相侵，山自高兮水自深。萬別千差明底事，鷓鴣啼處百花新。」洞山是以無爲法而有差別來顯示這樣的境界，是平等的境界而顯示種種差別。

但這還不足以將最後的無修境界顯現，此處雖是出入無功用行，但餘習猶存，就是習氣猶存。他的身雖是純金，但仍太亮，和兼中至的「兩刀交鋒不須避，好手猶如火裡蓮，宛然自有沖天志」有點相應。

有佛處住不得，無佛處急須過，曹洞兩位禪師隱然尚有獨坐大雄峰的威力，表示其境界仍不圓滿。

兼中到

兼中到的境界是：「不落有無誰敢和，人人盡欲出常流，折合還歸炭裡坐。」這是無功用行的後位，進入無修的境界。這境界本身在實質上一切相對待完全脫離。

「人人盡欲出常流」這是想脫出世間的常住相，要顯現一個出世間的特殊境界。

但是，法住法位，世間相常住，所以最後還是：「折合還歸炭裡坐」，所有相對的境界都跳脫出來，最後仍還到無修的境界，這是一個無修之修的微妙境界。

而功勛五位頌則說：「頭角纔生已不堪，擬心求佛好羞慚。迢迢空劫無人識，肯向南詢五十三。」這是用另一個角度來代表修之無修的境界。

五位君臣頌和功勛五位頌這兩者都是一個境界，但一個是「折合還歸炭裡坐」，而另一則是直顯無修。前者所顯現的是自然任運廣大的境界，是自然的修行，直至圓滿佛地。而「迢迢空劫無人識，肯向南詢五十三」（指善財五十三參），所顯的是修之無修的境界。

「頭角纔生已不堪，擬心求佛好羞慚」也是無修之行。無修而修，修之無修，這表示無功用行到最後境，即到最後成佛的境界。

就兼中到的境界，筆者曾寫道：「君王分座共山河，慚愧無事歸家坐，訪徧萬山千重水，家居常宴諸上客。」第一句可由兩個觀點來看，一是《法華經》中的多寶佛塔現起，古佛分半座給釋迦牟尼佛，這是一個古佛，一個今佛。

另外就是等覺位的法王子，法王子其實已無事，但仍生起求法之心，所以訪徧萬山千重水，這是修之無修的心。無修，一個是修之無修，一個是無修之修。

而「家居常宴諸上客」，表示自然而然隨因緣而生，所以因緣至時佛現前，因緣不至就是等覺位。所謂佛與非佛都是平等如如的境界，只是隨因隨緣的如實現起。

曹洞之宗風，在於深究心地，宗風綿密，不胡亂洩露機鋒，言行相應，大闡佛陀一音，廣弘經論宗旨，橫抽正智之寶劍，砍伐諸見的稠林，賅通妙法的源底，截斷萬心緒機的穿鑿。雖然權巧開立五位、三滲漏、三路等法，而能普接三根的機宜。又忌多說，以所謂之不言實行爲主，勉勵學者行解相應。不似臨濟、德山以棒喝爲主，而著實、穩密地垂教爲本宗之家風。

參考資料

1. 宋·智昭集《人天眼目》卷三〈曹洞宗〉

2. 清·性統編《三山禪師來五家宗旨纂要》卷中〈曹洞宗〉

3. 明·圓信、郭凝之編集《五家語錄》卷四〈曹洞宗〉

51 雲門宗禪法

簡介

雲門宗是中國禪宗五家之一，由於本宗的開創者文偃禪師於韶州雲門山光泰禪院，舉揚一家宗風，因此後世即稱此宗爲「雲門宗」。

雲門文偃禪師生於唐懿宗之頃，姑蘇嘉興人，俗姓張，幼年入空王寺就志澄律師落髮。文偃天資聰明，慧辯縱橫，深通律乘，解了黃檗宗旨。

後參睦州觀音院之陳尊宿。

見雲門來，州便閉卻門戶。

雲叩門，州在門內問：「誰？」

雲答：「文偃。」

州問：「作甚麼？」

雲答：「未明參禪大事，乞求指示。」

州稍開門戶，一見後隨即將門戶關上，如是至第三日，文偃待州開戶時，驀直投入，州擒住云：「速道！速道！」

雲擬議，州托開即云：「秦時轅轢鑽。」

州遂掩門，誤撈雲一腳，雲忍痛作聲，豁然大悟。

後來他住在陳操尚書家三年，遵睦州指示，又隨從福州雪峰義存禪師多年而益資玄要。後於潙山大安法嗣詔州靈樹寺之如敏禪師之法席，居爲首座，如敏將遷化時，遺書於廣主接任住持，廣主勅請住持靈樹寺，賜號匡眞弘明禪師，文偃禪師不忘本，以雪峰爲師，後移往韶州雲門山光泰院，宏揚宗要，天下望風而至者，稱之爲雲門宗。文偃禪師於五代開始時，爲廣主劉王歸依師（南漢王劉鋹），並屢次爲他說法。後漢隱帝乾祐二年（九四九年）四月十日歸寂，壽齡不詳。門下得法者有六十一人（一說得法者二十五人），賜號大慈雲匡眞弘明禪師。文偃於晚唐時，盛宏宗風，與雪峰下之玄沙師備、長慶慧稜、鼓山神晏等人爲同一時代有名禪宗師匠，與法眼文益禪師並稱爲佛教偉人，但是他比法眼早九年圓寂。

雲門法要

雲門睦州之家風，門庭施設孤峗峻峭，電光石火，迅雷不遑掩耳，以敏速之活潑手段接引學人，主長不涉方便直示諸法源底，與曹洞宗家風大相逕庭。參學本宗者，如非上上根無法窺知其彷彿。

一般稱雲門爲一字關，因爲不管學人如何問難，雲門均以一字回答。

有僧問曰：：「如何得正法眼？」

師答：「普。」

又有僧問：「若殺父、殺母應向佛懺悔，若殺佛、殺祖應向何處懺悔？」

雲門答：「露。」

或是非一字關，但問答應對均很簡短，諸如：

有僧問：「如何是向上一關棙子？」

師曰：「西山東嶺青。」

僧又問：「如何是學人自己？」

雲門答：「遊山水。」

有僧問：「如何是道？」

師答：「去！」

僧問：「如何是和尙家風？」

雲門曰：「門前有讀書人。」

雲門亦有三句：

師示眾云：「函蓋乾坤，目機銖兩，不涉萬緣，作麼生承當。」眾無對。自代曰：「一鏃破三關。」

後德山圓明密禪師將此上語分離爲三句：

雲門三句		德山圓明三句
1. 函蓋乾坤—中諦—周偏含容	函蓋乾坤句	
2. 目機銖兩—假諦—理事無礙	隨波逐浪句	
3. 不涉萬緣—空諦—真空絕相	截斷眾流句	

雲門之法嗣，巴陵顥鑒亦有巴陵三句之說：

僧問巴陵：「如何是提婆宗？」

陵曰：「銀盌裏盛雪。」

問曰：「如何是吹毛劍？」

陵云：「珊瑚枝枝撐著月。」

問曰：「祖意、教意是同是別？」

陵云：「雞寒上樹，鴨寒下水。」

以上稱爲巴陵三句，雲門聞此語印可說：「他日老僧忌辰，只舉此三轉話供養老僧，足矣。」由於此三句契合於本宗禪意也。後東嶺批論本宗說以「撰言句，論親疏爲旨」。而晦巖卻以「意下截斷爲宗」而評論之。故在其《人天眼目》一書中推尊謂：「藏身北斗星中，獨步東山水上，端明顧鑿，不犯毫芒，格外縱擒，言前定奪，直是劍鋒有路，鐵壁無門，打翻路布葛藤，剪卻常情見解，寧烈焰容湊泊，迅雷不及思量。」

參考資料

1. 明．圓信、郭凝之編集《五家語錄》卷三〈雲門宗〉

2. 宋．智昭集《人天眼目》卷一〈雲門宗〉

3. 宋．道原纂《景德傳燈錄》卷十九

4. 清．性統編《三山來禪師五家宗旨纂要》卷下〈雲門宗〉

52 法眼宗禪法

簡介

法眼宗爲中國禪宗五家之一。由於此宗的開創者文益禪師圓寂後，南唐中主李璟　以「大法眼禪師」之稱號，後世因此稱此宗爲「法眼宗」。

法眼宗祖法眼文益禪師，生於晚唐僖宗光啓元年（公元八八五年），餘杭人，姓魯，七歲時依止新定智通院全偉禪師落髮，受具足戒於越州開元寺，參遊明州鄮山育王寺，入希覺律師之門，究研毘尼，旁探儒典，文章秀麗。所以覺師歎稱法眼爲：「我門之游、夏也。」

文益禪師在因緣成熟時，玄機一發，捐棄一切雜務，抵達南方福州，初參長慶法會卻不契機。與進山主等擬往湖外，剛好天雨，在西地藏院休息，入堂參訪地藏桂琛禪師。

琛問：「上座何在？」

師曰：「邐迤行腳去。」

琛問：「行腳事作麼生？」

師答：「不知。」

琛曰：「不知最親切。」於是共圍火爐旁，談舉「肇論」至：「天地與我同根處。」

桂琛問曰：「山河大地與上座自己是同是別？」

師答曰：「同。」桂琛禪師豎兩指熟視曰：「兩箇。」即起去，文益禪師大驚。

是時窗外雨停，相共辭行，桂琛送至庭前指石問曰：「上座尋常說三界唯心，萬法唯識，且道此石在心內抑在心外？」

師曰：「在心內。」

桂琛曰：「行腳人著甚麼來由安片石在心頭。」文益禪師窘然無以對，遂放包依席下求抉擇，月餘後將所解道再向稟說。

桂琛曰：「佛法不恁麼。」

師曰：「某甲辭窮理絕也。」

桂琛曰：「若論佛法，一切現成。」師於言下大悟，遂嗣法於地藏桂琛禪師。

後於撫州臨川崇壽院開堂說法，圍繞座右者萬餘人。唐王迎住金陵報恩院，賜號淨慧禪師。最後於建康清涼寺大弘宗要，門庭鼎盛，當代獨步，隨眾常不下五百人。後周世宗顯德五年（九五八年）七月十七日（ 《統記》等謂顯德四年寂）示病，閏七月五日歸寂，世壽七十四，僧臘五十四，塔號無相。安葬江寧縣丹陽鄉，此當宋朝元年先前二年，即五代之末年。謚號大智藏大導師。又李後主謚大法眼禪師，得法弟子四十三人。著有《語錄》及《十規論》等書，流行於世。文益禪師之家風稱法眼宗，又稱清涼宗，極一時之盛。

法眼宗法要

法眼宗門庭雖箭鋒相柱，句意合機，但接引學人的手段不如臨濟惡辣，只勸以平日之言句，緩緩施以應病與藥之手法，等到學者漸漸修行至成熟時，才直截地施設，誠是巧妙之至。例如對經論學者以華嚴六相義攝化。所論六相義就是：

一總，二別，三同，四異，五同，六壞。總相者：譬如一舍是總相，椽等是別相，椽等諸緣和合作舍，各不相違，非作餘物，故名同相。椽等諸緣，遞相互望，一一不同名異相；椽等諸緣，一多相成名成相，椽等諸緣；各住自法本不作，故名壞相。

又云：一總相者，一合多德故；二別相者，多德非一故；三同相者，多義不相違故；四異相者，多義不相似故；五成相者，由此諸義緣起成故；六壞相者，諸緣各住自性不移動故，即如圖示：

此六相義，舉一齊收，一一法上有此六義，經中爲初地菩薩說也。又法眼門下天臺德韶以四料簡攝化學人，即：1. 聞聞，2. 聞不聞，3. 不聞聞，4. 不聞不聞之四料簡。

德韶爲傳法眼衣鉢之宗匠，法孫輩多出英傑。東嶺批論本宗爲「先利濟，論親疏」。晦巖云：「以句下投機爲宗旨。」圜悟謂：「聞聲悟道，見色明心，句裡藏鋒，言中有響。」

禪宗五家後來的發展中，潙仰宗衰微得最早，仰山四傳之後，到宋初系統就不明白了。法眼宗的法脈也不很長，永明延壽算是一大家，但他門下只有兩傳也就無聞了。臨濟宗原來流傳於北方，創宗者義玄就因住在鎮州

（今河北正定）臨濟院而得名。他門下知名的有魏府大名的興化存奬（八三〇～八八三年），五傳到湖南潭州（湖南長沙）的慈明楚圓（九八六～一〇三九年）。他門下有兩人都在江西教化，一個是寧州（江西南昌）黃龍山慧南（一〇〇二～一〇六九年），一個是袁州（江西宜春）楊歧山方會（九九二～一〇四九年），由此又分成兩小派：黃龍宗和楊歧宗。一般把它們同原來五大家並稱五家七宗。但黃龍後來沒有什麼發展，只有楊歧獨盛一方。就這樣，原來流行於北方的臨濟宗，此時卻以楊歧爲代表而成爲南方的一大宗。

雲門剛好相反，它原本流傳於廣東。宋初汴京恢復兩街制度（都城中有大道，分出左右兩大街，各有寺院，管理寺院的僧官也就隨之而分左右。）所列寺院，有律、慈恩，賢首等宗，仁宗時還設立「十方淨因禪院」，最初是請臨濟宗僧主持，由雲門禪師育王懷璉（一〇〇九～一〇九〇年）主持。到神宗時，又增設了大相國寺，規模很大，有六十四院，其中又設二禪院，由雲門宗淨慈寺宗本主持，黃龍系常聰等禪師都有參加。因此，雲門宗的禪師在北方的勢力強大起來，與臨濟宗相對。雲門一系人才較多，三傳爲雪竇重現（九八〇～一〇五一年），本來中興雲門的聲望，來到北方，更加得力，此宗傳承較長，直到南宋才漸衰微。

另外，曹洞宗本由洞山曹山兩代建立的，但曹山直接傳下來的只有四代，後來傳承乃由洞山的另一系擔當，即從雲居道膺（？～九〇二年）下傳，到南宋時勢力乃漸盛。由此，最後五家七宗只剩下曹洞、臨濟兩家，又而以臨濟更爲普遍。

到了宋代，宏智正覺禪師的「默照禪」與大慧宗杲的「話頭禪」，並爲宋代禪宗的雙璧，成爲當代最重要的禪法，影響後世深遠。後世禪宗法門，也以這兩種禪法爲主。

參考資料

1. 宋・智昭集《人天眼目》卷四〈法眼宗〉
2. 宋・普濟集《五燈會元》卷一〈法眼宗文益〉
3. 宋・道原纂《景德傳燈錄》卷二十四〈文益禪師〉
4. 清・性統編《三山來禪師五家宗旨纂要》卷下〈法眼宗〉
5. 明・圓信、郭凝之編集《五家語錄》卷五〈法眼宗〉
6. 唐・文益撰《淨慧法眼禪師宗門十規論》

53 話頭禪

簡介

話頭禪是宋代大慧宗杲禪師所倡，爲參禪的特殊方便。他主張禪宗的公案不應作文章來理解，而是應該提出公案中某些語句作爲「話題」，（即題目）來參究，作用在於「杜塞思量分別」。

話頭禪的祖師——大慧宗杲禪師

臨安府徑山宗杲大慧普覺禪師本爲宜州寧國（安徽省國縣）奚氏子，夙有英氣，十二歲時進入鄉校讀書，後詣見東山慧雲院事奉慧濟。十七歲受具足戒，讀《古雲門錄》時恍如舊習。又閱讀諸家語錄，因爲對五家門流之別有疑惑，而參訪瑯琊覺之孫，廣教紹珵，次參訪大陽元、洞山微等，尋研曹洞宗風。更謁見臨濟宗諸位大德，於黃龍訪晦堂、東林，於雪峰見湛堂，後來參訪圜悟而繼承其宗法。圜悟歸蜀後，天下大亂，金兵侵犯北地，大慧禪師避亂於雲居山古雲門庵，隱居二十年。後應邀住持徑山，學徒雲集，僧舍不敷使用，便新建千僧閣，常隨眾二千餘，法席之盛，居於天下之冠。

侍郎張公九成參師有年，但是宰相秦檜卻因爲大慧禪師收張九成爲徒，於是假議論朝政之罪，將他和張公於紹興十一年五月發配至衡州。師居住在衡州十年，著有《正法眼藏》，卻燬其本師所著之《碧巖錄》。後來移住梅州八年，於紹興二十六年十月被赦。他穿著僧衣，十一月受命住於阿育王山，後又轉住徑山。此時孝宗帝爲普安郡王，相見之下心中大喜，親書「妙喜庵」大字賜贈慧海禪師，即位後賜大慧禪師之徽號。師晚年時退居徑山明月堂，孝宗隆興元年（一一六三年）八月十日歸寂，年七十五。詔明月堂爲妙喜庵，謚云普覺，塔名寶光。

話頭禪心要

原來在禪宗並無「參話頭」這個方法，因爲禪本現成，都是在師父弟子之間刀光劍影下，立斷生命，機鋒公案如電光石火，觸之即亡。

現有不少參禪、參公案、參話頭的方法，這是因爲眾生的心都亂了、根器不夠利、身心不統一，所以禪師面對眾生時，若不透過一個事物、一個方便來收束大家的身心，大家就會心亂身形散，這時就變成互相猜啞謎，半點方便也無，所以不得不立下參禪之法。

有些人看公案時，在那兒閒猜，這境界是什麼、那境界是什麼，這是沒有用的。但習禪的人可以看開示錄、法語錄，其中是有道理、有功夫，看了之後有所受用。

參禪、參公案、參話頭，這公案、話頭就是參禪過程中之拄杖，如此一來，參禪似乎就帶有次第法的味道。如果參禪爲次第法，那麼和數息、持咒、念佛，又有什麼不同？

如果就一個幫助我們支撐自身未達悟境的立場而言，公案、話頭確是與數息、持咒、念佛無異，似乎是一樣皆爲收束身心之工具。但是數息、念佛、持咒這樣的方法，是一個階位接一個階位往上的，但參禪卻不然。

參禪一方面收束身心，同時透過收束身心的立場，用此公案、話頭、疑情直接將心的障礙全數破除，所以它收束心的過程與破心的過程同時進行。從這個觀點看來，參禪是不落次第的。

雖然禪宗最忌者，扯葛騰、說道理，不過現今還是得說說道理。

在參究時不要說道理，若在參究時扯葛藤、說道理，弟子的心就跟著道理跑、落在思惟之中，被捲走了，參禪的力量就消失了，疑情就沒有了，就亂了，所以在參話頭或機鋒、公案時，切忌扯葛藤說道理；但在開示或說法語時，則須理路明晰、思惟清楚，所以得好好地說說道理。

禪的方法較特殊，古德由戒、定、慧三學來安立如來禪；禪宗則大疑大悟、小疑小悟、不疑不悟，直接定慧等持達於究竟。如果大家現前成就、現就認取了，根本不用參！若不能，就一起來參禪。

參禪的方式有猛厲、有溫緩之別，重要的是一切皆以正見爲中心。

禪的正見，不離諸行無常、諸法無我、涅槃寂靜這三法印，也不離緣起性空之中觀見地。但禪的正見是否僅此？不是的！若只用這些爲禪之正見，則所修之禪是如來禪，而非禪宗之禪，大家皆可依之而修、依之而成佛解脫。

但如果以三法印、中觀的見地，再加上《六祖壇經》中所云「菩提自性本來清淨」，此清淨的菩提心，也就是不把無生無滅的法界體性當作是種理解的意識內容，而是當作現前的眞實，直觀一切現前悉爲無生及清淨，那麼就具有禪的正見。

若依禪之正見來修持，則不論是用參話頭、參公案，乃至念佛、持咒皆可。否則還在次第、思惟想法中修行，如此雖說參禪，則所參的禪則是次第法非禪宗之禪。

清淨的菩提自性是現前的，一切現前，不透過思惟，現立這樣清淨自心的見地，然後來參禪，才不落次第，因爲一切悉如是，無任何葛藤，一切平常平常。

參禪的正見即平常心，就是污染不得的清淨自性，而污染不得之清淨自性，可在其中透過修證，雖不可得，而得無上正等正覺。

在具足參禪正見後，依正見參公案、話頭，有時會有輕昏現象，這是參禪者身、息、心過於鬆散，久久不能得定，總在昏沉中，故有些人看似入定，實則在輕昏當中。

輕昏就是指外表看來似乎得定，但心識不明的狀況，只覺得坐得好舒服。有些人打坐後煩惱越來越少，並不是漸次破除煩惱的後果，而是因爲忘了！這是記憶越來越差。

如何破除輕昏呢？有兩個口訣：一是「活」、一是「明」。「活」是指心活起來、心明起來，就不落輕昏。「活」絕不等於「亂」，打坐時心活起來時，「活」得警覺，但以「覺」居多，「警」的成份少。

所謂「調心之浮沉」，一般人的心不是過浮就是過沉，不是混亂就是過暗，輕昏是屬沉的境界。

但要注意，有時在輕昏的狀況裡，感覺的卻不是暗而是明的境界——被一股明的境界罩住、不能動了。這是死水之明，就像鏡子不透，照不到東西，卻似乎是鏡子，這也是輕昏境，仍須「活」起來。

而「明」起來是要由內明，心更明，就把那死水之明破掉，這明就活起來，活起來是能照則照，隨因隨緣而不動，應用萬方。

參禪時的心千變萬化，根本的心要就是無所得，見一切諸相非相。

參考資料

1. 宋．大慧講、蘊聞編《大慧禪師語錄》卷九〈室中機緣〉、卷十七、卷十九、卷二十一

2. 聖嚴著《禪門修證指要》之〈省力處〉

3. 宋．普濟集《五燈會元》卷十九〈徑山宗杲禪師〉

54 默照禪

簡介

默照禪的倡始者是正覺禪師（公元一〇九一～一一五七年），是曹洞宗法嗣，後世稱他爲「宏智正覺」。他是宋代默照禪的弘揚者，與大慧宗杲禪師，並爲宋代禪宗的雙璧。

正覺禪師俗姓李，山西人，自幼明敏，七歲就能目誦數千言，十一歲跟隨淨明寺的本宗剃度。十四歲依晉州慈雲寺智瓊法師受具足戒。最初他前往汝州，參謁枯木法成禪師，後參丹霞子淳禪師，在其言下開悟。當時年二十三歲。

建炎三年（公元一一三〇年）秋天，宏智正覺想渡海禮敬普陀山的觀音菩薩，當他經過天童山的景德寺時，適逢此時缺主持人，大眾見到禪師前來，就密告郡守。正覺聽聞之後，立即遁去，但是大眾不肯讓他離去，圍繞通夕讓他不能得行，不得已，只好受請成爲住持。天童從此成爲曹洞宗的祖庭。

宋高宗紹興二十七年（公元一一五七年）九月，正覺禪師告別了護持的居士，在十月七日回到天童山，在隔天沐浴更衣，端坐告別大眾，書寫「夢幻空花六十七年，白鳥湮沒秋水連天」遺偈後，安然入滅。

默照禪心要

默照禪為宋朝曹洞子孫宏智正覺所倡。而事實上，默照禪的源頭應從達摩祖師開始談起。

達摩祖師在其《二入四行論》中曾提　及：「理悟者，謂藉教悟宗，深信含生，同一眞性，但為客塵妄想所覆，不能顯了，若也，捨妄歸眞，凝住壁觀。」因此達摩也被稱為壁觀婆羅門。

「凝住壁觀，無自無他，凡聖等一，堅住不移，更不隨文教，此即與理冥符，無有分別，寂然無為，即為理入。」

這是達摩的理入，在此並提出一個「壁觀」的觀念。後來，道允更舉釋迦牟尼佛六年苦行，與達摩祖師九年壁觀，來說明修學禪定的重要。

「壁觀」的觀念和默照的觀念有某些方面的冥合，也可說是默照禪最初的起源。

《六祖壇經》的定慧品中云：

師示眾云：「善知識！我此法門以定慧爲本。大眾勿迷，言定慧有別。定慧一體，不是二。定是慧體，慧是定用。即慧之時定在慧，即定之時慧在定。若識此義，即是定慧等學。」

「即照之時默在照，即默之時照在默」，即是此意。

接下來《壇經》又說：

「諸學道人，莫言先定發慧、先慧發定各別。作此見者，法有二相。（中略）善知識！定慧猶如何等？猶如燈光，有燈即光，無燈即暗。燈是光之體，光是燈之用，名雖有二，體本同一，此定慧法，亦復如是。」

以上這兩段說明定慧一如，與默照功夫同。默和照同時舉現，兩者不離。默之時，照在默中，照之時，默在照中。不要跑掉了，跑掉了就不是默照禪。

以下的偈頌可以說明默照禪之體用：

「體中平明，無庸置的。默然體究，照用全明。隨緣緣不變有功勛，拈處爲眞道，但踏牟尼頂。是法生處，本本分分，如實北辰。」

意思爲：自然法爾如是的境界，是不須再有任何的造作。安住在究竟法界體性，現起光明大作用。隨著法界一切因緣現前，住於全然的法界體性之中，自然具足一切功勛境界。隨拈一切處，即是究竟眞實之道，躋身於諸佛的究竟位中。隨著因緣所生一切妙法，我們是本本份份的法爾如是，就宛如北極星垂拱安住一般。

普天之下，莫非王土，如實地安住於法王位中。

默而照，照而默。有人說：用默照禪時就是妄念來了，不要理它。這是錯誤的，這是變成死灰禪，默照禪是活活潑潑的。

「默而照」是指當無念之時，法性本然，光明自現，法界同體自照，當下自照。當默之時，是法界自照，同體相而照，是不用心而照。所以當默之時，法界自然現起自生自顯的無邊照用光明。

什麼是「照而默」呢？在法界自然、無邊無垠的光明之中，突然一念現起，這一念現起之時，依一念自然而默，依此念而默。所以說，大者彌諸六合，法界同相、現起同體光明。小者一念一起，皆退藏於密，法界唯一明點、光明自顯、自心安住而動。所以心中自然安住光明而起動，動中而自然心安住於默，則動靜一如、靜動如一。

即默之時，照在默中，即照時，默在照中。即念頭起時，整個法界安住在這念頭，全部在這念頭中寂滅。

這並非把念頭滅掉，而是應無所住而生其心，生其心時應無所住，也就是念頭起時，自然安住在念頭中，除了這念頭中，沒有別的念頭，法界都沒有了。所以念頭起時法界滅，沒有念頭時，法界寂靜自顯光明。

一般來說，念頭起時我們會去觀照，而默照念頭起時，法界、身心就消失了，只剩下念，如果這念是唯一的，就自然安住此念，與念頭合而爲一，這叫做照而默。

默照禪並非只有如此而已，以上是教大家一個入門方法。剛開始可以這樣修學。到了最高境界——法界整個現起光明同時之時，自然寂默，沒有攝念、化念這些功夫，而是念頭來的，「啪！」就這樣而已。

坐禪箴

宏智正覺禪師的《坐禪箴》，對坐禪現成有如下的體悟：

佛佛要機，祖祖機要。不觸事而知，不對緣而照。不觸事而知，其知自微。不對緣而照，其照自妙。其知自微，曾無分別之思。其照自妙，曾無毫忽之兆。曾無分別之思，其知無偶而奇。曾無毫忽之兆，其照無取而了。水清澈底兮，魚行遲遲。空闊莫涯兮，鳥飛杳杳。

「佛佛要機，祖祖機要」要機與機要有何不同？是由於行文的方便呢，還是另有含意？其中差別很微妙。這與剛才所述有些相似。

「佛佛要機，祖祖機要。」諸佛法王自住本位，一切現成，故說其動安住於靜中，其用安住於體，體即是本。所以此名爲要機，祖祖是爲法王，能起大作用；法父法王子，法王即如是，此名爲機要。機要是動，靜安住於動中。因此，「佛佛要機，祖祖機要」即是默照禪的心要。

「不觸事而知，不對緣而照」知是心之體，即是心之用，明朗知覺，知者本覺。故荷澤神會說：「知爲一切之本。」

「不觸事而知，不對緣而照」是爲一體一用。「不觸事而知，其知自微。」微者，未動之際，故即體眞照，未照之先，這一剎那就是微。照用同時，此二者看似有別，其實同時而生。就像是開燈，燈光一開，即燈而光，燈的亮與光的照二者是一是二？

你能說光就是燈嗎？也不能說光離於燈；這叫做「不即不離」。微妙不可分別，是一體卻又非一體，妙不可言。若是體會得，就這麼一體住下，那就沒有妙用，就變成寂然。又如果執著於分別的功用，則動用而失體，只照不默，則慧多於定，定慧不能同持，原住法位，這是不一不異的實證相。

「不對緣而照，其照自妙。」欲訴微妙之體，則微妙現其功用。「其知自微，曾無分別之思。」思者乃起心動念。不思而思、無分別之思，有沒有思呢？有的。所以講體又要講用，體用不失。「其照自妙，曾無毫忽之兆。」微兆指外顯，而在說妙的作用之時，沒有外顯的形跡可尋，如羚羊掛角，無跡可尋。

「曾無分別之思，其知無偶而奇」在無分別之思，體肉天然，露地白牛，現起自然，法界一相。一相即是絕對相，絕對相橫衝豎撞，一切現前。

「曾無毫忽之兆」無外相之兆，整個照用，法界還回一相。全體用時，全體用；全體自用，全體用。全體之用無分別用，當下法界純熟。何有所取？何有所照？照者自照，寂然自照。圓融於默照、照默，照默與默照同時，默照一相，等無分別，此時自然現前光明、法界自在，一切所顯無非法性。

「水清澈底兮，魚行遲遲；空闊莫涯，鳥飛杳杳。」此時，鼻頭落地，花落誰家？入於凡塵而不染，隨手拈來皆是青花。隨手所顯無非妙地，隨緣而顯、隨緣成佛。千江有水千江月，萬里無雲萬里天，心月自顯。

龍樹圓月之相，釋迦睹形之無，於此寂然相會，光明現前。能發光能映照，發光映照，不去天然。平實自在，直心淨土，現前光明，法界不住。這時徧十方諸國而無有蹤跡，無位眞人，安住本然。本然不立，法界現前。

宏智正覺的語錄機緣

宏智正覺的默照禪，講求身體力行，現成的悟境。而他的語錄機緣，也是十分的細密優美，綿綿密密的宛如流水一般。

這裏，我們先以一則宏智的語錄，來體會他的禪法。

「田地虛曠，是從來本所有者。當在淨治揩磨，去諸妄緣幻習，自到清白圜明之處，空空無像，卓卓不倚。唯廓照本眞，遺外境界，所以道：『了了見無一物。』這箇田地是生滅不到，淵源澄照之底，能發光能出應。歷歷諸塵，枵然無所偶，見聞之妙，超彼聲色，一切處用無痕鑑無礙，自然心心法法，相與平出。古人道：『無心體得無心道，體得無心道也休。』進可寺丞，意清坐默。游入圜中之妙，是須恁麼參究。」

「田地虛曠，是從來本所有者。當在淨治揩磨，去諸妄緣幻習，自到清白圜明之處，空空無像，卓卓不倚。」

這是其眞實功夫，現前脫落，自在安在。

「唯廓照本眞，遺外境界，所以道：『了了見無一物。』」了了見無一物是什麼意思呢？這叫做照中見體。如何是照中見體？了了見無一物是一句還是兩句？了了見、無一物是兩句但又離不開一句，故一句、二句，非一非二；了了見是作用、無一物是體，而見不離體，所以叫做照中見體。見時不失體才能見一物，如果見時失體，那就不只一物，而是一大堆物了。

「箇田地是生滅不到，淵源澄照之底，能發光能出應。」箇田地是生滅不到，淵源澄照之底是什麼？這是體。而生滅不到，淵源澄照之底是默然之體，即是法界之體。故生滅未到之處，天地未生之前，法住法位皆歸論於此。能發光能出應是照之用。

「歷歷諸塵，枵然無所偶」其中有默也有照。歷歷諸塵是用，而枵然無所偶是安住是體。「見聞之妙，超彼聲色，一切處用無痕鑑無礙，自然心心法法，相與平出。古人道：『無心體得無心道，體得無心道也休。』進可寺丞，意清坐默。游入圜中之妙，是須恁麼參究。」這其中的微妙，大家要去體會。

微妙之中自有微妙之處，妙不可言。妙是指妙用，不可言則是體。所以同時要兩參，兩參又要會於一，一中不離二，二中不離一，非一非異。所以六祖大師動用三十六對，一者破一者立，兩者就消融。

參考資料

1. 宋．宏智講、集成等編《宏智禪師廣錄》卷一、卷四、卷五、卷六、卷八〈坐禪箴〉、〈默照銘〉、卷九〈勅諡宏智禪師行業記〉

2. 宋．普濟集《五燈會元》卷十四〈天童正覺禪師〉

第六章

佛果三昧

「佛果三昧」，筆者特於本書的最後一章，選列了在修證成就佛果之前的最高三昧禪觀。雖然前述的根本禪法、大乘三昧等，依止修學，皆可通達於佛地，但若就實證上的境界而言，佛果三昧是特別指十地菩薩以上所證之大三昧，廣義而言，皆屬「金剛三昧」，也就是最後成佛所證得的三昧。

雖然一般的修行者尚未達到此境界，但依此正見思惟，亦可漸次修證成就。佛果三昧包括：首楞嚴三昧、法華三昧、海印三昧及金剛三昧等大三昧。

55 首楞嚴三昧

簡介

首楞嚴三昧（梵語 Śūraṃgama-samādhi），即堅固攝持諸法的三昧禪定境界。爲佛教主要的一百零八種三昧之一，乃諸佛及十地菩薩所得的禪定境界，又作首楞嚴三摩地、首楞伽摩三摩提、首楞嚴定，意譯爲健相三昧、健行定、勇健定、勇伏定、大根本定。

《大智度論》記載：「首楞嚴三昧者，秦言健相。分別知諸三昧行相多少深淺，如大將知諸兵力多少。復次，菩薩得是三昧，諸煩惱魔及魔人無能壞者，譬如轉輪聖王主兵寶將，所往至處，無不降伏。」

所謂首楞嚴三昧，即是具足修證「修治心猶如虛空、觀察現在眾生諸心、分別眾生諸根利鈍、決定了知眾生因果」等一百項修法而成就。此三昧不是以一種事項、或一種義理可以了知，而是必須具足無量事項、因緣、義理才能得證。

所以一切禪定解脫三昧、神通如意與無礙智慧，皆含攝在首楞嚴三昧中，就譬如彼泉江河諸流皆流入大海一般。而菩薩所有一切禪定三昧皆在首楞嚴三昧，所有三昧門、禪定門、辯才門、陀羅尼門、神通門、明解脫門等，諸法門悉皆含攝在首楞嚴三昧。

此三昧從經文裡面所展現出來的特質是：它如何安住三昧於一切處。另一種特質是：它安住不動，而能顯現於十方。這就是說在《楞嚴經》的實修裡，它能夠「不動道場身徧十方」。另外一種說法是，它在任何一個情況當中，能夠入大涅槃，也就是在動中能顯靜，在靜中能顯動，眞正動靜得到一如了，這就是「健行三昧」或是「健相三昧」。

「健行」或「健相」是指它能夠堅固不動，這是靜態的，而動態也就在其中，這是一個很光明而且很特殊的三昧。

這個三昧能夠包含密教中認爲至高無上的「無上瑜伽法」，但是在這裡不是一對一的無上瑜伽當中的「三灌修法」，而是一身化成兩百身，他自己本身不動，化成兩百個化身去跟人家修法。

在本經中就有一位菩薩請問佛關於三昧的事情，佛陀說：「有三昧名首楞嚴，若有菩薩得是三昧，如汝所問，皆能示現於般涅槃而不永滅。」所以說這種三昧能在矛盾的觀點中，得到自在。大般涅槃是入涅槃了，但是卻不永滅，在涅槃中能夠現起諸形。

入涅槃而能行佛事，就如同在《法華經》裡，多寶佛也是入首楞嚴三昧的。而入此三昧有何大功用呢？經中記載：「示諸形色，而不壞色相。遍遊一切諸佛國土，而於國土無所分別。悉能得值一切諸佛，而不分別平等法性。示現遍行一切諸行，而能善知諸行清淨。於諸天人最尊最上，而不自高憍慢放逸。現行一切魔自在力，而不依猗魔所行事。」

證得首楞嚴三昧者，由於了知諸行平等法行，因此無論是在諸佛國土，或是天人道中，甚至是於魔道中，也能現行一切魔王的自在威力，但卻不行魔所行事。

此外，首楞嚴三昧能：「遍行一切三界之中，而於法相無所動轉。示現遍生諸趣道中，而不分別有諸道相。善能解說一切法句，以諸言辭開示其義，而知文字入平等相，於諸言辭無所分別。常在禪定而現化眾生，行於盡忍無生法忍，而說諸法有生滅相，獨步無畏猶如師子。」它能夠安住在無生法忍之中，而說諸法有生滅相，這點所展現的特質和文殊菩薩一樣。

有人問文殊菩薩：「你是誰？」

他說：「我是殺佛者，我是五逆重罪者。」

因爲其徹底了知法性，一切無生，而能夠自在宣說諸生滅相、諸善惡相，這是因果宛然，能現一切因果，而了然寂滅。是以首楞嚴三昧具有如是大功用、大威力，爲諸佛菩薩大悲勇健三昧。

首楞嚴三昧　修證

2000.6.24. 造

南無　本師釋迦牟尼佛

南無　首楞嚴三昧

南無　首楞嚴三昧賢聖眾

一、皈命三寶

稽首體性不思議　清淨法身實相佛
圓滿自在法性流　受用如意報身佛
大悲勝利首楞嚴　如力示現能仁佛
諸法現空現如幻　無有作者隨意顯
一切如來自不生　是諸如來皆真實
南無首楞嚴三昧　一切菩提自圓滿
皈命法界大悲海　具首楞嚴賢聖眾
示現無邊威神力　一切平等一切等
普現妙身遍法界　示般涅槃不永滅

二、對法眾

具緣有情諸佛子　如幻現成如如來
無有差別如實際　首楞嚴力故現前

平等實相不思議　信奉受持如法住
見聞即具勝功德　能具首楞嚴三昧
圓成無上大菩提　法爾成佛不永滅
廣大威德大悲力　如是救度一切眾
法界全佛本願滿　現成首楞嚴三昧

三、發心

妙湛總持不動尊　首楞嚴王世稀有
銷我億劫顛倒想　不歷僧祇獲法身
願今得果成寶王　還度如是恒沙眾
將此身心奉塵剎　是則名為報佛恩
伏請世尊為證明　五濁惡世誓先入
如一眾生未成佛　終不於此取泥洹
大雄大力大慈悲　希更審除微細惑
令我早登無上覺　於十方界坐道場
舜若多性可銷亡　爍迦囉心無動轉

（依《楞嚴經》卷三中阿難所發偈讚）

為欲利益一切眾　發起無上菩提心
是為第一供養佛　一切佛子當了知

四、正見

諸佛現空實如幻　和合而有無作者
皆從憶想分別起　無有主故隨意出
是故法界圓成實　一切如來皆真實
本自不生諸如來　現成實相後無滅
陰、入、界種皆不攝　如先中後等無別
色受想行識皆如　三世如如幻影法
無所有法無來去　一切法等眾生等
如諸佛等世間等　是諸如來亦如是
是故諸佛名平等　一切諸法如是等
現觀一切平等力　現成廣大如來力
大悲如幻實相力　疾證無上正等覺
心如虛空無可得　常得不離值見佛
自在、自然、無生智　現成而得不隨他
佛大悲心力圓具　示現八相成如來
示現涅槃不永滅　示諸形色不壞相
遍遊佛土無分別　得值諸佛法性等
遍行一切諸行淨　人、天最尊無自慢
行魔自在離魔行　遍行三界不動轉

示現六道不分別　善解法句示法義
了知文字平等相　於諸言辭無分別
常住禪定化眾生　行於盡忍無生忍
說諸法具生滅相　獨步無畏如師子
現見實相中道義　具足首楞嚴正見
現成法界實相中　首楞嚴三昧本具

五、修證

修治心地如虛空　觀察現在眾生心
分別眾生根利鈍　眾生因果決了知
諸業中知無業報　如是平等修妙行
隨證百法示成佛　入大滅度不永滅
首楞嚴定具無量　能示一切佛神力
無量眾生得饒益　健相行者當了知
一切現空大悲力　大悲如幻無可得
如是實相中道力　無得如緣力現前
不以一事、緣、義知　一切禪定諸三昧
神通、如意、無礙智　攝首楞嚴三昧中
如江河水入大海　一切禪定入楞嚴
一切眾法隨健相　首楞嚴定王三昧

住首楞嚴行六度　無上佛境菩薩行
不行求財能布施　不復受戒戒不動
修行忍辱畢竟盡　無所修亦無不修
發大精進得善法　而不發動身口意
了知諸法常定相　諸禪差別示眾生
修行智慧諸根利　未曾見有眾生性
首楞嚴定六度行　本事果報難思議
如是安住首楞嚴　法性本然如實相
眾生見者得度脫　聞名、見相與聞法
或見默然皆得度　猶如藥樹具妙德
如是見者病得除　菩薩安住首楞嚴
世世六度自覺知　不從他學法爾得
舉足下足出入息　六波羅蜜念念具
身皆是法行是法　首楞嚴三昧菩薩
如是菩薩具實相　以波羅蜜熏身心
六波羅蜜念念具　心心實相首楞嚴
菩薩成就首楞嚴　其所施行不思議
欲行佛行諸菩薩　當學如是首楞嚴
菩薩現行凡夫行　其心無有貪恚癡
念念調鍊念念具　不念一切諸所學

心心微調會實相　如彼善射大丈夫
先射大準漸微細　隨意不空名善射
不用心力射皆著　次第通達首楞嚴
究竟通達無可得　諸法一味法性味
深行菩薩法無二　若不得法名大利
首楞嚴定威神力　一切諸魔無能擾
法界普等遍一切　有所障者障自身
是則法界平等力　首楞嚴定本勢力
現修首楞嚴三昧　現具威德當具足
一切發心與授記　首楞嚴力圓成佛
觀諸法空無障礙　念念滅盡離憎愛
隨眾生心、心所行　隨眾生心、心所入
隨眾生諸根、名色　首楞嚴具如是行
隨諸佛名色相貌　一切諸佛淨國土
菩薩能成一切法　是名修習首楞嚴
諸佛菩薩不思議　一切廣大威德力
示現成佛入涅槃　不永滅故示妙行
平等一切無可得　首楞嚴定廣大力
一切諸法不思議　現屬因緣無功用
無所作者無有主　隨意而成首楞嚴

皈命無上首楞嚴　一切現成不思議

六、迴向

修證首楞嚴三昧　本住首楞嚴三昧
法爾首楞嚴三昧　現成首楞嚴三昧
不離首楞嚴三昧　首楞嚴三昧現起
迴向首楞嚴三昧　皈命首楞嚴三昧
願首楞嚴三昧力　眾生圓具首楞嚴
法界有情咸成佛　無盡傳承首楞嚴

參考資料

1. 姚秦·鳩摩羅什譯《首楞嚴三昧經》
2. 龍樹菩薩造、姚秦·鳩摩羅什譯《大智度論》卷四十七
3. 隋·灌頂撰《大般涅槃經疏》卷二十四
4. 唐·法藏述《華嚴經探玄記》卷九
5. 唐·般剌蜜帝譯《如來密因修證了義首楞嚴三摩地觀法》

延伸閱讀

1. 洪啓嵩著《首楞嚴三昧——降伏諸魔的大悲勇健三昧》

56 法華三昧

簡介

自古以來，《無量義經》、《妙法蓮華經》（簡稱《法華經》）、《觀普賢菩薩行法經》等三經被合稱「法華三部經」，其中《無量義經》被稱爲「法華之開經」，而《觀普賢行法經》則被稱爲「法華之結經」。因此「法華三昧修證」即是出自於此「法華三部經」及《法華三昧經》等經典。

法華三昧又名爲半行半坐三昧，乃依據《法華經》與《觀普賢菩薩行法經》所述，行者以三七日爲期，行道誦經，並諦觀實相中道之理的法門。《法華經》記載：「其人若行若立，讀誦是經，若坐思惟是經，我乘六牙白象，現其人前。」

在《法華經》中闡明佛陀以一大事因緣安住於世間，即爲眾生開、示、悟、入全佛知見，使眾生現成得作佛，沒有六道、大乘、小乘的差別，只有惟一佛乘菩提行，漸次現成圓滿佛道，安住於法華三昧海，歡喜自知決定當作佛。

天台宗以《法華經》為根本經典，對法華三昧也極為重視，《摩訶止觀》卷二中將此列為「四種三昧」之一。四種三昧是將眾多之「止觀行」，依其實行方式分類為四，藉由此四種行法，即可正觀實相，安住於三昧。此四種三昧分別為常坐三昧、常行三昧、半行半坐三昧、非行非坐三昧。法華三昧即其中之「半行半坐三昧」。天台智者大師除著有《法華三昧懺儀》之外，其傳記中也有其修持法華三昧之記載。

本講「法華三昧修證」，依止於《法華經》之根本見地——「眾生共成佛果」，修證法華三昧海，現前趣入無量義，觀察一切諸法實相。此外，在修證的方法上並加修「普賢體性大懺悔行法」，懺悔清淨六根，一切現前成就無障礙，入於實相，將《法華經》及《觀普賢菩薩行法經》中法華三昧的修法總攝為完整具體的修法。

法華三昧讚

2000.12.15 造

體密性圓法華觀　久遠實成法界觀
究竟最勝菩提觀　稽首圓成全佛觀

諸佛密成法華禪　究竟無上三昧王
久遠無初本然具　現前開眼自心藏

現觀法華三昧　現成吉祥圓滿
法界法住法位　法爾開眼擔當

有心證成法華法　普觀現成法界法
有力圓成妙法華　法華體性遍一切

現成一稱南無佛　是故稽首眾成佛
法華三昧具成就　法華三昧現成佛

法華三昧　修證

2000.12.15 造

南無　久遠實成本師釋迦牟尼佛

南無　法華三昧海

南無　法界常住法華三昧賢聖眾

一、皈命三寶

南無法界常寂光　實相淨嚴法身佛
久遠實成本師佛　靈山圓淨無量壽
大悲事業佛世尊　惟一佛乘度眾生
廣大方便極究竟　無上功德祕密力
南無法華三昧海　究竟無上實相義
開示悟入佛知見　眾生隨順咸成佛
南無廣大法界海　常住法華三昧海
一切聖賢稽首禮　無邊功德難思議
從地湧出諸菩薩　普賢菩薩法華眾
能令眾生圓成佛　安住法華實相義

二、對法眾

法爾等佛無差別　不惜身命一切眾

開示悟入佛知見　能圓法華勝三昧
如來本立大誓願　欲令一切諸大眾
如佛世尊等無異　往昔如佛深所願
今者現前已滿足　一切眾生住佛道
佛以一大事因緣　現前安住於世間
開示悟入佛知見　眾生現成得作佛
法界一切諸眾生　無有六道二乘分
惟一佛乘菩提行　漸次現成圓佛道
是故法界一切眾　悉入法華大海中
安住法華三昧海　圓具無上大菩提
一切眾生當歡喜　自知決定當作佛

三、發心

無上信願大悲智　究竟實相深發心
今以皈命諸佛故　如佛發心永無失
諸佛出世大因緣　開示悟入佛知見
惟欲眾生咸成佛　我今稽首同發心
諸所作為惟一事　以佛知見悟眾生
以一佛乘說勝法　究竟圓滿眾成佛
眾生一切心所念　種種行道諸欲性

一切善惡眾業等　諸佛悉知方便度
如是諸佛菩提心　如佛發心永無失
諸佛根本大誓願　一切所行諸佛道
普欲法界諸眾生　亦同此道圓成佛
一切諸佛世尊等　無盡法門為佛乘
具以無量勝方便　度脫眾生入佛智
如有聞法諸有情　無一不成佛世尊
我今稽首佛勝願　如佛發心永無失
世尊本立大誓願　欲令眾生等無異
如佛究竟證菩提　往昔如來心所願
現前具已得滿足　教化法界一切眾
皆已趣入佛道中　法華甚深實相義
久遠實成釋尊心　眾生如佛等無異
我今稽首同發心　現觀眾生全成佛
實相法華法界海　法住法位心實相
無上菩提如佛心　我今現發悉無疑
於今如佛永決定　如佛菩提心無失
自知決定當作佛　眾生成佛無疑惑
法爾惟一佛乘中　如佛菩提現平等
妙法蓮華自性中　稽首法界如如佛

四、正見

佛所成就微妙法　第一希有難解法
唯佛與佛能究盡　諸法甚深實相義
諸法如是相、性、體　力、作、因、緣、果與報
如是本末究竟等　唯佛與佛乃了知
了知諸法常無性　佛種深密從緣起
無性緣起說一乘　是故眾生咸成佛
知法身如幻如化　婬、怒、癡無根無形
法華三昧卌六見　現空自然寂一切
普不見有人無人　有教無教法無法
遠離男女諸所執　法爾自然畢竟空
大乘頓圓甚深義　無師自悟疾成佛
現觀眾生如佛想　合掌如禮敬世尊
妙法蓮華十七名　甚深功德應了知
開權顯實惟佛乘　惟一佛乘超三乘
但以如來方便力　開三顯一如實說
眾生本具大菩提　繫珠如心顯佛性
開示悟入佛知見　見修行果法華禪
一切眾生決成佛　一切眾生現成佛

世尊願眾同無異　現前已得如是果
二乘乃至惡闡提　悉受如來清淨果
是故決定眾成佛　一心無別已了知
多寶佛塔二佛座　十方分身諸如來
過現未來俱已渺　無生無滅現實相
開迹顯本佛世尊　久遠實成無量壽
時空如幻本現成　十方世界通無礙
如一佛土本實相　畢竟現成實相中
大眾一稱南無佛　現前決定必成佛
眾生現成即如來　法華三昧實相義
如實皈命法華義　見修行果俱圓成

五、修證

法身究竟具一切　如幻如化自然顯
法界本然離生滅　無法無教亦無人
現空般若自本然　實相法華三昧顯
佛身非有亦非無　非因非緣非自他
非方非圓非短長　非出非沒非生滅
一切現非功德具　十力無畏功德身
究竟皈命大聖主　無垢染著佛世尊

修證法華三昧海　現前趣入無量義
當觀察一切諸法　本、來、今性相空寂
猶如虛空無二法　眾生虛妄自橫計
輪迴六趣不自出　菩薩諦觀大悲生
深入諸法法如是　法相如是是諸法
生住異滅如是觀　入眾生諸根性欲
性欲無量法無量　說法無量義無量
無量義從一法生　此一法即是無相
無相不相如無相　不相無相名實相
菩薩安住如實相　發慈悲明諦不虛
於眾生真能拔苦　復為說法令快樂
世尊說法不思議　眾生根性不思議
法門解脫不思議　諸法實相不思議
水性如一佛說法　隨緣示現顯自在
諸佛所說無二言　本來不生今不滅
法相法性不來去　無相現成無量義
真實甚深甚深深　無量義密佛守護
本從諸佛宮中來　去至發起菩提心
安住菩薩所行處　具十不思議功德
安住無量義三昧　身心不動如本然

佛所護念菩薩法　依此趣入法華觀
妙法蓮華教菩薩　佛所護念一心持
成就無上大菩提　一心皈命佛世尊
信願悲智實相生　妙法蓮華心體性
眾生本佛體無二　無別法爾妙法華
究竟實相惟佛知　無生滅故與佛同
是故入佛勝知見　妙行法華證本佛
三止立斷心無別　斷心安住力用否
斷念與佛法身同　是故如實悟法華
開示悟入佛知見　佛以大事因緣現
一乘實相乘勝義　法華現成如本然
正直盡捨諸方便　但說無上實相道
一稱南無佛陀耶　現成佛道已成就
聞法無一不成佛　法華三昧力無上
法華三昧現成故　一切眾生當作佛
法華三昧諸行者　自知現成當作佛
如來說法一相味　解脫離、滅究竟智
法華三昧勝利行　隨眾生欲說勝法
大力大圓法華行　密成眾生俱成佛
佛法現前當成佛　法華現前當成佛

現觀大通智勝佛　如法現成如目前
無量百千億萬劫　現觀久遠如今日
法華三昧力如是　法華行者現受持
一心平等無差別　無動無亂本如來
現前實相法界中　圓滿一心行法華
世尊示現不思議　十方佛土常寂身
現身法界無不現　現寂法界如體性
於此方便示滅度　十方國土普現身
法華體性勝三昧　如實究竟方便行
一切未得授記者　成佛亦應有汝分
世尊授記大菩提　當得作佛願滿足
決定得授成佛記　是為法華實相力
一念隨喜法華禪　俱得無上菩提記
畢竟現成佛如來　如實法華三昧力
如實修習法華行　以佛莊嚴自莊嚴
則為如來所荷擔　其所至方隨向禮
欲住佛道大菩提　成就無上自然智
受持妙法蓮華經　妙修法華三昧行
諸佛祕要之密藏　最為難信與難解
一切菩薩、無上覺　俱屬法華實相經

受持法華勝妙行　入如來室著佛衣
坐如來座說妙法　成就法華三昧行
多寶佛塔示無滅　二佛並坐體如性
十方分身我世尊　無量無邊不可測
以大誓願師子吼　成就殊勝法華行
文殊大智諸佛母　大覺菩提妙吉祥
龍女成佛不思議　一念成就法華行
無上菩提離男女　一切眾生俱遠離
是故現成眾成佛　三界默然寂法身
法華三昧勝利行　眾生皆佛現前觀
禮敬眾生如世尊　是名如實法華行
為法不惜自身命　但惜無上諸佛道
法華三昧諸行持　現前無別妙行處
當住四勝安樂行　身、語、意與誓願處
法華菩薩所成就　甚深微妙諸禪定
從地湧出諸菩薩　四行上首為導師
於如來發隨喜心　究竟祕密法華行
我心即妙法蓮華　佛智即不可思議
世尊久遠所教化　悉與法華自心等
法華實相最妙義　現前授與佛明珠

隨心自然湧地出　如實成就法華行
久遠實成佛世尊　常住不滅示涅槃
示現一切微妙身　佛壽無量不思議
佛陀每自作是意　令我等成無上慧
迅疾成就佛身果　稽首佛陀常憶念
佛憶念我我念佛　感應道交體相性
法華實相三昧中　眾生全佛不思議
無疑決定得總持　佛果身中法界行
法華三昧妙中行　隨喜如來皆成佛
受持如是法華行　現具六根妙功德
父母所生淨六根　一切現成無障礙
十方世界諸佛國　現成如一佛土然
如來一切自在力　如來一切祕要藏
如來一切甚深事　法華皆已明顯說
現行法華勝妙行　是則名為報佛恩
如彼法華大菩薩　佛果妙行菩薩行
圓成法華三昧海　妙行普賢最勝行
稽首久遠實成佛　本師釋迦牟尼尊
法華三昧現證圓　一切法界常寂光
如彼靈山體無壞　現成釋迦牟尼佛

體即如來是法華　即現諸佛三昧佛
法華三昧體中現　一心信持眾成佛
大力現成法華尊　守護法華普賢尊
如彼現成我普賢　勸發法界法華眾
皈命法華勝三昧　普願法界諸眾生
如佛圓滿久遠成　實相大海中現成

（前行加修《普賢體性大懺悔行法》）

六、迴向

皈命法華勝三昧　修證法華勝三昧
現觀法界法華會　釋迦牟尼佛現前
一切法華法界海　現前圓滿無比倫
特別靈山法華會　如彼淨鏡普現前
願以法華三昧行　圓滿眾生成如來
圓同本師能仁佛　久遠實成我世尊
普願十方諸佛陀　少病少惱眾易度
諸佛淨剎大莊嚴　現成惟一淨佛土
稽首法華勝三昧　迴向法界諸眾生
特別有緣娑婆眾　現前修證法華者
無有災障現成佛　一切願滿福智圓

國土成就諸吉祥　如佛淨土大圓滿
普願法界勝傳燈　法華三昧廣傳承
如來心子如心證　普賢大士如願成
再祈法華三昧力　普願眾生全佛陀

普賢體性實相大懺悔行法

1996.8.31 造

一、說法因緣

普賢體性不思議　無初無相示本初
無始無明不可得　幻化因緣妄想生
貪瞋癡毒無始念　發身口意作惡業
六情根成六賊戲　業障大海從此生
諸法不生不滅中　何者是罪何者福
罪福無主法如是　我心自空體性如
無住無壞無可得　緣起佛子祈真懺
普賢體性實相現　莊嚴無相大懺悔
觀心無心本寂滅　法不住法現解脫
猶如流水念念中　現見十方佛、普賢
得佛五眼具三身　諸惡永滅佛慧生

二、修證行法

㈠嚴淨道場

嚴淨道場具莊嚴　上奉如來普賢尊
水燈華香果具足　發心菩提禮三寶

㈡行者淨身

行者自淨身潔衣　現入道場正修持

清淨身、語、意三業　勤修普賢廣大行

㈢皈命三寶

皈命普賢勝體性　實相常寂法身佛

廣大圓滿報身佛　大悲幻化十方佛

禮敬普賢體性法　普賢圓滿行願法

實相廣大懺悔法　如實究竟菩提法

稽首普賢王菩薩　文殊師利大菩薩

彌勒菩薩摩訶薩　十方廣大菩薩海

㈣正行懺悔

1. 觀虛空普賢菩薩

視一切人如佛想　於諸眾生父母想

現觀普賢王菩薩　六牙白象安寶座

身相端嚴若金山　三十二相具圓滿

身諸毛孔放光明　法界現成聚金光

2. 總見懺悔

一切罪障不可得　緣起無始無明念

由諸妄想貪瞋癡　發身語意六情根
業障大海如幻化　眾罪如霜露泡影
普賢體性如無住　無相無生本寂滅
現觀本無罪福性　心體自空大懺悔
觀心無心體究竟　法不住法自清淨
念念流水三摩地　端念實相究竟懺

3. 懺悔六根

(1)懺悔眼根法

我及法界諸眾生　至心懺悔眼情根
於彼無量世以來　眼根因緣貪著色
貪愛諸塵著色故　世世生處惑諸色
色壞我眼為愛奴　經歷三界遍輪轉
為此弊使盲無見　眼根不善害實多
色身不滅十方佛　濁惡眼障故不見
今誦大乘方等經　皈命諸佛普賢尊
懺悔眼根惡業障　發露過罪不覆藏
如是三說深禮敬　正念大乘不忘捨
諸佛菩薩慧明水　我及眾生眼清淨

(2)懺悔耳根法

我及法界一切眾　至心懺悔耳情根

多劫以來耳因緣　隨逐外聲不能離
聞妙音時心惑著　聞惡音聲起惱賊
惡耳報得諸惡事　恆聞惡聲攀諸緣
顛倒聽故墮惡道　邊地邪見不聞法
處處惑著無暫停　勞我神識墮三塗
十方諸佛常說法　我濁惡耳障不聞
今始覺悟誦大乘　皈命諸佛普賢尊
懺悔耳根惡業障　發露過罪不覆藏
如是三說深禮敬　正念大乘不忘捨
實相因緣淨諸罪　我及眾生耳根淨

(3)懺悔鼻根法

我及法界一切眾　至心懺悔鼻情根
無量劫來鼻因緣　以貪香故生迷惑
分別諸識貪染著　墮落生死受苦報
諸佛功德香法界　濁惡鼻障故不聞
今誦大乘淨妙典　皈命諸佛普賢尊
懺悔鼻根惡業障　發露過罪不覆藏
如是三說深禮敬　正念大乘不忘捨
實相因緣淨諸罪　我及眾生鼻根淨

(4)懺悔舌根法

我及法界一切眾　至心懺悔舌情根
無數劫來舌因緣　動惡業相害眾生
妄言、綺語與惡口　兩舌誹謗妄語生
讚嘆邪見說無益　搆鬥亂法說非法
此舌過患無邊量　諸惡業刺舌根出
斷正法輪從舌起　惡舌常斷功德種
於非義中多強說　讚歎邪見火益薪
如是惡業墮惡道　以妄語故墮地獄
百劫千劫無出期　諸佛法味遍法界
舌根罪垢不能了　今誦大乘佛祕藏
皈命諸佛普賢尊　懺悔舌根惡業障
發露過罪不覆藏　如是三說深禮敬
實相因緣淨諸罪　我及眾生舌根淨

(5)懺悔身根法

我及法界一切眾　至心懺悔身情根
久遠時來身因緣　身根不善貪著觸
顛倒不了諸觸等　煩惱熾然造身業
起殺盜婬三不善　與諸眾生大冤結
造逆破戒燒塔寺　用三寶物無羞恥

如是等罪無邊量　從身業起說無盡
罪垢因緣來世中　當墮地獄猛火燒
無量億劫大苦惱　諸佛淨光照我等
身根重罪故不覺　貪著惡觸受眾苦
後受三塗大苦惱　沒在其中不覺知
今誦大乘真法藏　皈命諸佛普賢尊
懺悔身根惡業障　發露過罪不覆藏
如是三說深禮敬　正念大乘不忘捨
實相因緣淨諸罪　我及眾生身根淨

⑹懺悔意根法

我及法界一切眾　至心懺悔意情根
從無始來意因緣　狂愚不了著諸法
隨所緣境貪瞋癡　妄想邪念生業海
十惡五逆一切罪　猶如猿猴如黐膠
處處貪著生雜染　遍至一切六情根
六根業枝條華葉　悉滿三界諸生處
增長無明老死苦　十二因緣、八邪、難
無量眾惡意根生　生死根本眾苦源
釋迦牟尼名普明　遍一切處常寂光
諸法現前是佛法　法爾清淨寂解脫

妄想分別受諸惱　菩提中見不清淨
現解脫中起纏縛　今始覺悟生慚愧
如說修行持大乘　皈命諸佛普賢尊
懺悔意根惡業障　發露過罪不覆藏
如是三說深禮敬　正念大乘不忘捨
實相因緣淨諸惡　我及眾生意根淨
及至六根諸惡業　已起今起未來起
究竟懺悔畢竟淨　實相懺悔自圓滿

4. 六根清淨

一切罪業如霜露　實相慧日能消除
如實至心念實相　懺悔清淨六情根
始觀普賢最初境　旋陀羅尼得總持
諸佛現前立三昧　見阿閦佛十方佛
普賢菩薩無邊相　六牙象王安寶座
象王頭上持金剛　以金剛杵擬六根
遍擬六根淨行者　普賢菩薩為說法
六根清淨勝懺悔　以佛三昧普賢力
耳聞眼見障外事　鼻、舌、身、意亦如是
六根清淨顯初境　身心歡喜無惡相
心純是法法相應　十億億旋陀羅尼

復見百千萬億佛　右手摩首為授記
初始諦觀東方佛　次第遍禮十方佛
普現色身三摩地　圓滿普賢大行願
真淨六根體性中　普賢實相真懺悔
不住使海不斷結　觀心無心顛倒起
想心妄起空無依　如是法相不生滅
罪福何者不可得　罪福無主心自空
諸法如是無住壞　如是懺悔真實相
法不住法心無心　諸法解脫滅寂靜
破壞心識大懺悔　莊嚴懺悔無罪相
身心清淨不住法　念念流水三摩地
普見諸佛普賢尊　得佛五眼三種身
六根遍淨如體性　六根互用本現成
根塵不盜相為賊　法爾雙運大圓淨
六識成智如來慧　十八界妙示海印
法爾流行體性用　大悲無盡妙緣生
如實體性實相懺　交付佛子見全佛

三、迴向

普賢體性　實相大懺　懺悔之法　是名清涼

大懺悔法　無罪相修　心識已壞　身心清淨
莊嚴懺悔　如實迴向　我與眾生　六根清淨
法界體性　六根互用　十八界現　廣大圓滿
究竟實相　真實懺悔　安住佛地　現見全佛
海印三昧　蓮華藏海　如實現成　普賢行願
見眾成佛　國土安樂　無障無礙　初中後善
傳承燈明　永續寂光　南無佛陀　普賢願滿

參考資料

1. 姚秦・鳩摩羅什譯《妙法蓮華經》
2. 宋・智嚴譯《法華三昧經》
3. 劉宋・曇無蜜多譯《觀普賢菩薩行法經》
4. 隋・智顗撰《法華三昧懺儀》
5. 姚秦・鳩摩羅什譯《思惟略要法》卷十五〈法華三昧觀法〉
6. 隋・智顗撰《妙法蓮華經文句》卷十〈釋普賢菩薩勸發品〉
7. 唐・湛然述《法華文句記》卷二
8. 隋・吉藏撰《法華義疏》卷十二
9. 唐・窺基撰《妙法蓮華經玄贊》卷一
10. 天台智者大師講・弟子灌頂記《摩訶止觀》卷三
11. 陳・慧思說《法華經安樂行義》

12. 大乘論師婆藪槃豆釋、後魏·菩提留支共曇林等譯《妙華蓮華經憂波提舍》卷上

13. 日本·空海撰《法華經開題》

14. 日本·覺鍐《法華經祕釋》

57 海印三昧

簡介

海印三昧是《華嚴經》所依止的根本三昧，法藏大師在《修華嚴奧旨妄盡還源觀》中說：「**海印者，眞如本覺也，妄盡心澄，萬象齊現，猶如大海因風起浪，若風止息，海水澄清無象不現，（中略）所以名爲海印三昧也。**」

海印三昧是《華嚴經》〈賢首品〉所說的十種三昧之第一種，也是其他九種三昧的根本，象徵著《華嚴經》的根本理趣。

海印三昧的境界，展現著法界最深層的祕密。

法界最祕密層是無時無空——沒有時間、沒有空間的。但在無時間無空間當中，一個轉念、一個無明現起的時候，就與此究竟法界逆轉了。這是因爲任何一個心念都生起、幻化成我心、時間、空間，這定然與無時無空的法界逆轉的——這將產生了第一層的逆轉，也是最祕密層的逆轉、最不可思議的逆轉。

在這層逆轉當中，當我們自意脫離了無時、無空的究竟法界，同時法界也不得不相應於我們來製造一個無限時空的法界。無限時空的法界又有染淨的兩種途徑，凡夫依於我執，又將心——時間、空間的無限幻化法界，用我執給予限制，到最後落入相對的時空，用輪迴、執著來安自己的心，用共同的執著意念——共業來控制（同時也是被反控制）時空的運作，輪迴相續。而還淨的過程，是由心——時間、空間的限制破除，用無我脫離時空的限制，而成爲自在的無限時空，即華嚴的法界。

無盡時空沒有軸心、沒有轉動方向，而轉動速度也是無量、無限，所以動、無動都一樣。雖然沒有軸心、沒有轉動的範疇、沒有轉動量，但卻是無盡轉動，這時任何的時空轉動都與其相反，而在任何動都與其相反時，才顯現出一切的世間，而這一切的世間即是所謂的「緣起世間」。

由無時無空轉變成爲無盡的時空——「十方廣大無邊、三世流通不盡」，而無盡時空其特性是：沒有軸心、沒有重心。在此無盡轉動時空中，我們必須再用另一個語言層次來說明這個境界，以易經的一句話來比擬就是「群龍無首，吉」。

每一個生命都是佛、都是主件圓融、星月俱足的全體生命。何者爲星？何者爲月？跟我近的即月、離我遠的即星，星月依緣而顯，一切如實平等。這就是星月俱足、主伴圓融、互為主體、事事無礙、理事無礙、到達理理無礙的一個平衡、平等自在的法界，在其中每一個眾生都是佛——群龍無首，這是海印三昧的根本見地。

如何趨入海印三昧？最重要的是要現知一切眾生現前是佛，在法界中無差別相，但在緣起上則要步步圓滿，在心之見地上要絕對圓滿，但在次第現象上則因果宛然，如此才能成就圓滿的海印三昧。

海印三昧修證觀門

2002.9.28 造

南無　華藏世界海十身毘盧遮那佛

南無　海印三昧

南無　圓證海印三昧諸聖眾

一、皈命三寶

南無華藏世界海　本師毘盧遮那佛

十佛現成果圓因　十身圓滿因即果

住世無著正覺佛　大願成滿是願佛

深信見圓業報佛　隨順萬德住持佛

深見應機顯化佛　普周現成法界佛

法爾安住如心佛　無量無依三昧佛

明了自見本性佛　普受隨樂如意佛

眾生世間眾生身　國土世間國土身

業感因緣業報身　四諦成就聲聞身

十二因緣獨覺身　十度圓成菩薩身

究竟圓滿如來身　三乘諸佛顯智身

諸聖果法證法身　理事眾相虛空身

頂禮圓滿十身佛　華藏世界毘盧尊

南無海印三昧法　大方廣佛華嚴經
如來性起普圓具　無盡大法界緣起
十方十世海印現　成佛現成無盡法
相即相入重帝網　六相圓融法界觀
華藏直顯全佛界　全佛法界現華藏
全佛海印體性中　海印全佛十身圓
因道果圓毘盧身　一切現成普賢尊
海印三昧諸聖眾　帝網重重同時顯
十世十方一多同　主伴圓明平等中
法爾現成海印定　法界觀中勝圓融

二、對法眾

法界無盡諸世間　十方十世有無情
現前華藏海印界　海印三昧對法眾
緣起有情咸成佛　平等一味毘盧果
全佛海印相映攝　海印全佛帝網重

三、發心

1. 海印三昧菩提心　海印全佛法界觀
性起如來勝功德　究竟圓滿大覺證

2. 諸佛菩提住中道　如大海印一切相
遠離一切無盡具　身語意量等法界

3. 清淨三輪成正覺　普見一切眾成佛
現入涅槃同一性　無性大覺大悲心

4. 法爾現成無有異　一切現前無增減
若成正覺不正覺　菩提無相無非相

5. 如來現身無有量　一毛孔遍全法界
自心念念佛正覺　現成毘盧遮那佛

（廣大周遍不思議　一切毛孔亦如是）

6. 直心、深心、大悲心　本願成就法界心
大菩提心如來心　唯智無量海印淨

7. 不變隨緣佛菩提　隨緣不變菩提心
如是海印華藏界　實成如來菩提心

8. 三世間有情無情　十身如來十佛境
無盡法界大緣起　海印如來菩提心

9. 相即相入六相圓　十方十世大法界
無盡圓融真如體　無上正覺菩提心

10. 大慈大悲大智海　大定海印華嚴界
無礙法界大緣起　如實佛境菩提心

11. 華藏世界菩提心　毘盧遮那菩提心

海印華嚴菩提心　真如實相菩提心

12. 法界全佛菩提心　一切眾生即如來

全佛法界菩提心　眾生法界現成佛

13. 法界菩提心全佛　初發心即成正覺

全佛菩提心法界　無有眾生非如來

14. 海印全佛菩提心（因）　全佛海印菩提心（果）

海印菩提心全佛（因果）　全佛菩提心海印（果因）

四、正見

1. 海印全佛全如來　攝三世間同成佛

究竟圓滿佛菩提　無有眾生非佛陀

2. 始終真如無始終　一性海印全法界

如淨水中一切現　無盡大法界緣起

3. 性起功德華藏海　不變隨緣因即果

隨緣不變果同因　圓融無礙攝法界

4. 海印法界緣起際　本末究竟離修造

全體在用不待緣　全用在體具性德

5. 體性湛然全體用　法爾常為法住位

常寂森羅盡圓融　法界常法相收盡

6. 海印一切平等印　有無情界普攝持
見佛菩提一切現　現成誰非佛如來
7. 一切法同大法界　不於法界見眾法
不於諸法見法界　現成海印三昧見
8. 一切大法海印定　具了見修行果等
全佛法界法爾現　法界全佛自現成
9. 總持海印三摩地　盡攝一切法界定
所有諸法三昧會　無有一境離究竟
10. 法界海印意總持　佛身語意大菩提
等印一切諸眾生　三世間印佛所印
11. 海印三昧圓十義　無心能現、無所現
能現所現非一、異　無去來義現廣大
12. 普現頓現恆常現　非現現如明鏡對
寂照普現全海印　諸佛自然遍一切
13. 十方諸佛皆本師　現攝十方三世佛
全佛如燈互遍照　自佛現攝一切佛
14. 平等究竟全佛陀　一切現成不可得
如實法爾相攝持　一佛盡攝一切佛
15. 十種無礙自在身　法界全成毘盧佛
法界諸佛同法身　是故能知現成佛

16.無有功用無來去　淨用無邊無有盡
如是圓滿法界海　皆我毘盧遮那身
17.無身成就無可得　無有成佛不成佛
是佛菩提非菩提　盡離一切海印定
18.一多相攝盡法界　十法界同無法界
十方十世因果起　理事法界無別異
19.一即一切一切如　一切即一體無礙
劫、剎、法、眾與佛陀　圓融相攝自相在
20.六相無盡圓融界　六相一同大法界
無界緣起海印中　總聚無障礙法界
21.隨緣真如相即入　法界不變隨緣生
隨緣不變全是佛　如來性起全如來
22.帝網重重相映攝　全佛海印現即真
十身十佛法界現　無有非佛三昧證
23.如來正見無二相　遠離二邊住中道
一念現成知眾法　法界現成全佛陀
24.諸佛菩提普海印　成佛普見眾成佛
同入涅槃同無性　海印三昧全佛印

五、修證

1. 佛神力莊嚴法界　佛三昧自住功德
 佛菩提、十力、德相　海印全佛法界觀
2. 華藏直顯全佛界　全佛法界現華藏
 三世間圓十身佛　十佛性同法界身
3. 能仁頓現全佛界　果海圓周等莊嚴
 現成法界同如來　無有眾生不如來
4. 周遍含容法界觀　普融無礙自在門
 真法界同情無情　帝網重現真海印
5. 劫、剎、法、眾佛相攝　諸佛菩提自現成
 因果同觀果因滿　無盡大法界緣起
6. 如來性起全如來　始終真如無始終
 無盡六相現圓融　海印全佛現圓成
7. 大海無風碧波澄　晴天無雲星月炳
 無來無去不一異　非有非無全佛身
8. 攝始歸終無始終　攝終歸始無終始
 始終無礙全法界　海印華嚴等三昧
9. 境智全圓三世間　等如來界等眾生
 全佛菩提自然顯　大悲智故眾成佛

10.妙悟皆滿二行絕　得佛平等住佛住
所行無礙不思議　身遍一切遍法界
11.無所依止如來身　最極寂靜大威德
無相現佛究竟界　佛平等地盡虛空
12.諸佛國土不思議　本願、種性、佛、出現
佛身、音聲、佛智慧　自在、無礙、佛解脫
13.入佛法界佛威德　神通自在佛無礙
如實現證佛海印　住不可說佛方便
14.現圓如來正覺心　佛心、意、識不可得
智無量了如來心　證如來智無所依
15.海印普現全法界　如來十智圓法界
一切體性佛中圓　現成究竟等如來
16.佛德無量法界相　是故無相心普現
全佛海印定中顯　平等如佛菩提圓
17.如來現成正等覺　無二、無相住中道
一念悉了十世法　如大海印法界相
18.諸佛菩提普究竟　十方十世相攝持
法界無礙大緣起　無盡法界大緣起
19.一切生、法、剎、時、佛　語言、真如與法界
無疑、願、行涅槃寂　如來正覺量等身

20.如來正覺淨三輪　於自身中即普見
一切眾生成正覺　同入涅槃同無性
21.無相無盡無生滅　無我非我眾生等
無菩提性法界性　無空無成正覺性
22.現觀一切法無性　無上智滿大悲續
虛空無生佛菩提　成不成佛無增減
23.一念成佛不成佛　菩提無相無增減
正覺究竟無生滅　以種種身成正覺
24.自心念念常成佛　諸佛如來不離此
一切眾生心如是　是故現成佛正覺
25.十方十世同時具　事事無礙總法界
理理無礙全佛界　一切成佛海印定
26.小大自在體無礙　毛孔法界平等在
芥子須彌任運現　無盡緣起如意海
27.一多相容勝緣起　有力交徹相即入
平等現觀全佛界　一一如來是現成
28.諸法相即本自在　法爾當下空有圓
相即相在無障礙　水波相收法界觀
29.隱顯俱成了內外　一切真如即究竟
互攝無礙全相攝　當下隱顯即無礙

30.法住法位微細界　塵塵三昧本法界
相即相入無盡重　炳然同現同安立
31.法界現成帝網相　體相自在用無盡
帝網明珠如意照　重重無盡真明了
32.一華一葉果如來　一境一塵智自在
一念一境眾境會　一境一智智一切
33.念、劫、法、生、佛同收　湛然微妙佛正覺
帝網重重大無礙　無盡消融大緣起
34.一法遍照法同住　次第相融相即入
自他互顯同寂照　海印宛轉自明處
35.燈光相輝同照明　一燈普明眾燈陪
主伴圓明燈無盡　無差別中法界成
36.融三世間十身佛　十佛究竟圓滿佛
普觀法界原海印　一切眾生現成佛
37.毘盧法界無礙身　十重無礙法界身
海印法界全體佛　法界全佛印海印
38.海印三昧無分別　無有功用無不周
念念成佛方便力　普現三世間佛身
39.華嚴三昧因即果　一切自在普賢力
行願圓滿佛普現　諸佛菩提主伴全

40. 因陀羅網勝三昧　塵塵三昧無增減
一切境界帝網重　相攝盡收同明現
41. 妙手廣供成三昧　究竟住佛菩提成
以佛供佛法界緣　空華佛事一時圓
42. 佛境菩薩示妙行　現諸法門三昧門
法界諸法同攝盡　諸佛遊戲全佛門
43. 隨樂三昧度眾生　四攝攝化眾生成
如來十力不共法　能攝所攝全佛等
44. 應同世間普一切　圓攝世間咸成佛
化與所化同圓滿　同體大用佛菩提
45. 安樂三昧度一切　光照法界十世、方
照與所照即清淨　同證無上功德幢
46. 出現三昧圓法界　主伴同麗佛所成
無盡燈明相映攝　諸佛頓現等攝持
47. 方網三昧難思議　寂用無盡三世間
無盡自在體妙用　諸佛自起自圓滿
48. 諸佛三昧體圓證　是故法界眾成佛
全佛法界熾然現　佛子如實現成佛
49. 佛境妙行大緣起　無盡法界大緣起
盡攝無礙法界起　佛法界行不思議

50. 觀佛生涯海印定　全佛生涯利群生
能仁頓現主伴明　一切眾行入佛行
51. 離於世間入法界　因道果圓毘盧佛
稽首普賢恩德滿　遍照尊中普賢行
52. 全佛海印印圓滿　海印全佛毘盧行
全佛法界眾成佛　海印三昧體中成

六、迴向

1. 全佛海印印全佛　海印全佛印海印
因攝果圓果攝因　始終一如全法界
2. 無盡法界大緣起　無礙世間佛身中
海印三昧勝修持　無可得中圓滿證
3. 能迴向與所迴向　海印三昧同迴向
諸佛菩提自功德　如水注水大海中
4. 以勝功德圓功德　無所得中勝佛德
依體性佛盡迴向　眾生悉成遍照佛
5. 普明現成本寂照　盡攝法界三世間
十身十佛自迴向　自他圓成佛菩提
6. 現成法爾迴向中　現前佛身體中同
海印迴向大海印　諸佛三昧住佛住

7. 無上菩提海印證　無上菩提海印圓
自佛自迴向圓滿　一切吉祥海印定
8. 海印三昧勝迴向　無盡燈中傳承明
佛佛平等眾成佛　普皆成佛海印中

參考資料

1. 唐・實叉難陀譯《大方廣佛華嚴經》卷二十二〈昇兜率天宮品第二十三〉、卷四十〈十定品〉第二十七之一、卷四十六〈佛不思議法品〉第三十三之一、卷五十三〈離世間品〉第三十八之一
2. 唐・智儼述《華嚴孔目章》卷二
3. 唐・澄觀撰《華嚴玄談》卷三
4. 天親菩薩造、後魏・菩提流支等譯《十地經論》卷十
5. 唐・法藏述《華嚴經探玄記》卷二、十四、十七
6. 唐・澄觀撰《華嚴經疏》卷二、卷四十六
7. 明・道霈纂《華嚴經疏論纂要》卷二十七
8. 隋・杜順說、唐・智儼撰《華嚴一乘十玄門》
9. 宋・延壽集《宗鏡錄》卷十八
10. 唐・法藏述《華嚴經旨歸》卷一

普賢十大願王無盡三昧行法

1996.8.28. 造

一、緣起

緣起普賢界　平等法界身
離佛與眾生　究竟如實相
豁然因普賢　體性會如來
大悲胎藏生　法爾佛無初
道普賢行願　圓滿菩提眾
無有不吉祥　同會普賢海
金剛法界佛　果普賢如來
寂滅無盡緣　憶起極微妙

二、皈命

南無毘盧遮那佛　普賢體性常住身
皈命普賢大願王　廣大圓滿常住法
稽首普賢大海眾　無盡寶鬘常住僧
法界緣起空寂性　相映相攝如帝珠

三、十大願王修習

爾時，普賢菩薩摩訶薩稱歎如來勝功德已，告諸菩薩及善財言：「善男子！如來功德，假使十方一切諸佛，經不可說不可說佛刹極微塵數劫，相續演說，不可窮盡。若欲成就此功德門，應修十種廣大行願。何等爲十？

一者、禮敬諸佛，二者、稱讚如來，三者、廣修供養，四者、懺悔業障，五者、隨喜功德，六者、請轉法輪，七者、請佛住世，八者、常隨佛學，九者、恆順眾生，十者、普皆迴向。」

㈠普賢法界身觀

普賢體性不思議　自空法界示法爾
無邊刹海現海印　無盡緣起自圓證

1. 觀現空體性法界，具無盡妙德，能顯一切法界

本無初中不可得　寂滅性體如幻生
以自清淨身語意　圓成普賢大願王

2. 自清淨自身、語、意，離一切雜染

理如事圓事如理　現成理事自無礙

普賢行願威神力　普現一切如來前

3. **理如事、事如理、理事無礙、事事無礙，以普賢威神力加持，成普賢無邊妙身，現法界一切如來前安住。**

同時相應本具足　同體法界難思議

一身復現塵剎身　一一普現諸佛前

4. **法界現成，以諸佛力、普賢力加持，自身化爲無量身，在無邊塵剎中，以一一普賢身住於法界一一佛前。**

諸法相即現自在　不思議性顯差別

自身即具無量身　一一身分皆現成

5. **觀自身亦爲無量身，一一支分、一一細胞、一一塵、呼吸、五大、意念都爲無量普賢身。**

㈡十大願王現觀

一者禮敬諸佛

盡諸法界虛空界　究竟普賢體性界
十方三世一切佛　依彼普賢行願力
以自清淨身語意　如對目前恆禮敬
一一佛所一一身　無盡塵剎無盡身
遍禮法界塵數佛　自身復具塵數身
一一身相如鍊光　諸佛現成遍禮敬
極微妙身極平等　大小互攝如帝網
十方十世同炳現　一一普賢禮佛前
虛空有盡禮無盡　念念相續無間斷
身語意業無疲厭　禮敬諸佛初願王

二者稱讚如來

盡諸法界虛空界　十方三世一切剎
極微一一塵海中　一切世界塵數佛
一一佛前菩薩海　廣大莊嚴不思議
我依佛力普賢力　甚深勝解現前知
各以普賢妙舌根　一一舌出無盡音
無盡聲海一一音　各出一切言辭海
讚嘆如來功德海　窮未來際恆不斷

盡於法界無不遍　如彼妙身禮諸佛
身遍法界幻諸身　自身復現微塵身
如實恆讚無間斷　稱讚如來二願王

三者廣修供養

十方三世佛海會　普賢行願力現前
信解甚深現前知　悉以無上妙供養
華雲鬘雲天音樂　天傘蓋雲天音服
天種種香塗燒香　末香如是供雲海
酥燈油燈香油燈　一一燈炷須彌山
如是無邊供養海　如帝網具供無盡
一切無上法滿養　修行、利、攝眾生供
代苦、修善菩提心　身口意供恆無盡
全佛現供最無上　身遍法界現前供
一一身供塵數佛　自身微塵無盡供
全體法界供現成　虛空有盡供無盡
身語意業無疲厭　蓮華藏海全供養
廣修供養三願王　念念相續無間斷

四者懺悔業障

普賢體性自寂滅　緣起如幻無始業
貪瞋癡發身口意　作諸惡業無邊量

我今悉以淨三業　遍於法界微塵剎
一切諸佛菩薩前　誠心懺悔不復造
恆住淨戒一切德　如彼妙身海印定
無盡塵剎一一身　法界塵佛前懺悔
自身現具無量身　諸佛現前遍懺淨
帝網相映等鉅細　十方三世體性懺
虛空有盡懺無盡　念念相續無間斷
身語意業無疲厭　懺悔業障四願王

五者隨喜功德

十方三世一切佛　從初發心至圓滿
勤修福聚不惜命　捨不思議頭手足
成就一切難苦行　圓滿無量波羅蜜
證入菩薩諸智地　成就無上佛菩提
無邊功德我隨喜　十方三世二乘眾
有學無學諸功德　菩薩難行諸苦行
廣大功德我隨喜　十方三世諸眾生
所有功德至一塵　歡喜隨喜諸功德
隨喜無盡空有盡　念念相續無間斷
身語意業無疲厭　隨喜功德五願王

六者請轉法輪

盡諸法界虛空界　十方三世佛剎塵
各具無量佛剎海　微塵廣大數佛剎
一一剎海念念中　無量佛剎微塵數
一切諸佛成正覺　菩薩海會自圍繞
我以身口意方便　無盡法界無盡身
一一佛前一一身　殷懃勸請轉法輪
勸請無盡空有盡　念念相續無間斷
身語意業無疲厭　請轉法輪六願王

七者請佛住世

盡諸法界虛空界　十方三世一切佛
將欲示現般涅槃　及諸菩薩及賢聖
有學、無學、善知識　我悉勸請莫涅槃
經諸佛剎微塵劫　為欲利樂一切眾
勸請無盡空有盡　念念相續無間斷
身語意業無疲厭　請佛住世七願王

八者常隨佛學

如此娑婆世界尊　毘盧遮那佛如來
從初發心進不退　不可說命為布施
剝皮為紙體為筆　刺血為墨書經典

積如須彌妙高山　不惜身命為重法
何況一切諸所有　難行苦行不思議
菩提樹下成正覺　示諸神通起變化
種種佛身處眾會　以圓滿音如雷震
隨其樂欲度眾生　乃至示現入涅槃
如是一切我皆學　如今世尊普明佛
盡諸法界虛空界　十方三世諸佛剎
所有塵中一切佛　如是念念我隨學
虛空有盡學無盡　念念相續無間斷
身語意業無疲厭　常隨佛學八願王

九者恆順眾生

盡諸法界虛空界　十方剎海諸眾生
種種差別四種生　或依地水火風住
依空卉木一切住　種種生類諸眾生
相貌、壽量、族類、名　心性、知見、欲樂、行
威儀、衣服、飲食等　一切住所天龍眾
無足、二足、四、多足　有色無色相無相
如是等類法界眾　我皆於彼隨順轉
種種承事諸供養　如敬父母奉師長
如供羅漢佛如來　平等無異心柔軟

於諸病苦作良醫　於失道者示正路
於闇夜中作光明　於貧窮者示伏藏
平等饒益諸眾生　菩薩隨順眾有情
則為隨順供諸佛　於眾生尊重承事
則為尊重承事佛　若令眾生生歡喜
則令一切佛歡喜　諸佛大悲心為體
因於眾生起大悲　大悲出生菩提心
因菩提心成正覺　生死曠野道樹王
一切眾生為樹根　諸佛菩薩為華果
以大悲水益眾生　能成諸佛智慧果
菩薩大悲水益眾　則能成就無上覺
菩提屬於諸眾生　若無眾生不成佛
於諸眾生心平等　圓滿大悲能成就
大悲心隨眾生故　則能成就供養佛
隨順無盡空有盡　念念相續無間斷
身語意業無疲厭　恆順眾生九願王

十者普皆迴向

從初禮拜至隨順　所有功德悉迴向
法界虛空界眾生　常得安樂無病苦
欲行惡法悉不成　所修善業速成就

關閉一切惡趣門　開示人天涅槃路
若諸眾生積惡業　所感一切極苦果
我皆代受令解脫　究竟成就無上覺
迴向無盡空有盡　念念相續無間斷
身語意業無疲厭　普皆迴向十願王

㈢十大願王讚

趣入普賢十大願　則能成熟眾有情
隨順無上等正覺　成滿普賢行願海
能誦此願行世間　如空中月無障礙
諸佛菩薩所讚嘆　人天禮敬眾供養
圓滿普賢諸功德　當如普賢妙色身
圓具三十二相好　如師子王伏一切
堪受眾生諸供養　最後剎那命終時
諸根散壞一切離　惟此願王不相捨
於一切時導其前　一剎那中生極樂
阿彌陀佛現前見　文殊、普賢、觀音、慈
諸菩薩眾共圍繞　自見出生蓮華中
蒙佛授記經多劫　普於十方世界中
智慧力隨眾生心　不久當坐菩提場

降伏魔軍成正覺　轉妙法輪於十方
令眾生發菩提心　隨其根性教化熟
盡於未來時劫海　廣能利益一切眾
信此願王一念中　所有行願悉成滿
無量無邊所獲福　能於煩惱大苦海
拔濟眾生令出離　現得往生極樂國

四、迴向

普賢十大願王海　無盡三昧廣大行
我今受持精進行　同證普賢體性海
海印三昧金剛喻　普皆迴向法界同
法爾眾生現成佛　全佛菩提現圓滿
無盡迴向十願王　普賢行者全佛心
法界平等蓮華藏　常寂光海無量光
虛空有盡願無窮　妙行無盡普賢身
無盡燈明傳承海　如普賢行願無盡

58 金剛三昧

簡介

金剛三昧又稱爲金剛喻定，是比喻此定能破除一切煩惱，斷盡無餘，正如同金剛一般，能摧破一切眾物，所以稱爲「金剛喻定」。此定能發起無上智慧，斷除煩惱，所以也稱爲金剛無間道，金剛三昧或金剛心。

金剛喻定在一般說法中，可以是二乘共通的，因此，在證得阿羅漢前的一念心，起金剛喻定，智斷煩惱，證得無學阿羅漢果。所以，金剛喻定的體性是智慧，在聲聞是四諦的智慧，在緣覺是十二因緣的智慧，而在大乘，則爲了達法界實相的智慧。聲聞、緣覺、菩薩在修行究竟滅盡最後的煩惱時，生起此定，而在「定起惑了」時，聲聞得阿羅漢果，緣覺得辟支佛果，菩薩得證佛果。

但是，如果以斷盡一切煩惱喻如金剛的智慧而言，聲聞、緣覺所證的智慧，就不足以稱爲金剛喻定智。金剛喻定必須是在等覺菩薩最後一心，這時最後窮終一念，頓斷一切煩惱，生起佛智，現證無上正覺的佛果，方名爲金剛喻定或金剛喻智。

亦即，金剛喻定是菩薩在等覺滿心之時，有俱生微細的所知障及任運煩惱障中，這時，金剛喻定現前時，這些最微細煩惱全部頓斷，而入於如來地。

所以，圓滿的金剛喻定，只有在等覺菩薩最後一念現前，使最後心菩薩頓證佛果，才是眞正的金剛喻定。所以，釋迦菩薩在菩提樹下圓證佛果，那一剎那所證得的境界，即是金剛喻定。因此金剛三昧可說是佛法中最珍貴的無上寶珠，是成證圓滿佛果的究竟三昧！

金剛喻定修證觀門

2002.11.24 造

南無　常寂光法身本師釋迦牟尼佛

南無　金剛喻定

南無　實相法界金剛三昧眾

一、皈命三寶

(一)皈命金剛三昧海　本師釋迦牟尼佛
體性常寂光法界　究竟毘盧遮那佛
金剛喻定現法身　法身現成金剛定
因果圓滿體性義　果因現成實相中
因果一如眾全佛　如實金剛三昧境
無生無滅無來去　非一非異非常斷
法界遍滿如虛空　一切如來同體證
法身性相無可得　實相功德自圓具
諸法實相法身佛　皈命世尊大法身
遠離蘊處界永寂　能圓金剛力般若
究竟體實無戲論　皈命究竟實相佛

㈡皈命金剛三昧法　究竟菩提心無間
金剛無間勝利道　無上菩提金剛心
一念相應斷煩惱　了達法界如實慧
成佛無比最勝道　無上勝法最究竟
現得如佛一切智　成就如來不共法
清淨佛眼見一切　金剛般若無上覺
㈢南無實相法界海　金剛三昧賢聖眾
無可得中實相現　究竟真如大智海
法爾一切金剛智　現成金剛性海流
體寂究竟離生滅　佛境妙成寂滅行
金剛般若現成滿　大慈悲喜捨無性

（大般若卷三六九 P904B）

諸法無性無戲論　無有忘失金剛性
永斷習氣佛菩提　無自性道金剛性
若以無間一剎那　一念相應金剛定
如諸寶中金剛勝　金剛三昧第一定

（大般涅槃經卷二十四 P.5096）

現成金剛三昧者　法界最勝眾圓滿
究竟圓成三昧王　法界有情同金剛
一切眾生咸成佛　稽首金剛三昧眾

二、對法衆

法界有情無邊際　三界六道二五有
十方三世十法界　究竟同寂金剛際
金剛喻定圓因果　果因圓具金剛定
法性同寂法爾眾　現成金剛三昧海
是故一切法界眾　同住金剛喻定中
如實無得無污染　現成金剛三昧眾

三、發心

1. 實相現成眾成佛　無緣大慈同體悲
   金剛三昧全佛界　金剛無間菩提心
2. 實相真如寂一切　無緣大慈同體悲
   體性清淨本周遍　金剛無間菩提心
3. 實相法界全體現　無緣大慈同體悲
   普遍現成全平等　金剛無間菩提心
4. 實相法性離相待　無緣大慈同體悲
   一味遍成全佛如　金剛無間菩提心
5. 實相現前無虛妄　無緣大慈同體悲
   直顯勝利全佛現　金剛無間菩提心

6. 實相無有變異性　無緣大慈同體悲
大覺圓染汙不得　金剛無間菩提心
7. 實相法爾性平等　無緣大慈同體悲
生如佛如全佛如　金剛無間菩提心
8. 實相現離生滅性　無緣大慈同體悲
現成法界金剛喻　金剛無間菩提心
9. 實相法定自法位　無緣大慈同體悲
不可得中安法界　金剛無間菩提心
10. 實相法住自常住　無緣大慈同體悲
若佛出世不出世　金剛無間菩提心
11. 實相實際真實法　無緣大慈同體悲
真實一味全佛陀　金剛無間菩提心
12. 實相現前虛空界　無緣大慈同體悲
常寂一切無可得　金剛無間菩提心
13. 實相現成不思議　無緣大慈同體悲
宛然如實眾全佛　金剛無間菩提心
14. 實相無作無起起　無緣大慈同體悲
圓成如來不共法　金剛無間菩提心
15. 實相染汙不可得　無緣大慈同體悲
大涅槃中無可住　金剛無間菩提心

16. 實相無量無可盡　無緣大慈同體悲
現空無得一切空　金剛無間菩提心
（十八空、二十空）

17. 實相畢竟勝空寂　無緣大慈同體悲
微妙寂滅法無別　金剛無間菩提心

18. 實相法爾無增減　無緣大慈同體悲
不變隨緣金剛性　金剛無間菩提心

19. 實相金剛般若體　無緣大慈同體悲
隨緣不變性金剛　金剛無間菩提心

20. 實相無相金剛智　無緣大慈同體悲
寂靜現成常寂光　金剛無間菩提心

21. 實相無緣捨一切　無緣大慈同體悲
無少法得金剛定　金剛無間菩提心

22. 實相法身智解脫（三德）　無緣大慈同體悲
心性自淨無功用　金剛無間菩提心

23. 實相如來如意珠　無緣大慈同體悲
無初法界全佛滿　金剛無間菩提心

24. 實相諸佛大菩提　無緣大慈同體悲
佛力無畏不共法　金剛無間菩提心

四、正見

1. 無上正覺無上道　實相大空大慈悲
　現成金剛三昧海　法爾無間本寂滅
2. 一切諸法本現空　無生無滅真如性
　法界法性無虛妄　無變異中極平等
3. 和合現成無作者　無相無起無所有
　染污不得法定位　法住實際無有主
4. 自在現成現真實　一切如來即真實
　本自不生現成實　廣大現空無緣悲
5. 虛空法界不思議　畢竟空如佛實性
　一切現空無可得　實相性寂全如來
6. 無相現成金剛定　寂靜涅槃常寂光
　法身無實實一切　大智大悲金剛定
7. 法身般若大解脫（三德）　寂滅無得無差別
　金剛三昧海平等　一切無得眾全佛
8. 色如受想行識如　六入處界一切如
　三界十界法界如　眾法如等金剛定
9. 因道果如同金剛　現成一味最寂滅
　無少法得大菩提　稽首無比金剛禪

10.三世十方、眾生、佛　諸法、剎塵體寂滅

如幻十喻如等故　金剛喻定平等見

11.無有法故無來去　諸佛平等法界等

如是平等如是佛　大悲金剛喻定中

12.究竟寂滅如一切　法身無相無境中

現成金剛法界定　法爾圓滿全佛界

13.念念無間金剛定　金剛心成一切滿

入大滅度不永滅　一切眾法會金剛

14.一切禪定解脫海　三昧神通如意力

無礙智慧一切法　悉入金剛三昧海

15.內空、外空、內外空　空空大空勝義空

有為、無為、畢竟空　無際空中金剛定

16.散空本性、自相空　無變異空共相空

一切法空不可得　無性、自性空金剛

（十八空、二十空）

17.金剛喻定無間道　一切相智現圓滿

佛力無畏無礙解　大慈大悲不共法

18.佛眼獨具圓五眼　無所不具無不聞

無所不覺無不識　金剛喻定佛菩提

19.金剛義喻無間道（十四義）　諸佛圓滿無上覺
諸德同體圓一切　一相菩提大涅槃

20.自性常寂無染污　先後有無一切斷
金剛無間大菩提　無可得中現圓滿

21.開悟諸佛勝菩提　心性本淨常住法
無上正覺無上道　無有功用金剛定

22.金剛定中四智滿（五智）　百八不共佛勝法
（佛不共法）
法界體性無非佛　無有眾生不如來

23.一念相應慧圓滿　金剛三昧自圓滿
無有少法可得故　無上菩提現成滿

24.究竟無相身語意　廣大無緣大悲心
金剛喻定實相證　法身功德具一切

25.本無成佛不成佛　無有金剛不金剛
一切究竟寂滅故　現成如實金剛禪

五、修證

1.實相法界無可得　如幻無明無始念
無初金剛菩提心　初發心成無上覺

2. 本無可示一切法　無生無滅金剛境
幻修二道五菩提　無得證成無上境
3. 佛性現成菩提心　初心乘佛菩提心
大智海乘大悲行　眾生同佛金剛智
4. 如來現成無上道　普見眾生成正覺
金剛道中無間性　無性平等佛菩提
5. 一念正覺不正覺　悉同無相無生滅
一切眾生同成佛　金剛法界同體證
6. 定慧一如如來境　金剛三昧大止觀
如實了知自心明　菩提分法圓滿成
7. 佛果一心圓真如　離時空境金剛定
十地滿心金剛諭　因果同成金剛心
8. 現空現成金剛定　觀空圓成金剛定
一切空故眾法成　無可得空喻金剛
9. 不變隨緣金剛性　隨緣不變性金剛
隨緣不變金剛智　不變隨緣智金剛
10. 諸法實相金剛際　第一義空金剛定
無可得故金剛慧　體性真如喻金剛
11. 無生無滅無常斷　不一不異不來去
一切戲論永寂滅　究竟實相喻金剛

12.現空法界真實相　般若現成無起作
無相無生亦無滅　盡離一切喻金剛
13.無性無依離、淨、盡　寂滅寂靜不可得
不可思議無所有　真如平等喻金剛
14.現觀真如法界中　眾生諸佛悉無得
法性無妄無變異　平等無間金剛道
15.決定法住如法位　實際等空等真實
勝義法爾本寂滅　畢竟空中金剛喻
16.無染無淨法無別　體證究竟寂無為
隨緣真如真不變　不變隨緣金剛定
17.有佛無佛性常住　法相真實無變異
世出世間即實相　法性常住金剛定
18.無緣現成捨一切　寂滅安心金剛定
自在無住大涅槃　現前平等如如佛
19.無相現成金剛定　寂靜涅槃常寂光
性相一如平等捨　究竟圓滿盡全佛
20.現前金剛無間道　現證金剛三昧定
現成究竟金剛心　最後念斷金剛智
21.念初為初無上定　金剛為終三昧全
金剛三摩地無間　一味遍滿金剛喻

22. 金剛喻定無間道　法性相續最盡智
堅固能壞一切障　極堅猛故一切純
23. 一切諸法共相圓　真如體境自成就
無有煩惱不破穿　無上究竟無可得
24. 法界如實慧體性　現具法界一切德
主伴圓成金剛喻　佛性智印首楞嚴
25. 法界無性無可得　如來大覺無可斷
現斷一切名金剛　無少法得成正覺
26. 金剛喻定最第一　最後邊學三摩地
堅牢摧伏一切惱　本無惑惱無能破
27. 菩提平等有情等　有情平等諸法等
諸法平等平等性　平等入心金剛定
28. 無高無下平等心　無緣無照無觀見
金剛喻定現在前　一剎那中眾全佛
29. 破滅微細難破障　真如自內證滿心
無間離障得轉智　法身金剛定中圓
30. 一切粗重已永息　一切繫得已永斷
一味遍滿究竟道　最後斷結三摩地
31. 覺心初起無初相　顯示道果自圓滿
平等無相如虛空　心無初念覺金剛

32.智慧通達一切法　不見通達無所得
貫穿諸法亦不見　金剛三昧佛菩提
33.無生無滅法如實　無緣無得無所有
諸佛智慧畢竟空　法性實際寂滅相
34.因緣和合無自性　一切法無所有性
畢竟空集諸福德　一念相應金剛定
35.無間金剛喻定中　一念相應慧現前
現證無上等正覺　遊戲如來金剛心
36.法身真實自性身　無初法爾第一身
一念相應金剛慧　現成如實寂法界
37.心性本淨無功用　自性清淨最寂滅
本然大覺自常住　始覺金剛智自生
38.法身常寂常清淨　體性現空遍法界
心行處滅體皆如　智體無為金剛定
39.一念相應金剛智　初覺遍覺別覺具
自性常寂佛聖道　具如如智現成佛
40.諸德同體圓一切　一相菩提大涅槃
自體清淨無染汙　先後有無一切寂
41.常身法身金剛身　金剛定中證圓滿
最後受食入三昧　現前成就無上覺

42. 本無可證菩提中　現入金剛三昧海
諸佛一切不共德　金剛喻定圓滿證
43. 金剛三昧破末念　無礙解脫佛眼生
五眼自在佛妙德　平等無緣大慈悲
44. 隨緣圓滿金剛定　受佛清淨坐道場
普攝一切眾生故　一切有情咸成佛
45. 無我最寂勝法生　無二真實最上智
法界自性金剛智　金剛定生金剛界
46. 如來金剛三昧智　出生佛德自性身
法界自佛自加持　於一切遍照滿心
47. 具足金剛三昧王　現證無上等正覺
一切種智金剛智　得佛十號世普聞
48. 圓具金剛三昧智　成就無上大菩提
如來不共十力足　稽首三昧王至尊
49. 一念金剛喻定全　絕無所得證圓滿
金剛智顯四無畏　無相寂滅法界身
50. 金剛三昧無間道　正知正念自心寂
如是滅度無量眾　實無眾生得滅度
51. 金剛三昧金剛智　大悲大智大三昧
十八不共如來法　無相現成具圓滿

52.一切性相不可得　現具三十二相滿
八十種好常寂中　金剛三昧體中圓
53.身淨心淨境界淨　智慧清淨一切淨
金剛三昧體性淨　無上菩提自清淨
54.真實大悲金剛定　無緣大悲寂滅性
無性最寂法界性　眾生全佛大悲心
55.一切諸法無忘失　究竟法界最寂滅
身口意淨自常住　金剛三昧勝總持
56.金剛三昧最堅利　永斷習氣盡無餘
一念成佛永寂滅　眾生成佛極平等
57.無上菩提現圓滿　圓具如來不共智
一切善法不善法　眾生智慧全了知
58.金剛三昧無可得　金剛三昧無能取
金剛三昧無可離　眾生同住金剛喻
59.全佛法界金剛定　法界全佛金剛智
常寂光中常圓滿　最勝金剛三昧王
60.無緣大悲金剛定　同體大慈金剛智
眾生全佛金剛喻　金剛喻定同圓滿

六、迴向

1. 一切最勝三摩地　無上金剛三昧王
能聞所聞咸成佛　智悲福德具圓滿
2. 以此最勝金剛喻　迴向法界同金剛
能迴向與所迴向　同證金剛三昧王
3. 依此金剛三昧力　同證菩提眾成佛
法界全佛金剛喻　無上菩提大涅槃
4. 斷盡一切諸煩惱　現除一切眾障難
福智圓滿同成佛　金剛三昧王迴向
5. 金剛三昧三寶前　一心頂禮最寂滅
金剛喻定勝功德　一切眾生同金剛
6. 實相法界金剛界　金剛喻定金剛智
自性成就法爾圓　因果一如佛平等
7. 金剛性海一念應　現前無比最勝尊
以最寂滅無可得　現成無上大菩提
8. 實相現前眾成佛　全佛現前金剛智
無初法界勝傳燈　金剛三昧無間道

參考資料

1. 失譯經人名《佛說金剛三昧本性清淨不壞不滅經》

2. 失譯經人名《金剛三昧經》

3. 龍樹菩薩造、姚秦・鳩摩羅什譯《大智度論》卷二十六、三十一、四十七

4. 唐・法藏著《華嚴經探玄記》卷十八

5. 世親菩薩造、唐・玄奘譯《俱舍論》卷十三、二十六

6. 安慧菩薩雜糅・唐玄奘譯《雜集論》卷十

7. 隋・菩提燈譯《占察善惡業報經》卷下

8. 彌勒菩薩講、無著菩薩記、唐・玄奘譯《瑜伽師地論》卷三十八

9. 五百大阿羅漢等造、唐・玄奘譯《大毘婆沙論》卷十七

附　錄

禪宗法門參考資料

1 略辨大乘入道四行

菩提達摩

夫入道多途，要而言之，不出二種，一是理入，二是行入。

理入者，謂藉教悟宗。深信含生，同一眞性，但爲客塵妄想所覆，不能顯了。若也，捨妄歸眞，凝住壁觀，無自無他，凡聖等一，堅住不移，更不隨於文教，此即與理冥符，無有分別，寂然無爲，名爲理入。

行入者，謂四行，其餘諸行，悉入此中。何等四耶？一報冤行，二隨緣行，三無所求行，四稱法之行。

一、**報冤行者：**謂修道行人，若受苦時，當自念言：我從往昔，無數劫中，棄本從末，流浪諸有，多起冤憎，違害無限。今雖無犯，是我宿殃，惡業果熟，非天非人，所能見與，甘心忍受，都無冤訴。經云：「逢苦不憂。」何以故？識達故，此心生時，與理相應，體冤進道，故說言報冤行。

二、**隨緣行者：**眾生無我，並緣業所轉，苦樂齊受，皆從緣生，若得勝報榮譽等事，是我過去宿因所感，今方得之，緣盡還無，何喜之有？得失從緣，心無增減，喜風不動，冥順於道。是故說言，隨緣行也。

三、**無所求行者：**世人長迷，處處貪著，名之爲求。智者悟眞，理將俗反，安心無爲，形隨運轉。萬有斯空，無所願樂，功德黑暗，常相隨逐，三界久居，猶如火宅，有身皆苦，誰得而安。了達此處，故捨諸有，息想無求。經云：「有求皆苦，無求乃樂」，判知無求，眞爲道行，故言無所求行也。

四、稱法行：性淨之理，目之爲法。此理，眾相斯空，無染、無著、無此、無彼。經云：「法無眾生，離眾生垢故；法無有我，離我垢故。」智者若能信解此理，應當稱法而行。法體無慳，於身命財，行檀捨施，心無悋惜。達解三空，不倚不著，但爲去垢。稱化眾生，而不取相。此爲自行，復能利他，亦能莊嚴菩提之道。檀施既爾，餘五亦然，爲除妄想，修行六度，而無所行，是爲稱法行。

（錄自《楞伽師資記》，《大正藏》八五冊．1285 頁上）

2 信心銘

三祖僧璨

至道無難，唯嫌揀擇，但莫憎愛，洞然明白。

毫釐有差，天地懸隔，欲得現前，莫存順逆。

違順相爭，是爲心病，不識玄旨，徒勞念靜。

圓同太虛，無欠無餘，良由取捨，所以不如。

莫逐有緣，勿住空忍，一種平懷，泯然自盡。

止動歸止，止更彌動，唯滯兩邊，寧知一種。

一種不通，兩處失功，遣有沒有，從空背空。

多言多慮，轉不相應，絕言絕慮，無處不通。

歸根得旨，隨照失宗，須臾返照，勝卻前空。

前空轉變，皆由妄見，不用求眞，唯須息見。

二見不住，愼勿追尋，纔有是非，紛然失心。

二由一有，一亦莫守，一心不生，萬法無咎。

無咎無法，不生不心，能隨境滅，境逐能沈。

境由能境，能由境能。

（錄自《景德傳燈錄》，《大正藏》卷五一冊・457 頁上）

3 入道安心要方便法門

四祖道信

1.

爲有緣根熟者，說我此法，要依《楞伽經》，諸佛心第一。又依《文殊說般若經》，一行三昧，即念佛心是佛，妄念是凡夫。

《文殊說般若經》云：「文殊師利言：『世尊！云何名一行三昧？』佛言：『法界一相，繫緣法界，是名一行三昧。如法界緣不退、不壞、不思議、無礙、無相，善男子、善女子欲入一行三昧，應處空閑，捨諸亂意，不取相貌，繫心一佛，專稱名字，隨佛方所，端身正向，能於一佛念念相續，即是念中能見過去、未來、現在諸佛。何以故？念一佛功德無量無邊，亦與無量諸佛功德無二，不思議佛法等分別，皆乘一如，成最正覺，悉具無量功德，無量辨才。如是入一行三昧者，盡知恆沙諸佛法界無差別相。夫身心方寸，舉足下足，常在道場，施爲舉動，皆是菩提。』」

《普賢觀經》云：「一切業障海，皆從妄想生。若欲懺悔者，端坐念實相，是名第一懺。併除三毒心、攀緣心、覺觀心念佛，心心相續，忽然澄寂，更無所緣念。」

《大品經》云：「無所念者，是名念佛。何等名無所念？即念佛心名無所念，離心無別有佛，離佛無別有心，念佛即是念心，求心即是求佛。

所以者何？識無形，佛無形，佛無相貌，若也知此道理，即是安心。常憶念佛，攀緣不起，則泯然無相，平等不二，不入此位中，憶佛心謝，更不須徵，即看此等心，即是如來眞實法性之身，亦名正法，亦名佛性，亦名諸法實性實際，亦名淨土，亦名菩提金剛三昧本覺等，亦名涅槃界般若等。名雖無量，皆同一體。亦無能觀所觀之意，如是等心，要令清淨，常現在前，一切諸緣，不能干亂。何以故？一切諸事皆是如來一法身故。經是一心中，諸結煩惱自然除滅。於一塵中具無量世界，無量世界集一毛端，於其本事如故，不相妨礙。」

《華嚴經》云：「有一經卷，在微塵中，見三千大千世界事。略舉安心，不可具盡，其中善巧，出自方寸。」略爲後生疑者，假爲一問：「如來法身若此者，何故復有相好之身，現世說法？」

信曰：「正以如來法性之身，清淨圓滿，一切類悉於中現，而法性身，無心起作。如頗梨鏡懸在高堂，一切像悉於中現，鏡亦無心，能現種種。經云：如來現世說法者，眾生妄想故。令行者若修心盡淨，則知如來常不說法，是乃爲具足多聞，聞者一無相也。是以經云眾生根有無量故，所以說法無量，說法無量；說法無量故，義亦名無量義。無量義者，從一法生；其一法者，則無相也。無相不相，名爲實相，則泯然清淨是也。斯之誠言，則爲證也。坐時當覺，識心初動，運運流注，隨其來去，皆令知之，以金剛惠微責，猶如草木無所別知之無知，乃名一切智，此是菩薩一相法門。」

2.

問：「何者是禪師？」

信曰：「不爲靜亂所惱者，即是好禪用心人。常住於止，心則沈沒；久住於觀，心則散亂。《法華經》云：佛自住大乘，如其所得法，定慧力莊嚴，以此度眾生。」

「云何能得悟解法相，心得明淨？」

信曰：「亦不念佛，亦不捉心，亦不看心，亦不計心，亦不思惟，亦不觀行，亦不散亂，直任運，亦不令去，亦不令住，獨一清淨，究竟處，心自明淨，或可諦看，心即得明淨。心如明鏡，或可一年心更明淨，或可三五年心更明淨，或可因人為說即悟解，或可永不須說得解。經道：眾生心性，譬如寶珠沒水，水濁珠隱，水清珠顯。為謗三寶、破和合僧諸見煩惱所污，貪、嗔、顛倒所染，眾生不悟心性本來常清淨，故為學者取悟不同，有如此差別。今略出根緣不同，為人師者，善須識別。

「《華嚴經》云：普賢身相，猶如虛空，依如如，不於佛國，解時佛國皆亦即如國皆不依。《涅槃經》云：有無邊身菩薩，身量如虛空。人之有善光故，猶如夏日。又云：身無邊故，名大涅槃。又云：大般涅槃，其性廣博故，知學者有四種人：有行、有解、有證，上上人；無行、有解、有證，中上人；有行、有解、無證，中下人；有行、無解、無證，下下人也。」

3.

又古時智敏禪師訓曰：「學道之法，必須解行相扶，先知心之根原，及諸體用，見現分明無惑，然後功業可成。一解千從，一迷萬惑，失之毫釐，差之千里，此非虛言。《無量壽經》云：諸佛法身，入一切眾生心想，是心作佛。當知佛即是心，心外更無別佛也。略而言之，凡有五種：一者，知心體，體性清淨，體與佛同；二者，知心用，用生法寶，起作恆寂，萬惑皆如；三者，常覺不停，覺心在前，覺法無相；四者，常觀身空寂，內外通同，入身於法界之中，未曾有礙；五者，守一不移，動靜常住，能令學者明見佛性，早入定門。諸經觀法，備有多種，傅大師所說，獨舉守一不移，先修身審觀，以身爲本，又此身是四大五蔭之所合，終歸無常，不得自在，雖未壞滅，畢竟是空。

「《維摩經》云：是身如浮雲，須臾變滅。又常觀自身，空淨如影，可見不得。智從影中生，畢竟無處所，不動而應物，變化無窮，空中生六根，六根亦空寂，所對六塵境，了知是夢幻。如眼見物時，眼中無有物；如鏡照面像，了極分明，空中現形影，鏡中無一物。當知人面不來入鏡中，鏡亦不往入人面，如此委曲，知鏡之與面，從本已來不出不入，不來不去，即是如來之義。如此細分判，眼中與鏡中，本本常空寂，鏡照眼照同，是故將爲比。鼻舌諸根等，其義亦復然。知眼本來空，凡所見色者，須知是他色；耳聞聲時，知是他聲；鼻聞香時，知是他香；舌別味時，知是他味；意對法時，知是他法；身受觸時，知是他觸。如此觀察知，是爲觀空寂；見色知是不受色，不受色即是空；空即無相，無相即無作。此見解脫門，學者得解脫，諸根例如此。

「復重言說：常念六根空寂，爾無聞見。《遺教經》云：是時中夜，寂然無聲，當知如來說法以空寂爲本，常念六根空寂，恆如中夜時，晝日所見聞，皆是身外事。身中常空淨，守一不移者，以此淨眼，眼住意看一物，無問晝夜時，專精常不動，其心欲馳散，急手還攝來。以繩繫鳥足，欲飛還掣取，終日看不已，泯然心自定。「《維摩經》云：攝心是道場，此是攝心法。《法華經》云：從無數劫來，除睡常攝心，以此諸功德，能生諸禪定。《遺教經》云：五根者，心爲其主，制立處，無事不辨。此是也。

前所說五事，並是大乘正理，皆依經文所陳，非是理外妄說。此是無漏業，亦是究竟義，超過聲聞地，眞趣菩薩道，聞者宜修行，不須致疑惑。如人學射，初大准，次中小准，次中大約，次中小的，次中一毛，次破一毛作百分，次中百毛之一分，次後前射前，筈筈相柱，不令箭落。喻人習道，念念注心，心心相續，無暫間念，正念不斷，正念現前。

又經云：以知惠箭，射三解脫門，筈筈筈於柱，勿令落地。又如鑽火，未熱而息，雖欲得火，火難可得。又如家有如意珠，所求無不得，忽然而遺失，憶念無忘時。又如毒箭入肉，笴出鏃猶在，如此受苦痛，亦無暫忘時。念念在心，其狀當如是。此法祕要，不得傳非其人，非是惜法不傳，但恐前人不信，陷其謗法之罪，必須擇人，不得操次輒說，愼之！愼之！法海雖無量，行之在一言，得意即亡言，一言亦不用，如此了了知，是爲得佛意。」

4.

若初學坐禪時，於一靜處，眞觀身心，四大、五蔭、眼、耳、鼻、舌、身、意，及貪、嗔、癡，若善若惡，若怨若親，若凡若聖，及至一切諸狀，應當觀察，從本以來空寂，不生不滅，平等無二；從本以來無所有，究竟寂滅；從本以來，清淨解脫。不問晝夜，行住坐臥，當作此觀，即知自身猶如水中月，如鏡中像，如熱時炎，如空谷響。

若言是有，處處求之不可見；若言是無，了了恆在眼前。諸佛法身，皆亦如是。即知自身從無量劫來，畢竟未曾生，從今已去，亦畢竟無人死。若能常作如此觀者，即是眞實懺悔，千劫萬劫極重業，即自消滅。唯除疑惑，不能生信，此人不能悟入。若生信」依此行者，無不得入無生正理。

「復次，若心緣異境，覺起時，即觀起處畢竟不起。此心緣生時，不從十方來，去亦無所至，常觀攀緣，覺觀、妄識，思想雜念，亂心不起，即得麤住。若得住心，更無緣慮，即隨分寂定，亦得隨分息諸煩惱畢，故不造新，名爲解脫。若心結煩熱，悶亂昏沈，亦即且自散適，徐徐安置，令其得便，心自安淨。唯須猛利，如救頭然，不得懈怠，努力！努力！

5.

「初學坐禪看心，獨坐一處，先端身正坐，寬衣解帶，放身縱體，自按摩七八翻，令心腹中嗌氣出盡，即滔然得性清虛恬淨，身心調適然。安心神則窈窈冥冥。氣息清冷，徐徐斂心，神道清利，心地明淨，觀察不明，內外空淨，即心性寂滅，如其寂滅，則聖心顯矣。性雖無刑，志節恆在，然幽靈不竭，常存朗然，是名佛性。見佛性者，永離生死，名出世人。是故《維摩經》云：豁然還得本心。信其言也，悟佛性者，名菩薩人，亦名悟道人，亦名識理人，亦名得性人。是故經云：一句深神，歷劫不朽。初學者前方便也。

6.

故知彼道有方便，此聖心之所會，凡捨身之法，先定空空心，使心境寂淨，鑄想玄寂，令心不移。心性寂定，即斷攀緣，窈窈冥冥，凝淨心虛，則幾泊恬乎？泯然氣盡，住清淨法身，不受後有。若起心失念，不免受生也。此是前定心境，法應如是。此是作法，法本無法，無法之法，始名為法，法則無作。夫無作之法，眞實法也。是以經云：空、無作、無願、無相，則眞解脫。以是義故，實法無作，捨身法者，即假想身橫看，心境明地，即用神明推策。

大師云：「《莊子》說：天地一指，萬物一焉。《法句經》云：一亦不為一。為欲破諸數，淺智之所聞，謂一以為一，故莊子猶滯一也。《老子》云：窈兮冥兮，其中有精，外雖亡相，內尚存心。《華嚴經》云：不著二法，以無一二故。《維摩經》云：心不在內，不在外，不在中間，即是證。故知老子滯於精識也。《涅槃經》云：一切眾生有佛性，容可說，牆壁凡石而非佛性，云何能說法？又天親論云：應化非眞佛，亦非說法者。

4 最上乘論

五祖弘忍

1.

夫修道之本體須識：當身心本來清淨，不生不滅，無有分別。自性圓滿清淨之心，此是本師，乃勝念十方諸佛。

問曰：「何知自心本來清淨？」

答曰：「《十地經》云：『眾生身中有金剛佛性，猶如日輪，體明圓滿，廣大無邊，只爲五陰黑雲之所覆，如瓶內燈光不能照輝，譬如世間雲霧，八方俱起，天下陰闇。』日豈爛也？何故無光？光元不壞，只爲雲霧所覆。一切眾生清淨之心亦復如是，只爲攀緣、妄念、煩惱、諸見黑雲所覆，但能凝然守心，妄念不生，涅槃法自然顯現，故知自心本來清淨。」

問曰：「何知自心本來不生不滅？」

答曰：「維摩經云：如、無有生如、無有滅。如者、眞如佛性，自性清淨。清淨者，心之原也。眞如本有，不從緣生。又云：一切眾生，皆如也，眾賢聖亦如也。一切眾生者，即我等是也。眾賢聖者，即諸佛是也。名相雖別，身中眞如法性，並同不生不滅。故言皆如也。故知自心本來不生不滅。」

問曰：「何名自心為本師？」

答曰：「此眞心者，自然而有，不從外來不屬於修。於三世中，所有至親莫過自守於心。若識心者，守之則到彼岸。迷心者，棄之則墮三塗。故知三世諸佛以自心為本師。故論云：了然守心，則妄念不起則是無生，故知心是本師。」

問曰：「何名自心勝念彼佛？」

答曰：「常念彼佛，不免生死；守我本心，則到彼岸。金剛經云：若以色見我，以音聲求我，是人行邪道，不能見如來。故云：守本眞心勝念他佛。又云：勝者只是約行勸人之語，其實究竟果體平等無二。」

問曰：「眾生與佛眞體既同，何故謂諸佛不生不滅，受無量快樂，自在無礙。我等眾生，墮生死中，受種種苦耶？」

答曰：「十方諸佛，悟達法性，皆自然照燎於心源；妄想不生，正念不失，我所心滅，故不得受生死。不生死故，即畢竟寂滅。故知萬樂自歸。一切眾生迷於眞性，不識心本，種種妄緣，不修正念，故即憎愛心起。以憎愛故，則心器破漏；心器破漏故，即有生死；有生死故，則諸苦自現。心王經云：眞如佛性，沒在知見；六識海中，沉淪生死，不得解脫。努力會是守本眞心，妄念不生，我所心滅，自然與佛平等無二。」

2.

問曰：「眞如法性，同一無二，迷應俱迷，悟應俱悟，何故佛覺性，眾生昏迷？因何故然？」

答曰：「自此已上入不思識分，非凡所及。識心故悟，失性故迷。緣合即合，說不可定，但信眞諦，守自本心。故《維摩經》云：『無自性，無他性，法本無生，今即無滅。』此悟即離二邊，入無分別智。若解此義，但於行知法要，守心第一。此守心者，乃是涅槃之根本，入道之要門，十二部經之宗，三世諸佛之祖。」

問曰：「何知守本眞心是涅槃之根本？」

答曰：「涅槃者，體是寂滅，無爲安樂。我心既是眞心，妄想則斷；妄想斷故，則具正念；正念具故，寂照智生；寂照智生故，窮達法性；窮達法性故，則得涅槃；故知守本眞心是涅槃之根本。」

問曰：「何知守本眞心是入道之要門？」

答曰：「乃至舉一手爪，畫佛形像，或造恆沙功德者，只是佛為教導無智慧眾生，作當來勝報之業，及見佛之因。若願自早成佛者，會是守本眞心，三世諸佛無量無邊。若有一人不守眞心得成佛者，無有是處。故經云：『制心一處，無事不辦。』故知守本眞心是入道之要門也。」

問曰：「何知守本眞心是十二部經之宗？」

答曰：「如來於一切經中，說一切罪福，一切因緣果報，或引一切山河大地草木等種種雜物，起無量無邊譬喻，或現無量神通種種變化者，只是佛為教導無智慧眾生有種種欲心，心行萬差，是故如來隨其心門引入一乘。我既體知眾生佛性本來清淨，如雲底日，但了然守本眞心，妄念雲盡，慧日即現，何須更多學知見，所生死苦一切義理，及三世之事。譬如磨鏡，塵盡明自然現。則今於無明心中學得者，終是不堪。若能了然不失正念，無為心中學得者，此是眞學。雖言眞學，竟無所學。何以故？我及涅槃，二皆空故，更無二無一，故無所學。法性雖空，要須了然守本眞心，妄念不生，我所心滅。故《涅槃經》云：

『知佛不說法者，是名具足多聞。』故知守本眞心是十二部經之宗也。」

問曰：「何知守本眞心是三世諸佛之祖？」

答曰：「三世諸佛皆從心性中生，先守眞心，妄念不生，我所心滅，後得成佛，故知守本眞心是三世諸佛之祖也。」

上來四種問答，若欲廣說何窮！吾今望得汝自識本心是佛，是故慇勤勸汝，千經萬論莫過守本眞心是要也。吾今努力按《法華經》示汝大車、寶藏、明珠、妙藥等物，汝自不取不服，窮苦奈何！會是妄念不生，我所心滅，一切功德自然圓滿，不假外求。歸生死苦，於一切處，正念察心，莫愛現在樂，種未來苦，自誑誑他，不脫生死。努力！努力！今雖無常，共作當來成佛之因，莫使三世虛度，狂喪功夫。經云：『常處地獄，如遊園觀；在餘惡道，如己舍宅。』我等眾生，今現如此，不覺不知，驚怖煞人，了無出心。奇哉！苦哉！

3.

若有初心學坐禪者，依《觀無量壽經》，端坐正念，閉目合口，心前平視，隨意近遠，作一日想，守眞心，念念莫住，即善調氣息，莫使乍麤乍細，則令人成病苦。夜坐禪時，或見一切善惡境界，或入青黃赤白等諸三昧，或見身出大光明，或見如來身相，或見種種變化，但知攝心莫著，並皆是空，妄想而見也。經云：『十方國土，皆如虛空，三界虛幻，唯是一心作。』若不得定，不見一切境界者，亦不須怪，但於行住坐臥中常了然守本眞心，會是妄念不生，我所心滅，一切萬法不出自心。所以諸佛廣說，如許多言教譬喻者，只爲衆生行行不同，遂使教門差別。其實八萬四千法門、三乘八道位體、七十二賢行宗，莫過自心是本也。」

「若能自識本心，念念磨鍊莫住者，即自見佛性也。於念念中常供養十方恆沙諸佛，十二部經念念常轉。」若了此心源者，一切心義自現，一切願具足，一切行滿，一切皆辦，不受後有。會是妄念不生，我所心滅，捨此身已，定得無生，不可思議，努力莫造大。如此眞實不妄語，難可得聞；聞而能行者，恆沙衆中，莫過有一；行而能到者，億萬劫中希有一人。」好好自安自靜，善調諸根，就視心源，恆令照燎清淨，勿令無記心生。」

問曰：「何名無記心？」

答曰：「諸攝心人爲緣外境，麤心小息，內鍊眞心，心未清淨，時於行住坐臥中恆懲意看心，猶未能了了清淨，獨照心源，是名無記心也，亦是漏心，猶不免生死大病，況復總不守眞心者？是人沈沒生死苦海，何日得出？可憐！努力！努力！

「經云：『眾生若情誠不內發者，於三世縱值恆沙諸佛，無所能爲。』經云：『眾生識心自度，佛不能度眾生。』若佛能度眾生者，過去諸佛恆沙無量，何故我等不成佛也？只是情誠不自內發，是故沈沒苦海。努力！努力！勤求本心，勿令妄漏。

「過去不知，已過亦不及，今身現在有遇，得聞妙法，分明相勸，決解此語，了知守心是第一道。不肯發至誠心求願成佛，受無量自在快樂，乃始轟轟隨俗，貪求名利，當來墮大地獄中，受種種苦惱，將何所及？奈何！奈何！努力！努力！

「但能著破衣，飡麤食，了然守本眞心，佯癡不解語，最省氣力，而能有功，是大精進人也。世間迷人不解此理，於無明心中多涉艱辛，廣修相善，望得解脫，乃歸生死。若了然不失正念而度眾生者，是有力菩薩。分明語汝等，守心第一，若不勤守者，甚癡人也。不肯現在一生忍苦，欲得當來萬劫受殃，聽汝更不知何囑。八風吹不動者，眞是珍寶山也。若知果體者，但對於萬境起恆沙作用，巧辯若流，應病與藥，而能妄念不生，我所心滅者，眞是出世丈夫。如來在日，歎何可盡，吾說此言者，至心勸汝，不生妄念，我所心滅，則是出世之士。」

問曰：「云何是我所心滅？」

答曰：「爲有小許勝他之心，自念我能如此者，是我所心，涅槃中病故。《涅槃經》曰：『譬如虛空能容萬物，而此虛空不自念言，我能含容如是。』此喻我所心滅，趣金剛三昧。」

4.

問曰：「諸行人求眞常寂者，只樂世間無常麤善，不樂第一義諦眞常妙善；其理未見，只欲發心緣義，遂思覺心起，則是漏心；只欲亡心，則是無明昏住。又不當理，只欲不止，心不緣義，即惡取空，雖受人身，行畜生行，爾時無有定慧方便，而不能解了明見佛性，只是行人沈沒之處，若爲超得到無餘涅槃，願示眞心？」

答曰：「會是信心具足，志願成就，緩緩靜心，更重教汝好自閑靜身心，一切無所攀緣，端坐正念，善調氣息，懲其心不在內，不在外，不在中間，好好如如，穩看看熟，則了見此心識流動，猶如水流陽焰，曄曄不住。既見此識時，唯是不內不外，緩緩如如，穩看看熟，則返覆銷融，虛凝湛住，其此流動之識，颯然自滅。滅此識者，乃是滅十地菩薩眾中障惑。此識滅已，其心即虛，凝寂淡泊，皎潔泰然，吾更不能說其形狀。汝若欲得者，取《涅槃經》第三卷中〈金剛身品〉，及《維摩經》第三卷〈見阿閦佛品〉，緩緩尋思，細心搜撿熟看。若此經熟，實得能於行住坐臥，及對五欲、八風不失此心者，是人梵行已立，所作已辦，究竟不受生死之身。

「五欲者：色、聲、香、味、觸。八風者：利、衰、毀、譽、稱、譏、苦、樂。此是行人磨鍊佛性處，甚莫怪今身不得自在。經曰：『世間無佛住處，菩薩不得現用。』要脫此報身，眾生過去根有利鈍，不可判，上者一念間，下者無量劫。若有力時，隨眾生性，起菩薩善根，自利利他，莊嚴佛土。要須了四依，乃窮實相，若依文執，則失眞宗。

「諸比丘等，汝學他出家修道，此是出家，出生死枷，是名出家。正念具足，修道得成，乃至解身支節，臨命終時，不失正念，即得成佛。弟子上來集此論者，直以信心，依文取義，作如是說，實非了了證知。若乖聖理者，願懺悔除滅；若當聖道者，迴施眾生，願皆識本心，一時成佛。聞者努力，當來成佛，願在前度我門徒。」

問曰：「此論從首至末，皆顯自心是，未知果行二門是何門攝？」

答曰：「此論顯一乘為宗，然其至意，道迷趣解，自免生死，乃能度人，直言自利，不說利他，約行門攝。若有人依文者，即在前成佛。若我誑汝，當來墮十八地獄。指天地為誓，若不信我，世世被虎狼所食。」

5《六祖法寶壇經》選輯

六祖惠能

般若第二

次日，韋使君請益，師陞座，告大眾曰：「總淨心念摩訶般若波羅蜜多。」復云：「善知識！菩提般若之智，世人本自有之，只緣心迷，不能自悟，須假大善知識示導見性。當知愚人、智人，佛性本無差別，只緣迷悟不同，所以有愚有智。吾今為說摩訶般若波羅蜜法，使汝等各得智慧，志心諦聽，吾為汝說。善知識！世人終日口念般若，不識自性般若，猶如說食不飽。口但說空，萬劫不得見性，終無有益。善知識！摩訶般若波羅蜜是梵語，此言大智慧到彼岸。此須心行，不在口念。口念心不行，如幻如化，如露如電；口念心行，則心口相應。本性是佛，離性無別佛。

「何名摩訶？摩訶是大，心量廣大，猶如虛空，無有邊畔，亦無方圓大小，亦非青黃赤白，亦無上下長短，亦無瞋無喜，無是無非，無善無惡，無有頭尾，諸佛刹土，盡同虛空。世人妙性本空，無有一法可得。自性眞空，亦復如是。善知識！莫聞吾說空，便即著空。第一莫著空，若空心靜坐，即著無記空。善知識！世界虛空，能含萬物色像，日月星宿，山河大地，泉源谿澗，草木叢林，惡人善人，惡法善法，天堂地獄，一切大海，須彌諸山，總在空中。世人性空，亦復如是。善知識！自性能含萬法是大，萬法在諸人性中。若見一切人，惡之與善，盡皆不取不捨，亦不染著，心如虛空，名之爲大，故曰摩訶。善知識！迷人口說，智者心行。又有迷人，空心靜坐，百無所思，自稱爲大，此一輩人，不可與語，爲邪見故。

「善知識！心量廣大，遍周法界，用即了了分明，應用便知一切。一切即一，一即一切，去來自由，心體無滯，即是般若。善知識！一切般若智，皆從自性而生，不從外入，莫錯用意，名爲眞性自用。一眞一切眞，心量大事，不行小道。口莫終日說空，心中不修此行，恰似凡人自稱國王，終不可得，非吾弟子。善知識！何名般若？般若者，唐言智慧也。一切處所，一切時中，念念不愚，常行智慧，即是般若行。一念愚即般若絕，一念智即般若生。世人愚迷，不見般若；口說般若，心中常愚。常自言我修般若，念念說空，不識眞空。般若無形相，智慧心即是，若作如是解，即名般若智。

「何名波羅蜜？此是西國語，唐言到彼岸。解義離生滅，著境生滅起。如水有波浪，即名爲此岸；離境無生滅，如水常通流，即名爲彼岸，故號波羅蜜。善知識！迷人口念，當念之時有妄有非。念念若行，是名眞性。悟此法者，是般若法；修此行者，是般若行。不修即凡，一念修行，自身等佛。善知識！凡夫即佛，煩惱即菩提。前念迷即凡夫，後念悟即佛；前念著境即煩惱，後念離境即菩提。善知識！摩訶般若波羅蜜，最尊最上最第一，無住無往亦無來，三世諸佛從中出。當用大智慧打破五蘊煩惱塵勞，如此修行，定成佛道，變三毒爲戒定慧。

「善知識！我此法門，從一般若生八萬四千智慧。何以故？爲世人有八萬四千塵勞。若無塵勞，智慧常現，不離自性。悟此法者，即是無念、無憶、無著，不起誑妄。用自眞如性，以智慧觀照，於一切法不取不捨，即是見性成佛道。善知識！若欲入甚深法界及般若三昧者，須修般若行，持誦《金剛般若經》，即得見性。當知此經功德，無量無邊，經中分明讚歎，莫能具說。此法門是最上乘，爲大智人說，爲上根人說，小根小智人聞，心生不信。何以故？譬如大龍下雨於閻浮提，城邑聚落悉皆漂流，如漂棗葉，若雨大海，不增不減。若大乘人，若最上乘人，聞說《金剛經》，心開悟解，故知本性自有般若之智，自用智慧常觀照故，不假文字。譬如雨水不從天有，元是龍能興致，令一切眾生、一切草木、有情無情，悉皆蒙潤，百川眾流，卻入大海，合爲一體。眾生本性般若之智，亦復如是。

「善知識！小根之人聞此頓教，猶如草木，根性小者，若被大雨，悉皆自倒，不能增長。小根之人，亦復如是。元有般若之智，與大智人更無差別，因何聞法不自開悟？緣邪見障重，煩惱根深，猶如大雲覆蓋於日，不得風吹，日光不現。般若之智亦無大小，爲一切眾生自心迷悟不同。迷心外見，修行覓佛，未悟自性，即是小根。若開悟頓教，不執外修，但於自心常起正見，煩惱塵勞常不能染，即是見性。

「善知識！內外不住，去來自由，能除執心，通達無礙，能修此行，與《般若經》本無差別。善知識！一切修多羅及諸文字，大小二乘，十二部經，皆因人置，因智慧性，方能建立。若無世人，一切萬法本自不有。故知萬法本自人興，一切經書因人說有。緣其人中，有愚有智，愚爲小人，智爲大人。愚者問於智人，智者與愚人說法。愚人忽然悟解心開，即與智人無別。

「善知識！不悟，即佛是眾生；一念悟時，眾生是佛。故知萬法盡在自心，何不從自心中頓見眞如本性？《菩薩戒經》云：『我本元自性清淨，若識自心見性，皆成佛道。』《淨名經》云：『即時豁然，還得本心。』善知識！我於忍和尚處一聞，言下便悟，頓見眞如本性。是以將此教法流行，令學道者頓悟菩提，各自觀心，自見本性。

「若自不悟，須覓大善知識，解最上乘法者，直示正路。是善知識有大因緣，所謂化導令得見性，一切善法因善知識能發起故。三世諸佛，十二部經，在人性中本自具有，不能自悟，須求善知識指示方見。若自悟者，不假外求；若一向執，謂須他善知識方得解脫者，無有是處。何以故？自心內有知識自悟。若起邪迷妄念顚倒，外善知識雖有教授，救不可得；若起正眞般若觀照，一剎那間，妄念俱滅；若識自性，一悟即至佛地。

「善知識！智慧觀照，內外明徹，識自本心。若識本心，即本解脫。若得解脫，即是般若三昧，即是無念。何名無念？若見一切法，心不染著，是爲無念。用即遍一切處，亦不著一切處。但淨本心，使六識出六門，於六塵中無染無雜，來去自由，通用無滯，即是般若三昧，自在解脫，名無念行。若百物不思，當令念絕，即是法縛，即名邊見。善知識！悟無念法者，萬法盡通；悟無念法者，見諸佛境界；悟無念法者，至佛地位。

「善知識！後代得吾法者，將此頓教法門，於同見同行，發願受持，如事佛故，終身而不退者，定入聖位，然須傳授從上以來默傳分付，不得匿其正法；若不同見同行，在別法中不得傳付，損彼前人，究竟無益。恐愚人不解，謗此法門，百劫千生，斷佛種性。善知識！吾有一無相頌，各須誦取，在家出家，但依此修。若不自修，惟記吾言，亦無有益。聽吾頌曰：『說通及心通，如日處虛空。唯傳見性法，出世破邪宗。法即無頓漸，迷悟有遲疾。只此見性門，愚人不可悉。說即雖萬般，合理還歸一。煩惱闇宅中，常須生慧日。邪來煩惱至，正來煩惱除。邪正俱不用，清淨至無餘。菩提本自性，起心即是妄。淨心在妄中，但正無三障。世人若修道，一切盡不妨，常自見己過，與道即相當。色類自有道，各不相妨惱。離道別覓道，終身不見道，波波度一生，到頭還自懊。欲得見眞道，行正即是道。自若無道心，闇行不見道。若眞修道人，不見世間過，若見他人非，自非即是左。他非我不非，我非自有過。但自卻非心，打除煩惱破。憎愛不關心，長伸兩腳臥。欲擬化他人，自須有方便，勿令彼有疑，即是自性現。佛法在世間，不離世間覺，離世覓菩提，恰如求兔角。正見名出世，邪見是世間，邪正盡打卻，菩提性宛然。此頌是頓教，亦名大法船。迷聞經累劫，悟則剎那間。』」

師復曰：「今於大梵寺說此頓教，普願法界眾生言下見性成佛。」

時韋使君與官僚道俗聞師所說，無不省悟，一時作禮，皆歎：「善哉！何期嶺南有佛出世！」

定慧第四

師示眾云：「善知識！我此法門，以定慧爲本。大眾勿迷，言定慧別。定慧一體，不是二。定是慧體，慧是定用，即慧之時，定在慧；即定之時，慧在定。若識此義，即是定慧等學。諸學道人，莫言先定發慧，先慧發定各別，作此見者，法有二相。口說善語，心中不善，空有定慧，定慧不等；若心口俱善，內外一如，定慧即等。自悟修行，不在於諍；若諍先後，即同迷人，不斷勝負，卻增我法，不離四相。善知識！定慧猶如何等？猶如燈光，有燈即光，無燈即闇。燈是光之體，光是燈之用，名雖有二，體本同一，此定慧法亦復如是。」

師示眾云：「善知識！一行三昧者，於一切處行住坐臥，常行一直心是也。《淨名》云：直心是道場，直心是淨土。莫心行諂曲，口但說直，口說一行三昧，不行直心。但行直心，於一切法勿有執著。迷人著法相，執一行三昧，直言常坐不動，妄不起心，即是一行三昧。作此解者，即同無情，卻是障道因緣。善知識！道須通流，何以卻滯？心不住法，道即通流；心若住法，名爲自縛。若言常坐不動是，只如舍利弗宴坐林中卻被維摩詰訶。善知識！又有人教坐，看心觀靜，不動不起，從此置功，迷人不會，便執成顛，如此者眾，如是相教，故知大錯。」

師示眾云：「善知識！本來正教無有頓漸，人性自有利鈍。迷人漸修，悟人頓契，自識本心，自見本性，即無差別，所以立頓漸之假名。善知識！我此法門，從上以來，先立無念爲宗，無相爲體，無住爲本。無相者，於相而離相；無念者，於念而無念；無住者，人之本性，於世間善惡好醜，乃至冤之與親，言語觸刺欺爭之時，並將爲空，不思酬害，念念之中，不思前境。若前念、今念、後念，念念相續不斷，名爲繫縛；於諸法上念念不住，即無縛也。此是以無住爲本。善知識！外離一切相，名爲無相。能離於相，即法體清淨，此是以無相爲體。

「善知識！於諸境上心不染，曰無念。於自念上，常離諸境，不於境上生心。若只百物不思，念盡除卻，一念絕即死，別處受生，是爲大錯。學道者思之，若不識法意，自錯猶可，更誤他人，自迷不見，又謗佛經，所以立無念爲宗。善知識！云何立無念爲宗？只緣口說見性，迷人於境上有念，念上便起邪見，一切塵勞妄想從此而生。自性本無一法可得，若有所得，妄說禍福，即是塵勞邪見，故此法門立無念爲宗。

「善知識！無者無何事？念者念何物？無者，無二相，無諸塵勞之心；念者，念眞如本性，眞如即是念之體，念即是眞如之用。眞如自性起念，非眼耳鼻舌能念。眞如有性，所以起念；眞如若無，眼耳色聲當時即壞。善知識！眞如自性起念，六根雖有見聞覺知，不染萬境，而眞性常自在。故經云：『能善分別諸法相，於第一義而不動。』」

坐禪第五

師示眾云：「此門坐禪，元不著心，亦不著淨，亦不是不動。若言著心，心元是妄，知心如幻，故無所著也。若言著淨，人性本淨，由妄念故，蓋覆眞如。但無妄想，性自清淨；起心著淨，卻生淨妄，妄無處所，著者是妄。淨無形相，卻立淨相，言是工夫。作此見者，障自本性，卻被淨縛。善知識！若修不動者，但見一切人時，不見人之是非善惡過患，即是自性不動。善知識！迷人身雖不動，開口便說他人是非長短好惡，與道違背。若著心著淨，即障道也。」

師示眾云：「善知識！何名坐禪？此法門中，無障無礙，外於一切善惡境界心念不起，名爲坐；內見自性不動，名爲禪。善知識！何名禪定？外離相爲禪，內不亂爲定。外若著相，內心即亂；外若離相，心即不亂。本性自淨自定，只爲見境思境即亂；若見諸境，心不亂者，是眞定也。善知識！外離相即禪，內不亂即定，外禪內定，是爲禪定。《菩薩戒經》云：『我本元自性清淨。』善知識！於念念中，自見本性清淨，自修自行，自成佛道。」

付囑第十

師一日喚門人法海、志誠、法達、神會、智常、智通、志徹、志道、法珍、法如等，曰：「汝等不同餘人，吾滅度後，各爲一方師。吾今教汝說法，不失本宗。先須舉三科法門，動用三十六對，出沒即離兩邊，說一切法，莫離自性。忽有人問汝法，出語盡雙，皆取對法，來去相因，究竟二法盡除，更無去處。三科法門者：陰、界、入也。陰是五陰，色受想行識是也；入是十二入，外六塵：色聲香味觸法，內六門：眼耳鼻舌身意是也；界是十八界，六塵、六門、六識是也。自性能含萬法，名含藏識；若起思量，即是轉識。生六識，出六門，見六塵，如是一十八界，皆從自性起用。自性若邪，起十八邪；自性若正，起十八正。若惡用即眾生用，善用即佛用。用由何等？由自性有。對法外境，無情五對：天與地對，日與月對，明與暗對，陰與陽對，水與火對，此是五對也。

「法相語言十二對：語與法對，有與無對，有色與無色對，有相與無相對，有漏與無漏對，色與空對，動與靜對，清與濁對，凡與聖對，僧與俗對，老與少對，大與小對，此是十二對也。自性起用十九對：長與短對，邪與正對，癡與慧對，愚與智對，亂與定對，慈與毒對，戒與非對，直與曲對，實與虛對，險與平等，煩惱與菩提對，常與無常對，悲與害對，喜與瞋對，捨與慳對，進與退對，生與滅對，法身與色身對，化身與報身對，此是十九對也。」

師言：「此三十六對法，若解用，即道貫一切經法，出入即離兩邊。自性動用，共人言語，外於相離相，內於空離空。若全著相，即長邪見；若全執空，即長無明。執空之人，有謗經，直言不用文字。既云不用文字，人亦不合語言，只此語言便是文字之相。又云直道不立文字，即此不立兩字亦是文字。見人所說，便即謗他言著文字。汝等須知，自迷猶可，又謗佛經。不要謗經，罪障無數。

「若著相於外，而作法求眞，或廣立道場，說有無之過患，如是之人，累劫不得見性。但聽依法修行，又莫百物不思，而於道性窒礙；若聽說不修，令人反生邪念。但依法修行，無住相法施。汝等若悟，依此說，依此用，依此行，依此作，即不失本宗。

「若有人問汝義，問有將無對，問無將有對，問凡以聖對，問聖以凡對，二道相因，生中道義。如一問一對，餘問一依此作，即不失理也。設有人問：『何名爲闇？』

答云：『明是因，闇是緣，明沒即闇，以明顯闇，以闇顯明，來去相因，成中道義。』餘問悉皆如此。汝等於後傳法，依此轉相教授，勿失宗旨。」

6 禪宗永嘉集（節錄）

永嘉玄覺

1. 永嘉證道歌

君不見

絕學無為閒道人，不除妄想不求眞。

無明實性即佛性，幻化空身即法身。

法身覺了無一物，本源自性天眞佛。

五陰浮雲空去來，三毒水泡虛出沒。

證實相，無人法，刹那滅卻阿鼻業。

若將妄語誑眾生，自招拔舌塵沙劫。

頓覺了，如來禪，六度萬行體中圓。

夢裡明明有六趣，覺後空空無大千。

無罪福，無損益，寂滅性中莫問覓。

比來塵鏡未曾磨，今日分明須剖析。

誰無念？誰無生？若實無生無不生。

喚取機關木人問，求佛施功早晚成。

放四大，莫把捉，寂滅性中隨飲啄。

諸行無常一切空，即是如來大圓覺。
決定說，表眞乘，有人不肯任情徵。
直截根源佛所印，摘葉尋枝我不能。
摩尼珠，人不識，如來藏裡親收得。
六般神用空不空，一顆圓光色非色。
淨五眼，得五力，唯證乃知難可測。
鏡裡看形見不難，水中捉月爭拈得？
常獨行，常獨步，達者同遊涅槃路。
調古神清風自高，貌顇骨剛人不顧。
窮釋子，口稱貧，實是身貧道不貧。
貧則身常披縷褐，道則心藏無價珍。
無價珍，用無盡，利物應機終不悋。
三身四智體中圓，八解六通心地印。
上士一決一切了，中下多聞多不信。
但自懷中解垢衣，誰能向外誇精進！
從他謗，任他非，把火燒天徒自疲，
我聞恰似飲甘露，銷融頓入不思議。
觀惡言，是功德，此即成吾善知識，
不因訕謗起冤親，何表無生慈忍力。
宗亦通，說亦通，定慧圓明不滯空，

非但我今獨達了，恆沙諸佛體皆同。
師子吼，無畏說，百獸聞之皆腦裂。
香象奔波失卻威，天龍寂聽生欣悅。
遊江海，涉山川，尋師訪道為參禪。
自從認得曹谿路，了知生死不相關。
行亦禪，坐亦禪，語默動靜體安然。
縱遇鋒刀常坦坦，假饒毒藥也閒閒。
我師得見然燈佛，多劫曾為忍辱仙。
幾迴生，幾迴死，生死悠悠無定止。
自從頓悟了無生，於諸榮辱何憂喜！
入深山，住蘭若，岑崟幽邃長松下。
優游靜坐野僧家，闃寂安居實瀟灑。
覺即了，不施功，一切有為法不同，
住相布施生天福，猶如仰箭射虛空。
勢力盡，箭還墜，招得來生不如意，
爭似無為實相門，一超直入如來地。
但得本，莫愁末，如淨瑠璃含寶月。
既能解此如意珠，自利利他終不竭。
江月照，松風吹，永夜清宵何所為？
佛性戒珠心地印，霧露雲霞體上衣。

降龍鉢，解虎錫，兩鈷金環鳴歷歷，
不是標形虛事持，如來寶杖親蹤跡。
不求眞，不斷妄，了知二法空無相，
無相無空無不空，即是如來眞實相。
心鏡明，鑒無礙，廓然瑩徹周沙界，
萬象森羅影現中，一顆圓光非內外。
豁達空，撥因果，莽莽蕩蕩招殃禍，
棄有著空病亦然，還如避溺而投火。
捨妄心，取眞理，取捨之心成巧僞，
學人不了用修行，眞成認賊將爲子。
損法財，滅功德，莫不由斯心意識。
是以禪門了卻心，頓入無生知見力。
大丈夫，秉慧劍，般若鋒兮金剛焰。
非但空摧外道心，早曾落卻天魔膽。
震法雷，擊法鼓，布慈雲兮灑甘露。
龍象蹴踏潤無邊，三乘五性皆醒悟。
雪山肥膩更無雜，純出醍醐我常納。
一性圓通一切性，一法遍含一切法，
一月普現一切水，一切水月一月攝。
諸佛法身入我性，我性同共如來合，

一地具足一切地，非色非心非行業。
彈指圓成八萬門，剎那滅卻三祇劫，
一切數句非數句，與吾靈覺何交涉？
不可毀，不可讚，體若虛空勿涯岸，
不離當處常湛然，覓即知君不可見。
取不得，捨不得，不可得中只麼得。
默時說，說時默，大施門開無壅塞。
有人問我解何宗？報道摩訶般若力。
或是或非人不識，逆行順行天莫測。
吾早曾經多劫修，不是等閒相誑惑。
建法幢，立宗旨，明明佛勑曹溪是，
第一迦葉首傳燈，二十八代西天記。
法東流，入此土，菩提達磨爲初祖，
六代傳衣天下聞，後人得道何窮數。
眞不立，妄本空，有無俱遣不空空，
二十空門元不著，一性如來體自同。
心是根，法是塵，兩種猶如鏡上痕，
痕垢盡除光始現，心法雙忘性即眞。
嗟末法，惡時世，眾生福薄難調制，
去聖遠兮邪見深，魔強法弱多恐害，

聞說如來頓教門，恨不滅除令瓦碎。
作在心，殃在身，不須冤訴更尤人，
欲得不招無間業，莫謗如來正法輪。
栴檀林，無雜樹，鬱密森沈師子住，
境靜林間獨自遊，走獸飛禽皆遠去。
師子兒，眾隨後，三歲便能大哮吼，
若是野干逐法王，百年妖怪虛開口。
圓頓教，勿人情，有疑不決直須爭，
不是山僧逞人我，修行恐落斷常坑。
非不非，是不是，差之毫釐失千里，
是則龍女頓成佛，非則善星生陷墜。
吾早年來積學問，亦曾討疏尋經論，
分別名相不知休，入海算沙徒自困。
卻被如來苦訶責，數他珍寶有何益！
從來蹭蹬覺虛行，多年枉作風塵客。
種性邪，錯知解，不達如來圓頓制，
二乘精進沒道心，外道聰明無智慧。
亦愚癡，亦小騃，空拳指上生實解，
執指爲月枉施功，根境法中虛揑怪，
不見一法即如來，方得名爲觀自在。

了即業障本來空，未了應須還夙債，
饑逢王膳不能餐，病遇醫王爭得瘥？
在欲行禪知見力，火中生蓮終不壞，
勇施犯重悟無生，早時成佛于今在。
師子吼，無畏說，深嗟懵懂頑皮靼，
祇知犯重障菩提，不見如來開祕訣。
有二比丘犯婬殺，波離螢光增罪結，
維摩大士頓除疑，猶如赫日銷霜雪。
不思議，解脫力，妙用恆沙也無極，
四事供養敢辭勞，萬兩黃金亦銷得，
粉骨碎身未足酬，一句了然超百億。
法中王，最高勝，恆沙如來同共證，
我今解此如意珠，信受之者皆相應。
了了見，無一物，亦無人，亦無佛，
大千沙界海中漚，一切聖賢如電拂。
假使鐵輪頂上旋，定慧圓明終不失。
日可冷，月可熱，眾魔不能壞眞說。
象駕崢嶸慢進途，誰見螳蜋能拒轍！
大象不遊於兔徑，大悟不拘於小節，
莫將管見謗蒼蒼，未了吾今爲君訣。

2. 奢摩他頌

恰恰用心時，恰恰無心用。

無心恰恰用，常用恰恰無。

夫念非忘塵而不息，塵非息念而不忘。

塵忘則息念而忘，念息則忘塵而息。

忘塵而息，息無能息；息念而忘，忘無所忘；

忘無所忘，塵遺非對；息無能息，念滅非知。

知滅對遺，一向冥寂，闃爾無寄，妙性天然，

如火得空，火則自滅，

空喻妙性之非相，火比妄念之不生。

其辭曰：忘緣之後寂寂，靈知之性歷歷，無記昏昧昭昭，契眞本空的的。惺惺寂寂是，無記寂寂非。寂寂惺惺是，亂想惺惺非。若以知知寂，此非無緣知，如手執如意，非無如意手。若以自知知，亦非無緣知，如手自作拳，非是不拳手。亦不知知寂，亦不自知知，不可爲無知，自性了然故，不同於木石。手不執如意，亦不自作拳，不可爲無手，以手安然故，不同於兔角。

復次修心漸次者，夫以知知物，物在知亦在。若以知知知，知知則離物，物離猶知在。起知知於知，後知若生

時，前知早已滅。二知既不並，但得前知滅，滅處爲知境，能所俱非眞。前則滅，滅引知，後則知，知續滅，生滅相續，自是輪迴之道。

今言知者，不須知知，但知而已，則前不接滅，後不引起，前後斷續，中間自孤，當體不顧，應時消滅。知體既已滅，豁然如托空，寂爾少時間，唯覺無所得，即覺無覺，無覺之覺，異乎木石。此是初心處，冥然絕慮，乍同死人，能所頓忘，纖緣盡淨，闃爾虛寂，似覺無知，無知之性，異乎木石。此是初心處，領會難爲。

入初心時，三不應有：一、惡，謂思惟世間五欲等因緣；二、善，謂思惟世間雜善等事；三、無記，謂善惡不思，闃爾昏住。

戒中三，應須具：一、攝律儀戒，謂斷一切惡；二、攝善法戒，謂修一切善；三、饒益有情戒，謂誓度一切眾生。

定中三，應須別：一、安住定，謂妙性天然，本自非動；二、引起定，謂澄心寂怕，發瑩增明；三、辦事定，謂定水凝清，萬像斯鑑。

慧中三，應須別：一、人空慧，謂了陰非我，即陰中無我，如龜毛兔角；二、法空慧，謂了陰等諸法，緣假非實，如鏡像水月；三、空空慧，謂了境智俱空，是空亦空。

見中三，應須識：一、空見，謂見空而見非空；二、不空見，謂見不空而見非不空；三、性空見，謂見自性而見非性。

偏中三，應須簡：一、有法身，無般若解脫；二、有般若，無解脫法身；三、有解脫，無法身般若。有一無二故不圓，不圓故非性。

又偏中三，應須簡：一、有法身般若，無解脫；二、有般若解脫，無法身；三、有解脫法身，無般若。有二無一故不圓，不圓故非性。

圓中三，應須具：一、法身不癡即般若，般若無著即解脫，解脫寂滅即法身；二、般若無著即解脫，解脫寂滅即法身，法身不癡即般若；三、解脫寂滅即法身，法身不癡即般若，般若無著即解脫。

舉一即具三，言三體即一，此因中三德，非果上三德。欲知果上三德：法身有斷德邇，因斷惑而顯德，故名斷德；自受用身有智德，具四智眞實功德故；他化二身有大恩德，他受用身於十地菩薩有恩德故。三種化身於菩薩、二乘、異生有恩故。三諦四智，除成所作智爲緣俗諦故。然法無淺深，而照之有明昧；心非垢淨，而解之有迷悟。枘入初心，迷復何非淺？終契圓理，達始何非深？迷之失理而自差，悟之失差而即理，迷悟則同其致，故有漸次名焉。

復次，初修心人入門之後，須識五念：一、故起；二、串習；三、接續；四、別生；五、即靜。故起念者，謂起心思惟世間五欲及雜善等事；串習念著，謂無心故憶忽爾思惟善惡等事。

接續念者。謂患習忽起。知心馳散。又不制止。更復續前。思惟不住。別生念者。謂覺知前念是散亂。即生慚愧改悔之心。即靜念者。謂初坐時。更不思惟世間善惡。及無記等事。即此作功。故言即靜。串習一念初生者。多接續故起二念。懈怠者有別生一念。慚愧者多即靜一念。精進者有串習。接續故起別生四念為病。即靜一念為藥。雖復藥病有殊。總束俱名為念。得此五念停息之時。名為一念相應。一念者靈知之自性也。然五念是一念枝條。一念是五念根本。復次若一念相應之時。須識六種料簡。一識病。二識藥。三識對治。四識過生。五識是非。六識正助。第一病者有二種。一緣慮。二無記。緣慮者善惡二念也。雖復差殊。俱非解脫。是故總束名為緣慮。無記者雖不緣善惡等事。然俱非眞心。但是昏住。此二種名爲病。第二藥者。亦有二種。一寂寂。二惺惺。寂寂謂不念外境善惡等事。惺惺謂不生昏住無記等相。此二種名爲藥。第三對治者。以寂寂治緣慮。以惺惺治昏住。用此二藥。對彼二病。故名對治。第四過生者。謂寂寂久生昏住。惺惺久生緣慮。因藥發病。故云過生。第五識是非者。寂寂不惺惺。此乃昏住。惺惺不寂寂。此乃緣慮。不惺惺不寂寂。此乃非但緣慮。亦乃入昏而住。亦寂寂亦惺惺。非唯歷歷。兼復寂寂。此乃還源之妙性也。此四者句。前三句非。後一句是。故云識是非也。第六正助者。以惺惺爲正。以寂寂爲助。此之二事。體不相離。猶如病者。因杖而行。以行爲正。以杖爲助。夫病者欲行。必先取杖。然後方行。修心之人。亦復如是。必先息緣慮。令心寂寂。次當惺惺。不致昏沉。令心歷歷。歷歷寂寂。二名一體。更不異時。譬夫病者欲行。闕杖不可。正行之時。假杖故能行。作功之者。亦復如是。歷歷寂寂。不得異時。雖有二名。其體不別。又曰。亂想是病。無記亦病。寂寂是藥。惺惺亦藥。寂寂破亂想。惺惺治無記。寂寂生無記。惺惺生亂想。寂寂雖能治亂想。而復還生無記。惺惺雖能治無記。而復還生亂想。故曰惺惺寂寂是無記。寂寂非寂寂。惺惺是。亂想惺惺非。寂寂爲助。惺惺爲正。思之。

復次，料簡之後，須明識一念之中五陰。謂歷歷分別，明識相應，即是識陰；領納在心，即是受陰；心緣此理，即是想陰；行用此理，即是行陰；污穢眞性，即是色陰。此五陰者，舉體即是一念；此一念者，舉體全是五陰。歷歷見此一念之中無有主宰，即人空慧；見如幻化，即法空慧。是故須識此五念及六種料簡，願勿嫌之。如取眞金，明識瓦礫及以僞寶，但盡除之。縱不識金，金體自現，何憂不得？

3. 毘婆舍那頌

夫境非智而不了，智非境而不生。智生則了境而生，境了則智生而了。智生而了，了無所了；了境而生，生無能生。生無能生，雖智而非有；了無所了，雖境而非無。無即不無，有即非有，有無雙照，妙悟蕭然。如火得薪，彌加熾盛，薪喻發智之多境，火比了境之妙智。

其辭曰：達性空而非縛，雖緣假而無著。有無之境雙照，中觀之心歷落。若智了於境，即是境空，智如眼了花，空是了花空眼。若智了於智，即是智空，智如眼了眼，空是了眼空眼。智雖了境空，及以了智空，非無了境智，境空智猶有。了境智空智，無境智不了，如眼了花空，及以了眼空，非無了花眼，花空眼猶有，了花眼空眼，無花眼不了。

復次，一切諸法悉假因緣，因緣所生，皆無自性。一法既爾，萬法皆然。境智相從，于何不寂？何以故？因緣之法，性無差別故，今之三界輪迴，六道昇降，淨穢苦樂，凡聖差殊，皆由三業四儀，六根所對。隨情造業，果報不同，善則受樂，惡則受苦。故經云：善惡爲因，苦樂爲果。

當知法無定相，隨緣搆集，緣非我有，故曰性空，空故非異，萬法皆如。故經云：色即是空。四陰亦爾，如是則何獨凡類緣生，亦乃三乘聖果皆從緣有。是故經云：佛種從緣起。是以萬機叢湊，達之者，則無非道場；色像無邊，悟之者，則無非般若。故經云：色無邊故，當知般若亦無邊。何以故？境非智而不了，智非境而不生。智生則了境而生，境了則智生而了。智生而了，了無所了；了境而生，生無能生。生無能生，則內智寂寂；了無所了，則外境如如。如寂無差，境智冥一，萬累都泯，妙旨存焉。故經云：般若無知，無所不知。如是則妙旨非知，不知而知矣。

4. 優畢叉頌

夫定亂分政，動靜之源莫二；愚慧乖路，明闇之本非殊。群迷從暗而背明，捨靜以求動；眾悟背動而從靜，捨暗以求明。明生則轉愚成慧，靜立則息亂成定。定立由乎背動，慧生因乎捨暗。暗動連繫於煩籠，靜明相趨於物表。物不能愚，功由於慧；煩不能亂，功由於定。定慧更資於靜明，愚亂相纏於暗動。動而能靜者，即亂而定也；暗而能明者，即愚而慧也。如是則暗動之本無差，靜明由茲合道；愚亂之源非異，定慧於是同宗。宗同則無緣之慈，定慧則寂而常照，寂而常照則雙與，無緣之慈則雙奪。雙奪故優畢叉，雙與故毘婆奢摩。以奢摩他故，雖寂而常照；以毘婆舍那故，雖照而常寂；以優畢叉故，非照而非寂。照而常寂故，說俗而即眞；寂而常照故，說眞而即俗；非寂非照故，杜口於毘耶。

5. 觀心十門

復次觀心十門：初則言其法爾；次則出其觀體；三則語其相應；四則警其上慢；五則誡其疏怠；六則重出觀體；七則明其是非；八則簡其詮旨；九則觸途成觀；十則妙契玄源。

第一、言其法爾者，夫心性虛通，動靜之源莫二；眞如絕慮，緣計之念非殊，惑見紛馳，窮之則唯一寂；靈源不狀，鑒之則以千差。千差不同，法眼之名自立；一寂非異，慧眼之號斯存。理量雙消，佛眼之功圓著。是以三諦一境，法身之理恆清；三智一心，般若之明常照。境智冥合，解脫之應隨機；非縱非橫，圓伊之道玄會。故知三德妙性，宛爾無乖，一心深廣難思，何出要而非路？是以即心爲道者，可謂尋流而得源矣。

第二、出其觀體者，祇知一念即空不空、非空非不空。

第三、語其相應者，心與空相應，則譏毀讚譽，何憂何喜？身與空相應，則刀割香塗，何苦何樂？依報與空相應，則施與劫奪，何得何失？心與空不空相應，則愛見都忘，慈悲普救；身與空不空相應，則內同枯木，外現威儀；依報與空不空相應，則永絕貪求，資財給濟。心與空不空、非空非不空相應，則實相初明，開佛知見；身與空不空、非空非不空相應，則一塵入正受，諸塵三昧起；依報與空不空、非空非不空相應，則香臺寶閣，嚴土化生。

第四、警其上慢者，若不爾者，則未相應也。

第五、誡其疏怠者，然渡海應須上船，非船何以能渡？修心必須入觀，非觀無以明心。心尚未明，相應何日？思之，勿自恃也。

第六、重出觀體者，祇知一念即空不空，非有非無，不知即念即空不空，非非有非非無。

第七、明其是非者，心不是有，心不是無，心不非有，心不非無。是有是無即墮是；非有非無即墮非。如是祇是是非之非，未是非是非非之是。今以雙非破兩是，是破非是，猶是非。又以雙非破兩非，非破非非即是是。如是祇是非是，非非之是未是，不非不不非，不是不不是。是非之惑，綿微難見，神清慮靜，細而研之。

第八、簡其詮旨者，然而至理無言，假文言以明其旨；旨宗非觀，藉修觀以會其宗。若旨之未明，則言之未的；若宗之未會，則觀之未深。深觀乃會其宗，的言必明其旨。旨宗既其明會，言觀何得存存耶？

第九、觸途成觀者，夫再演言辭，重標觀體，欲明宗旨無異，言觀有逐方移；移言則言理無差；改觀則觀旨不異。不異之旨即理，無差之理即宗，宗旨一而二名，言觀明其弄引耳。

第十、妙契玄源者，夫悟心之士，寧執觀而迷旨？達教之人，豈滯言而惑理？理明則言語道斷，何言之能議？旨會則心行處滅，何觀之能思？心言不能思議者，可謂妙契寰中矣。

7 參同契．草庵歌

石頭希遷

1. 參同契

竺土大仙心，東西密相付。
人根有利鈍，道無南北祖。
靈源明皎潔，枝派暗流注。
執事元是迷，契理亦非悟。
門門一切境，迴互不迴互。
迴而更相涉，不爾依位住。
色本殊質象，聲元異樂苦。
暗合上中言，明明清濁句。
四大性自復，如子得其母。
火熱風動搖，水濕地堅固。
眼色耳音聲，鼻香舌鹹醋。
然依一一法，依根葉分布。
本末須歸宗，尊卑用其語。
當明中有暗，勿以暗相遇。

當暗中有明，勿以明相覩。
明暗各相對，比如前後步。
萬物自有功，當言用及處。
事存函蓋合，理應箭鋒拄。
承言須會宗，勿自立規矩。
觸目不會道，運足焉知路。
進步非近遠，迷隔山河固。
謹白參玄人，光陰莫虛度。

2. 草庵歌

吾結草庵無寶貝，晚來從容圖睡快。
成時初見茅草新，破後還將茅草蓋。
住庵人，鎮常在，不屬中間與內外。
世人住處我不住，世人愛處我不愛。
庵雖小，含法界，方丈老人相體解。
上乘菩薩信無疑，中下聞之必生恠。
問此庵，壞不壞，壞與不壞主元在。
不居南北與東西，基址牽牢以爲最。
青林下，明窗內，玉殿瓊樓未爲對。

衲被蒙頭萬事休，此時山僧都不會。

住此庵，休作解，誰誇舖席圖人買。

回光返照便歸來，廓達靈根非向背。

遇祖師，親訓誨，結草爲庵莫生退。

百年拋卻任縱橫，擺手便行且無罪。

千種言，萬般解，只要教君長不昧。

欲識庵中不死人，豈離而今這皮袋。

1. 錄自《景德傳燈錄》卷三十．大正藏經五十一冊．461 頁下。

2. 錄自《佛祖綱目》卷三十一．卍續藏經一四六冊．489~490 頁

8 平常心是道

馬祖道一

1. 道不用修，但莫污染

江西大寂道一禪師示眾云：

道不用修，但莫污染。何為污染？但有生死心，造作趣向，皆是污染。若欲直會其道，平常心是道。謂平常心，無造作、無是非、無取捨、無斷常、無凡無聖。經云：「非凡夫行，非賢聖行，是菩薩行。」

只如今，行住坐臥，應機接物，盡是道。道即是法界，乃至河沙妙用，不出法界。若不然者，云何言心地法門？云何言無盡燈？一切法皆是心法，一切名皆是心名，萬法皆從心生，心為萬法之根本。經云：「識心達本，故號沙門。」

名等義等，一切諸法皆等，純一無雜。若於教門中得，隨時自在。建立法界，盡是法界；若立眞如，盡是眞如。若立理，一切法盡是理；若立事，一切法盡是事。舉一千從，理事無別，盡是妙用，更無別理，皆由心之迴轉。

譬如月影有若干，眞月無若干；諸源水有若干，水性無若干；森羅萬象有若干，虛空無若干；說道理有若干，無礙慧無若干。種種成立，皆由一心也。

建立亦得，掃蕩亦得，盡是妙用。妙用盡是自家，非離眞而有立處，立處即眞，盡是自家體，若不然者更是何人？

一切法皆是佛法，諸法即解脫，解脫者即眞如，諸法不出於眞相，行住坐臥，悉是不思議用，不待時節。經云：「在在處處，則爲有佛。」

佛是能仁，有智慧，善機情，能破一切眾生疑網，出離有無等縛。凡聖情盡，人法俱空，轉無等輪，超於數量，所作無礙，事理雙通。如天起雲，忽有還無，不留礙迹，猶如畫水成文，不生不滅，是大寂滅。在纏名如來藏，出纏名大法身。法身無窮，體無增減，能大能小，能方能圓，應物現形，如水中月，滔滔運用，不立根栽。不盡有爲，不住無爲。有爲是無爲家用，無爲是有爲家依。不住於依，故云如空無所依。心生滅義，心眞如義。

心眞如者，譬如明鏡照像。鏡喻於心，像喻諸法。若心取法即涉外因緣，即是生滅義；不取諸法，即是眞如義。

聲聞聞見佛性，菩薩眼見佛性，了達無二，名平等性。性無有異，用則不同，在迷爲識，在悟爲智，順理爲悟，順事爲迷，迷即迷自家本心，悟即悟自家本性。一悟永悟，不復更迷。如日出時，不合於冥，智慧日出，不與煩惱暗俱。

了心及境界，妄想即不生。妄想即不生，即是無生法忍，本有今有，不假修道坐禪。不修不坐，即是如來清淨禪。如今若見此理眞正，不造諸業，隨分過生。一衣一衲，坐起相隨，戒行增熏，積於淨業。但能如是，何慮不通。久立諸人珍重！

（錄自《景德傳燈錄》卷二十八、《大正藏》五一冊・440頁）

2. 即心即佛

祖示眾云：汝等諸人，各信自心是佛，此心即佛。達摩大師從南天竺國，來至中華，傳上乘一心之法，令汝等開悟，又引楞伽經，以印眾生心地，恐汝顚倒不信。此一心之法，各各有之，故楞伽經以佛語心爲宗，無門爲法門。夫求法者，應無所求。心外無別佛，佛外無別心。

不取善不捨惡，淨穢兩邊俱不依怙，達罪性空，念念不可得，無自性故。故三界唯心，森羅及萬象，一法之所印，凡所見色，皆是見心，心不自心，因色故有。

汝但隨時言說，即事即理，都無所礙，菩提道果，亦復如是。於心所生，即名爲色。知色空故，生即不生。若了此心，乃可隨時著衣喫飯，長養聖胎，任運過時，更有何事？

汝受吾教，聽吾偈曰：

心地隨時說　菩提亦只寧　事理俱無礙　當生即不生

（錄自《景德傳燈錄》卷六、《大正藏》五一冊．246 頁）

3. 如何是修道？

僧問：「如何是修道？」曰：「道不屬修，若言修得，修成還壞，即同聲聞，若言不修，即同凡夫。」

又問：「作何見解，即得達道？」祖曰：「自性本來具足，但於善惡事中不滯，喚作修道人。取善捨惡，觀空入定，即屬造作。更若向外馳求，轉疎轉遠。但盡三界心量。一念妄心，即是三界生死根本。但無一念，即除生死根本，即得法王無上珍寶。無量劫來，凡夫妄想，諂曲邪僞，我慢貢高，合爲一體。故經云：『但以眾法，合成此身。』

起時唯法起，滅時唯法滅。此法起時，不言我起，此法滅時，不言我滅。前念後念中念，念念不相待，念念寂滅，喚作海印三昧，攝一切法。如百千異流，同歸大海，都名海水。住於一味即攝眾味，住於大海即混眾流。如人在大海中浴，即用一切水。

所以聲聞悟迷，凡夫迷悟。聲聞不知聖心，本無地位、因果、階級、心量、妄想、修因、證果，住於空定，八萬劫、二萬劫，雖即已悟，悟已卻迷。諸菩薩觀如地獄苦，沈空滯寂，不見佛性。

若是上根眾生，忽爾遇善知識指示，言下領會，更不歷於階級地位，頓悟本性。故經云：凡夫有反覆心而聲聞無也。對迷說悟，本既無迷，悟亦不立。一切眾生從無量劫來，不出法性三昧，長在法性三昧中著衣、喫飯、言談、祇對，六根運用，一切施爲，盡是法性。

不解返源，隨名逐相，迷情妄起，造種種業。若能一念返照，全體聖心。汝等諸人，各達自心，莫記吾語。縱饒說得河沙道理，其心亦不增，縱說不得，其心亦不減。說得亦是汝心，說不得亦是汝心，乃至分身放光，現十八變，不如還我死灰來。淋過死灰無力，喻聲聞妄脩因證果，未淋過死灰有力，喻菩薩道業純熟，諸惡不染，若說如來權教三藏，河沙劫說不盡，猶如鉤鎖亦不斷絕。若悟聖心，總無餘事。久立珍重！

（錄自《江西馬祖道——禪師語》·《卍續藏》一一九冊·811 頁）

9 臨濟宗旨

臨濟義玄

臨濟初至河北住院，見普化、克符二上座，乃謂曰：「我欲於此建立黃檗宗旨，汝可成褫我。」二人珍重下去。

三日後，普化卻上來問：「和尚三日前說甚麼？」濟便打。

三日後，克符上來問：「和尚三日前打普化作甚麼？」濟亦打。

至晚，小參云：「我有時奪人不奪境，我有時奪境不奪人，我有時人境兩俱奪，我有時人境俱不奪。」又云：「如諸方學人來，山僧此間作三種根器斷。如中下根器來，我便奪其境，而不除其法；如中上根器來，我便境法俱奪；如上上根器來，我便境法俱不奪；如有出格見解人來，山僧此間便全體作用，不歷根器。大德！到者裡，學人著力不通風，石火電光即蹉過了也。學人若眼目定動，即沒交涉。」

師因僧問：「如何是眞佛、眞法、眞道？」乞垂開示。

濟云：「佛者，心清淨是；法者，心光明是；道者，處處無礙淨光是。三即一，皆空而無實有，如眞正道人，念念心不間斷。達磨大師從西土來，直是覓箇不受人惑底人。後遇二祖，一言便了，始知從前虛用工夫。山僧今日見處與佛祖無別，若第一句中薦得，堪與佛祖爲師；若第二句中薦得，堪與人天爲師；若第三句中薦得，自救不了。」

濟宗三句

第一句：三要印開朱點窄，未容擬議主賓分。

三山來云：「遠。」頌曰：

第一句，閉門打瞌睡，未曾睜眼時，遊戲成三昧。

第二句：妙解豈容無著問，漚和爭負截流機？

三山來云：「近。」頌曰：

第二句，嬰兒剛有氣，地一聲來，眼耳鼻舌具。

第三句：看取棚頭弄傀儡，抽牽元是裡頭人。可不辨。」

臨濟一日問僧：「我有時一喝如金剛王寶劍，有時一喝如踞地獅子，有時一喝如探竿影草，有時一喝不作一喝用。汝作麼生會？」僧擬議，濟便喝。

師一日示眾云：「參學人大須仔細，如賓主相見，便有言說往來，或應物現形，或全體作用，或把機權喜怒，或現半身，或乘獅子，或駕象王。如有眞正學人來，便喝先拈出箇膠盆子。善知識不辨是境，便上他境上，做模做樣，學人又喝，前人不肯放下，此是膏肓之病，不堪醫治，喚作賓看主；或是善知識不拈出物，隨學人問處即奪，學人被奪，抵死不放，此是主看賓；或有學人應一箇清淨境界，出善知識前，善知識辨得是境，把得住拋向坑裡，學人云：『大好善知識！』善知識即云：『咄哉！不識好惡。』學人便禮拜，此喚作主看主；或有學人披枷帶鎖出善知識前，善知識更與安一重枷鎖，學人歡喜，彼此不辨，此喚作賓看賓。大德！山僧所舉，皆是辨魔揀異，知其邪正。」

臨濟一日示眾云：「我有時先照後用，有時先用後照，有時照用同時，有時照用不同時。先照後用有人在；此人字指學人而言。先用後照有法在；此法字指宗師之法而言。照用同時，驅耕夫之牛，奪饑人之食，敲骨取髓，痛下針錐；照用不同時，有問有答，立賓立主，和泥合水，應機接物。若是過量人，向未舉時，撩起便行，猶較些子。」

濟宗七事隨身

一、**殺人刀**：斬犀截象，伏屍萬里。

二、**活人劍**：鋒鋩不犯，絕後再甦。

三、**腳踏實地**：行行皆路，步步不差。

四、**向上關棙子**：迴出尋常，踏著便轉。

五、**格外說話**：牛口言語，馬口會取。

六、**衲僧巴鼻**：訶佛罵祖，踢倒須彌。

七、**探竿影草**：別眞辨假，斂跡藏踪。

濟宗八棒

一、**觸令支玄棒**。

三山來云：「如宗師置下一令，學人不知迴避，觸犯當頭，支離玄旨，宗師便打，此是罰棒。」

二、**接機從正棒**。

三山來云：「如宗師應接學人，順其來機，當打而打，謂之從正，此不在賞罰之類。」

三、靠玄傷正棒。

三山來云：「如學人來見宗師，專務奇特造作，倚靠玄妙，反傷正理，宗師直下便打，不肯放過，此亦是罰棒。」

四、印順宗旨棒。

三山來云：「如學人相見，宗師拈示宗旨，彼能領會，答得相應，宗師便打，此是印證來機，名爲賞棒。」

五、取驗虛實棒。

三山來云：「如學人纔到，宗師便打，或進有語句，宗師亦打，此是辨驗學人虛實，看他有見無見，亦不在賞罰之類。」

六、盲枷瞎棒。

三山來云：「如宗師接待學人，不辨學人來機，一味亂打，眼裡無珠，謂之盲瞎，此師家之過，不干學人事。」

七、苦責愚癡棒。

三山來云：「如學人於此事不曾分曉，其資質見地十分癡愚，不堪策進，宗師勉強打他，是謂苦責愚癡，亦不在賞罰之類。」

八、埽除凡聖棒。

三山來云：「如宗師家接待往來，不落廉纖，不容擬議，將彼凡情聖解，一併埽除，道得也打，道不得也打，道得道不得也打，直令學人斷卻命根，不存根葉，乃上上提持，八棒中之用得最妙者，此則名爲正棒。」

10 話頭禪

大慧宗杲

一、大慧禪師法語選

1.

佛言：「若有欲知佛境界，當淨其意如虛空，遠離妄想及諸取，令心所向皆無礙。」佛境界非是外境界有相，佛乃自覺聖智之境界也。決欲知此境界，不假莊嚴修證而得，當淨意根下無始時來客塵煩惱之染，如虛空之寬曠，遠離意識中諸取，虛僞不實妄想亦如虛空，則此無功用妙心，所向自然無滯礙矣。

2.

佛又言：「不應於一法、一事、一身、一國土、一眾生見於如來，應徧於一切處見於如來。」佛者，覺義，謂於一切處常徧覺故。所謂遍見者，見自己本源自性天眞佛，無一時、一處、一法、一事、一身、一國土、一眾生界中而不徧故也。眾生迷此而輪轉三界，受種種苦。諸佛悟此而超諸有海，受殊勝妙樂。然苦樂皆無實體，但迷悟差別而苦樂異途耳。故杜順云：「法身流轉五道，名曰眾生。眾生現時，法身不現是也。擔荷此段大事因緣，須是有決定志，若半信半疑，則沒交涉矣。古德云：「學道如鑽火，逢煙且莫休。直待金星現，歸家始到頭。」欲知到頭處，自境界、他境界一如是也。

3.

既學此道，十二時中遇物應緣處不得令惡念相續。或照顧不著，起一惡念，當急著精彩，拽轉頭來，若一向隨他去，相續不斷，非獨障道，亦謂之無智慧人。昔溈山問嬾安：「汝十二時中當何所務？」

安云：「牧牛。」

山云：「汝作麼生牧？」

安云：「一回入草去，驀鼻拽將回。」

山云：「子眞牧牛也！」

學道人制惡念，當如嬾安之牧牛，則久久自純熟矣。

4.

佛是眾生藥，眾生病除，藥亦無用。或病去藥存，入佛境界而不能入魔境界，其病與眾生未除之病等。病瘥藥除，佛魔俱掃，始於此段大事因緣有少分相應耳。」

歸宗斬蛇，南泉斬貓兒，學語之流多謂之當機妙用，亦謂之大用現前，不存軌則，殊不知總不是這般道理，具超方眼，舉起便知落處。若大法不明，打瓦鑽龜，何時是了？

5.

欲空萬法，先淨自心。自心清淨，諸緣息矣。諸緣既息，體用皆如。體即自心清淨之本源，用即自心變化之妙用。入淨入穢，無所染著，若大海之無風，如太虛之雲散。得到如是田地，方可謂之學佛人。未得如是，請快著精彩。

近日叢林以古人奇言妙語問答爲差別因緣，狐媚學者，殊不本其實。諸佛說法，唯恐人不會，縱有隱覆之說，則旁引譬喻，令眾生悟入而已。如僧問馬祖：「如何是佛？」

祖云：「即心是佛。」於此悟入，又有何差別？於此不悟，即此即心是佛便是差別因緣。

凡看經教及古德入道因緣，心未明了，覺得迷悶沒滋味，如咬鐵橛相似時，正好著力。第一不得放捨，乃是意識不行，思想不到，絕分別，滅理路處。尋常可以說得道理，分別得行處，盡是情識邊事，往往多認賊爲子，不可不知也。

6.

有一種人，早晨看經、念佛、懺悔，晚間縱口業罵詈人，次日依前禮佛懺悔，卒業窮年以爲日課，此乃愚之甚也。殊不知梵語懺摩，此云悔過，謂之斷相續心，一斷永不復續，一懺永不復造，此吾佛懺悔之意，學道之士不可不知也。

7.

學道人十二時中心意識常要寂靜，無事亦須靜坐，令心不放逸，身不動搖。久久習熟，自然身心寧怙，於道有趣向分。寂靜波羅蜜，定眾生散亂妄覺耳。若執寂靜處便究竟，則被默照邪禪之所攝持矣。

8.

趙州和尚云：「老僧十二時中，除二時粥飯是雜用心，餘無雜用心處。」此是這老和尚眞實行履處，不用作佛法禪道會。

善惡皆從自心起，且道離卻舉足動步，思量分別外，喚甚麼作自心？自心卻從甚麼處起？若識得自心起處，無邊業障一時清淨，種種殊勝不求而自至矣。

9.

生從何處來？死向何處去？知得來去處，方名學佛人。知生死底是阿誰？受生死底復是阿誰？不知來去處底又是阿誰？忽然知得來去處底又是阿誰？看此話，眼眨眨地理會不得，肚裏七上八下，方寸中如頓卻一團火相似底又是阿誰？若要識，但向理會不得處識取。若便識得，方知生死決定不相干涉。

學道人逐日但將檢點他人底工夫常自檢點，道業無有不辦。或喜或怒，或靜或鬧，皆是檢點時節。

10.

趙州狗子無佛性話，喜怒靜鬧處，亦須提撕。第一不得用意等悟，若用意等悟，則自謂我即今迷。執迷待悟，縱經塵劫，亦不能得悟。但舉話頭時，略抖擻精神看，是箇甚麼道理。

11.

士大夫學道，利根者蹉過，鈍根者難入。難入則自生退屈，蹉過則起謗無疑。若要著中，但將蹉過底移在難入處，卻將難入底移在蹉過處，自然怗怗地，不作難入、蹉過之解矣。得如此了，卻好向遮裏全身放下，放下時亦不得作放下道理。古德所謂放蕩長如癡兀人，他家自有通人愛。又清涼云放曠任其去住，靜鑑覺其源流。語證則不可示人，說理則非證不了。而今人纔聞恁麼說話，將爲實有恁麼事，便道我證我悟，將出呈似人不得，一向說高禪，七縱八橫，胡說亂道，謾神謔鬼，將謂祖師門下事只如此。殊不知親證親悟底，唯親證親悟底人，不假言詞，自然與之默默相契矣。相契處亦不著作意和會，如水入水，似金博金，舉一明三，目機銖兩。到這箇田地，方可說離言說相，離文字相，離心緣相，不是彊爲，法如是故。

12.

近世叢林，邪法橫生，瞎眾生眼者，不可勝數。若不以古人公案舉覺提撕，便如盲人放卻手中杖子，一步也行不得。將古德入道因緣各分門類，云這幾則是道眼因緣，這幾則是透聲色因緣，這幾則是亡情因緣，從頭依次第逐則摶量卜度，下語商量。縱有識得此病者，將謂佛法禪道不在文字語言上，即一切撥置，噇卻現成粥飯了，堆堆地坐在黑山下鬼窟裏，喚作默而常照，又喚作如大死底人，又喚作父母未生時事，又喚作空劫已前事，又喚作威音那畔消息。坐來坐去，坐得骨臀生胝，都不敢轉動，喚作工夫相次純熟，卻將許多閑言長語從頭作道理商量，傳授一徧，謂之宗旨，方寸中依舊黑漫漫地。本要除人我，人我愈高；本要滅無明，無明愈大。殊不知此事唯親證親悟，始是究竟。纔有一言半句，作奇特解、玄妙解、祕蜜解，可傳可授，便不是正法。正法無傳無授，唯我證你證，眼眼相對，以心傳心，令佛祖慧命相續不斷，然後推己之餘，爲物作則。故達磨云「吾本來茲土，傳法救迷情。一華開五葉，結果自然成」是也。

13.

有時拈一莖草作丈六金身，有時將丈六金身卻作一莖草用，建立亦在我，掃蕩亦在我，說道理亦在我，不說道理亦在我，我爲法王，於法自在。說即有若干，不說即無若干。得如是自在了，何適而不自得？

14.

禪不在靜處，不在鬧處，不在思量分別處，不在日用應緣處。然雖如是，第一不得捨卻靜處、鬧處、日用應緣處、思量分別處參。忽然眼開，都是自家屋裏事。

15.

今時士大夫學道，多是半進半退，於世事上不如意，則火急要參禪，忽然世事遂意，則便罷參，爲無決定信故也。禪乃般若之異名，梵語般若，此云智慧。當人若無決定信，又無智慧，欲出生死，無有是處。

16.

得力處省無限力，省力處得無限力。得如此時，心意識不須按捺，自然怗怗地矣。雖然如是，切忌墮在無言無說處。此病不除，與心意識未寧時無異。所以黃面老子云：「不取眾生所言說，一切有為虛妄事。雖復不依言語道，亦復不著無言說。」纔住在無言說處，則被默照邪禪幻惑矣。前所云毒蛇猛虎尚可回避，心意識難防，便是這箇道理也。

17.

近世士大夫多欲學此道，而心不純一者，病在雜毒入心。雜毒既入其心，則觸途成滯。觸途成滯，則我見增長。我見增長，則滿眼滿耳只見他人過失。殊不能退步略自檢察看，逐日下得床來，有甚利他利己之事？能如是檢察者，謂之有智慧人。

趙州云：「老僧逐日除二時粥飯是雜用心，餘外更無雜用心處。且道這老漢在甚處著到？若於這裏識得他面目，始可說行亦禪，坐亦禪，語默動靜體安然。未能如是，當時時退步向自己腳跟下子細推窮。我能知他人好惡長短底，是凡是聖？是有是無？推窮來推窮去，到無可推窮處，如老鼠入牛角，驀地偷心絕，則便是當人四楞塌地，歸家穩坐處。

18.

士大夫學此道，多求速效，宗師未開口時，早將心意識領解了也。及乎緩緩地根著，一似落湯螃蟹，手忙腳亂，無討頭處。殊不知閻家老子面前受鐵棒，吞熱鐵圓者，便是這領解求速效者，更不是別人。所謂希得返失，務精益麤，如來說爲可憐愍者。近世士大夫，千萬人中覓一箇半箇無此病者，了不可得。

紹興丙子秋，經由鄂渚邂逅熊使君叔雅，一見傾倒，便以此道相契，卻能退步向實頭處著到，如說而行，不似泛泛者，彊知彊會彊領略。直要到古人腳蹋實地處，不疑佛，不疑孔子，不疑老君，然後借老君、孔子、佛鼻孔，要自出氣。

19.

眞勇猛精進，勝丈夫所爲，願猛著精彩，努力向前。說處行處已不錯，但少噴地一下而已。

若有進無退，日用二六時中應緣處不間斷，則噴地一下亦不難。然第一不得存心在噴地一下處，若有此心，則被此心障卻路頭矣。但於日用應緣處不昧，則日月浸久，自然打成一片。何者爲應緣處？喜時怒時，判斷公事時，與賓客相酬酢時，與妻子聚會時，心思善惡時，觸境遇緣時，皆是噴地一發時節。千萬記取！千萬記取！

20.

世間情念起時，不必用力排遣，前日已曾上聞，但只舉僧問趙州：「狗子還有佛性也無？」州云：「無。」纔舉起這一字，世間情念自怗怗地矣。多言復多語，由來返相誤，千說萬說，只是這些子道理。驀然於無字上絕卻性命，這些道理亦是眼中花。

21.

你眼若不空，將甚麼觀色？耳若不空，將甚麼聽聲？鼻若不空，將甚麼知香臭？舌若不空，甚麼嘗味？身若不空，將甚麼覺觸？意若不空，將甚麼分別萬法？佛不云乎：無眼耳鼻舌身意，無色聲香味觸法，乃至十二處、十八界、二十五有，乃至聲聞、緣覺、菩薩、佛及佛所說之法，菩提、涅槃、眞如、佛性及說此法者，聽此法者，作如是說者，受如是說者，皆悉無有。得如是了，喚作空耶？喚作不空耶？喚作佛耶？喚作菩薩耶？喚作聲聞耶？

喚作緣覺耶？喚作菩提涅槃耶？喚作眞如佛性耶？道我聰明靈利不受人謾，試向這裏定當看。若定當得出，止宿草菴且在門外；若定當不出，切忌開大口，說過頭話。

22.

大丈夫漢決欲究竟此一段大事因緣，一等打破，面皮性燥，豎起脊梁骨，莫順人情，把自家平昔所疑處貼在額頭上，常時一似欠了人萬百貫錢，被人追索，無物可償，生怕被人恥辱，無急得急，無忙得忙，無大得大底一件事，方有趣向分。

23.

若道我世間文字，至於九經、十七史、諸子百家，古今興亡治亂，無有不知，無有不會。只有禪一般，我也要知，我也要會，自無辨邪正底眼，驀地撞著一枚杜撰禪和，被他狐媚，如三家村裏傳口令，口耳傳授，謂之過頭禪，亦謂之口鼓子禪，把他古人糟粕遞相印證，一句來一句去，末後我多得一句時，便喚作贏得禪了也，殊不肯退步。以生死事在念，不肯自疑，愛疑他人。纔聞有箇士大夫要理會這事，先起無限疑了也，謂渠要做美官，又有聲色之好，如何辨得這般事？似這般底，比比皆是，無一人眞實把做一件未了底事。晝三夜三，孜孜矻矻，茶裏飯裏，喜時怒時，淨處穢處，妻兒聚頭處，與賓客相酬酢處，辦公家職事處，了私門婚嫁處，都是第一等做工夫提撕舉覺底時節。

24.

昔李文和都尉在富貴叢中參得禪，大徹大悟；楊文公參得禪時，身居翰苑；張無盡參得禪時，作江西轉運使。只這三大老，便是箇不壞世間相而談實相底樣子也，又何曾須要去妻孥，休官罷職，咬菜根，苦形劣志，避喧求靜，然後入枯禪鬼窟裏作妄想方得悟道來。不見龐居士有言：「但自無心於萬物，何妨萬物常圍遶？鐵牛不怕師子吼，恰似木人見花鳥。木人本體自無情，花鳥逢人亦不驚。心境如如只這是，何慮菩提道不成？」在世俗塵勞中能不忘生死事，雖未即打破漆桶，然亦種得般若種智之深。異世出頭來，亦省心力，亦不流落惡趣中，大勝耽染塵勞，不求脫離，謂此事不可容易，且作歸向信敬處。似此見解者，不可勝數。

25.

既已知有此段大事因緣，決定不從人得，則便好頓拾外塵，時時向自己脚跟下推窮。推來推去，內不見有能推之心，外不見有所推之境，淨裸裸，赤灑灑，沒可把，如水上放葫蘆，無人動著，常蕩蕩地，拘牽他不得，惹絆他不得，撥著便動，觸著便轉，如是自在，如是皆脫，如是靈聖，不與千聖同途，不與衲僧借借，直能號令佛祖，佛祖號令他不得。當人知是般事，便好猛著精彩，向百尺竿頭快進一步。如進得這一步，則不異善財童子於普賢毛孔剎中，行一步過不可說不可說佛剎微塵數世界。如是而行，盡未來劫猶不能知一毛孔中剎海次第、剎海藏、剎海差別、剎海普入、剎海成、剎海壞、剎海莊嚴，所有邊際。似這般境界，亦不是外邊起心用意修證得來，只是當人脚跟下本來具足底道理耳。

26.

自家悟處，自家安樂處，自家得力處，他人不知，拈出呈似人不得，除已悟，已安樂，已得力者一見便默相契矣。疑情未破，但只看箇古人入道底話頭，移逐日許多作妄想底心來，話頭上則一切不行矣。

僧問趙州：「狗子還有佛性也無？」

州云：「無。」

27.

既知無常迅速，生死事大，決欲親近善知識，孜孜矻矻，不捨晝夜，常以生死二字貼在額頭上，茶裏飯裏，坐時臥時，指揮奴僕時，幹辦家事時，喜時怒時，行時住時，酬酢賓客時，不得放捨，常常恰似方寸中有一件緊急未了底事礙塞，決欲要除，屏去教淨盡，方有少分相應也。

28.

佛說一切法，爲度一切心；我無一切心，何用一切法？法本無法，心亦無心，心法兩空，是眞實相。而今學道之士，多怕落空，作如是解者，錯認方便，執病爲藥，深可憐愍。故龐居士有言：「汝勿嫌落空，落空亦不惡。」又云：「但願空諸所有，切勿實諸所無。」若覷得這一句子，破無邊惡業，無明當下瓦解冰銷，如來所說一大藏教亦注解這一句子不出。

二、宗乘的七個樣子

道由心悟，不在言傳。近年以來，學此道者多棄本逐末，背正投邪，不肯向根腳下推窮，一味在宗師說處著到，縱說得盛水不漏，於本分事上了沒交涉。古人不得已，見學者迷頭認影，故設方便誘引之，令其自識本地風光，明見本來面目而已，初無實法與人。

1.

如江西馬祖初好坐禪，後被南嶽讓和尚將甎於他坐禪處磨，馬祖從禪定起，問：「磨甎何爲？」

讓曰：「欲其成鏡耳。」

馬祖笑曰：「磨甎豈得成鏡耶？」

讓曰：「磨甎既不成鏡，坐禪豈得成佛？」

蓋讓和尚嘗問馬祖坐禪何圖，馬祖以求成佛答之。教中所謂先以定動，後以智拔。馬祖聞坐禪豈得成佛之語，方始著忙，遂起作禮致敬曰：「如何即是？」

讓知其時節因緣已到，始謂之曰：「譬牛駕車，車若不行，打牛即是？打車即是？」又曰：「汝學坐禪？爲學坐佛？若學坐禪，禪非坐卧；若學坐佛，佛非定相。於無住法，不應取捨。汝若坐佛，即是殺佛；若執坐相，非達其理。」

馬祖於言下忽然領旨，遂問：「如何用心，即合無相三昧？」

讓曰：「汝學心地法門，如下種子；我說法要，譬彼天澤。汝緣合故，當見其道。」

又問：「道非色相，云何能見？」

讓曰：「心地法眼能見乎道，無相三昧亦復然矣。」

曰：「有成壞否？」

讓曰：「若以成壞聚散而見道者，非也。」

前所云方便誘引，此是從上宗乘中第一箇樣子。」

2.

昔大珠和尚初參馬祖，祖問：「從何處來？」

祖曰：「來此擬須何事？」

曰：「來求佛法。」

祖曰：「自家寶藏不顧，拋家散走作甚麼？我這裏一物也無，求甚麼佛法？」

珠遂作禮問：「那箇是慧海自家寶藏？」

祖曰：「即今問我者，是汝寶藏。一切具足，更無欠少，使用自在，何假外求？」殊於言下識自本心不由知覺。

後住大珠，凡有扣問，隨問而答，打開自己寶藏，運出自己家財，如盤走珠，無障無礙。

曾有僧問：「般若大否？」

珠曰：「般若大。」

曰：「幾許大？」

曰：「無邊際。」

曰：「般若小否？」

曰：「般若小。」

曰：「幾許小。」

曰：「看不見。」

曰：「何處是？何處不是？」

你看他悟得自家寶藏底，還有一星兒實法傳授與人否？妙喜常常說與學此道者，若是眞實見道之士，如鐘在虡，如谷應響，大扣大鳴，小扣小應。

近代佛法可傷，爲人師者，先以奇特玄妙蘊在胸襟，遞相沿襲，口耳傳授以爲宗旨，如此之流，邪毒入心，不可治療。古德謂之謗般若人，千佛出世，不通懺悔。此是宗門善巧方便，誘引學者底第二箇樣子。

3.

既辦此心，要理會這一著子，先須立決定志，觸境逢緣，或逆或順，要把得定，作得主，不受種種邪說。日用應緣時，常以無常迅速，生死二字貼在鼻孔尖頭上。又如欠了人萬百貫債，無錢還得，被債主守定門戶，憂愁怕怖，千思萬量，求還不可得。若常存此心，則有趣向分。若半進半退，半信半不信，不如三家村裏無智愚夫。何以故？爲渠百不知百不解，卻無許多惡知惡覺作障礙，一味守愚而已。

古德有言：「研窮至理，以悟爲則。」近年以來，多有不信悟底宗師，說悟爲誑謼人，說悟爲建立，說悟爲把定，說悟爲落在第二頭，披卻師子皮作野干鳴者，不可勝數。不具擇法眼者往往遭此輩幻惑，不可不審而思，思而察也。此是宗師指接群迷，令見月亡指底第三箇樣子。

4.

怕怖生死底疑根拔不盡，百劫千生流浪，隨業受報，頭出頭沒，無休息時。苟能猛著精彩，一拔淨盡，便能不離眾生心而見佛心。若夙有願力，遇眞正善知識，善巧方便誘誨，則有甚難處？不見古德有言：江湖無礙人之心，佛祖無謾人之意。只爲時人過不得，不得道江湖不礙人。佛祖言教雖不謾人，只爲學此道者錯認方便，於一言一句中求玄求妙，求得求失，因而透不得，不得道佛祖不謾人。如患盲之人，不見日月光，是盲者過，非日月咎。此是學此道離文字相，離分別相，離語言相底第四箇樣子。

5.

疑生不知來處，死不知去處底心未忘，則是生死交加。但向交加處看箇話頭；僧問趙州和尚：「狗子還有佛性也無？」

州云：「無。」

但將這疑生不知來處，死不知去處底心移來無字上，則交加之心不行矣。交加之心既不行，則疑生死來去底心將絕矣。但向欲絕未絕處與之厮崖，時節因緣到來，驀然噴地一下，便了教中所謂絕心生死，止心不善，伐心稠林，浣心垢濁者也。

然心何有垢？心何有濁？謂分別善惡雜毒所鍾，亦謂之不善，亦謂之垢濁，亦謂之稠林。若眞實得噴地一下，只此稠林即是栴檀香林，只此垢濁即是清淨解脫無作妙體。此體本來無染，非使然也。分別不生，虛明自照，便是這些道理。此是宗師令學者捨邪歸正底第五箇樣子。

6.

道無不在，觸處皆眞，非離眞而立處，立處即眞。教中所謂治生產業，皆順正理，與實相不相違背。是故龐居士有言：「日用事無別，唯吾自偶諧。頭頭非取捨，處處勿張乖。朱紫誰爲號？丘山絕點埃。神通并妙用，運水及搬柴。」然便恁麼認著，不求妙悟，又落在無事甲裏。不見魏府老華嚴有言：「佛法在你日用處，行住坐臥處，喫粥喫飯處，語言相問處。所作所爲，舉心動念，又卻不是也。」又眞淨和尚有言：「不擬心，一一明妙，一一天眞，一一如蓮華不著水。迷自心故作眾生，悟自心故成佛。然眾生本佛，佛本眾生，由迷悟故，有彼此也。」又釋迦老子有言：「是法住法位，世間相常住。」又云：「是法非思量分別之所能解。」此亦是不許擬心之異名耳。苟於應緣處不安排，不造作，不擬心思量分別計較，自然蕩蕩無欲無依，不住有爲，不墮無爲，不作世間及出世間想。這箇是日用四威儀中不昧本來面目底第六箇樣子也。

本爲生死事大，無常迅速，己事未明故，參禮宗師，求解生死之縛，卻被邪師輩添繩添索。舊縛未解，而新縛又加，卻不理會生死之縛，只一味理會閑言長言，喚作宗旨，是甚熱大不緊！教中所謂邪師過謬，非眾生咎。要得不被生死縛，但常教方寸虛豁豁地，只以不知生來，不知死去底心，時時向應緣處提撕，提撕得熟，久久自然蕩蕩地也。覺得日用處省力時，便是學此道得力處也。得力處省無限力，省力處卻得無限力。這些道理說與人不得，呈似人不得。省力與得力處，如人飲水，冷煖自知。

妙喜一生只以省力處指示人，不教人做謎子摶量，亦只如此修行，此外別無造妖捏怪。我得力處他人不知，我省力處他人亦不知，生死心絕他人亦不知，生死心未忘他人亦不知，只將這箇法門布施一切人，別無玄妙奇特可以傳授。

妙明居士決欲如妙喜修行，但依此說，亦不必向外別求道理。眞龍行處，雲自相隨，況神通光明本來自有。不見德山和尚有言：「汝但無事於心，無心於事，則虛而靈，空而妙。若毛端許言之本末者，皆爲自欺。」這箇是學此道要徑底第七箇樣子也。

如上七箇樣子，佛病、法病、眾生病，一時說了，更有第八箇樣子，卻請問取妙圓道人。又代妙圓道人下一轉語云：「大事爲爾不得小事，妙明居士自家擔當。」

11 默照禪

宏智正覺

坐禪箴

佛佛要機，祖祖機要。不觸事而知，不對緣而照。不觸事而知，其知自微；不對緣而照，其照自妙。其知自微，曾無分別之思；其照自妙，曾無毫忽之兆。曾無分別之思，其知無偶而奇；曾無毫忽之兆，其照無取而了。水清徹底兮魚行遲遲，空闊莫涯兮鳥飛杳杳。

本際庵銘

平等本際，非去來今，豈墮諸數？妙圓一心。
一心妙圓，自照靈然。超出生滅，混融正偏。
正偏混融，可中忘功。鸞騰玉鑑，鶴出銀籠。
如是住處，佛祖同得。同得之宗，淨名一默。

默照銘

默默忘言，昭昭現前。鑒時廓爾，體處靈然。
靈然獨照，照中還妙。露月星河，雪松雲嶠。
晦而彌明，隱而愈顯。鶴夢煙寒，水含秋遠。
浩劫空空，相與雷同。妙存默處，功忘照中。
妙存何存？惺惺破昏。默照之道，離微之根。
徹見離微，金梭玉機。正偏宛轉，明暗因依。
依無能所，底時回互。飲善見藥，檛塗毒鼓。
回互底時，殺活在我。門裡出身，枝頭結果。
默唯至言，照唯普應。應不墮功，言不涉聽。
萬象森羅，放光說法。彼彼證明，各各問答。
問答證明，恰恰相應。照中失默，便見侵凌。
證明問答，相應恰恰。默中失照，渾成剩法。
默照理圓，蓮開夢覺。百川赴海，千峰向岳。
如鵝擇乳，如蜂採花。默照至得，輸我宗家。
宗家默照，透頂透底，舜若多身，母陀羅臂。
始終一揆，變態萬差。和氏獻璞，相如指瑕。
當機有準，大用不動，寰中天子，塞外將軍。
吾家底事，中規中矩。傳去諸方，不要賺舉。

宏智禪師法語選

田地虛曠，是從來本所有者，當在淨治揩磨，去諸妄緣幻習，自到清白圜明之處，空空無像，卓卓不倚，唯廓照本眞，遺外境界。所以道：了了見，無一物。箇田地是生滅不到，淵源澄照之底，能發光，能出應，歷歷諸塵，枵然無所偶，見聞之妙，超彼聲色，一切處，用無痕，鑑無礙，自然心心法法相與平出。古人道：「無心體得無心道，體得無心道也休。」進可寺丞，意清坐默，游入環中之妙，是須恁麼參究。」

「眞實做處，唯靜坐默究，深有所詣，外不被因緣流轉，其心虛則容，其照妙則準，內無攀緣之思，廓然獨存而不昏，靈然絕待而自得。得處不屬情，須豁蕩了無依倚，卓卓自神，始得不隨垢相，箇處歇得，淨淨而明，明而通，便能順應，還來對事，事事無礙，飄飄出岫雲，濯濯流澗月，一切處光明神變，了無滯相，的的相應，函蓋箭鋒相似，更教養得熟，體得穩，隨處歷歷地，絕稜角，勿道理，似白牯貍奴恁麼去，喚作十成底漢。所以道：無心道者能如此，未得無心也大難。」

「曠遠無畛，清淨發光，其靈而無所礙，其明而無所照，可謂虛而自明，其明自淨，超因緣，離能所，其妙而存，其照也廓。又不可以有無言象擬議也，卻於箇裡樞機旋關捩活，隨應不動，大用無滯，在一切處輥輥地不隨緣，不墮類，向其間放得穩，在彼同彼，在此同時，彼此混然無分辨處。所以道：似地擎山，不知山之孤峻；如石含玉，不知玉之無瑕。若能如是，是眞出家，出家輩是須恁麼體取。」

「衲僧家枯寒心念，休歇餘緣，一味揩磨此一片田地，眞是誅鉏盡草莽，四至界畔，了無一毫許污染，靈而明，廓而瑩，照徹體前，直得光滑淨潔，著不得一塵，便與牽轉牛鼻來，自然頭角崢嶸地異類中行履，了不犯人苗稼，騰騰任運，任運騰騰，無收繫安排處，便是耕破劫空田地底，卻恁麼來，歷歷不昧，處處現成，一念萬年，初無住相。所以道：心地含諸種，普雨悉皆萌。既悟花情已，菩提果自成。」

「渠非修證，本來具足；他不污染，徹底清淨。正當具足清淨處，著得箇眼，照得徹，脫得盡，體得明，踐得穩，生死元無根蔕，出沒元無朕迹，本光照頂，其虛而靈；本智應緣，雖寂而耀。直到無中邊，絕前後，始得成一片，根根塵塵，在在處處，出廣長舌，傳無盡燈，放大光明，作大佛事，元不借他一毫外法，的的是自家屋裡事。」

「鬧裡分身，觸處現前，無一點子外來境界。二儀同根，萬象一體，順變任化，都不被夤緣籠絡，便是得大自在底。風行月照，與物不相礙，然後休退，更來裡許作擔荷。智轉理圓，功忘位滿，不墮尊貴處，入流合塵，超然獨耀，方知道紹是功，紹了非其功也。」

「脫盡頭皮，透出光影，萬機不到處，千聖不傳底，唯自照深證，密密相應。本明破昏，眞照鑑遠，有無情量，一切超過。妙在體前，功轉劫外，便乃隨緣合覺，不礙諸塵。心心不觸物，步步不在途，喚作能紹家業底。既然透徹，便好親近去。

沖虛淨怕，寒淡純眞，恁麼打疊了多生陳習。陳習垢盡，本光現前，照破髑髏，不容他物，蕩然寬闊，如天水合秋，如雪月同色。箇田地無涯畛，絕方所，浩然一片無稜縫，更須向裡脫盡始得。正脫盡時，心思口議，千里萬里，尙無辨白底道理，更那有指註處也？桶底脫漢方信得及。所以道：唯證相應。相應處撥得，轉入得世。遊戲三昧，歷歷現前，聲色影響，直下無迹，彼我不相往來，只爲其中無受處。只箇無受處，包含虛空法界，森羅萬象無一點遺漏底，本色漢當恁麼體究。

「衲僧做處，徹底不掛毫髮，豁然瑩淨，如鏡照鏡，無外境界，無別塵緣，自照歷然，一切不受，喚作就裡擔荷。恁麼擔荷了，智照幽而不昏，道合體而無住。從無住處應化機宜，恰恰不漏，的的不染。谷神答響，風師行空，無礙自在，勿管帶，絕朕迹，要且靈靈地昧他不得。十成游踐到箇般田地，一切處穩，一切處閑，露地白牛，純純一色，趁也趁不去，須是親證親到始得。」

「默默自住，如如離緣，豁明無塵，直下透脫。元來到箇處，不是今日新有底，從舊家曠大劫前，歷歷不昏，靈靈獨耀。雖然恁麼，不得不爲。當恁麼爲時，直教一毫不生，一塵不翳，枯寒大休，廓徹明白。若休歇不盡，欲到箇境界出生死，無有是處。直下打得透，了無思塵，淨無緣慮，退步撒手，徹底了也，便能發光應世，物物相投，處處恰好。所以道：法法不隱藏，古今常顯露。」

「衲僧眞實處，要在履踐，徹照淵源，細中之細，混然明瑩，一色無痕，更須轉身過裡許始得，所以喚作能紹家業。機絲不掛，光影杳絕，就父一蹊，妙在體處。塵滓亡節類泯，知之不及，回頭取證，覷破髑髏，可中得了，便能出化。蘆花明月，古渡船開，玉線金針，那時機轉？

入世應緣，塵塵皆爾，法法無他，順風使帆，自然無礙矣。」

「諸佛諸祖無異證，俱到箇歇處。三世斷，萬機寂，直下無絲毫許對者。獨靈自照，妙徹根源，識得底裡盡。分身應事，門門放光，物物現影，便知道盡自箇裡流出。百草頭一切處，了無則箇與我作因作緣，通身徹底恁麼去。」

空無痕迹，照非情塵，光透靜深，杳絕瑕垢。能恁麼自知，恁麼自了，清淨妙明田地是本所有者，多生不了，只爲疑礙昏翳，自作彰隔。廓然智游，內忘功勳，直下脫略去，擔荷去，轉身就位，借路著腳，靈機妙運，觸事皆眞，更無一毫一塵是外來物爾。

「法法自然，妙超語路，見成不間，乃至山林草木，未嘗不發揚此事。覷得破，方知廣長舌相，處處藏縮不得，說者即是聽者，聽者即是說者。根塵融，理智混，自他同，心法一，更向甚麼處作分疏？雖然恁麼，透得目前，快須收拾歸來，作屋裡活計，始得穩坐。」

「道游環中，至虛忘像，淨極自明，明唯自照，向塵境未作根門未痕底處，妙得生滅流轉之迹泯矣。獨據造化之本，其間絲髮影事俱不受，唯證相應。從此一擊，大千路開，物物頭頭渾是我放光說法處，身分百億，獨照而神，殊不墮名色裡。圓應無功，鑑淨而涵，谷虛而答，初不累於見聞也，眞自在無礙游戲三昧。若恁麼體得，何往不利焉？」

「觀身實相，觀佛亦然。若端能體得到自己無外境界，則恰恰絕對待，出思議，佛佛心心，精到無二。衲僧默游寂住，虛靈妙通，等太虛，度塵劫，卓卓亡倚，明明非思，箇是本所住處。機轉化分，歷世應事，照無功，用無迹，閑雲流水，初不留礙，直教純純穩穩，一切移不得，方不隨僯緣轉也，眞實體取。」

「默默照處，天宇澄秋，照無照功，光影斯斷，箇是全超眞詣底時節。源淨體靈，樞虛機活，歷歷本明，其中發現，便提得出。在事事頭上，恰恰具足，與二儀同，萬象等，坦坦蕩蕩，縱縱橫橫，天同天，人同人，應其身，現其相，而為說法。能如是體得十成，廓然亡所礙者。」

「風虎雲龍，恰恰相隨，元不著意於其間，箇是自然事。衲僧變通，能以因緣和合，政如此也。其來而不彰，其去而不藏，妙入一切處，一切處混不得，飄飄出萬象頭上，歷歷在森羅影中，了無毛髮許間隔。混混出應之機，的的到家之句，卻須飽參。雲斷風休，秋清月落，水天無際底處單明始得。」

「道非祖傳，祖未來時，彌綸周匝，自然空空不痕，靈靈亡偶，獨照出因緣，常活離形穀。所以喚作祖，唯證相應，不可授手，佛佛之到，以此爲極。應化分身，花花葉葉，根根塵塵，智入三世，萬機不我擾，一塵不我外，妙出大千經卷，何處更有影事可得？」

「淵湛寂默，徹照源底，箇處虛而靈，廓而明，雖有昭然自鑑之像，而無影響相偶，底時窺得破，猶有辨白擔荷之功，更須退步，方詣環中。光發其間，卓卓獨存，卻解借功，名爲誕生。斯乃出沒幾微，細細明辨，既能分身，便可御事。有印萬象之印，其印不痕。游世對緣，自有塵塵三昧底受用，其用自沖，不可盈滿。空谷之受雲，寒溪之濯月，不出不在，迢然化外，更能放教無得無向。在在處處，還之舊地，毫髮不曾移動；跛跛挈挈，百醜千拙，鼎鼎地自然圓順。趙州洗鉢喫茶，不著安排，從來成現。若如是具眼，一一覷得徹，方是箇衲僧做處。」

「學佛究宗家之妙，須清心潛神，默游內觀，徹見法源，無芥蔕纖毫作障礙。廓然亡像，如水涵秋；皎然瑩明，如月奪夜。正恁麼也，昭昭不昏，湛湛無垢，本來如如，常寂常耀。其寂也，非斷滅所因；其耀也，無影事所觸。虛白圓淨，曠劫不移，不動不昧，能默能知。底處行步得穩，玉壺轉側，一撥機回，分身應世，世界處所，差別境像，俱是自所建立，與我四大同出，何所礙焉？既一切不礙，彼我無異相，自他無別名，聲色叢中，飄飄超詣，歷歷相投。所以道：山河無隔越，光明處處透。當恁麼體取。」

「十方法界，起自一心，一心寂時，諸相皆盡。阿那箇是彼？阿那箇是我？只為箇時無差別相。直下一塵不立，一念不生，透過胞胎前，皮袋後，一點妙明，圓混混地，無方隅，絕朕迹，直是昧不得。昧不得處，喚作自知，只自知處，喚作本得。了無分外得底毫髮許，廓然廓然。妙存而無像，眞聞而無響。所以道：非耳目之所到。箇是妙契，至到處所，其間發光，大千影現，頭頭是，物物渠，俱是衲僧自受用境界，要且不借別人家裡事，要須的的親證始得。吾家種草，當如此為。」

「了達一切法空，則心心自在，塵塵透出。本來一段光明，無處不遍，便乃隨機而化，遇物則宗，妙照諸緣，廓亡對待。松風水月，清淡相得，無往來心，無留滯相。要在中虛而有容，外應而不擾，如春著花，如鏡照像相似，鬧浩浩中，自然出一頭地。」

「晝見日，夜見月，不相瞞底時節，箇是衲僧平穩行履處，自然無稜縫。若要恁麼平穩去，須盡卻意根下隱隱地舂織始得。要不隱隱麼？須坐得斷，放得下，及得盡，照得徹，光影俱忘，皮膚脫落，根塵淨盡，自然眼目分明，受用具足，一切處不管帶，一切時卻相應。當明有暗，當暗有明，孤舟載月，夜宿蘆花，一段光明，果然如是。」

「肘後符能應一切事，頂門眼自照獨脫身，雙收雙放，無中無外，大千與我同出，三世自然超過。空洞無際，眞照孤明，箇時影像俱盡。盡不得底，幽靈絕待，生滅莫得，到此田地，廓落亡依，緣塵不染。箇時境界密合，函蓋箭鋒，恰恰無爽，游戲三昧便屬底人受用。頂眼肘符是衲僧傳授一段事，十成體取。」

「底一段事，全無學處，要在虛廓身心與大虛等量，自然於一切處具足，靈靈昧不得，歷歷混不得。月隨流水，雨逐行雲，了無如許心，能成如許事。但莫將己礙物，自然無物礙儞，身心一如，身外無餘，同體同用，一性一相，根根塵塵，直下絕待。所以道：聖人無己，靡所不已。恁麼現前，恁麼明白，便知道收來放去，作一頭露地白牛，趁也趁不去。」

「道人行止，流雲無心，滿月普應，不為一切所留。歷歷在萬像中，卓卓出一頭地，隨緣遇觸，不染不雜，與彼同用，與我同體，言語不能為之傳，思惟不能為之到，超搖絕待，宛轉亡功，妙得於心識情量之外。途中受用，屋裡承當，了生死，出因緣，眞見靈然元無所住。所以道：周遍十方心，不在一切處。」

「休歇也，如大海受百川相似，無不到這裡一味；放行也，如長潮乘疾風相似，無不來這畔同行。豈不是達眞源底裡？豈不是得大用現前？衲僧家隨機應變，恰恰恁麼，又幾曾立心想塵緣來？是須十成體取。」

「枯寒身心，洗磨田地，塵紛淨盡，一境虛明。水月霽光，雲山秋色，青青黯黯，湛湛靈靈，自照本根，不循枝葉，箇時底處，超邁情緣，不限劫數，一念萬年，終無變易，從此出應。虛谷行雲，動靜自若，順入諸塵，常在三昧。所以云：那伽常在定，無有不定時。」

「歷歷妙存，靈靈獨照，攬之不得，不可名其有；磨之不泯，不可名其無。出思議之心，離影像之迹，空其所存者妙，妙處體得靈，靈處喚得回。心月身雲，隨方發現，直下沒蹤迹，隨處放光明，應物不乖，入塵不混，透出一切礙境，照破一切法空。於差別緣，入清淨智，游戲三昧，何所不可？當如是眞實體究。」

「履空忘緣，透照出影，一點靈然，昭昭不昧，三際心絕，四大緣盡，虛清妙明，獨耀曠劫。衲僧能如是行履，則不被生死縛。正行履時，撒手懸崖，無可把捉；腳下線斷，全超一步。佛佛祖祖，俱不到我眞實妙照田地，喚作自己，箇是紹家業時節，纔涉思惟，又屬流轉去也。虛而長靈，淨而長照，蘆花明月，清白混然。棹入孤舟，不妨宛轉，箇時端的，且道是誰急著眼辨？」

「游踐十成去，無中邊，絕稜角，圜輥輥地，更當空洞無滓。霽秋月寒，光明洗夜，錦雲花麗，氣象成春，關棙虛通，機輪轉側，俱是衲僧自受用事。諸塵不為我翳，萬法乃是心光。步步超方，鳥道無滯；歷歷應世，谷神不勤。其中混不得，底意類莫齊，剎剎塵塵，心心念念，初無異相，純一眞明，箇是卻來，用中得妙時節。若或收卷餘緣，單明自己，磨洗無瑕，掃蕩絕類，孤明獨照，默味至游，智到環中，事隔關外，箇是卓卓一段不生滅底，須是退步歸家，欸欸說此話始得。」

「吾家一片田地，清曠瑩明，歷歷自照，虛無緣而靈，寂無思而覺，乃佛祖出沒化現，誕生涅槃之本處也。妙哉！人人有之，而不能磨礱明淨，昏昏不覺，為癡覆慧而流也。一念照得破，則超出塵劫，光明清白，三際不得轉變，四相不得流化。孤耀湛存，亘古今，混同異，爲一切造化之母，底處發機，大千俱現，盡是箇中影事，的的體取。」

「道人游世應緣，飄飄不羈，如雲成雨，如月隨流，如蘭處幽，如春在物。其爲也無心，其應也有準，箇是了事底漢做處，更須回途就父，向穩處著腳，淨處放身。獨孤標亡伴侶，透威音那畔一路子，方能盡中邊，徹頂底，殺活卷舒，有自由分。」

「佛祖而來，元無僧俗，但人人有諦當，親證眞得處，名入佛心宗，徹法源底。老盧是賣樵漢，一到黃梅，便道：「我欲作佛。」祖碓屋負舂，直到心鏡絕垢，自照歷然。半夜傳衣，度大庾嶺，信衣放下，明上座盡力提不起，方知箇人親證眞得。而今但莫推賢讓聖，如著衣喫飯，念念無異思惟，心心不容染汙。脫身空劫，撒手斷崖，透根塵，窮頂底，孤明獨照，廓徹妙存，自然心花發明，應現刹土，何曾間隔變易來？便能入異類，行鳥道，無礙自在矣。」

「心本絕緣，法本無說，佛佛祖祖不獲已，向第二義門，有問答機警，就其間，剔撥一等鈍漢。所以德山道：

「我宗無語句，亦無一法與人。」元是人人自到自肯，始有說話分，但直下排洗妄念塵垢，塵垢若淨，廓然瑩明，無涯畛，無中邊，圓混混，光皎皎，照徹十方，坐斷三際。一切因緣語言，到此著塵點不得，唯默默自知，靈靈獨耀，與聖無異，於凡不減。元只是舊家一段事，何曾有分外得底喚作眞實田地？恁麼證底漢，便能應萬機，入諸境，妙用靈通，自然無礙矣。」

「清淨無染是爾身，圓照無緣是爾眼。身中之眼，不涉根門；眼中之身，不是色聚。所以道：曾無如外智能證於如，亦無智外如爲智所證。可謂佛是法家底佛，法是佛家底法。衲僧到者裡，方知從佛口生，從法花生，得佛法分，還端的麼？兩頭俱坐斷，只箇古今人，當恁麼體取。」

（錄自《宏智禪師廣錄》卷第六）

默照銘

默照緣音　洪啓嵩

與宏智正覺禪師默照銘相和

默而常明　照而常清　體即無意　念本自淨
寂寂現成　惺惺自醒　是水澗月　動不動靜
明悦海印　清清全了　照中成寂　意本默明
風吹性海　法界無事　微微朝陽　躍日光明
鏡照萬頃　一片寂清　是體中體　是境中境
如喻金剛　心常光寂　如首楞嚴　勇健常力
大妙用哉　明心照寂　全體圓成　滅寂明清
有大慈悲　大智作準　是無上覺　安步法界
木馬常嘶　扭鼻轉身　就位靈靈　無位可成
無事妙成　寂滅家風　宗自如意　無聊功位
龍遊出海　一切時定　悟本現成　大覺自照
證與無證　現前法爾　圓成不會　脫落脫落
月中水明　水月湛澄　好一片淨　不落無事
石佛已明　露柱燈籠　窗獨入月　一心平明
正好用事　恰恰用心　寒蟬鳴月　雪山清靈
一片清白　示微照真　妙行無蹤　只是好禪
行住坐臥　春夏秋冬

禪觀寶海❶

禪觀祕要

The Heart of Buddhist Meditation

作　　者／洪啓嵩
執行編輯／黃德賓、蕭婉甄
審　　校／許文筆、蘇美文
封面設計／張士勇工作室
出 版 者／全佛文化事業有限公司
23141 新北市新店區民權路 95 號 4 樓之 1
永久信箱／台北郵政 26-341 號信箱
電話／ (02) 2219-6988　傳眞／ (02) 2219-6989
郵政劃撥／ 19203747　全佛文化事業有限公司
E-mail ／ buddhall@ms7.hinet.net
網站／ www.buddhall.com
行銷代理／紅螞蟻圖書有限公司
台北市內湖區舊宗路 2 段 121 巷 28 之 32 號 4 樓（富頂科技大樓）
電話／ (02)2795-3656　傳眞／ (02)2795-4100

初　　版／ 2005 年 1 月
二版一刷／ 2011 年 6 月
精裝定價／新台幣 1,200 元

國家圖書館出版品預行編目資料

禪觀秘要 / 洪啓嵩著. -- 再版. -- 臺北市 :
全佛文化, 2011.06
面 ;　公分. -- (禪觀寶海 ; 1)

ISBN 978-986-6936-53-1(精裝)

1.佛教修持

225.7　　99016343